¡A leer! Un paso más

Reading Strategies and
Conversation

¡A leer! Un paso más
Reading Strategies and Conversation

HILDEBRANDO VILLARREAL
California State University, Los Angeles

GENE S. KUPFERSCHMID

Academic Consultant
James F. Lee
University of Illinois at Urbana–Champaign

McGRAW-HILL PUBLISHING COMPANY
New York St. Louis San Francisco Auckland Bogotá Caracas Hamburg Lisbon London
Madrid Mexico Milan Montreal New Delhi Oklahoma City Paris San Juan São Paulo
Singapore Sydney Tokyo Toronto

This is an 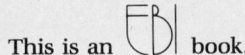 book.

¡A Leer! Un paso más
Reading Strategies and Conversation

Copyright © 1990 by McGraw-Hill, Inc. All rights reserved. Printed in the United States of America. Except as permitted under the United States Copyright Act of 1976, no part of this publication may be reproduced or distributed in any form or by any means, or stored in a database or retrieval system, without the prior written permission of the publisher.

1 2 3 4 5 6 7 8 9 0 MAL MAL 9 5 4 3 2 1 0

ISBN: 0-07-557643-0

This book was set in 10/12 Zapf Book Light by Jonathan Peck Typographers.
The project manager was Stacey C. Sawyer;
the production supervisor was Pattie Myers;
the text designer was Jamie Sue Brooks;
the frontmatter designer was Adriane Bosworth;
the copyeditor was Margaret Hines;
the illustrator was Susan Detrich;
the photo researcher was Judy Mason;
the cover designer was Michael Yazzolino;
Malloy Lithographing, Inc. was printer and binder.
Cover illustration: © Peter Menzel

Library of Congress Cataloging-in-Publication Data

Villarreal, Hildebrando.
    ¡A leer! Un paso más : reading strategies and conversation /
  Hildebrando Villarreal, Gene S. Kupferschmid, James F. Lee.
    p.   cm.
    English and Spanish.
    ISBN 0-07-557643-0
    1. Spanish language—Readers. 2. Spanish language—Composition and exercises. 3. Spanish language—Conversation and phrase books—English. I. Kupferschmid, Gene S.   II. Lee, James F. III. Title.
PC4117.V487   1990
468.6'421—dc20
                                                                                          90-30297
                                                                                          CIP

Because this page cannot legibly accommodate all the copyright notices, page 236 constitutes an extension of the copyright page.

Contents

Preface ix

An Important Message to the Student xv

UNIDAD I ¿Cómo pasa Ud. su tiempo libre? 1

Cómo se hacen los títulos 2
    Unos artículos breves 2

¡A conversar! 4

Estrategias visuales para comprender lo que se lee 6
    Fotografías sin texto 6

Estrategias para leer los artículos breves 8
    Unos artículos breves 8
    Más artículos breves 10
    Windsurf 12
    Navegación marítima en verano 13

¡A conversar! 15

Repaso de estrategias 15
    El futuro de Diego es una interrogante 16

¡A conversar! 19

UNIDAD II Fuera de lo común 21

Identificación de las ideas principales 21
    Unos anuncios 22

¡A conversar! 23

Distinguir entre las ideas principales y los detalles 24
    Unos artículos breves 24

Asociar la idea principal con los detalles 29
    Las siete «grandes» 29
    El «Bestiario» de Tomeo 30
    Amores profundos 33

¡A conversar! 35

Repaso de estrategias 36
    La guerra como diversión 36
    Matrimonios entre parientes 38

¡A conversar! 40

UNIDAD III   **Vivir bien**   41

       La relación de causa y efecto   41
            Reduzca el stress   41
            Hotel Byblos Andaluz   43
            Nuevo método para relajarse   44

       ¡A conversar!   45

       Los ejemplos   47
            Mantenerse en forma   47
            Prado de Somosaguas   48
            Mando a distancia   49
            Dietas y el humor   50

       Los hechos y las opiniones   51
            Los poderes del yoghurt   51
            El teletipo   52
            ¿Cuál te apetece?   52
            La ofensiva antitabaco del gobierno   54
            ¿Fumar o no fumar?   55

       ¡A conversar!   57

       Repaso de estrategias   58
            No iré nunca más a Nueva York   59
            El nuevo placer de fumar   60

       ¡A conversar!   62

UNIDAD IV   **Las relaciones humanas**   64

       La unidad   65
            El arte indignado   65
            Una mejor convivencia   65
            Bomba 2000   66

       ¡A conversar!   68

       Palabras de transición   69
            Su amor: ¡hágalo para toda la vida!   70
            Una página suelta   73

       ¡A conversar!   74

       La implicación   76
            Telefonómana   76
            ¿Cuánto sabe de sus hijos?   78

       Repaso de estrategias   82
            Cuando los dos ganan el mismo dinero   83

       ¡A conversar!   86

UNIDAD V	**Nuestro mundo** 89	
	El propósito del autor 90	
	¿Cómo es la cosa? 90	
	Soluciones Ofimáticas Fujitsu 91	
	Plásticos vivos 93	
	Culturas de silicio 94	
	¡A conversar! 96	
	Los hilos argumentales 99	
	Brasil: la selva agoniza 99	
	Hierbas contra bichos 102	
	Dos anuncios y un artículo 104	
	¡A conversar! 106	
	Las interrelaciones 106	
	La Cuidad de México: imán y monstruo 106	
	El «mal de ciudad» ataca a los caraqueños 109	
	¡A conversar! 112	
	Repaso de estrategias 114	
	Apocalipsis 115	
UNIDAD VI	**Ahora la universidad, y después...** 117	
	La cronología y la sucesión de acontecimientos 117	
	Solicitantes de empleo 118	
	Mi primer empleo 120	
	¡A conversar! 123	
	La referencia 124	
	Conversaciones con un director 124	
	Ángeles Caso, casi perfecta 126	
	Cabellos largos... y oficinas suntuosas 127	
	¡A conversar! 129	
	La actitud del autor 130	
	La Universidad, aspiración general de los españoles 130	
	Inventan ellos 132	
	Repaso de estrategias 135	
	Universidad: el «boom» de la psicología 135	
	¡A conversar! 140	
UNIDAD VII	**La comunicación** 142	
	El tono y el humor 143	
	Marciano Padrales, pionero español 143	

Demasiado inglés   145
Idiomas extranjeros   146

¡A conversar!   148

Relacionar las ideas con las experiencias personales   151
Felipe, lenguaje   151
Bilingüismo   153
Se habla mucho, pero se habla mal   154

¡A conversar!   159

El lenguaje figurado   160
Las palabras y la memoria   161
Hablar con todo el mundo   163

¡A conversar!   167

Repaso de estrategias   168
Comer en catalán   168

UNIDAD VIII   Estados Unidos vistos por ojos hispanos   171

Distinguir entre los hechos y las opiniones   172
Los Ángeles   172
«New York, New York!»   175

¡A conversar!   180

El resumen   181
Hijos para «yuppies»   181
Los «otros»   183

¡A conversar!   184

Como leer un ensayo   185
Los miedos americanos   186
La «college girl»   189

Repaso de estrategias   194
Norteamérica se aleja   194

¡A conversar!   199

Vocabulario   201
Respuestas   225
About the Authors   235

Preface

¡A leer! Un paso más: Reading Strategies and Conversation, an intermediate reader, is part of a three-component intermediate Spanish program consisting of a grammar review text, a combination workbook/laboratory manual, and this reader. Instructors can choose from these three components to create a course to fit their own approach. Although coordinated with the grammar review text, the reader is also meant to be used independently in reading or conversation courses.

¡A leer! Un paso más is designed to help intermediate students become successful, more independent readers in the real world or in upper-division Spanish courses. It is appropriate for use both by nonmajors and by students intending to specialize in Spanish. The authentic reading selections on contemporary topics are written by native speakers of Spanish for native speakers. They are drawn from a wide variety of sources, including magazines, newspapers, nonfiction works, and the literary tradition. Exercises and activities throughout the text help students become successful readers by working through the readings, and applying reading strategies used by good readers in any language. Optional conversation and writing activities are also provided, to be used when the development of speaking and/or writing skills is a course goal.

DISTINGUISHING FEATURES

¡A leer! Un paso más has a number of distinguishing features. They are as follows.

- **Authentic readings from a wide variety of sources.** *¡A leer! Un paso más* assumes that confronting authentic materials in a structured educational setting is a valuable experience for intermediate students. In keeping with this emphasis on authenticity, reading materials have not been altered in any way. They are reproduced exactly as they appeared in their original sources, without marginal or footnoted glosses. Language has not been simplified, adapted, or standardized in any way.
- **A step-by-step approach to becoming a successful reader.** While recognizing the value of simply having students read as a way of learning to read better, *¡A leer! Un paso más* also assumes that the process of learning to read can be made more efficient by using a step-by-step approach that calls students' attention to basic reading strategies that all good readers use.
- **An all-Spanish approach.** The reading strategies are explained in simple, direct Spanish (rather than English) to give students the vocabulary they need to discuss them in Spanish. However, the strategies are intended as learning tools only, and the majority of class time should be devoted to applying them rather than to discussing them. Vocabulary is presented in an all-Spanish format as well.
- **Spiralled presentation of reading strategies.** Strategies in the early part of the text focus on comprehension and interpretation skills such as using visual strategies and distinguishing between the main idea and

the supporting details. Strategies in the latter part present critical reading skills such as interpreting tone and understanding figurative language. However, the basic readings strategies from the first part of the text are recycled throughout; for this reason, some exercises in the latter half focus on the simpler strategies.

- **A thoughtful approach to productive and receptive skills.** All exercises and activities in *¡A leer! Un paso más* recognize the fact that intermediate students' ability to read Spanish is more highly developed than their productive skills. Thus, the text exposes students to authentic, unedited reading selections on topics of interest to adult readers. However, in appropriate contrast to the level of the readings, most exercises and activities are highly structured to enhance students' success in demonstrating comprehension of the reading texts and in talking or writing about them. Instructors using the text should never expect students' productive abilities to match the level of the reading selections.

- **High-interest readings.** Level of interest to the average student reader was the main criterion used to select the reading texts. In fact, most of the selections have been class tested with intermediate students. Even though the development of speaking skills may not be a primary goal in the course in which you are using *¡A leer! Un paso más*, you may find that some of the readings will evoke conversation and discussion by virtue of their high-interest content. (With interest level being the major factor in the selection of reading texts for this book, units in the reader do not pretend to provide a complete picture of a given theme in the Hispanic world. Instructors who wish to use the text for that purpose should feel free to supplement the text as needed.)

ORGANIZATION OF THE TEXT

¡A leer! Un paso más is divided into eight units that correspond thematically to the eight units of *¡Un paso más!* (the review grammar). Thus, **Unidad I** in the reader corresponds to **Unidad I, Capítulos 1–3** of the grammar text, **Unidad II** to **Unidad II, Capítulos 4–6**, and so on.

Although the reading selections in the reader are loosely coordinated with the unit themes of the corresponding grammar review, one does not need to cover the material in the grammar text before using the reader. Instructors may begin to use the reader at any time while they are covering the three chapters of the grammar text unit.

The units do not follow a rigid format. Instead, they are made up of repeating "building blocks" (signaled by a square in the text's design) that can occur in any logical sequence.

The following four sections are the "building blocks" that make up each unit of *¡A leer! Un paso más*.

- **Estrategias.** Each unit opens with the list of strategies (generally three) introduced in the unit. Brief descriptions of the strategies appear, with examples when appropriate. Each unit will have as many main sections as there are strategies.
- **Lectura.** Each reading strategy is usually practiced in three or four reading selections, introduced by the **Lectura** heading. A wide variety of high-interest reading material has been selected, including realia, brief news items, self-tests from the popular press, interviews with celebrities from the Spanish-speaking world, complete magazine and

newspaper articles on a variety of topics of interest to the general reader, and essays and short stories.

- **Repaso de estrategias.** Each unit has a relatively lengthy concluding article in which all the strategies presented in the unit are reviewed. If time is a concern, this section in particular may be assigned for independent work outside class.
- **¡A conversar!** These sections occur after most main sections (strategy plus readings) and generally at the end of the unit as well. They offer lively, innovative conversational activities and intriguing writing topics (**Con sus propias palabras**) that provide opportunities for students to share their thoughts and opinions about the content of the articles. All **¡A conversar!** sections are optional and can easily be omitted if course goals do not include the development of conversation and/or writing skills. Many of the activities and writing topics can be assigned for independent work by students outside class. Most can also be done with a partner or with students working in small groups.

Within the **Lectura** section, a series of repeating exercise sections is designed to guide students' interaction with the reading texts and make the readings accessible to them. These three exercise sections will help students put the reading strategies into practice. (With some brief readings in particular, the entire array of exercises is not included.)

The exercise sections and types are as follows:

- **En otras palabras...** New vocabulary, critical for an understanding of the reading selection, is presented in this section. Following the philosophy of the text, new vocabulary is never presented in isolation, and no English is used to convey the meaning of unknown words. Rather, students are asked to determine meaning from context and to express meaning—often in matching activities—via synonyms, antonyms, and definitions. The exercises in this section are quite structured, and students are never required to produce language to demonstrate an understanding of the new vocabulary.
- **Antes de leer.** This section prepares students for the content of the reading text. The content of the section varies from reading to reading, as needed. It may give information that establishes a context for the reading, suggest hints on how to approach the reading selection, or provide questions that students should think about as they read. It is recommended that students read the **Antes de leer** sections before both their first and second reading of the selection.
- **Después de leer.** This section contains comprehension exercises that focus on practicing and applying the strategies presented in the unit and in previous units (when appropriate). The comprehension exercises vary in number from one to three, according to the complexity of the reading selection and the strategies it helps students to practice. In the comprehension exercises, student production is kept to a minimum in recognition of the fact that intermediate students' ability to read and understand Spanish is more highly developed than their ability to express themselves in speech or in writing.

The Answers appendix at the back of the book provides answers for those exercises that have specific answers. Suggested responses are also provided for some exercises. Since the text's exercises are intended as learning instruments rather than as testing tools, students should be encouraged to use the Answers appendix (**Respuestas**) as needed to help them work through the reading selections. A vocabulary (**Vocabulario**) is also provided at the end of the book.

SUGGESTIONS FOR USING *¡A LEER! UN PASO MÁS*

Although the materials in *¡A leer! Un paso más* are best taught in sequence, all units and major sections of units are independent, and materials can easily be omitted. The text can be used in the classroom to structure the class hour or by students working independently. It is expected that most instructors will prefer to use the text in a way that combines both types of instruction: in-class work and homework assignments.

Whatever the instructional setting, students should be encouraged to read all unit introductions, strategy discussions, and **Antes de leer** sections carefully before attempting to do the readings. There should be no need to expand the discussion of the strategies beyond the level provided in the presentation sections. Nor is there ever any need for students to analyze or dissect the reading selections in extraordinary detail or, in fact, in any detail beyond that provided by the **En otras palabras...**, **Antes de leer**, and **Después de leer** exercises. If individual students or the class as a whole wish to do so, that is, of course, appropriate. The interest level of some readings may in fact cause students to want to explore their content in greater depth.

Here are some concrete suggestions for using *¡A leer! Un paso más*. The sequence outlined here will work best with the longer selections. It may be possible to repeat the sequence several times during the same class period when the reading selections consist of advertisements and/or brief articles.

1. Discuss briefly with the class the specific reading strategy of the section and the **Antes de leer** section that accompanies the reading you wish to cover.
2. Allow students to read silently the brief introductions and the **Antes de leer** section. Then ask them to do the reading for the first time.
3. Allow time for students to complete the **En otras palabras...** section. Discuss the section with students after most have completed the brief exercise. Clarify or answer questions, as needed.
4. Review briefly the content of the **Antes de leer** section. Then assign the reading for a second time, as homework, along with the **Después de leer** exercises.
5. The following day, lead a discussion of the material in **Después de leer** and encourage students to resolve disagreements themselves by rereading all or parts of the selection.
6. Assign all or parts of the **¡A conversar!** sections, as dictated by course goals and time available. Most of the conversational and writing activities will work best in class if students have prepared for them ahead of time. Having students work with a partner or in groups is also a good strategy for most of the activities.
7. Provide an exciting environment whenever possible by bringing in other Spanish-language reading materials and working on them with students in class or assigning them for homework. (Materials related to the themes of each section will work best.) If possible, have the students themselves bring in Spanish reading materials they have encountered by chance or sought out.

Of course, many other sequences would be as effective as the one we have outlined here. In particular, many instructors will prefer to have students do most of the reading outside of class. It is suggested, however, that readings be "controlled" in the manner outlined above at least while covering the first chapters of the text. In this way, students will learn to use the various sections of the text as learning tools that will make the content of the readings accessible to them.

Above all, it is critical that students not try to understand the readings word for word. Most intermediate students who try to do so will undoubtedly be quite frustrated, and the laborious word-by-word translation they may attempt will not be a useful learning experience (regardless of whether or not they think it is!).

Finally, the authors feel that the appropriate way to test students' mastery of the reading strategies presented in the text is to ask students to apply them—that is, to read authentic texts of the type included in the reader. In the authors' opinion, asking students to explain or list the strategies themselves is not a useful testing strategy.

See additional suggestions for use and an expanded discussion of the *¡A leer! Un paso más* philosophy in the Instructor's Manual that accompanies the *¡Un paso más!* program.

ACKNOWLEDGMENTS

The publishers would like to thank the following instructors from across the country who provided invaluable feedback and constructive criticism during the development of this text. The appearance of their names does not necessarily constitute an endorsement of the text or its methodology.

Pedro Bravo-Elizondo, Wichita State University
Bob Brown, University of Toledo
Michelle A. Fuerch, Ripon College
Liz Ginsberg, Sacramento City College
Leonora Guinazzo, Portland Community College
Donna Gustafson, San Jose State University
Robert M. Hammond, Purdue University
Donald C. Harris, Cañada College
Steven Hutchinson, University of Wisconsin
Donna Reseigh Long, The Ohio State University
Penny Nichols, University of Texas
Frank Nuessel, University of Louisville
Kay E. Raymond, University of Alabama
Bernardo Valdés, Iowa State University
Gladys Varona-Lacey, Harvard University

Many other individuals deserve our thanks and appreciation for their help and support. Among them are the people who, in addition to the coauthors, read the manuscript to ensure its linguistic and cultural authenticity and pedagogical accuracy: Laura Chastain (El Salvador) and María José Ruiz Morcillo (España). Thanks also to Dr. Joy Renjilian-Burgy (Wellesley College) for her comments on an earlier draft of parts of the manuscript.

Above all, special thanks are due Dr. James F. Lee (University of Illinois, Urbana-Champaign), the reading specialist who served as a consultant on this project. Jim's thorough grounding in current reading theory and practice made the writing of the book an easier task than it otherwise might have been. In the early stages and throughout the development of the entire project, he helped us to focus the approach: the selection and development of the reading strategies, the comprehension activities, and the presentation of the reading selections, as well as the organization of the units. We benefitted especially from his clear thinking and his insistence that this text be both student- and teacher-friendly.

An Important Message to the Student

The ability to read is a skill that—if we are lucky enough to possess—we use mainly for two purposes: for pleasure and to obtain information. Most people like to settle down or cuddle up with a good book or magazine for the purpose of entertainment. For many people, reading a newspaper is an important way to stay informed about local, national, or world events. The newspaper marks the beginning or the end of the day, can be read on public transportation, and—for many people—provides hours of entertainment on Sunday mornings or afternoons. Even in this television-dominated final decade of the 20th century, books—hardbacks and paperbacks—as well as magazines and newspapers continue to sell at record levels, and it now appears that a magazine exists for every interest group imaginable. Of course, for elementary, secondary, and college-level students, books are a constant fact of life: their cost, how much they weigh, where to leave them, and, most important, the knowledge they contain.

All of these experiences with the written word can be more enjoyable if you know how best to approach the material you are reading, be it for pleasure or to gather information. In particular, very serious reading—like studying and searching for important scientific information—can be more efficient and productive if you know how to apply reading strategies. *¡A leer! Un paso más: Reading Strategies and Conversation* is a text designed to help you improve your ability to read texts of all kinds by making effective use of reading strategies. Of equal importance is the fact that this text will help you become a more successful, more efficient reader in Spanish.

THINGS TO KEEP IN MIND AS YOU WORK WITH THIS TEXTBOOK

An exciting aspect of the materials you will read in this text is that they are all authentic; that is, they were written by native speakers of Spanish *for* native speakers of Spanish. But even though your ability to read in Spanish is probably not equivalent to that of a native speaker, in most cases, you will be able to handle the readings, for a number of reasons.

First, certain materials in the text prepare you to do the readings. Going over the explanations of the reading strategies in each chapter will familiarize you with strategies that all good readers use (regardless of the language they are reading). Pay particular attention to the exercises that precede and follow the readings: **Antes de leer**, **En otras palabras...**, **Después de leer**. These exercises will help you work your way through the content and the vocabulary of the readings. Finally, in sections called **¡A conversar!** you will find opportunities to share with others your thoughts about the exciting information you are learning.

Most important, keep in mind the following reading strategy. It is perhaps the most important one you will learn in this text. All good readers realize—consciously or unconsciously—that they do not have to know every word in a reading text to understand what they have read. Even if you do not understand the meaning of a number of words and sentences in a given reading, you are a successful reader if you have understood enough to do the exercises!

The exercises in *¡A leer! Un paso más* are intended to help you read better and more efficiently in Spanish, *not* to "test" your understanding of the readings. For this reason, answers to many of the exercises are provided in the Answers (**Respuestas**) appendix at the back of the text. You should always try to do the exercises by yourself first, then check them against those given in the Answers appendix. If most of your answers do not correspond with those in the appendix, you may need to go through the reading selection again. The vocabulary at the back of the book will give you contextual definitions of the words and phrases used in the reading selections.

One final suggestion. Many of the exercises in the text will refer to specific paragraphs in the reading. Before you begin to do the exercises, number the paragraphs of the reading, so that you can quickly find the sections referred to in the exercises.

WHY SHOULD YOU USE THIS TEXT?

If reading in Spanish—and reading in general—becomes more pleasurable and easier for you after working with this text, then the authors will have achieved their goals. More important, if during the course of the term in which you have used *¡A leer! Un paso más* you pick up a piece of reading material in Spanish and read it only because it is interesting to you (and perhaps without really being aware of the fact that it is written in Spanish), then you will have entered into an important new phase of your student life. You will not only be a reader—you will be a successful reader of Spanish, able to enjoy and get information from readings in the real world and in upper-division Spanish courses.

Unidad I

¿Cómo pasa Ud. su tiempo libre?

Un partido de fútbol en el estadio Santiago Bernabeu de Madrid, España

En esta unidad, Ud. va a aprender:

- cómo se hacen los títulos
- estrategias visuales para comprender lo que se lee
- estrategias para leer los artículos breves

Hay diferentes tipos de prosa y este capítulo se refiere a la prosa que se encuentra en los materiales que leemos todos los días. Como ejemplos se usan aquí artículos amenos que tienen que ver con diversiones, como los deportes, la radio, la televisión, la música y los viajes.

En general, los artículos como éstos tienen dos propósitos: informar y entretener al público. Por eso suelen estar bien escritos y ser interesantes.

CÓMO SE HACEN LOS TÍTULOS

Generalmente los títulos se hacen a partir de la primera oración del primer párrafo en los artículos breves.

Fíjese en las palabras subrayadas y verá que el título viene de la primera oración del artículo. Así se hacen muchos títulos.

LECTURA: UNOS ARTÍCULOS BREVES

Antes de leer

Piense en cómo se hacen los títulos mientras lea los siguientes artículos.

Blanca Fernández Ochoa, cuarta en la Copa del Mundo de esquí. Blanca Fernández Ochoa acabó cuarta (190 puntos) de la Copa del Mundo, ganada por la suiza Michela Figini (244), ante su compatriota Brigitte Oertli (226) y la austriaca Anita Wachter (211), después de la cancelación del descenso del domingo 20 en Saalbach (Austria).

1. El tenista estadounidense John McEnroe está estudiando la posibilidad de retirarse definitivamente de la competición activa. McEnroe ha sufrido una serie de lesiones que le han impedido comenzar la temporada al ritmo que él deseaba. El jugador neoyorquino ha decidido no participar en los torneos de Lyon y Milán, en los que estaba inscrito.

2. José Marín se proclamó campeón de España de 50 kilómetros marcha en la prueba disputada el domingo 20 en Puerto Pollensa (Mallorca). Marín ganó con un tiempo de 3.50.30 horas.

3. Fernando Luna, de 29 años, ganó el domingo 6 el Campeonato de España de tenis al derrotar a Sergio Casal en la final por 3-6, 7-5 y 6-4 en un encuentro que duró algo más de tres horas.

4. El futbolista argentino Diego Armando Maradona declaró el jueves 10 que ha llegado a un acuerdo con el Nápoles para permanecer en él hasta 1993. Su contrato vigente concluye en junio de 1989. Maradona añadió que esta renovación supondrá el último compromiso de su carrera.

5. EL PAÍS, Madrid El holandés Ruud Gullit, de 25 años y jugador del Milán, ha sido elegido por la revista *France Football* como el mejor futbolista europeo de 1987, y, por tanto, recibirá el trofeo Balón de Oro, según una votación en la que han participado periodistas de todo el continente. Este premio es el más prestigioso, a nivel individual, del fútbol europeo. Segundo fue el portugués Paolo Futre; tercero, Butragueño (como en 1986); cuarto, Michel, y quinto, Lineker.

Pese a la victoria final de Gullit, el fútbol español ha copado las primeras posiciones. Cuatro de las cinco primeras posiciones son para futbolistas de la Liga española.

Después de leer

A. Identifique el título. Después de leer cada artículo, señale el título que le parezca mejor con una palomita (✓). Recuerde cómo se hace un título.

1. _____ McEnroe sufre una serie de lesiones
   _____ McEnroe es un tenista estadounidense
   _____ McEnroe estudia su retirada definitiva del circuito
2. _____ El atleta José Marín participa en una prueba
   _____ El atleta José Marín, campeón nacional de 50 kilómetros, marcha
   _____ El atleta José Marín ganó con un tiempo de 3.50.30 horas
3. _____ Luna tiene 29 años
   _____ Luna derrota a Sergio Casal en tres mangas
   _____ Luna campeón de España al ganar a Casal en 3 mangas
4. _____ Maradona seguirá en el Nápoles hasta 1993
   _____ Maradona firma el último compromiso de su carrera
   _____ Maradona ha llegado a un acuerdo con el Nápoles
5. _____ Gullit elegido mejor futbolista europeo del año
   _____ Gullit recibe el trofeo Balón de Oro
   _____ Gullit holandés de 25 años

B. Escriba el título. Ahora le toca a Ud. escribir un título para cada uno de los siguientes artículos. Recuerde cómo se hacen los títulos.

CÓMO SE HACEN LOS TÍTULOS   3

1. Título: _____
2. Título: _____
3. Título: _____
4. Título: _____

1. Quique flores, defensa lateral del Valencia, fue operado el lunes 8 en Madrid de una rotura del ligamento cruzado posterior de la rodilla derecha. Según le advirtió el doctor Pedro Guillén, que realizará la intervención quirúrgica, va a ser muy difícil que pueda jugar en la Eurocopa.

2. La representante bonaerense Laura Pigliacampo superó el récord argentino de los 200 metros mariposa durante la segunda jornada con que concluyó la duodécima edición del torneo internacional de natación "Club San Fernando", que tuvo como figura sobresaliente a Verónica Fernández. Pigliacampo, que se impuso además en la posta de 4 por 100 estilo libre, insumió un tiempo de 2 minutos 20 segundoa y 25 centésimas para el recorrido del natatorio del CLub San Fernando, al que representa.

3. El atleta alemán occidental Thomas Schoenlebe estableció el viernes 5 en Sindelfingen (República Federal de Alemania) el récord mundial de 400 metros en pista cubierta con 45.05 segundos, 36 centésimas menos que el anterior, también en su poder. Schoenlebe es el mejor *cuatrocentista* de la actualidad y el año pasado ganó el título mundial.

4. El Campeonato del Mundo de 100 kilómetros se celebrará en Santander el 1 de octubre. La región cántabra fue pionera, hace nueve años, en organizar esta prueba de larga distancia y su ejemplo ha sido seguido por Madrid y Valladolid.

C. Encabezamientos e información. El encabezamiento consiste en una palabra o una frase corta de dos o tres palabras que resume la información de uno o varios párrafos. Lea los encabezamientos de los programas de televisión en Buenos Aires y emparéjelos con los párrafos. Escriba el número del encabezamiento delante del párrafo que le corresponde.

A TODO CANAL.   A TODA ARGENTINA.

ARGENTINA TELEVISORA COLOR CANAL 7
LS 82 TV CANAL 7 - Buenos Aires - Argentina

1. MUSICA _____ Nacional, Federal y Hora 24.

2. DEPORTES _____ "Los Requetepillos", cuentos y canciones de María Elena Walsh. "Super Super", juegos y concursos, conducido por Candela. Las Películas de Walt Disney. La Tortuga Violeta. Chispiluz. Que se vengan los chicos. El Sábado de los chicos.

3. INFANTILES _____ Gabriela Sabatini y el Grand Slam. Fútbol: Campeonato de 1ra. división. Coche a la vista. Deporte en Acción.

4. NOTICIEROS _____ Las Fuentes de la Vida. Nuestro Planeta. Pancho Ibáñez Presenta. Argentina Secreta. Tele Visiones de Roberto Cenderelli. La Otra Tierra.

5. DOCUMENTALES _____ Festivales de Jesús María y Cosquín. Recitales al Aire Libre en ATC. **Opera y Ballet:** "I Pagliacci" y "Cavallería Rusticana" con Plácido Domingo y puesta de Franco Zeffirelli. Homenaje a María Callas. Estelares de Julio Bocca.

CH. Encabezamientos e información. ¿Cuál es el uso ideal de cada tipo de bicicleta? Después de leer las características de los tipos de bicicletas, escriba el número de la bicicleta delante del uso para el cual se recomienda.

	LA BICICLETA	CARACTERISTICAS		IDEAL PARA...
1.	Deportiva	Manubrios bajos, de 10 a 20 velocidades, estructura entre ligera y mediana, distancia larga entre el eje de una rueda y el otro, llantas estrechas.	___	Andar por las calles. Está diseñada para soportar los desniveles en el pavimento, pero no es tan fuerte como la que se usa para las montañas.
2.	De carga	Manubrios bajos, de 15 a 18 velocidades, estructura entre ligera y mediana, distancia larga entre los ejes, y llantas un poco más anchas que la bicicleta deportiva, y con guardafangos.	___	Dar paseos por el día o para ejercitarse. Es una de las bicicletas más versátiles que hay, porque está construida para dar comodidad y para recorrer distancias, pero sin excederse en la velocidad.
3.	De carrera	Manubrios bajos, de 12 a 14 velocidades, estructura entre ligera y mediana, distancia entre los ejes corta, y llantas estrechas sin ranuras.	___	Los deportistas serios que desean participar en competencias de ciclismo o correr a gran velocidad. Tiene más precisión que las bicicletas que se usan para pasear.
4.	De montaña/para todos los terrenos	Manubrios hacia arriba, de 15 a 18 velocidades, estructura entre mediana y pesada, distancia entre ejes larga, llantas anchas con ranuras profundas.	___	Dar largos recorridos con capacidad para guardar equipo. Tiene varias ruedas dentadas bajas para subir colinas.
5.	De ciudad	Manubrios hacia arriba, de 10 a 12 velocidades, estructura mediana, llantas anchas, casi sin ranuras, con guardafango y un protector para la cadena.	___	Terrenos irregulares y montañosos. Es más estable y duradera que todas las demás.

 ¡A CONVERSAR!

ACTIVIDAD A. Deportistas, atletas y otros

¿Cuáles son las cualidades que deben tener o los requisitos que deben llenar las siguientes personas? Con sus compañeros, escojan las características o requisitos de la lista (u otros que quiera mencionar) que son importantes para cada persona en los dibujos. Si alguien no está de acuerdo con la opinión de los otros compañeros, pídale que les explique por qué.

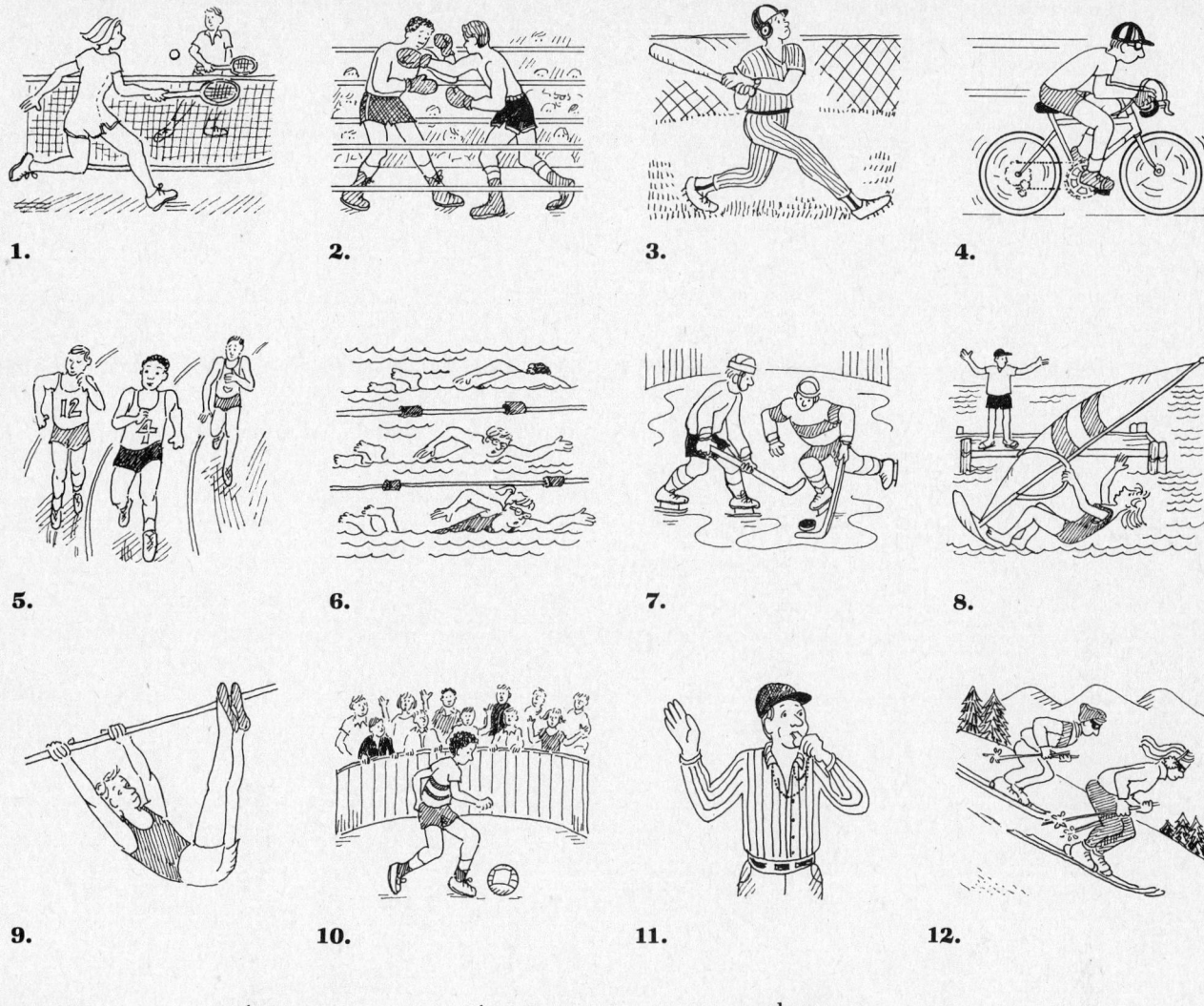

ser...	estar...	tener...	saber...
trabajador(a)	en buena forma	entusiasmo	nadar
honrado/a	dispuesto/a a	buena coordinación	patinar
disciplinado/a	ganar	buen equilibrio	
ágil		mucha energía	
dedicado/a		nervios de hierro	
fuerte		mucha paciencia	
justo/a		tenacidad	
versátil			
competitivo/a			
generoso/a			

ACTIVIDAD B. Con sus propias palabras

¿Qué deporte practica Ud.? ¿Por qué le gusta este deporte? ¿Qué tipo de deportista es Ud.? Escriba un párrafo sobre este deporte qué incluya los siguientes puntos:

- por qué o cómo comenzó Ud. a practicarlo
- cómo se benefician el cuerpo y la mente al practicar este deporte
- las ventajas para la vida social para el que lo practica
- cómo se siente Ud. mientras lo practica
- cómo se siente Ud. después de practicarlo

ESTRATEGIAS VISUALES PARA COMPRENDER LO QUE SE LEE

Al leer un periódico o una revista, también hay que prestar atención a los elementos visuales en la página. Las fotografías, las tablas, las ilustraciones o los mapas pueden ser muy útiles porque ayudan a comprender lo que se lee.

LECTURA: FOTOGRAFÍAS SIN TEXTO

Antes de leer

Al leer un artículo que va acompañado de una ilustración o fotografías, observe si se trata o no de personas, si son o no son jóvenes, si es un mapa o una tabla o si hay alguna característica sobresaliente en la lectura que lo/la ayude a entender mejor lo que está leyendo.

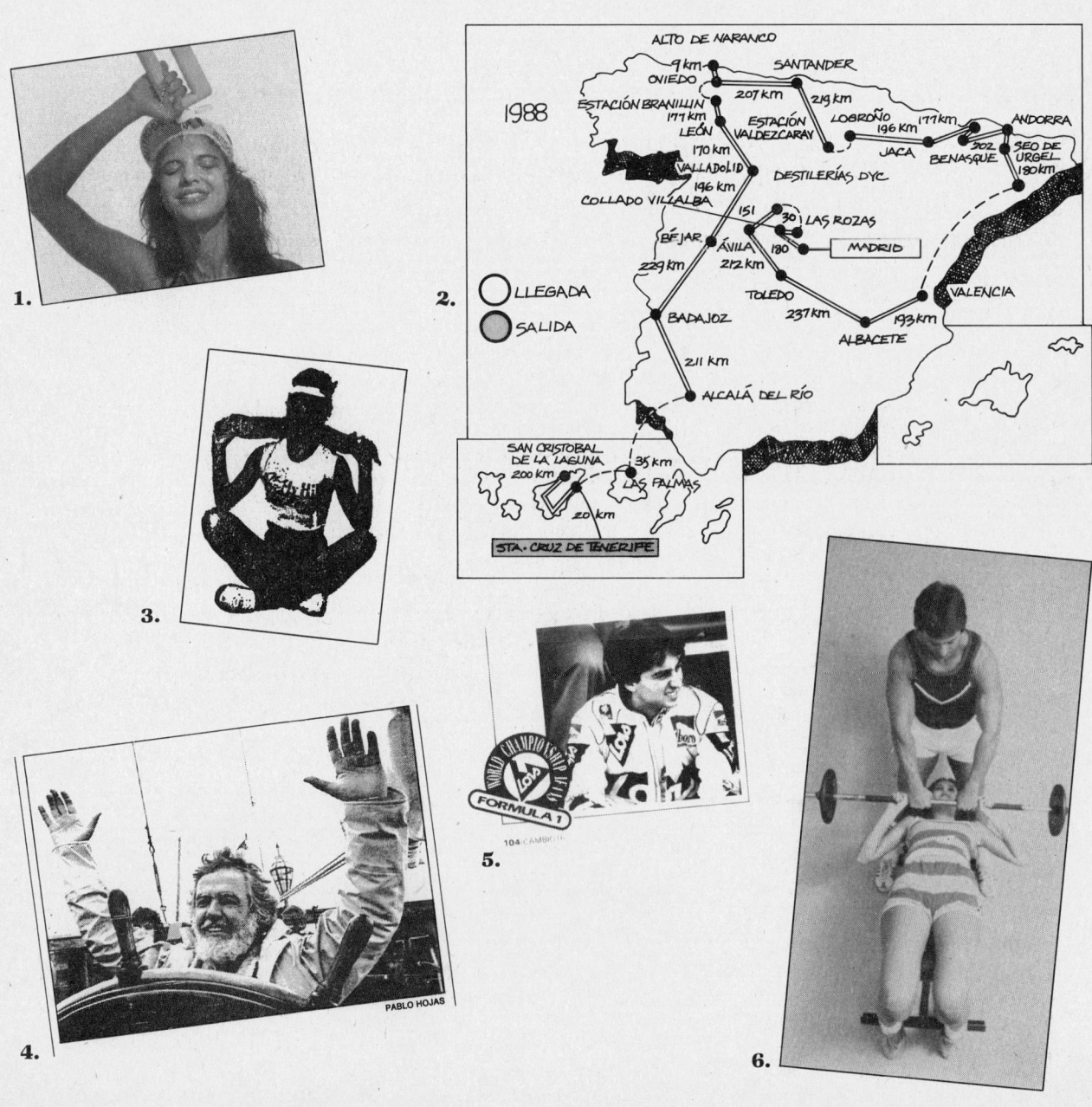

Después de leer

A. Ilustraciones y textos. Después de mirar las ilustraciones de la página 6 con cuidado, trate de emparejarlas con el texto que les corresponda. Escriba el número de la ilustración debajo del artículo.

La Vuelta Ciclista a España tendrá en 1988 una etapa contra reloj por equipos

LUIS GÓMEZ, **Madrid**

Una contra reloj por equipos, tres etapas en el archipiélago canario y una prólogo por parejas constituyen las principales innovaciones que la Vuelta a España presentará en su edición de 1988. La entidad organizadora, la agencia Unipublic, manifestó también sus esperanzas de poder contar con la presencia del corredor irlandés Stephen Roche. La Vuelta de 1988 empezará el 25 de abril y terminará el 15 de mayo. Tendrá un trazado menos montañoso y un recorrido de 3.433 kilómetros.

Todas las novedades van a desarrollarse en el archipiélago canario, donde transcurrirán las tres primeras etapas de la Vuelta. La primera supone la gran innovación que la Vuelta aporta al ciclismo europeo: una prólogo por parejas. Se trata de formar pelotones o series con dos corredores por equipo. La serie más rápida determinará la clasificación general de la primera jornada. La elección de esos dos corredores por cada serie será una cuestión a decidir bien por sorteo bien por el número de orden que lleve cada corredor en cada equipo.

La segunda novedad va a radicar en una contrarreloj por equipos en Las Palmas, con 35 kilómetros de recorrido.

Viernes 18 de diciembre

a.

1988: el año de la esperanza

Si 1987 ha sido un año de rodaje, 1988 queremos que suponga un claro progreso en nuestras aspiraciones deportivas.

Los que hemos seguido la temporada a pie de pista, hemos podido comprobar cómo a pesar de los reveses, en el equipo nunca ha faltado el espíritu de lucha y superación continua por parte de todos.

Por eso, y una vez estudiado a fondo el programa de Minardi para 1988, LOIS no sólo ha decidido mantener su apoyo a esta joven escudería italiana, sino que ha aumentado su presencia en los coches, ocupando nuevos espacios publicitarios sobre la carrocería del nuevo modelo.

b.

EJERCICIOS

Nuestros músculos cuentan con un sistema de suministro de combustible almacenado para los casos de emergencia. Se trata de un tipo de combustible que se encuentra allí para ser usado antes de que nuestro sistema de suministro aerobio funcione eficientemente; o sea, antes de que se cuente con el suficiente oxígeno obtenido mediante la respiración. Esa fuente temporal de energía está en forma de energía anaerobia. Es decir, que no necesita oxígeno.

Muchas veces, al comenzar a correr, ésa es la energía que usan sus músculos. Al quemarse este combustible se desprende ácido láctico en los músculos y hay una respuesta dolorosa por parte de éstos. Pero pasados unos tres minutos de ejercicio, los músculos comienzan a utilizar la energía aerobia. Entonces deja de acumularse ácido láctico y el dolor desaparece. El calentamiento paulatino —caminando antes de correr, por ejemplo— tiende a evitar ese problema.

e.

imparte AEROBICS... y cambiará tu vida

Nuestro curso para ser instructor de aerobics, cuenta con el reconocimiento de promoción deportiva del D.F.

Es impartido por instructores con los más altos títulos de enseñanza en ejercicios aeróbicos a nivel mundial.

Te da derecho a un diploma con valor a curriculum.

Además podrás ganar hasta $ 6,000.00 por hora, impartiendo clases en tus ratos libres, y al mismo tiempo tendrás la oportunidad de mantenerte en forma.

Todo esto y más en un ambiente lleno de energía.

SATELITE	AEROPUERTO
JUNTO PLAZA SATELITE	HOTEL FIESTA AMERICANA
562-59-28 Y 562-59-87	762-01-99 Ext. 137
POLANCO	DEL VALLE
PLAZA POLANCO LOCAL 141	INSURGENTES SUR N° 1391
358-85-55 Y 358-85-66	598-34-09 Y 598-34-56

PEDREGAL
SOBRE PERIFERICO, FRENTE PERISUR
652-50-85, 652-50-13 Y 652-80-21

c.

Si está empapado en sudor por el ejercicio, no hay nada más refrescante que echarse bastante agua fría mientras está corriendo o andando en bicicleta bajo el sol. Esta botella que ve en la fotografía, está diseñada para ello. Es muy fácil de llevar, porque no pesa, y como es plana, se puede guardar en cualquier lugar.

d.

Vital Alsar y su 'Marigalante'

Vital Alsar y los otros 14 tripulantes de la *Marigalante* —de diversos países, con predominio de México— fueron recibidos el domingo 22 por 10.000 cántabros en la villa de Santoña al atracar con su nave, de 200 toneladas de registro bruto, con la que acababan de cruzar el Atlántico. La *Marigalante* había zarpado de México el 27 de septiembre, y de las Bermudas, el pasado día 4. Los pescadores santoñeses mostraron su sorpresa ante las dimensiones de esta versión más o menos fiel de la *Santa María*, que Cristóbal Colón llevara en su descubrimiento de América. La *Marigalante* mide 32 metros de eslora y 11 de manga, lo que la hace sensiblemente mayor que las naves colombinas. Alsar apareció ante la multitud en una mañana fría y lluviosa al mando del timón de su carabela navegando remolcado hacia la dársena y escoltado por los pesqueros de la villa que habían salido a su encuentro.

f.

B. Detalles y palabras. Después de emparejar los retratos con el texto, señale con una palomita (√) los elementos visuales que se mencionan en el texto. El número que se da es el del retrato.

1. ____ el sudor
   ____ agua fría
   ____ un gorro
   ____ la botella
   ____ la toalla

2. ____ Las Palmas
   ____ La Vuelta a España (mapa)
   ____ la bicicleta
   ____ el año 1988
   ____ el archipiélago canario

3. ____ el instructor
   ____ un diploma
   ____ el dinero
   ____ la toalla
   ____ los zapatos

4. ____ el marinero, Vital Alsar
   ____ el agua
   ____ la Marigalante
   ____ los pescadores
   ____ la Santa María

5. ____ la palabra LOIS
   ____ un joven (italiano)
   ____ un coche
   ____ el programa
   ____ el equipo

6. ____ los músculos (de una persona)
   ____ las pesas
   ____ la sudadera
   ____ la actividad (haciendo ejercicio)
   ____ la camiseta

 # ESTRATEGIAS PARA LEER LOS ARTÍCULOS BREVES

Los artículos que aparecen en las revistas o periódicos pueden ser breves, de uno o dos párrafos; a veces son más largos. Hay diferentes maneras de leer estos artículos. A continuación se presentan algunas.

ESTRATEGIA UNO

Una de las estrategias consiste en determinar rápidamente de quién o de qué trata el artículo. Es decir, Ud. debe averiguar si se trata de:

a. una persona, animal, cosa o sitio
b. una idea
c. un problema
ch. un acontecimiento o una actividad

Esto se determina buscando en el artículo una o dos palabras que nombren a la persona, la cosa, el sitio, la idea, el problema o el acontecimiento. Estas «palabras clave» se pueden encontrar en el título y en el primer párrafo.

LECTURA: UNOS ARTÍCULOS BREVES

Antes de leer

Al leer los siguientes artículos, determine si se refieren a (a) una persona, animal, cosa o sitio, (b) una idea, (c) un problema o (ch) un acontecimiento o una actividad. Haga lo siguiente:

- Preste atención al título y al primer párrafo.
- Lea el artículo e identifique la primera palabra que lo/la ayude a determinar el tema.

1.

Toda la información de la última jornada de baloncesto la encontrará comentada y analizada con el máximo rigor en BASKET 16.

Todo el espectáculo y la técnica de la NBA y las competiciones internacionales plasmado en las mejores fotografías a todo color.

Y además, las secciones habituales de nuestros colaboradores exclusivos: Díaz Miguel, Fernando Martín, Super Epi y Petrovic.

2.

5.

deportes

● **Fútbol.** El domingo 10 empieza el Campeonato 4º Centenario de la Segunda Fundación de Buenos Aires. Buen comienzo. Una fecha que promete excelentes enfrentamientos en partidos como: Independiente/Argentinos Juniors, River Plate/Colón, Unión/Boca Juniors, Vélez Sarsfield/Racing y Huracán/Talleres, nada menos. Todos los partidos se jugarán a las 17.30 horas.

3.

F-1 en Jacarepaguá

Piquet probará su nuevo Lotus

Río de Janeiro, 9 (ANSA) – El triple campeón mundial de automovilismo de Fórmula-1 Nelson Piquet declaró hoy que efectuará diversos "tests" en su nueva Lotus el 22 de febrero próximo en el autódromo de Jacarepaguá, en Río de Janeiro.

Piquet confirmó la autorización de la Confederación Brasileña de Automovilismo (CBA) para esas pruebas y reveló que experimentará el comportamiento de la suspensión, chasis y nuevo combustible.

El piloto brasileño no ocultó su satisfacción de probar con anticipación su nueva Lotus, por cuanto los entrenamientos programados por la Good-Year del 7 al 12 de marzo, próximo a la disputa del Gran Premio del Brasil que se disputará el 3 de abril, no dejaría margen de tiempo para introducir probables mejoras en su máquina.

"Con el nuevo combustible, el motor de la 'Lotus' podrá ganar hasta cinco HP de potencia", concluyó con optimismo Piquet.

4.

Ejercicios por computadora

Además de todas las computadoras nuevas que mencionamos anteriormente, los gimnasios ofrecen otro tipo de maquinarias similares para hacer ejercicios. Básicamente, todas mantienen el mismo concepto: regular, vigilar, medir y calcular el esfuerzo que se hace para realizar el ejercicio, y determinar si lo que está haciendo es correcto según su peso y su capacidad física.

Algunas de estas maquinarias son muy simples, como por ejemplo, la bicicleta fija. Esta viene ahora con una pantalla donde se indica la velocidad empleada, la distancia recorrida, la resistencia de la bicicleta y el tiempo que ha estado pedaleando.

La alfombra o estera eléctrica es otra máquina que calcula la velocidad que ha corrido o caminado, el esfuerzo empleado y la distancia recorrida.

Igual que estas computadoras, hay muchas otras en el mercado. Sólo tiene que investigar en los gimnasios que hay en su ciudad e incribirse en ellos. Por supuesto, no piense que las computadoras facilitarán el ejercicio. Todo lo contrario, ellas están especialmente diseñadas para animarlo, ayudarlo a realizar los ejercicios correctamente, y retarlo a que continúe adelante imponiéndole nuevas metas. Usted y ellas formarán un equipo perfecto que trabajará a un ritmo adecuado. Inténtelo: ¡descubra el revolucionario mundo de las computadoras!

Después de leer

¿De qué trata? Señale la(s) palabra(s) clave con una palomita (√).

1. _____ jornada de baloncesto
   _____ Basket 16
   _____ competiciones internacionales
   _____ nuestros colaboradores
2. _____ fiordos chilenos
   _____ insólito crucero
   _____ Skorpios
   _____ últimas cabinas abril
3. _____ triple campeón mundial
   _____ Piquet
   _____ Lotus
   _____ «tests»
4. _____ gimnasios
   _____ maquinarias similares
   _____ ejercicios
   _____ computadoras nuevas
5. _____ 17.30 horas
   _____ Campeonato
   _____ domingo 10
   _____ partidos

ARGENTINA Y EL FUTBOL

Nombre del país: República Argentina.

Límites: En el Continente americano: limita al Norte con Bolivia y Paraguay. Al Este, con Brasil, Uruguay y el océano Atlántico. Al Oeste, con Chile. Y al Sur, con los océanos Atlántico y Pacífico.

Extensión: 2.761.274 kilómetros cuadrados.

Población: 26.000.000 habitantes.

Número de clubs de fútbol: 2.647.

Número de jugadores federados: 224.166.

Fundación federativa: 1893.

ESTRATEGIA DOS

A veces cuando uno está leyendo un artículo, no tiene tiempo o no quiere leerlo todo, pero sí quiere saber de qué se trata. Hay estrategias, como las siguientes, que se pueden usar con este fin.

a. leer el título solamente
b. leer el título y el primer párrafo
c. leer el título y los párrafos primero y último

LECTURA: MÁS ARTÍCULOS BREVES

Antes de leer

Al leer los siguientes artículos, recuerde los recursos que se acaban de mencionar. Indique la primera palabra que lo/la ayude a determinar el tema del artículo.

1.

DEPORTE

BEMILIO BUTRAGUEÑO

Empezó, de niño, regateando a su perro, y ahora es ya considerado como un futbolista que hará época. Los italianos ya le han tentado poderosamente. Con un contrato multimillonariamente secreto, *Butragueño* sigue en el Real Madrid, un equipo que siempre encuentra una figura, un estilo para seguir luchando en las más gloriosas gestas.

Butragueño, criado en el filial-revelación, el Castilla, ha visto cómo su apodo, el Buitre, se identifica ya con el Real mismo, e incluso fuera de nuestras fronteras, con el propio fútbol español. Parecía que este deporte perdía en nuestro país cualquier vestigio de talento, y él viene a devolver la fe al aficionado. Ensaya constantemente jugadas mortales que siempre hacen disfrutar con el gol marcado o procurado por él o bien con el regusto de sus inesperados dibujos sobre el césped. Su llegada al área enemiga siempre desconcierta, porque aúna la frialdad que envidiaría cualquier veterano y la ágil picardía de un escolar.

Es un ídolo, y, sin embargo, todo parece indicar que llegará a jugar indeciblemente mejor. De momento, tiene una virtud insólita en el actual fútbol mediocre y defensivo: la quinta velocidad, un avasallador sentido de la vertical hacia el gol y diríase casi que ojos alrededor de la cabeza, una enorme capacidad de adivinar los huecos y la finta que todos, menos él, conjeturan imposible.

2.

Una bicicleta hecha a su medida

Sabemos que la bicicleta ofrece muchas ventajas, pero... ¿está la suya adaptada a su cuerpo? Revise su bicicleta con esta lista:
- Altura: Súbase a la bicicleta y apoye los pies en el suelo.
Si puede hacerlo sin dificultad, la bicicleta tendrá la altura adecuada para usted.
- Distancia de las piernas: Siéntese en la silla y coloque los pies en los pedales. Mueva las piernas de manera que queden en posición de las seis en el reloj; es decir, una pierna en el punto más abajo y la otra en el más alto. Al hacerlo, asegúrese de que el pie descanse cómodamente sobre el pedal alto, mientras la rodilla está ligeramente flexionada. Al mismo tiempo, la otra pierna debe estar casi completamente estirada.
- Frenos: Sentado en la silla, extienda los brazos hasta alcanzar los manubrios. Coloque las manos sobre el área de goma y los frenos de mano. Esto debe hacerlo sin problema, y con los codos ligeramente flexionados.
- Pruebe la bicicleta. La mejor forma de asegurarse que la bicicleta está adaptada a su cuerpo es probándola. Ajuste la silla y el manubrio cada vez que sea necesario, hasta encontrar la posición que más le convenga.

Después de leer

Entendiendo la información. ¿Qué información encontró Ud. al leer el título y los párrafos primero y último? Indique con una palomita (√) si obtuvo la siguiente información.

1. _____ su deporte
   _____ el nombre de su equipo
   _____ su apodo
   _____ su capacidad especial
   _____ su nombre
2. _____ el tema del artículo
   _____ el nombre de la muchacha
   _____ detalles para escoger una bicicleta
   _____ paseos en bicicleta

Como se habrá dado cuenta hay varias formas de leer artículos breves. Ud. puede escoger la que más le guste.

ESTRATEGIA TRES

Otra manera de leer un artículo breve es tener presente las siguientes preguntas al leer:

a. ¿qué?
b. ¿quién?
c. ¿dónde?
ch. ¿cuándo?

Después de leer un artículo siguiendo esta estrategia, Ud. debe poder contestar esas preguntas.

LECTURA: WINDSURF

En otras palabras

Dé una lectura rápida al artículo, buscando las palabras que correspondan a las definiciones dadas abajo. Para eso, ponga atención especial al contexto en que aparecen.

_____ 1. En el segundo párrafo, ¿qué palabra quiere decir *se compone de*?
_____ 2. En el segundo párrafo, ¿qué palabra significa *cosa flotante que sirve de señal en el agua*?
_____ 3. En el tercer párrafo, ¿qué palabra quiere decir *terminará*?
_____ 4. En el cuarto párrafo, ¿qué palabra quiere decir *competirán por*?

Antes de leer

Tenga presente las siguientes palabras al leer el artículo: ¿qué?, ¿quién?, ¿dónde?, ¿cuándo?.

Windsurf
Circuito Beldent

Hoy comienza en Punta del Este, el circuito FUN de la Costa Atlántica, a cargo de la ANFUN.

El circuito está compuesto por cuatro fechas siendo la última el Campeonato Sudamericano, en Necochea, provincia de Buenos Aires. La actividad deportiva está integrada por tres disciplinas, Course Racing, Slalom y Wave. Cada una de ellas tiene sus propias características, como diferentes largo de tablas y corte de velas y lo más importante es que la navegación y los circuitos de boyas, tienen reglas bien diferenciadas.

En cuanto a esta primera fecha, se lleva a cabo en San Rafael, en Le Club, dándose cita los mejores windsurfer argentinos, uruguayos, y brasileños. Finalizará el lunes 11 y por la noche se hará la fiesta de entrega de premios.

La segunda fecha, es en otro lugar de excelente nivel deportivo, que es Pinamar, los días 22 al 25 de enero. La tercera en Mar del Plata, fiscalizando la Asociación de Windsurf de la Costa Atlántica, a cargo de su presidente Gonzalo Belocq, en febrero los días 5 al 8.

Y por último, en Necochea, se disputará el Sudamericano. Podrán participar un total de 64 competidores, siendo el cupo para la Argentina de 30. Hasta el día de hoy sólo están designados los primeros diez por clasificarse en el ranking de la ANFUN, el resto deberá clasificarse en las fechas ya citadas y con los representantes destinados por las asociaciones del interior.

La clasificación general es la suma de las tres disciplinas que valen por igual, por lo tanto es importante obtener puntaje en todas ellas. Se inicia el sábado 20 de febrero, y continúa hasta el domingo 28.

Punta del Este, el FUN en acción

Después de leer

A. Comprensión. Conteste estas preguntas.

¿Qué? _____

¿Quién? _____

¿Dónde? _____

¿Cuándo? _____

B. Identificaciones. Identifique las siguientes frases de la lectura.

1. Course Racing / Slalom / Wave

2. 8 al 11 de enero / 22 al 25 de enero / 5 al 8 de febrero / 20 al 28 de febrero

3. San Rafael / Pinamar / Mar del Plata / Necochea

4. argentinos / uruguayos / brasileños

LECTURA: NAVEGACIÓN MARÍTIMA EN VERANO

En otras palabras

Empareje las palabras siguientes con la definición correspondiente.

PALABRA	DEFINICIONES
___ 1. plazas (párr. 2)	a. que se recomiendan
___ 2. aconsejables (párr. 4)	b. posiciones
___ 3. se realizarán (párr. 5)	c. nuevos estudiantes
___ 4. inscriptos (párr. 5)	d. se llevarán a cabo

Antes de leer

Tenga presente las cuatro preguntas ya mencionadas al leer el siguiente artículo.

Navegación marítima en verano

Por ALEJANDRO MATEOS

El windsurf es posible practicarlo en toda la costa atlántica.

La costa argentina no presenta grandes dificultades y las alternativas en cuanto al viento son limitadas a los que corren en forma paralela a la playa (side-shore); de esta forma navegaremosa si sopla de sólo dos lados. Son los casos de Pinamar, Villa Gesell, San Bernardo, Necochea, Miramar. Un capítulo aparte merece Mar del Plta donde hay diferentes plazas para la mayoría de las direcciones de los vientos. En la zona de Punta Mogotes, como Mariano, los vientos son Noreste y Norte; en el Faro, Lobo de Mar, el mejor viento es el Nor-Noroeste y también Suroeste; y en la zona de Peralta Ramos: Este, Oeste y Suroeste. En el mes de Enero todos los fines de semana habrá regatas FUN.

En el Uruguay

En Punta del Este, existen variantes para todo tipo de viento y para todo nivel de navegantes. No es una zona de vientos fuertes pero a veces se dan condiciones sensacionales.

Los lugares para los principiantes son: La Barra de Maldonado, Laguna del Diario y la Laguna del Sauce. En estos lugares podremos encontrar las condiciones necesarias para aprender y numerosas escuelas aconsejables para el inicio de este deporte y poder disfrutarlo en toda su plenitud. Debemos mencionar la Escuela Sodim, ubicada en La Barra que desde 1979, año tras año se preocupa por tener los mejores instructores y facilitar la enseñanza con nuevas técnicas y equipos.

Pinamar y Villa Gessell

Volviendo a nuestro país, debemos referirnos a Pinamar y Villa Gessell que poseen una cantidad considerable de navegantes. En la primera, se realizarán competencias todos los fines de semana y promete ser muy numerosa la cantidad de inscriptos. Para cualquier información o iniciarse en el deporte no dude en dirigirse al negocio Ro Jo, de Martin Torres. En Gesell contamos con la organización de New Style, en la 108 y la costa, que tiene guardería de windsurf, gimnasio y complementos, logrando una atención integral a los deportistas.

Después de leer

A. Comprensión. Conteste las preguntas.

¿Qué? _____

¿Quién? _____

¿Dónde? _____

¿Cuándo? _____

B. Comprensión. Describa lo siguiente después de leer el artículo por segunda vez.

1. El windsurf en la costa atlántica

_____

2. El windsurf en Uruguay

_____

3. Lugares en Uruguay donde se puede practicar el windsurf

_____

4. El atractivo de Pinamar y Villa Gessell

_____

 ## ¡A CONVERSAR!

ACTIVIDAD A. Figuras sobresalientes en los deportes

Emilio Butragueño es un ídolo de los aficionados al fútbol en España porque es un futbolista excelente, y después porque es joven, guapo, humilde e inteligente. ¿A qué atleta, hombre o mujer, admira Ud.? ¿Por qué lo/la admira? Formen grupos de cuatro o cinco compañeros para describir a los/las atletas que Uds. admiran, y den las razones que los/las hacen tan admirados/as. Si Ud. quiere saber más de un(a) atleta en particular, hágale preguntas a la persona que lo/la menciona. Después hagan un resumen de las cualidades más admiradas por la mayoría del grupo.

ACTIVIDAD B. Un mensaje de nuestro patrocinador (*sponsor*)

Los atletas famosos (Las atletas famosas) figuran frecuentemente en los anuncios comerciales porque el público los/las reconoce instantáneamente. Con dos compañeros, imagínense que Uds. son redactores de textos publicitarios (*copywriters*) en una empresa de publicidad (*advertising agency*). ¿A qué atletas les pedirían que aparecieran en los anuncios de los siguientes productos? ¿Por qué prefieren a estas personas para anunciar sus productos?

1. cierta marca de aspirinas
2. un cereal
3. un coche
4. llamadas telefónicas de larga distancia
5. un perfume
6. una marca de yogurt

ACTIVIDAD C. Con sus propias palabras

Ahora que Uds. han escogido al atleta (a la atleta) que va a anunciar su producto, deben escribir el anuncio. Pero antes de escribirlo, tienen que decidir si este anuncio es para la televisión, para un periódico o para algunas revistas y a qué sector del público estará dirigido. Después, escriban el anuncio, teniendo en cuenta lo siguiente:

- ¿Qué dirá la persona que presenta el producto?
- ¿Por qué recomienda este producto?
- ¿Qué resultados ha experimentado al usarlo?

 ## REPASO DE ESTRATEGIAS

A continuación se repiten las estrategias que se han presentado a lo largo de esta unidad y que se pueden emplear al leer artículos breves, como el último que va a leer.

- cómo se hacen los títulos
- estrategias visuales para comprender lo que se lee
- estrategias para leer los artículos breves
    1. determinar si el artículo trata de una persona, una cosa, un sitio, una idea, un problema o un acontecimiento
    2. leer el título y los párrafos primero y último
    3. usar las preguntas ¿qué?, ¿quién?, ¿dónde? y ¿cuándo?

LECTURA: EL FUTURO DE DIEGO ES UNA INTERROGANTE

En otras palabras

Dé una lectura rápida al artículo, buscando en los títulos y en los párrafos que se indican las palabras que correspondan a las definiciones dadas abajo. Para eso, ponga atención al contexto en que aparecen.

_____ 1. pregunta (título)
_____ 2. sacudió (párr. 2)
_____ 3. publicación que aparece cada semana (párr. 3)
_____ 4. que se refiere (párr. 4)
_____ 5. se supone (párr. 5)
_____ 6. el que representa legalmente a otra persona (párr. 6)
_____ 7. excepcionalmente apto (segundo subtítulo del texto)
_____ 8. jugador en un equipo de fútbol (párr. 8)
_____ 9. se convirtieron en (párr. 8)
_____ 10. representantes (párr. 10)
_____ 11. no tuvo lugar (párr. 11)
_____ 12. se realizaría (párr. 12)
_____ 13. duda (tercer subtítulo del texto)
_____ 14. se cree, se calcula (párr. 13)
_____ 15. pasaría (párr. 13)
_____ 16. líder (párr. 14)
_____ 17. obtuvo el mismo número de puntos (párr. 15)
_____ 18. algo desconocido (párr. 16)
_____ 19. protege (párr. 19)
_____ 20. las bases (párr. 19)

Antes de leer

Mientras lea, trate de recordar las estrategias que se pueden usar al leer artículos que no sean muy largos. Aunque este artículo es un poco más largo que los anteriores, las estrategias mencionadas también se pueden aplicar a su lectura.

Ahora Se Revela que Maradona Podría Firmar en Milán

El Futuro de Diego es una Interrogante

Por Edgar Andaur Galvez
NOTICIAS DEL MUNDO

Sin duda que la figura de Diego Maradona es siempre noticia de importancia, debido a la gran popularidad que ha alcanzado en el último tiempo, el mejor jugador del mundo.

Hace más de 24 horas, se produjo en Italia una noticia que estremeció una vez más al mundo deportivo y a su vez tuvo un gran eco en la ciudad de Nápoles.

MILAN ENTRA EN LA HISTORIA...

El semanario deportivo italiano 'Special' reveló en su último número que el club Milán había ofrecido un contrato millonario al jugador del Nápoles.

También hace no más de siete días, desde Inglaterra llegó la noticia en referencia al contrato millonario que el Tottemham le ofreció al delantero argentino.

En menos de 15 días, Maradona conmovió y da para pensar que su futuro hoy, es toda una interrogante, pero que se vislumbra brillante mirado desde el punto de vista económico.

Milán atacó de frente y en la nota desde esa ciudad, se aprecia que las negociaciones entre el apoderado de Maradona, Guillermo Cóppola, y el presidente italiano, el empresario millonario de la televisión privada italiana Silvio Berlusconi, se iniciaron el 8 de noviembre, tras el partido Como-Nápoles.

Acá, nosotros seguimos pensando que a Maradona le será muy difícil moverse de una ciudad, que lo adora, que lo tiene como su máximo ídolo y que también representa un cuadro campeón que en definitiva ya se estabilizó entre los grandes del fútbol mundial.

UN JOVEN ARGENTINO SUPERDOTADO...

Y en eso experimentamos signos de satisfacción pues al seguir paso a paso la campaña del volante argentino, recordamos sus comienzos brillantes en Argentinos Juniors que desembocaron felizmente Boca Juniors.

Maradona salió campeón con la camiseta oro y cielo y pasó al fútbol español donde tuvo innumerables problemas, pero que jamás éstos, pusieron en duda su gran calidad futbolística.

Volviendo al reciente 'boom' producido en Milán, diremos que el diálogo entre Cóppola y los emisarios de Berlusconi se realizó en Como (pequeña ciudad lombarda, al norte de Milán) y posteriormente en Milán, donde les esperaba Berlusconi'.

Un segundo encuentro, según la revista editada en Roma, se programó para el 24 de noviembre pasado, pero la cita fracasó a causa de la huelga en el sector de la aviación y al mal tiempo.

Pero todo no quedó allí y los contactos han continuado telefónicamente y el acuerdo según la nota, se haría realidad un vez que Maradona termine el contrato que tiene con el Nápoles hasta junio de 1989.

LA INCERTIDUMBRE CRECE Y CRECE...

De realizarse toda esta operación sin duda que sería un contrato multimillonario que marcaría un hecho sin precedentes en el fútbol mundial. Se estima que esto del Verona, superaría claramente lo ofrecido por el club inglés.

La idea del timonel del club Milán es realmente muy clara. Quiere un cuadro espectáculo, campeón y que llene estadios. Ya piensa en 1988, año que es muy posible que se autorice a un tercer extranjero en el fútbol italiano. De ser así, Milán de hacerse realidad el contrato de Diego, tendría en sus filas a tres figuras internacionales de 'primer nivel': el holandés Gullit y los argentinos Claudio Daniel Borghi y Diego Armando Maradona.

El sueño de Berlusconi es construir un club en condiciones de luchar por los primeros puestos en el futuro y que además sea sólido y lleno de triunfos, porque por ahora ese objetivo no es real, más que nada luego que Milán empató con el colista Empoli.

El camino que tomará Diego es toda una incógnita. Estamos seguros que no dejará Italia. La noticia que llegó desde Milán oscurece por el momento las posibilidades para que el delantero vuele a Inglaterra.

Italia recibió a Maradona como a un hijo y lo ha tratado como tal. Nos viene a la memoria el día que Maradona pisó por primera vez el estadio San Paolo donde fue presentado a los fanáticos celestes.

La respuesta fue masiva, total...Desde ese día, la historia deportiva y el romance de Maradona con Nápoles, comenzó a escribir páginas de oro. Su figura comenzó a crecer sin medidas y tuvo su punto rutilante en la Copa del Mundo jugada recientemente en Italia.

Hoy, creemos, esa ciudad italiana que lo cobija, lo reclama con todo derecho. ¿Cuál será el pensamiento de Maradona a todo esto que remueve los cimientos del deporte?.

Después de leer

A. Título. Basándose en el párrafo que sigue al primer subtítulo (Milán entra en la historia), señale con una palomita (✓) el título que Ud. le daría al artículo.

_____ El semanario deportivo italiano *Special*
_____ Un jugador del Nápoles
_____ Milán ofrece contrato millonario a un jugador del Nápoles

B. Encabezamientos. Lea los tres subtítulos y los párrafos que correspondan a cada uno. Después escoja el mejor encabezamiento para cada una de esas secciones.

1. Milán entra en la historia
   _____ Milán
   _____ Milán y Maradona

_____ el Club Milán
_____ Milán ofrece contrato
2. Un joven argentino superdotado
_____ un joven
_____ Maradona
_____ superdotado
_____ volante argentino
3. La incertidumbre crece y crece
_____ fútbol italiano
_____ la duda
_____ un club sólido
_____ un sueño

C. Estrategias visuales. Después de estudiar la fotografía, indique los elementos visuales que se mencionan en el texto.

_____ el árbitro
_____ el estadio de San Paolo
_____ el entrenador
_____ Diego Maradona
_____ los fanáticos celestes
_____ Guillermo Cóppola

CH. Idea principal. Indique con una palomita (√) a qué o a quién se refiere este artículo.

_____ una persona
_____ una idea
_____ un problema
_____ un acontecimiento

D. Encontrando información. ¿Qué información obtuvo Ud. al leer el título, la introducción (dos primeros párrafos) y la conclusión (tres últimos párrafos)? Indique con una palomita (√) la información que Ud. obtuvo.

_____ Silvio Berlusconi   _____ el contrato
_____ Diego Maradona   _____ la Copa del Mundo
_____ futuro en duda   _____ Nápoles recibe bien a
_____ Italia   Maradona
_____ noticia importante   _____ gran popularidad

E. Comprensión. Conteste las siguientes preguntas.

¿Qué? _____

¿Quién? _____

¿Dónde? _____

¿Cuándo? _____

 # ¡A CONVERSAR!

ACTIVIDAD A. Su deporte preferido

Para saber cuáles son los gustos y los hábitos de un compañero (una compañera) y para hablar de los suyos, hagan y contesten preguntas sobre los siguientes temas.

MODELO: practicar un deporte (¿qué?) →
—¿Qué deporte practicas regularmente?
—Generalmente practico el tenis regularmente.

1. practicar un deporte (¿qué, con quién, dónde, cuándo, cómo?)
2. mirar un deporte en la televisión (¿qué, con quién, cuándo?)
3. tu equipo preferido (¿qué, quiénes, cuántos?)
4. practicar un deporte de vez en cuando (¿qué, con quiénes, dónde, cuándo?)
5. un deporte que te gustaría aprender (¿qué, por qué, cuándo?)

ACTIVIDAD B. ¡Un debate!

Valenzuela y Guerrero entre los Millonarios

NUEVA YORK (EFE) — El mexicano Fernando Valenzuela y el dominicano Pedro Guerrero se sitúan a la cabeza de una lista de siete peloteros de Latinoamérica que figuran entre los 57 del béisbol de Grandes Ligas con salarios anuales superiores a un millón de dólares.

Según este título, los jugadores de béisbol Fernando Valenzuela y Pedro Guerrero son millonarios. El futbolista Emilio Butragueño y el argentino Diego Maradona también lo son. Y, como Ud. ya sabe, muchos deportistas profesionales tienen contratos que les aseguran millones de dólares. ¿Deben ganar grandes sueldos los atletas profesionales? Para debatir esta cuestión, la clase debe dividirse en dos grupos: el de los que están a favor y el de los que están en contra de los grandes sueldos. También se debe escoger un moderador (una moderadora) del debate para cada grupo. Antes de comenzar, cada grupo debe preparar sus argumentos para apoyar su punto de vista. Todos los estudiantes deben expresar su opinión, pero primero deben pedir la palabra levantando la mano.

MODELO: Estoy a favor de sueldos muy grandes para los atletas profesionales porque...
Estoy en contra de sueldos muy grandes para los atletas profesionales porque...

ACTIVIDAD C. Con sus propias palabras

Si Ud. pudiera hacer una entrevista con algún atleta famoso (alguna atleta famosa), ¿a quién elegiría? ¿Qué preguntas le haría? Escriba estas preguntas y otras que le gustaría hacer sobre los siguientes temas:

1. las circunstancias de comenzar a practicar su deporte
2. sus actividades e intereses cuando no está jugando
3. su sueldo
4. sus planes para el futuro
5. ¿——?

Unidad II

Fuera de lo común

La Catedral de la Sagrada Familia en Barcelona, España, es una de las obras más famosas del arquitecto catalán Antonio Gaudí.

En esta unidad, Ud. va a aprender a:

- identificar las ideas principales en párrafos, anuncios y artículos
- distinguir entre las ideas principales y los detalles
- asociar las ideas principales con los detalles

En cada artículo los párrafos tienen una función concreta. Si Ud. puede descubrir la función de los párrafos rápidamente, podrá leer con más rapidez y comprender mejor lo que lee. Un párrafo puede tener como función expresar (a) la idea principal del artículo, (b) la idea principal y algunos detalles o (c) los detalles solamente.

IDENTIFICACIÓN DE LAS IDEAS PRINCIPALES

Recuerde que en muchos casos la idea principal se encuentra en la primera o en la última oración del párrafo. Si la idea principal no viene en ninguna oración, entonces se la puede determinar haciéndose las siguientes preguntas.

a. ¿De qué o de quién trata el párrafo?
b. ¿Qué quiere el autor que los lectores sepan acerca de este «qué» o «quién»?

LECTURA: UNOS ANUNCIOS

Antes de leer

Al leer los siguientes anuncios comerciales, trate de determinar cuál es la idea principal. Fíjese en todo lo que lo/la pueda ayudar a identificarla, tanto en el texto escrito como en las ilustraciones.

Estilo

BAZAR

Tire la primera. En este caso es casi seguro que a nadie le importará porque es muy poco el daño que pueden hacer las piedras de poliéster que venden en **Naïf** (Ayala, 27, Madrid). Los precios oscilan entre 2.200 y 3.000 pesetas y pueden utilizarse tanto para descargar adrenalina como para decoración.

De oído. En **Insolit** (Diagonal, 353, Barcelona) han querido jugar con el alfabeto a la hora de idear unos pendientes. Así ha surgido esta colección de letras sueltas para llevar en la oreja que cuestan 350 pesetas. En algunos casos se venden letras unidas formando palabras como *rock*.

Olor a tierra. Con la idea de hacer desaparecer el desagradable olor de los ceniceros han creado en **Neón** (Travessera de Gracia, 157, Barcelona) estas botellas que contienen distintos tipos de tierra con diferentes aromas. Sus precios están entre 315 y 540 pesetas, dependiendo del tamaño y de si se trata de tierra de jardín, de opio, de oasis u otra cualquiera.

Salud. Brindar con luz es lo que proponen en **La Compañía de la China** (Conde de Aranda, 14, Madrid) con sus lámparas en forma de vasos. Hay varios modelos, cada uno de los cuales corresponde a un cóctel distinto, del que toma su color. Los precios oscilan entre 9.900 y 15.800 pesetas.

Texto: Isabel Mendoza. Fotos: Anel Fernández.

Después de leer

Indique con una palomita (√) la idea principal de cada anuncio.

1. Tire la primera.
   _____ Estas piedras no causan mucho daño.
   _____ Estas piedras de poliéster son importadas.
   _____ Estas piedras se venden en Naïf (Madrid).
2. De oído.
   _____ Estas letras del alfabeto son para oír mejor.
   _____ Hay pendientes nuevos en forma de letras del alfabeto.
   _____ Estos pendientes cuestan 350 pesetas.
3. Salud.
   _____ Ahora uno puede brindar con luz.
   _____ El color corresponde al cóctel.
   _____ Hay lámparas en forma de vasos.
4. Olor a tierra.
   _____ Este producto hace desaparecer los malos olores.
   _____ Le da diferentes olores a la tierra.
   _____ Contiene tierra de jardín, de opio, de oasis u otra cualquiera.

¡A CONVERSAR!

ACTIVIDAD A. Regalos

Los objetos que se ven en la página 22 podrían ser regalos muy originales, fuera de lo común. Formen grupos de cuatro compañeros. Cada persona tiene que decirles a los otros miembros del grupo a quién le regalaría las siguientes cosas y por qué cree que es el regalo apropiado para esta persona. La persona elegida puede ser un amigo, un familiar o un personaje famoso, real o ficticio, de la actualidad o de épocas pasadas. Después, el grupo debe explicar solamente uno de sus «regalos» a la clase.

> MODELOS: las piedras de poliéster →
> Me gustaría regalarles una piedra de poliéster a mis padres porque su jardín es muy importante para ellos y creo que sería un adorno interesante.
> Yo le regalo una piedra de poliéster a Sísifo (*Sisyphus*) para que su tarea no sea tan árdua.

1. las piedras de poliéster
2. los pendientes de letras sueltas (¿Qué letras le regalaría a esta persona?)
3. las lámparas con forma de vasos
4. las botellas de tierra

ACTIVIDAD B. ¡Muchas gracias!

Es su cumpleaños, la Navidad u otra ocasión en que se hacen regalos. Imagine que un compañero (una compañera) le da un paquete. Ud. lo abre y encuentra adentro uno de los objetos de la página 22. ¿Qué le va a decir Ud.? Con el compañero (la compañera) invente un diálogo breve para hablar del caso. Claro, Ud. no quiere ofender a esta persona después de que le dio un regalo fuera de lo común, pero sí quiere saber qué es esta cosa, qué se puede hacer con ella o para qué se usa y, por supuesto, Ud. quiere también darle las gracias. Después regálele a su compañero/a otra cosa de la página 22.

24 UNIDAD II FUERA DE LO COMÚN

ACTIVIDAD C. Con sus propias palabras

Imagínese que su amigo español, Juan Moreno Ocampo, le ha mandado una de las cosas de la página 22 para su cumpleaños. Por supuesto, como Ud. es una persona muy correcta, le va a escribir una breve carta para agradecérselo. También va a mencionar por qué le gusta tanto este regalo.

MODELO: _____(fecha)_____

Querido Juan,

Recibí _____ que me mandaste para mi cumpleaños. ¡Qué _____! ¡Es justo lo que siempre he querido! Será ideal (Lo voy a usar) para _____.

Además, _____.

Saludos,

DISTINGUIR ENTRE LAS IDEAS PRINCIPALES Y LOS DETALLES

Los detalles importantes son frases o palabras que el autor utiliza para decirnos algo acerca de la idea principal y hacernos más fácil su comprensión. A veces en una oración puede haber solamente un detalle, pero hay casos en que puede haber varios. Los detalles tienen dos funciones importantes.

a. adelantar o anticipar la narración, el cuento o la descripción
b. facilitar la comprensión de la idea principal

Hay que recordar también que no todos los detalles tienen la misma importancia. Algunos son más importantes que otros. Al leer los siguientes artículos, trate de determinar cuáles son los detalles importantes que apoyan la idea principal.

LECTURA: UNOS ARTÍCULOS BREVES

Antes de leer

Ahora va a leer unos artículos breves sobre distintos temas. No es necesario saber el significado de cada palabra para poder comprenderlos. Al leer, tenga presente que esos detalles deben adelantar la descripción o narración y, al mismo tiempo, facilitar la comprensión de la idea principal.

¿LO SABÍA?

1. LAS MUJERES "JIRAFAS" DE LAS TRIBUS PADAUNG, EN EL ESTADO DE CAYÁN (BIRMANIA), SIGUEN LA ANTIGUA COSTUMBRE DE SUJETAR GRADUALMENTE, DESDE LA INFANCIA, AROS DE LATÓN ALREDEDOR DE SU CUELLO, EL CUAL ALCANZA EN ALGUNAS HASTA 40 CENTÍMETROS DE LONGITUD.

CASANI ATACA DE NUEVO

BORJA CASANI, que fue promotor y fundador de *La Luna*, de Madrid, es también fundador de una revista, *Sur Express*, en la que pretende —y consigue— plasmar las inquietudes éticas y estéticas de la modernidad renovada. Imaginativa, atrevida, polémica, vitalista, abrasiva y plástica, *Sur Express* camina cada mes rompiendo los moldes establecidos y las vulgaridades nacionales. Es un consuelo para los inquietos, insatisfechos y anticonformistas, a quienes lo que les gusta no es encontrar, sino buscar.

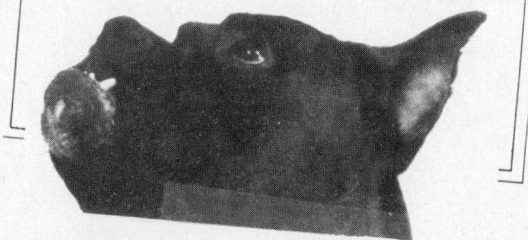

2.

MICROBIO COMEVENENO

Ya se ha identificado una especie de microorganismo que degrada al herbicida llamado agente naranja, sumamente difícil de eliminar. Es una bacteria que elimina hasta un 98 por ciento del agente naranja en una semana, convirtiéndolo en sustancias inofensivas. El éxito ha sido tan alentador, que ya se piensa en adaptar el método para aislar otras especies capaces de descomponer otros peligrosos tóxicos.

3.

La Casa Blanca es española

La residencia oficial del presidente de los Estados Unidos de América, la Casa Blanca, podría cambiar de ubicación si una familia española, los **Pérez Altolaguirre**, decidieran hacer valer sus derechos ante los tribunales de Justicia. Según esta familia, actualmente radicada en Estepona (Málaga), las tierras donde está construida la sede presidencial de los Estados Unidos les pertenecen desde hace doscientos años, según una herencia directa que ni ha prescrito ni se ha modificado. No obstante, para tranquilidad de **Reagan**, el más joven de la familia, **Juan Vicente Pérez Altolaguirre**, de veintisiete años, que aparece en la foto, ha comentado que *«ni siquiera hemos pensado en iniciar trámites legales para recuperar las posesiones»*.

5.

EXCESIVA LIBERTAD

Es el profesor **Tierno**, alcalde de Madrid, quien opina que «libertad ya hay, y yo creo que excesiva». **Enrique Tierno**, que en los últimos tiempos insiste en su carácter de viejo profesor marxista, argumenta que «la libertad puede ser excesiva cuando no está equilibrada con la igualdad. Una libertad a costa de igualdad es un crimen, que es lo que pasa exactamente en los Estados Unidos», ha dicho liberalmente don **Enrique**. Al reclamársele más matizaciones, **Tierno** ha explicado que «a veces hay una cierta irresponsabilidad cuando manejamos las cosas y no sabemos autolimitarnos». En concreto ha citado el alcalde-profesor las enormes facilidades que la Constitución proporciona en los campos de la información, la publicidad, la formación sindical. «Pero, a veces, esto que está bien como instrumento, no se ha sabido manejar con la suficiente responsabilidad».

4.

Después de leer

A. Identificando los detalles. Indique con una palomita (√) los detalles que ayudan a entender la idea principal. Encontrará más de uno.

1. ¿Lo sabía?
   _____ Las mujeres «jirafas» son de las tribus padaung.
   _____ Sólo hacen esto por algunos años.
   _____ Siguen la costumbre de sujetar aros alrededor de su cuello.
   _____ Hacen esto desde la infancia.
   _____ Su cuello alcanza en algunos casos una longitud de 40 centímetros.
   _____ Son de África.

2. Casani ataca de nuevo
   _____ Borja Casani fue diseñador de ropa.
   _____ Borja Casani fundó dos revistas, *La Luna* y *Sur Exprés*.
   _____ *Sur Exprés* también es un tren, según el artículo.
   _____ *Sur Exprés* rompe los moldes establecidos.
   _____ *Sur Exprés* es anticomunista.
   _____ *Sur Exprés* es para personas conservadoras.

3. Microbio comeveneno
   _____ Hay una bacteria que se llama «agente naranja».
   _____ El agente naranja es difícil de eliminar.
   _____ Este herbicida se hace de naranjas.
   _____ La bacteria elimina un 98% del agente naranja.
   _____ Su éxito es controvertible.
   _____ Este método podría usarse para eliminar otros venenos.

4. Excesiva libertad
   _____ El profesor Tierno dice que hay «excesiva libertad» en Madrid.
   _____ Debe haber igualdad con la libertad.
   _____ La libertad es un crimen, según Tierno.
   _____ A veces somos irresponsables y no sabemos autolimitarnos.
   _____ Las democracias son irresponsables.

5. La Casa Blanca es española
   _____ La Casa Blanca podría estar en Estepona (Málaga).
   _____ La familia Pérez Altolaguirre quiere vivir en la Casa Blanca.
   _____ La familia Pérez Altolaguirre tiene derecho a la tierra donde está construida la Casa Blanca.
   _____ Les pertenece la tierra desde hace 200 años.
   _____ Les pertenece la tierra por herencia directa.

B. Más sobre los detalles. Las siguientes preguntas tienen que ver con la idea principal del artículo. Lea la pregunta y después contéstela, escogiendo los detalles apropiados del artículo.

Pobres y ricos

Londres (ANSA) – La reina Isabel de Inglaterra gana 23 libras esterlinas por minuto, o sea 5 libras esterlinas menos que Joan Collins y 37,50 libras esterlinas menos que Paul Mc Cartney.

Lo escribe la revista inglesa "Woman's" que publica una encuesta en la que relega entre los "pobres" a los príncipes de Gales y a Margaret Thatcher.

Sin embargo, comparados con otras estrellas del firmamento de celuloide, la reina Isabel, la famosa actriz de Dinastía y el ex Beatle, ganan poco: Bill Cosby, por ejemplo gana 32 millones de libras esterlinas anuales equivalentes a 213 libras por minuto; y Paul Mc Cartney figura en el primer puesto de los mejor pagados, con 62,50 libras esterlinas por minuto, mientras que el campeón automovilístico, Nigel Mansell, y el boxeador Frank Bruno están considerados casi "pobres". Los príncipes de Gales ganan sólo tres libras esterlinas por minuto mientras que la "pobrísima" Maggie Thatcher se tiene que conformar con 15 peniques.

DISTINGUIR ENTRE LAS IDEAS PRINCIPALES Y LOS DETALLES 27

MODELO: ¿Quiénes son los ricos y quiénes los pobres y cuánto ganan?

RICOS

Bill Cosby   213 libras por min.

Paul McCartney   62,50 libras por min.

POBRES

Reina Isabel   23 libras por min.

Joan Collins   5 libras por min. más que la reina

Príncipes de Gales   3 libras por min.

Maggie Thatcher   15 peniques por min.

Un árbol de Navidad adornado con diamantes

Tokio(ANSA) – En una de las grandes tiendas de Ginza, el barrio más "in" para las compras, fue colocado un árbol de Navidad, que más lujoso no puede ser. En lugar de estrellas e hilos de plata está adornado con diamantes.

Sus dimensiones son modestas, un cedro de apenas un metro y medio de altura, pero los diamantes, no sólo son numerosos sino de una calidad nada desdeñable. En total, son 303 y su valor está calculado en 300 millones de yens.

En el mismo lugar, dos candelabros de oro macizo, de tres kilos y medio de peso, con incrustaciones de más de un centenar de diamantes. Su valor, 500 millones de yens.

Aquel árbol de Navidad cargado de diamantes es quizás el ejemplo más claro del estadio a que ha llegado este país. Nos referimos a la opulencia. Y si uno se tomara el trabajo de indagar en las bolsas de residuos de las familias japonesas encontraría para su sorpresa no pocos televisores, innumerables electrodomésticos, que funcionan perfectamente y que son arrojados al cajón de los desechos simplemente porque salió un modelo nuevo.

De todas formas, el árbol de diamantes también apunta a otros significados revela distorsiones y malestares profundos en una sociedad y en una economía, si bien no se trata de hacer moralismo anticonsumista por-

que la libertad en los consumos es una forma de democracia.

Lo cierto es que la gente se lanza al consumo más inmediato y desenfrenado porque no tiene otros modos de gozar materialmente del propio bienestar. El rédito promedio es el doble del italiano pero las condiciones y calidad de la vida no son las mismas. Dos tercios de los italianos son propietarios de sus casas y el 20 por ciento tiene una segunda casa. En el Japón, en cambio, pocos poseen casa, a lo sumo un modesto departamento a una hora y media del centro de la ciudad. También se gasta poco en vacaciones, sencillamente porque no las toman. Lo máximo a que se tiene derecho es a 21 días y eso en la vejez.

Este árbol de Navidad dice algo de la sociedad japonesa. Indique tres detalles importantes que revela el artículo acerca de los japoneses.

_____ Los japoneses depositan artículos buenos en la basura.
_____ No tienen problemas porque es una sociedad rica.
_____ Les gusta comprar.
_____ Son como los italianos.
_____ No toman vacaciones.

Sonambulismo

EN una reunión de expertos, recientemente celebrada, se ha tratado del sonambulismo, que es un trastorno que se produce aproximadamente en el quince por ciento de la población infantil y en el cinco por ciento de la adulta, afectando en mayor proporción a los varones.

Etimológicamente, sonambulismo significa «andar dormido», y durante mucho tiempo se consideró a las personas que lo padecían como embrujadas o endemoniadas, mientras que ahora se sabe que es una afección de carácter hereditario, en la que juega un papel importante un cierto grado de inmadurez del sistema nervioso central.

El sonámbulo auténtico es aquel que se levanta de la cama, deambulando por la casa y realizando diversas acciones, como vestirse, abrir armarios, puertas o ventanas, ir al baño e incluso comer, y todo ello de forma inconsciente y sin que quede en su memoria recuerdo alguno de lo sucedido. El episodio suele durar pocos minutos, aunque en

algunos casos se prolonga más de media hora, con lo que el riesgo de accidente durante el paseo nocturno aumenta.

El tratamiento consiste en una psicoterapia individual, y en casos rebeldes o muy frecuentes, recurrir a fármacos sedantes. Si los episodios de sonambulismo son escasos, ni siquiera es necesario acudir al especialista.

NOTICIAS

Indique tres características del sonambulismo.
_____ Es más común en los niños que en los adultos.
_____ Los hombres padecen más de sonambulismo que las mujeres.

_____ El sonámbulo camina, hace diferentes actividades y se acuerda de lo que hace.

_____ El sonambulismo puede ser peligroso si el episodio es largo.

_____ Todos los casos no necesitan tratamiento.

El club "Gulliver" para personas altas

Leningrado (APN) – A pesar de que a la fiesta de Leningrado no asistió Pedro el Grande, de todas maneras constituyó un "encuentro en la cumbre": la estatura mínima de los hombres fue de 190 centímetros. La fiesta comenzó con la ceremonia de otorgamiento al fundador de la ciudad del título de miembro honorífico del club "Gulliver" de Leningrado. Agrupa a hombres y mujeres que le hagan honor al zar no por su título de monarca, sino por su estatura: 204 centímetros. El actor que desempeñó el papel de Pedro el Grande fue Valeri Matvéev, del gran teatro de drama Gorki, cuya estatura es de dos metros. Es el actor más alto de Leningrado.

"Muy a menudo, en la vida tenemos que sufrir un sinnúmero de dificultades, desde la compra de zapatos hasta el viaje en el trasporte público. Además, nos es difícil tratar con la gente, por eso las personas altas sufren con frecuencia de soledad. El club nos ha dado la posibilidad de unirnos, por eso nos sentimos contentos", dice el actor.

Ahora, en Leningrado, residen más de tres mil jóvenes altos. De ellos uno de cada diez se afilió al club, en el que ya dos parejas han contraído matrimonio. Las personas altas se reúnen en un café, abierto en el Palacio de la Cultura de Marineros, donde funcionan varios círculos. Les brinda su ayuda una tienda especial para personas altas y una sastrería que funciona en los estudios de cine "Lenfilm".

Se establecen los primeros contactos internacionales: los Gullivers leningradenses enviaron un mensaje al Club Polaco de Personas Altas, ofreciéndoles su amistad y su cooperación.

¿En qué párrafo se habla de algunas de las dificultades que sufren las personas altas?

1   2   3   4

Indique esas dificultades.

_____ Se sienten solos.

_____ Les es difícil encontrar zapatos.

_____ Les es difícil tratar con la gente.

_____ El transporte público es un problema para ellos.

_____ La unión entre ellos los hace sentirse contentos.

Se aguarda el nacimiento de quintillizos en Mendoza

Mendoza (NA) — Una mujer de 34 años dará a luz en las próximas semanas a cinco mellizos mediante una operación cesárea y en forma prematura, en lo que se considera el tercer caso en la historia argentina y el sexto conocido en el mundo que registra la medicina moderna, según se informó ayer en esta capital.

La paciente está internada desde hace dos meses en el sanatorio de la Sociedad Española de Socorros Mutuos en donde se ha puesto en marcha un operativo humano y tecnológico sin precedentes en esta provincia para este tipo de situación.

Los directivos de la clínica explicaron que la mujer, cuyo nombre se mantiene en reserva por pedido expreso de ella y de su esposo había estado sometida a un tratamiento de fertilización.

Señalaron que hasta el momento se observa el crecimiento homogéneo y uniforme de los cinco fetos de acuerdo con los diagnósticos realizados a través de la ecografía pero aclararon que no se ha realizado determinación de sexo.

Los médicos señalaron también que la futura madre de los quintillizos deberá ser sometida a una operación cesárea antes del término de la gestación porque "la última semana de embarazo es traumática para los bebés".

Este caso de gestación múltiple derivó en la creación de una sala de terapia intensiva neonatal que por su magnitud "trascenderá al país" en tanto se hizo notar que los nacimientos serán atendidos por cinco médicos neonatólogos, cinco enfermeras especializadas y se utilizarán cinco cunas de trasporte para llevar a las criaturas desde el quirófano hasta la sala de terapia intensiva.

El nacimiento de quintillizos es un fenómeno raro. Indique algunos detalles acerca de la madre de los niños.

_____ Dará a luz en cinco semanas.

_____ Se llama Socorro Mutuos.

_____ Había seguido un tratamiento de fertilización.

_____ Le harán una operación cesárea.

_____ Ella sabe el sexo de los fetos.

ASOCIAR LA IDEA PRINCIPAL CON LOS DETALLES

Es importante poder asociar los detalles con la idea principal. Recuerde que cada párrafo contiene una oración con la idea principal y, por lo general, varias oraciones con detalles. Lo importante es poder asociar o relacionar los detalles con las ideas apropiadas.

Al leer los siguientes artículos, preste atención a la idea principal y a los detalles que dicen algo más acerca de esa idea.

LECTURA: LAS SIETE «GRANDES»

En otras palabras

Dé una lectura rápida al artículo, buscando las palabras que correspondan a las siguientes definiciones:

_____ 1. cuando un grupo de personas no puede reunirse (párr. 2)

_____ 2. miembros de un grupo, asociación, etcétera (párr. 3)

_____ 3. espacio de tiempo que refiere a un día (párr. 4)

_____ 4. estar a favor de (párr. 5)

_____ 5. enseñar (párr. 7)

_____ 6. el acto de quitarle a alguien dinero o bienes con engaño (párr. 8)

Antes de leer

Al leer el siguiente artículo, trate de determinar a qué se refiere la palabra *grandes*.

La meditación trascendental y los *gurús* también ejercen una notable influencia.

Las siete 'grandes'

S. G-D, **París**

Las principales sectas presentes en Europa occidental, según las investigaciones de Roger Ikor, son las siguientes:

Niños de Dios (llamada ahora **Familia del Amor**). Creada por el norteamericano David Berg, fue disuelta por decreto en Francia en 1978 por estimar que practicaba una modalidad de prostitución juvenil.

Krishna. Los adeptos trabajan 19 horas diarias y repiten 1.728 veces al día su *mantra*. Se financia con el dinero que recogen sus seguidores en la calle.

Asociación para la Unificación del Cristianismo Mundial (Moon). Es una de las sectas más poderosas del mundo occidental, cuya doctrina religiosa se mezcla con un violento y activo anticomunismo. Los adeptos inician la jornada con estas palabras: "Buenos días padre nuestro (Moon). Queremos darte todo el dinero que podamos para que puedas unir al mundo".

Cooperativas de Vida Ecológica (Ecoovie). Creada por un canadiense de origen indio. Bajo la apariencia de una defensa de la naturaleza, propugna un vegetarianismo integral, el rechazo de todo tipo de asistencia médica, sexualidad comunitaria y trabajo sin herramientas. Según el CCMM practica una explotación implacable de sus adeptos, relacionada con la Universidad de la Paz.

Asociación Internacional de Meditación Transcendental. Dirigida por su santidad el Maharishi Yogi, se presenta como una especie de doctrina hinduista. En expansión en todo el mundo.

Nueva Acrópolis. Nació en Argentina, fundada por Jorge Livraga. Se presenta como un "centro de formación al servicio de la cultura y la educación, y en él se imparte una enseñanza superior basada en la tradición". Organización interna estrictamente jerarquizada, casi militar. Connotaciones fascistas.

Iglesia Scientológica. Fundada por un norteamericano, Ronald Hubbard, hoy día desaparecido. En 1978 Hubbard fue condenado en Francia a cuatro años de prisión por estafa.

Después de leer

Asociando los detalles con las ideas. Asocie los detalles de la columna izquierda con las ideas principales (en este caso, las sectas) de la columna derecha, escribiendo la letra de la secta al lado del detalle. Es posible que cada secta corresponda con varios detalles.

DETALLES

_____ 1. Maharishi Yogi
_____ 2. norteamericano
_____ 3. defensa de la naturaleza
_____ 4. anticomunismo
_____ 5. doctrina hinduista
_____ 6. mantra
_____ 7. 1.728 veces
_____ 8. canadiense
_____ 9. 1978
_____ 10. David Berg
_____ 11. Ronald Hubbard
_____ 12. Jorge Livraga
_____ 13. vegetarianismo

LAS SECTAS

a. Krishna
b. Asociación Internacional de Meditación Transcendental
c. Niños de Dios (Familia del Amor)
ch. Cooperativas de Vida Ecológica
d. Asociación para la Unificación del Cristianismo Mundial
e. Nueva Acrópolis
f. Iglesia Scientológica

LECTURA: EL «BESTIARIO» DE TOMEO

En otras palabras

Dé una lectura rápida al artículo. Después, empareje las siguientes palabras con la definición correspondiente.

PALABRAS

_____ 1. haber (párr. 1)
_____ 2. taciturna (párr. 2)
_____ 3. risueñas (párr. 2)
_____ 4. se asemeja (párr. 5)
_____ 5. cima (párr. 5)
_____ 6. se yergue (párr. 5)
_____ 7. se aferran (párr. 5)
_____ 8. dilatación (párr. 5)
_____ 9. estanque (párr. 6)
_____ 10. aquelarres (párr. 7)
_____ 11. terciopelo (párr. 7)
_____ 12. traseras (párr. 7)
_____ 13. verrugas (párr. 7)
_____ 14. abejorro (párr. 9)

DEFINICIONES

a. parte más alta
b. reunión nocturna de las brujas
c. posteriores
ch. a su favor
d. se sujetan con fuerza
e. se levanta
f. callada
g. tela fina
h. alegres
i. cuerpo de agua
j. se parece
k. abertura
l. insecto que zumba al volar
ll. protuberancias en la piel

Antes de leer

Al leer El «Bestiario» de Tomeo, note que son los insectos los que hablan de sí mismos y de otros animales. Mientras lea, no olvide la siguiente pregunta: ¿Qué detalles se mencionan en cada una de las partes en que se divide el artículo?

CULTURA

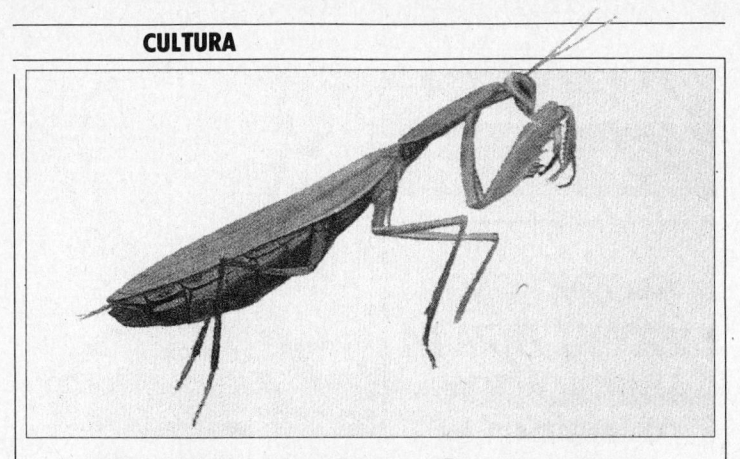

El "Bestiario" de Tomeo

Javier Tomeo hace un humorístico repaso zoológico en su último libro

HUMOR, sentido del absurdo y condensación gracianesca son las tres cualidades que la crítica ha advertido en la narrativa de Javier Tomeo (Huesca, 1931). Autor de moda en Alemania y traducido en Francia, Italia, Holanda, Inglaterra y Brasil, Tomeo cuenta con ocho novelas en su haber. De su último libro, *Bestiario* (Mondadori), procede esta selección.

ARAÑA (I). Pueden pensar algunos que soy una criatura taciturna, que anda siempre preocupada por descubrir nuevas estructuras geométricas, o por solucionar graves problemas poligonales, mientras sus hermanas, más risueñas, lanzan al viento sus hilos de plata o esperan, confiadas, en el centro de un universo que supieron ordenar ellas mismas.

No me tengo, sin embargo, por taciturna, y no me preocupan los problemas poligonales ni las estructuras geométricas todavía no descubiertas. No me considero, en suma, tan distinta de mis hermanas. Al fin y al cabo, nuestros cuerpos son idénticos. (...)

Lo que sucede —y eso lo explica todo— es que yo nací con los ojos cambiados y que, mientras mis hermanas, durante el día sonríen entre las flores, yo veo esas mismas flores con ojos que fueron hechos exclusivamente para las sombras y el misterio.

LA MANTIS FLOR. Esa araña, por lo menos, conoce su problema. Yo, sin embargo, vivo atormentada por la duda. Fíjense ustedes en mí: la parte inferior de mi cuerpo se asemeja a un ramo de hojas muertas. Entre ellas, en la cima de un largo rabillo, se yergue un magnífico pétalo púrpura, azul, violeta y rosado. Mis patas anteriores, que son las que se aferran a la presa, presentan una larga dilatación membranosa que imita una orquídea.

Más de una vez, contemplándome en el espejo del estanque, me pregunto: ¿Y si yo no fuese ese insecto cruel que pienso ser? ¿Y si yo fuese, en realidad, una flor?

Tomeo, de moda en Europa.

EL SAPO. Pues yo ni siquiera tengo el privilegio de la duda —explica el sapo, junto a la orilla del lago—. Yo sé muy bien quién soy. Un animal maldito, a quien algunos han creído ver en los aquelarres, vestido de terciopelo y alzado sobre sus dos patas traseras. Cuando me irrito transpiro un veneno mortal a través de las verrugas de mi cuerpo.

A la gente, por tanto, no le importa que mi voz sea dulce y que en mis ojos palpite el resplandor de lejanos incendios.

LA MOSCA CABEZUDA. Me río de las aprensiones de ese sapo, enemigo mortal de casi todos los de nuestra clase. Esa espantosa criatura no se preocuparía tanto de la opinión del prójimo si,

CULTURA

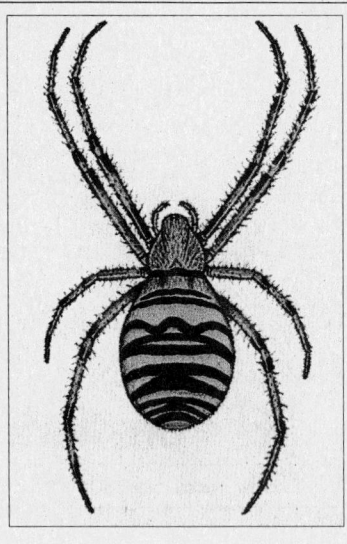

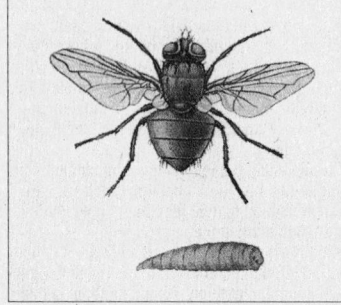

Tres de los animales —el sapo, la araña y la mosca— cuyas voces y pensamientos recoge con ironía el autor de «Bestiario».

como hago yo, cultivase más su espíritu. Que mi conducta le sirva, pues, de ejemplo. Antes de que yo naciese, mi madre persiguió al abejorro en pleno vuelo y depositó sobre su cuerpo el huevo del que procedo. Una vez convertido en larva, me las ingenié para penetrar en el cuerpo de aquel estúpido.

Durante algún tiempo viví cerca de su conducto digestivo, alimentándome con su sangre. Día a día, el abejorro fue debilitándose y acabó muriendo.

Sonó, entonces, la era de mi liberación. Y hoy, convertido ya en un insecto adulto, quiero proclamar que, pese a mis oscuros orígenes, me he convertido en un intelectual consciente, que vive inmerso en el contexto socio-cultural de su época.

Ahí está, para demostrarlo, este gran cabezón mío, más ancho incluso que mi propio tórax.

LA PULGA DE AGUA. Al cuerno esa mosca presuntuosa. Es mejor vivir en la ignorancia. ¿Para qué sirve leer tanto? ¿Para conocer mejor nuestras limitaciones? ¿Para vislumbrar el destino cruel que nos aguarda?

Aquí estoy, por ejemplo, yo. Mi cuerpo es transparente. Cualquiera puede ver, en pleno funcionamiento, todos mis órganos internos: cerebro, músculos, intestinos y corazón. No tengo, pues, secretos para nadie.

Esa noble transparencia, sin embargo, no me sirve de nada. Si mis hermanos, que ahora son felices, pudiesen leer, sabrían cuál es el fin que les espera: cultivados artificialmente en un tanque de agua, servirán de pasto a los opacos peces del estanque.

LA LUCIERNAGA. La injusticia es universal —se lamentaba la luciérnaga—. Ahí tienen ustedes nuestro caso. Durante el día, somos pequeñas y prosaicas. Cuando llega la noche, sin embargo, nos convertimos en porta-antorchas. La luz que emitimos, verdosa y fría, puede ser fija o intermitente, según el sexo, la especie y las condiciones del medio ambiente.

¿Qué sucede luego? Todo es muy simple: aquí está el macho, allí está la hembra. Centellea el macho su amoroso mensaje y dos segundos más tarde le responde la hembra. A ella no le interesa adelantar ni retrasar la respuesta, si es que realmente desea ser requerida. Pero ¿saben ustedes cómo termina, muchas veces, ese apasionado diálogo?

Es la rana quien se encarga de poner el punto final. Ella es la única culpable de infinidad de amores frustrados. Que nadie condecore, pues, a ese ridículo engendro, que devora a mis hermanas sin orden ni concierto. Que nadie le rinda honores cuando, de noche, le vea relucir a orillas de la charca: es nuestra luz y nuestra belleza, amigos míos, la que sobrevive en el estómago del cretino. ∎

N.º 855/18-4-88

Después de leer

Asociando las ideas principales con los detalles. A continuación tiene los detalles y un bosquejo del artículo que acaba de leer. Determine qué detalles corresponden a cada animal y escriba su número en la columna correspondiente.

DETALLES

1. Cuando me irrito transpiro un veneno mortal a través de las verrugas de mi cuerpo.
2. Yo vivo atormentada por la duda.
3. Este cabezón mío es más ancho que mi propio tórax.
4. No me tengo por taciturna ni me preocupan los problemas poligonales.
5. La parte inferior de mi cuerpo se asemeja a un ramo de hojas muertas.
6. Me río de las aprensiones de ese sapo, enemigo mortal de casi todos los de nuestra clase.
7. Yo nací con los ojos cambiados.
8. Soy un animal maldito.
9. A la gente no le importa que mi voz sea dulce.
10. Antes de que yo naciese mi madre persiguió al abejorro y depositó sobre su cuerpo el huevo del que procedí.
11. Mis patas anteriores son las que se aferran a la presa.
12. No me considero tan distinta de mis hermanas.

BOSQUEJO

I. La araña   II. La mantis flor   III. El sapo   IV. La mosca cabezuda

_____   _____   _____   _____

_____   _____   _____   _____

_____   _____   _____   _____

LECTURA: AMORES PROFUNDOS

En otras palabras

Repase estas palabras primero y luego lea el artículo. Después empareje las palabras con la definición correspondiente.

PALABRAS		DEFINICIONES
_____ 1. espeleología (párr. 1)	a.	cuerdas y otro equipo
_____ 2. cultores (párr. 1)	b.	cuevas
_____ 3. incrementarse (párr. 1)	c.	aficionados
_____ 4. desprovista (párr. 2)	ch.	exploración de profundidades
_____ 5. antros (párr. 2)	d.	submarinismo
_____ 6. mono (párr. 4)	e.	aumentar
_____ 7. atalaje (párr. 4)	f.	traje compuesto de pantalón con cuerpo y mangas
_____ 8. buceo (párr. 4)	g.	que le falta (algo)

Antes de leer

Este artículo habla de una actividad no muy común y algo peligrosa. Al leerlo, Ud. se va a dar cuenta de lo interesante que es esa actividad. ¿Puede Ud. explicar lo que quiere decir el título? No olvide prestar atención a los detalles que se presentan en cada párrafo.

Amores profundos

LA espeleología es una ciencia pero también un deporte, tal vez el más oscuro, el peor conocido, aquel cuya práctica no dota a sus cultores de un color bronceado en la piel sino todo lo contrario. Los 5.200 federados que existen en España (de los que sólo una docena son científicos), sin embargo, indican que la afición de investigar profundidades no es tan ridículamente minoritaria como muchos podrían pensar. Más aún: desde que hace treinta años se inició la práctica de este deporte en España, los cultores no han hecho más que incrementarse año a año.

La exploración de las honduras de la tierra tiene una fascinación única: paisajes nunca vistos en la superficie, lagos y ríos misteriosos, y una fauna extraña, desprovista de pigmentación, por lo general ciega y de una sensibilidad extrema, aguardan a quienes se internen en los accidentados antros subterráneos. Y todas las emociones del montañismo, deporte con el cual la espeleología tiene muchísimos aspectos técnicos en común.

Los espeleólogos suelen dar noticias a la prensa de vez en cuando. Sin ir más lejos, en 1983, tres italianos se vieron atrapados durante cuatro días en las mismas profundidades de Cueto-Coventosa, pero salieron con vida y sin otra lesión que la del susto. La mortalidad de esta práctica deportiva es, en realidad, muy baja: en los últimos diez años hubo que lamentar sólo cuatro personas muertas en las cavidades. Pese a esto, la Mutualidad General Deportiva que se ocupa de asegurar a los deportistas considera a la espelelología una práctica de alto riesgo, al mismo nivel que el automovilismo o el motociclismo.

Para practicar la espeleología se necesita, obviamente, un buen estado físico y un sofisticado equipo que incluye casco, lámparas que van sujetas a aquel (por lo general de carburo), traje o mono preferentemente amplio e impermeable, calzado de montaña, atalaje para suspenderse, guantes de caucho, además de cuerdas de alpinismo y aparatos propios de esa especialidad. A ello hay que sumar escaleras de cuerdas, mochilas y botes neumáticos para atravesar los espacios de agua de las profundidades, además de equipos de buceo si se van a explorar los lagos subterráneos. Naturalmente la experiencia no es apta para claustrofóbicos.

Después de leer

Asociando las ideas principales con los detalles. A continuación tiene los detalles y un bosquejo del artículo que acaba de leer. Determine qué detalles corresponden a cada idea principal y escriba su número en la columna correspondiente.

DETALLES

1. Es una ciencia y un deporte.
2. Hay que tener equipo de buceo y botes neumáticos.
3. Tres italianos se quedaron atrapados en Cueto-Coventosa.
4. Se ven paisajes nunca vistos en la superficie.
5. Se practica en España hace treinta años.
6. El espeleólogo debe estar en buen estado físico.
7. Se ven animales extraños, sin color y ciegos.
8. Hay 5.200 espeleólogos en España.
9. Se necesitan lámparas, cascos y monos impermeables.
10. La mortalidad es baja.
11. Se sienten las mismas emociones que en el montañismo.
12. Aunque sólo ha habido cuatro muertos, se considera un deporte de alto riesgo.

BOSQUEJO

I. La espeleología

II. La exploración de las honduras de la tierra

III. Los peligros de la espeleología

IV. Lo que se necesita para practicar la espeleología

___ ___ ___ ___
___ ___ ___ ___

¡A CONVERSAR!

ACTIVIDAD A. Otras perspectivas

En el «Bestiario» de Tomeo los insectos hablan de sí mismos y de otros animales. Si pudieran hablar los siguientes animales, plantas o árboles, ¿qué dirían?

Si Uds. quieren divertirse, escriban los siguientes nombres en un papelito. Cada miembro de la clase debe escoger uno (¡con los ojos cerrados!). Después de pensar en lo que va a decir, la persona debe hablar como si fuera la planta o animal. ¡Recuerden que se puede hablar de otro! Por ejemplo, el árbol puede hablar del pájaro y vice versa.

ANIMALES	PLANTAS	ÁRBOLES
el perro	la rosa	la palmera
el gato	el tulipán	el pino
el elefante	la amapola (*poppy*)	la secoya
el pez	la azucena (*lily*)	el manzano
el pájaro	la margarita (*daisy*)	el arce (*maple*)
la cebra	la orquídea	
el tiburón (*shark*)	el diente de león (*dandelion*)	
la cigüeña (*stork*)	el cactus	
el pulpo (*octopus*)	la pascua (*poinsettia*)	
el rinoceronte		
el oso (*bear*)		
el león		

ACTIVIDAD B. ¿Quién soy?

Recojan los papelitos de la Actividad A, revuélvanlos bien y escojan uno otra vez. Ahora, descríbase cada uno a sí mismo/a, según el modelo, para que la clase adivine quién es. Si nadie adivina, continúe dando más detalles hasta que se descubra su identidad.

MODELO: Soy una planta. Tengo espinas y vivo en el desierto. ¿Quién soy? ... ¿Más detalles? Pues, no necesito mucha agua para vivir.

ACTIVIDAD C. El peligro

La espeleología se considera una actividad peligrosa. De los siguientes deportes y ocupaciones, ¿cuáles son los que se consideran más peligrosos? Formen grupos de cinco personas para ver si tienen las mismas opiniones. Den un número del 1 al 5 para clasificarlos. El 5 es para el más peligroso. Si hay diferentes opiniones, coméntenlas. Después, comparen sus conclusiones con las de los otros grupos.

UNIDAD II FUERA DE LO COMÚN

LOS DEPORTES

1. el automovilismo
2. el motociclismo
3. el boxeo
4. el esquí
5. el paracaidismo (*parachute jumping*)
6. el alpinismo
7. el tenis
8. el buceo

LOS TRABAJOS

1. bombero/a
2. camionero/a (*truck driver*)
3. taxista
4. policía
5. piloto/a
6. veterinario/a
7. geólogo/a
8. profesor(a) de educación física

REPASO DE ESTRATEGIAS

En esta unidad, Ud. ha estudiado y practicado algunas estrategias para identificar los detalles y las ideas principales en un artículo. Las estrategias son las siguientes:

- identificar las ideas principales en párrafos, anuncios y artículos breves
- distinguir entre las ideas principales y los detalles
- asociar las ideas principales con los detalles

LECTURA: LA GUERRA COMO DIVERSIÓN

En otras palabras

Antes de leer el artículo, fíjese en las siguientes palabras y definiciones. Después, dé una lectura rápida al artículo pero tratando de determinar el sentido de cada palabra según el contexto. Luego empareje las palabras con su sinónimo.

PALABRAS	SINÓNIMOS
___ 1. remonta (párr. 1)	a. ataques por sorpresa
___ 2. escaramuzas (párr. 1)	b. es desde cierta época en el pasado
___ 3. emboscadas (párr. 1)	c. llevándose por la fuerza
___ 4. arrebatando (párr. 5)	ch. combate de poca importancia

Antes de leer

Como Ud. se va a dar cuenta, este artículo también trata de una actividad controvertible. Tiene sus defensores pero también tiene sus críticos. Al leer el artículo, trate de encontrar las ideas principales y los detalles que las apoyan.

Forofos del juego de la supervivencia: la guerra en broma es negocio serio.

La guerra como diversión

EL origen del juego de la guerra se remonta a 1981. Lo inventaron tres amigos de Nueva Inglaterra, al nordeste de Estados Unidos, quienes invitaron a catorce conocidos de distinta extracción social para que lo practicaran experimentalmente. La región, que es montañosa, se presta a las escaramuzas y emboscadas. El éxito de la prueba fue total. Tenía por finalidad sobrevivir en el bosque (de ahí el nombre del juego) con un pequeño equipo, en el que se incluía un arma. El ganador de la prueba ni siquiera tuvo que desenfundarla. No mató a nadie. Pero demostró cualidades excepcionales para sobrevivir escapando, incluso de los ataques del enemigo.

Tres participantes escribieron artículos refiriendo la experiencia y atrajeron la atención del público. Por todas partes del país empezaron a copiar el juego. Se estima que en Estados Unidos lo practican regularmente 35.000 personas, de las cuales un 80 por ciento son hombres. En Japón ha conseguido causar furor.

También se llama *Juego nacional para sobrevivir*. En agosto de 1987 se celebró en los Estados Unidos el II Campeonato de la especialidad, en el que participaron diecisiete equipos con un presupuesto de 14.000 dólares (algo más de un millón y medio de pesetas).

Cada equipo se compone de quince jugadores que van equipados con uniformes de camuflaje, rifles (aire comprimido) que disparan una sustancia gelatinosa (sangre) y apoyo de tanques, camiones todo terreno, etcétera.

En la competición se organizan combates de 45 minutos. Un ejército debe derrotar al otro no sólo eliminando a los soldados —al ser alcanzados deben caer—, sino también arrebatando la bandera.

Recientemente se han incorporado elementos de artillería pesada a estos comandos de la guerrilla. Disponen de tanquetas, trampas, granadas (también tiñen al explosionar) y vehículos especiales. La guerra armamentista también ha ganado adeptos en el juego que, por otra parte, es como una extensión natural del derecho que se reconoce al ciudadano a portar armas o, al menos, a tenerlas en su domicilio.

El juego ha desatado polémicas. Sus defensores le otorgan valor catártico. Libera agresividad, mejora las relaciones humanas, etcétera. Pero no faltan los críticos, entre ellos el doctor Leonard Berkowitz, profesor de Psicología en la Universidad de Wisconsin, en Madison, especialista en agresión: «Este juego no produce catarsis alguna y no está probado que disminuya la violencia. Es más: con el tiempo los jugadores son propensos a incrementar su agresividad y su crueldad», ha afirmado.

Normalmente las fuerzas se organizan durante el fin de semana. Hay tres revistas especializadas en el tema que se venden directamente a los suscriptores adictos al nuevo deporte.

Los defensores —y promotores— del juego señalan que mejora las relaciones entre empleados, y de éstos con sus jefes, a los que pueden *matar*, dando así satisfacción a sus deseos reprimidos en el inconsciente.

Los mejores clientes provienen de Wall Street y de otros distritos financieros, como por ejemplo el de Chicago. Es la gente más competitiva. También la más agresiva.

Ignacio Carrión *(Washington)*

Después de leer

A. Buscando la idea principal. Escoja las respuestas correctas.
1. La idea principal del primer párrafo es
   a. hablar de tres amigos de Nueva Inglaterra
   b. explicar el origen y el propósito del juego de la guerra
   c. explicar que el inventor no mató a nadie para sobrevivir
2. El segundo párrafo trata de
   a. los artículos que escribieron tres participantes
   b. cómo se difundió el juego
   c. los hombres que participan

3. Los párrafos tres, cuatro y cinco tienen como tema principal
   a. el otro nombre del juego
   b. el II Campeonato que se celebró en los Estados Unidos y los equipos que participaron
   c. el número de jugadores
4. El párrafo siete trata de
   a. las polémicas que ha causado el juego
   b. el valor catártico del juego
   c. la tendencia de los jugadores a incrementar su agresividad
5. La idea principal de los párrafos nueve y diez es que
   a. el juego produce beneficios en los jugadores
   b. se satisfacen deseos reprimidos
   c. los mejores clientes vienen del mundo de las finanzas

B. Asociando las ideas principales con los detalles. A continuación se presenta un bosquejo seguido de una lista de detalles. Basándose en el artículo, elija los detalles que se refieren a cada idea principal y escriba su número en el espacio correspondiente.

BOSQUEJO

I. Cómo empieza el juego II. El Campeonato III. Defensa y crítica del juego

_____   _____   _____

_____   _____   _____

_____   _____   _____

DETALLES

1. Mejora las relaciones entre empleados y jefes.
2. La prueba fue un éxito.
3. Se celebró en los Estados Unidos en 1987.
4. Lo inventaron en los Estados Unidos.
5. Participaron diecisiete equipos.
6. El juego tiene un valor catártico.
7. Los jugadores son propensos a aumentar su agresividad.
8. El ganador ni siquiera tuvo que desenfundar su arma.
9. Hay combates de 45 minutos.

LECTURA: MATRIMONIOS ENTRE PARIENTES

En otras palabras

Repase las siguientes palabras y definiciones y después dé una lectura rápida al artículo. Luego empareje las palabras con la definición correspondiente.

PALABRAS	DEFINICIONES
___ 1. esparcida (párr. 1)	a. exenciones, privilegios
___ 2. dispensa (párr. 3)	b. sin el sentido de la vista
___ 3. prole (párr. 4)	c. tipo o clase
___ 4. ceguera (párr. 5)	ch. por todas partes
___ 5. índole (párr. 7)	d. hijos
___ 6. menosprecio (párr. 8)	e. linaje, raza
___ 7. taras (párr. 8)	f. falta de respeto
___ 8. estirpe (párr. 10)	g. defectos

Antes de leer

El tema que se desarrolla en este artículo ha sido motivo de grandes controversias. Su historia es muy interesante y atraviesa las fronteras de muchos países. Al leer el artículo no olvide las estrategias que ha estudiado para identificar la idea principal y los detalles.

Matrimonios entre parientes

Roma (ANSA) — Los matrimonios entre parientes, tan comunes entre los antiguos egipcios, fueron condenados durante un largo período de la historia. Sin embargo, lejos de ser una costumbre completamente desaparecida, en el siglo pasado, en Italia y en otros países europeos recobró nuevo vigor, particularmente para facilitar los problemas que las leyes sobre herencia creaban a quien poseía tierras esparcidas en todo el territorio.

Pero, más allá de todo tipo de consideraciones históricas o legales, el fenómeno de los casamientos entre gente que lleva la misma sangre interesa a los genetistas porque a partir de allí pueden estudiarse las enfermedades llamadas "recesivas" es decir ocultas, que son trasmitidas por un gen.

Una de las fuentes principales para el estudio de este tipo de fenómenos es los archivos vaticanos donde figuran las dispensas necesarias para contraer matrimonio entre parientes de primer grado.

Volviendo a las enfermedades antes mencionadas, se manifiestan con una probabilidad del 25 por ciento entre los hijos donde ambos padres son "portadores sanos" de la enfermedad. Los portadores sanos recibieron, a su vez, el gen enfermo de uno solo de los padres, mientras el correspondiente en el otro, era sano. De esta manera la enfermedad permaneció "oculta". Para que la enfermedad se desarrolle es necesario que ambos padres trasmitan a la prole el gen enfermo.

En el Vaticano, recientemente pudo descubrirse el carácter genético y, en consecuencia, hereditario, de varias enfermedades, gracias a los estudios realizados en familias cuya consanguineidad fue demostrada con las dispensas requeridas para los matrimonios de sus antepasados. En el caso por ejemplo de la enfermedad de Tay sachs, una enfermedad recesiva que lleva a la ceguera y a la muerte precoz en los niños.

También hay otras enfermedades que podían ser investigadas con este tipo de trabajo: manifestaciones como la depresión o la tendencia al suicidio podrían tener origen genético.

Un grupo de investigadores norteamericanos estudió, por ejemplo, los fenómenos picológicos dentro de una comunidad como la "amish", secta que conserva los usos y costumbres de sus atepasados intactos, con un alto grado de consanguineidad. Se pudo observar, así, la frecuencia con la que determinados fenómenos psicológicos como la paranoia se producen en ciertas familias. Un dato que puede revolucionar el estudio y tratamiento de ciertos síndromes considerados, durante mucho tiempo, de índole emotiva.

El menosprecio con el que, durante siglos se consideró el problema de la herencia llegó, visiblemente, hasta nuestros días con los retratos pintados por Velázquez y por el pintor de la corte española, Carreño. En el siglo XV los pálidos y afilados rostros de los borbones revelan el estado de su sangre y la trasmisión de taras inconfundibles. La primitiva población de "Las Hurdes" en España en donde los matrimonios entre hermanos son comunes generó una raza de enanos a los que el genial director cinematográfico Buñuel dedicó un documental, en los 30, que durante la vida de Franco no pudo estrenarse en su patria.

Reyes que quisieron conservar la estirpe divina, como los egipcios o los persas, genetistas, pintores y realizadores cinematográficos se encuentran unidos por el interés relativo a un fenómeno cuyos misterios fueron celosamente guardados en los archivos vaticanos durante siglos.

Después de leer

A. La idea principal. Escriba lo que Ud. cree que es la idea principal en los siguientes párrafos.

Párrafo uno: _____

Párrafo dos: _____

Párrafo tres: _____

Párrafo siete: _____

Párrafo ocho: _____

B. Los detalles. Ahora dé los detalles más importantes relacionados con la idea principal de cada uno de los párrafos.

Párrafo uno: _____

Párrafo dos: _____

Párrafo tres: _____

Párrafo siete: _____

Párrafo ocho: _____

¡A CONVERSAR!

ACTIVIDAD A. Los defensores contra los oponentes

Después de leer el artículo «La guerra como diversión,» ¿está Ud. a favor o en contra del juego de la guerra? Formen dos equipos, el de los defensores y el de los oponentes, para comentar los pros y los contras de este juego.

ACTIVIDAD B. Con sus propias palabras

¿Le gustaría participar en el juego de la guerra? Escriba un párrafo breve, dando las razones por las cuales Ud. ha contestado afirmativa o negativamente.

MODELO: (No) Me gustaría participar en el juego de la guerra porque...

ACTIVIDAD C. Con sus propias palabras

Después de hablar de cosas, situaciones y juegos fuera de lo común, ya es el momento de pensar en individuos fuera de lo común. En su opinión, ¿qué mujer y qué hombre han causado el mayor impacto en el siglo XX? Escriba un párrafo breve sobre cada uno de ellos, dando su nombre y por lo menos dos razones por las cuales Ud. lo/la ha elegido.

MODELO: Yo creo que _____ es una persona fuera de lo común que ha causado un impacto muy grande en el siglo XX porque...

Unidad III

Vivir bien

El club nocturno «Ya está», uno de los lugares de encuentros de la juventud madrileña

En esta unidad, Ud. va a aprender que los párrafos pueden organizarse según tres métodos:

- la relación de causa y efecto
- los ejemplos
- los hechos y las opiniones

Recuerde que cada párrafo tiene una idea principal y que ésta expresa lo que el autor quiere decir. ¿Y el resto del párrafo? También tiene una función, la de aclarar la idea principal. Como Ud. lo verá en esta unidad, hay varias maneras de hacer esto. Hay que recordar que estos conceptos se aplican a los anuncios y a toda clase de lecturas y que, con frecuencia, se emplean varios métodos en un mismo párrafo o artículo.

■ LA RELACIÓN DE CAUSA Y EFECTO

Un método de organización que suele usarse al escribir es el de la causa y el efecto. Cuando algo sucede y hay un resultado, se dice que hay una relación de causa y efecto. Al leer los siguientes anuncios y artículos, busque este método de organización.

LECTURA: REDUZCA EL STRESS

En otras palabras

Indique...

_____ 1. en el segundo párrafo, el modismo que quiere decir *examine* o *mire con cuidado*

UNIDAD III VIVIR BIEN

_____ 2. en el quinto párrafo, la palabra que quiere decir *apretar*, como en *apretar un botón*

_____ 3. en el último párrafo, la palabra que quiere decir *selección*

Antes de leer

Note en el anuncio lo que se dice acerca de cómo lograr los siguientes efectos: reducir el stress y aumentar la productividad.

ES MUY FACIL.
REDUZCA EL STRESS Y AUMENTE LA PRODUCTIVIDAD.

Es muy fácil descubrir en qué oficina utilizan una copiadora Minolta.

Primero, eche un vistazo a las copias. Quedará profundamente impresionado por la gran definición de las imágenes copiadas.

Después, fíjese en las personas que están usando la copiadora. A pesar de todo el trabajo estarán tranquilos, relajados.

No hay duda. En esa oficina tienen una fotocopiadora Minolta.

Con una Minolta lo único que tiene que hacer es pulsar una tecla y dejar que la copiadora realice incluso los trabajos de más difícil ejecución. Es la inteligencia hecha sencillez; el estilo Minolta para reducir el stress y aumentar la productividad de la oficina.

Ahora, ¿le interesa ver más detenidamente la gama completa de copiadoras Minolta?

Minolta. Simplemente inteligentes.

Cimac, S.A.
Paseo de la Castellana, 254
28046 Madrid,
Tels. 733 77 61/43

MINOLTA

Después de leer

El efecto indicado en el anuncio es la reducción del stress y un aumento de productividad. Indique con una palomita las oraciones que representan las causas de ese efecto.

_____ ¿En qué oficina se usa una copiadora Minolta?
_____ Quedará impresionado por la definición de las imágenes.
_____ A pesar de todo el trabajo (los empleados) estarán tranquilos y relajados.
_____ Sólo se tiene que pulsar una tecla.
_____ La copiadora realiza trabajos de la más difícil ejecución.
_____ ¿Le interesa ver la gama completa de copiadoras Minolta?

LECTURA: HOTEL BYBLOS ANDALUZ

En otras palabras

Asociaciones

1. ¿Qué actividad asocia Ud. con una piscina?
   a. pescar   b. nadar   c. pesar   ch. navegar
2. ¿Qué animal asocia con la equitación?
   a. un pez   b. un perro   c. un caballo   ch. un gato
3. Un restaurante gastronómico se asocia con
   a. la buena comida   b. la comida vegetariana   c. el pescado   ch. la comida económica

Antes de leer

Busque en este anuncio del Hotel Byblos Andaluz cómo se produce el efecto de estar bien.

estar bien

En forma.
En nuestro Centro de Talasoterapia Louison Bobet, pioneros en España, cuidamos de su cuerpo con las últimas técnicas de baños de mar, algoterapia, hidromasajes, etc.
Nunca antes se había sentido mejor.
Venga a comprobarlo.
Para estar bien.

HOTEL BYBLOS ANDALUZ
Y TALASOTERAPIA LOUISON BOBET

2 campos de golf. Piscinas. Tenis. Equitación. Restaurantes gastronómicos y dietéticos.
Hotel Byblos Andaluz y Talasoterapia Louison Bobet. Mijas Golf. Aptado. 138. Fuengirola (Málaga). Tels. (952) 47 30 50 - 46 02 50
Infórmese en Viajes el Corte Inglés

Después de leer

Con una palomita, indique lo que hace el Hotel Byblos Andaluz para producir la sensación de estar bien.

_____ Tiene dos campos de golf.
_____ El hotel está en Málaga.
_____ Tiene baños de mar, algoterapia, hidromasajes, etcétera.
_____ Mucha gente viene a comprobarlo.
_____ Hay restaurantes gastronómicos y dietéticos.
_____ Se puede nadar y jugar al tenis.
_____ Hace mucho sol.

LECTURA: NUEVO MÉTODO PARA RELAJARSE

En otras palabras

Repase el artículo primero y después empareje las siguientes palabras con la definición correspondiente.

PALABRAS	DEFINICIONES
_____ 1. esfuerzo (párr. 2)	a. quitar la carga; liberar de una obligación
_____ 2. infartos de miocardio (párr. 2)	b. sitio pequeño separado de todo
_____ 3. idóneo (párr. 3)	c. sin sonido
_____ 4. descargarse (párr. 3)	ch. serio problema del corazón
_____ 5. cámara de aislamiento (párr. 4)	d. acción o energía para hacer algo
_____ 6. insonorizado (párr. 4)	e. ideal

Antes de leer

En este artículo no sólo se habla de un nuevo método para relajarse sino que también se identifican las causas del stress y sus efectos. Tenga esto presente al leerlo.

Nuevo método para relajarse

SE acaba de celebrar en Francia una reunión de expertos en la que, entre otros temas, se ha tratado de los problemas relacionados con el *stress* en las grandes ciudades.

La sociedad actual, tan competitiva, exige un esfuerzo permanente. Todo ello puede originar trastornos psicológicos como la ansiedad, el insomnio, la úlcera gastroduodenal, la hipertensión, los infartos de miocardio y la inapetencia sexual, entre otros.

Para combatirlos lo mejor es aprender a relajarse, tratamiento idóneo para descargarse de cansancios y de malos humores y recobrar la energía y el optimismo para luchar diariamente contra los *elementos*.

Casi todas las técnicas de relajación existentes en la actualidad tienen como origen el yoga, aunque con múltiples variaciones. La última novedad, que ha revolucionado todos los métodos existentes, es la denominada cámara de aislamiento sensorial, un habitáculo completamente insonorizado y a oscuras, donde el individuo permanece durante una hora, tiempo suficiente para obtener una relajación física y mental completa. Y es que, aunque no lo parezca, relajarse sin ayuda no es fácil para la mayoría.

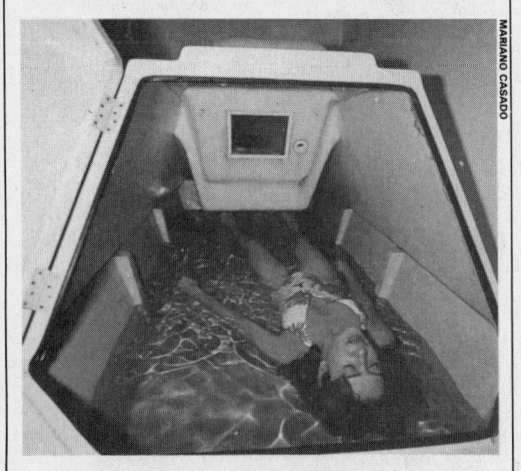

Relajarse con métodos modernos.

Después de leer

Indique...

_____ 1. en qué párrafo se habla de las causas del stress
_____ 2. en qué párrafo se habla de los efectos del stress
_____ 3. en qué párrafo se habla de métodos para combatir el stress
_____ 4. en qué párrafo se habla del nuevo método para reducir el stress

¡A CONVERSAR!

ACTIVIDAD A. ¡Vale la pena probarla!

Ud. acaba de leer una serie de sugerencias para reducir el stress: comprar una máquina, pasar unos días en un hotel y pasar tiempo en una cámara de aislamiento. Aquí hay dos más.

¿Le gustaría probar una de estas maneras de relajarse? ¿O prefiere otra manera de reducir el stress? ¿meditar en su alcoba? ¿jugar a un deporte? ¿hacer ejercicio físico con un aparato?

Antes de contestar, formen grupos de cinco personas. Cada persona tiene que sugerir una manera diferente de reducir el stress y explicar su selección, tratando de convencer a los miembros del grupo de que su sugerencia es la mejor o la más eficaz. Escuche atentamente mientras sus compañeros hablan, porque después cada uno va a escoger la sugerencia que le parezca mejor y explicar por qué.

ACTIVIDAD B. ¡Ay, qué pena!

Algunas de las sugerencias recomendadas para reducir el stress también pueden aumentarlo. Formen grupos de cinco personas para decir lo que cada persona haría o diría en las siguientes situaciones. Después de escuchar las sugerencias, elijan la que les parezca la más apropiada para reducir el stress en cada situación.

1. La máquina o aparato que Ud. ha comprado para reducir el stress no funciona como debe funcionar.
2. Como hay escasez de agua, la piscina del Hotel Byblos está vacía. En los cuartos de baño hay agua solamente dos horas al día.
3. Ud. descubre que la cámara de aislamiento le produce ansiedad o una sensación de claustrofobia.
4. Las personas con quienes Ud. juega a su deporte predilecto son muy competidoras.

ACTIVIDAD C. Con sus propias palabras

El doctor Ramiro Mendoza escribe una columna sobre la salud en una revista mensual. Se ha dado cuenta de que muchas de las cartas que recibe de los lectores tratan del problema del stress. Como el doctor no tiene tiempo para contestar todas las cartas que recibe, le ha pedido a Ud. que conteste algunas.

Lea los siguientes casos que explican las causas del stress y escriba las respuestas para dos de ellos, dándoles sugerencias para reducirlo. Mencione a la vez los efectos que tendrán sus sugerencias.

1. Javier Maldonado vive a una hora de distancia de su trabajo. Para ir, tiene que manejar durante las horas de mayor tráfico. Frecuentemente hay atascos y el viaje dura más de una hora. Por la mañana Javier y los otros conductores tienen prisa; por la tarde están cansados. Y, como en todas partes, algunos conductores no son corteses.
2. La Sra. Echeverría tiene cuatro niños. El menor tiene ocho meses y el mayor, seis años. Ella pasa todo el día en casa, limpiando y cuidando a los niños. Su esposo no vuelve de su trabajo hasta las 7:00 de la noche y su mamá no la puede ayudar porque ella también trabaja.
3. Graciela Obregón tiene el trabajo de sus sueños como reportera en un periódico. No le molesta trabajar muchas horas largas ni que el sueldo sea pequeño, pero lo que sí le molesta es su jefe. El Sr. Sepúlveda es impaciente, siempre está de mal humor y le grita a todo el mundo todo el día.
4. Daniel Pardo es un estudiante universitario que ahora está tomando seis materias. Además, trabaja en un supermercado por la noche porque tiene que ganar dinero para pagar sus estudios. Tiene poco tiempo para estudiar o practicar deportes.
5. Marina Campos acaba de terminar sus estudios de medicina y está haciendo su residencia en la sala de emergencia de un gran hospital municipal. A veces no tiene tiempo ni para comer y está de guardia 36 horas seguidas.

LOS EJEMPLOS

Otra manera de aclarar lo que quiere decir la idea principal es por medio de ejemplos. Este método hace uso de una o varias ilustraciones para relacionar la idea principal con el resto del párrafo o artículo. Recuerde que el uso de ejemplos es sólo uno de los varios métodos que se pueden usar con este fin.

LECTURA: MANTENERSE EN FORMA

En otras palabras

Dé una lectura rápida al artículo y después complete las oraciones con la palabra apropiada.

1. Un *decálogo* (párr. 1) es una lista de _____.
   a. dieciséis   b. dos   c. diez   ch. doce
2. *Sobrepeso* (núm. 4) quiere decir que la persona o el objeto pesa _____ lo ideal.
   a. menos de   b. más de   c. tanto como   ch. casi
3. La *talla* de una persona (núm. 4) es _____.
   a. la edad   b. el peso   c. el tamaño   ch. la forma

Antes de leer

Vivir bien incluye, entre otras cosas, tener buena salud y mantenerse en forma. Este artículo usa ejemplos para explicar o aclarar la idea de mantenerse en forma. ¿Cuáles son?

NOTICIAS

Mantenerse en forma

Según una revista norteamericana, para mantenerse en forma después de los cuarenta años es necesario seguir el siguiente decálogo:
1. Fumar poco o nada.
2. Beber poco o nada.
3. Practicar algún tipo de ejercicio físico de forma moderada.
4. Comer de forma racional, con dieta variada que impida, en cualquier caso, un sobrepeso de más de cinco kilogramos sobre el ideal en relación con la talla y constitución.
5. Tomar de forma rutinaria y diaria preparados polivitamínicos.
6. Ocupar parte del tiempo libre practicando algún *hobby* personal.
7. Dormir como mínimo ocho horas diarias.
8. Hacerse chequeos periódicos, preferentemente una vez al año.
9. Consultar al médico ante la aparición de cualquier síntoma anormal.

Después de leer

Como ya se habrá dado cuenta, la idea principal de este artículo es cómo mantenerse en forma después de los cuarenta años. Relacione las sugerencias con las siguientes oraciones, escribiendo su número.

_____ 1. Este ejemplo se relaciona con la comida.
_____ 2. Se relaciona con los pasatiempos.
_____ 3. Se asocia con el ejercicio.
_____ 4. Tiene que ver con el descanso.
_____ 5. Tiene que ver con los médicos.

LECTURA: PRADO DE SOMOSAGUAS

En otras palabras

Dé una lectura rápida al anuncio y después indique el significado de las siguientes palabras.

1. La palabra *parcela* se refiere
   a. al precio   b. a una pequeña porción de tierra
   c. al correo   ch. a la zona en general
2. La frase *dotados de* quiere decir
   a. que tiene   b. que se puede conseguir
   c. que se puede dar   ch. que se puede ver
3. La palabra *aseo* tiene que ver con
   a. la comida   b. la limpieza   c. los coches   ch. el vestir

Antes de leer

¿Qué idea quiere comunicar este anuncio y cómo lo logra? Mientras lea, determine cuál es la idea principal y cómo la aclara o explica el autor.

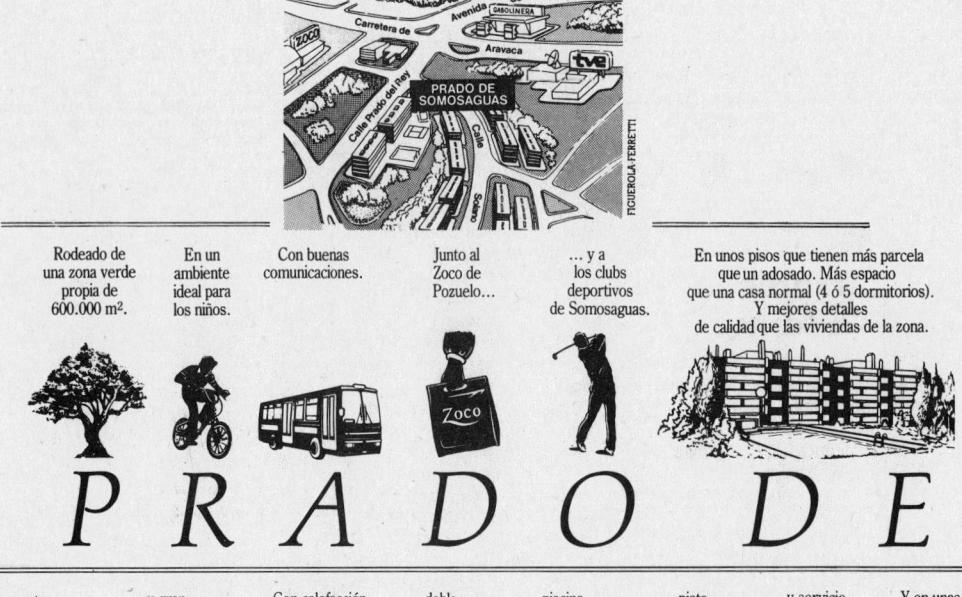

En un sitio privilegiado.
Entre Prado del Rey y Somosaguas.

Rodeado de una zona verde propia de 600.000 m². En un ambiente ideal para los niños. Con buenas comunicaciones. Junto al Zoco de Pozuelo... ... y a los clubs deportivos de Somosaguas. En unos pisos que tienen más parcela que un adosado. Más espacio que una casa normal (4 ó 5 dormitorios). Y mejores detalles de calidad que las viviendas de la zona.

PRADO DE

Dotados de un amplio salón-comedor con chimenea... ... dos cuartos de baño y aseo(s) ... y gran cocina-office espléndidamente amueblada. Con calefacción y agua caliente individual por gas ciudad, ... doble plaza de garage, ... piscina, ... pista de tenis y frontón ... y servicio de vigilancia. Y en unas condiciones excepcionales: desde 9.350.000 Ptas. ... y con financiación a 10 años del Banco Hipotecario de España.

SOMOSAGUAS

Esto es vivir con clase.

Después de leer

Indique con una palomita la idea principal.

_____ un sitio para practicar deportes _____ un buen lugar para vivir
_____ una familia afortunada _____ una vivienda cara

El autor aclara la idea principal usando

_____ la relación de causa y efecto
_____ los ejemplos

LECTURA: MANDO A DISTANCIA

En otras palabras

Dé una lectura rápida al anuncio y después empareje las siguientes palabras con la definición correspondiente.

PALABRAS	DEFINICIONES
_____ 1. presintonizar	a. sitio donde transmiten los programas de radio
_____ 2. emisora de radio	b. seleccionar la estación de radio de antemano

Antes de leer

Este anuncio del equipo Hi-Fi de la marca Sanyo pone énfasis en las características del «mando a distancia», otra manera de decir «control remoto». Al leer el anuncio, tenga en cuenta las características de este instrumento.

COMODIDAD

Este equipo HI-FI está equipado con su propio mando a distancia: el RB-7150.

Mando a Distancia Universal Programable RB-U1

Cambiar el canal de su TV, programar el vídeo, seleccionar una canción en su Compact Disc o presintonizar una emisora de radio. Todo con el Mando a Distancia Universal de Sanyo. Aunque sus equipos aún no sean Sanyo, el RB-U1 memoriza y ejecuta todas las funciones de todos los mandos a distancia. Para controlarlo todo con máxima comodidad.
• Preprogramado para el control directo e inmediato de los productos SANYO.

SANYO
Máxima Fidelidad

Después de leer

Indique con una palomita los ejemplos de lo que puede hacer el mando a distancia RB-U1.

_____ Hacer un vídeo.
_____ Seleccionar una canción en un Compact Disc.
_____ Ejecutar las funciones de otros mandos a distancia.
_____ Sólo funciona con productos Sanyo.
_____ Controlar todo con comodidad.

LECTURA: DIETAS Y HUMOR

En otras palabras

Repase las palabras primero y luego el artículo. Después empareje las siguientes palabras con la definición correspondiente.

PALABRAS	DEFINICIONES
_____ 1. cascarrabias (párr. 2)	a. pérdida del equilibrio
_____ 2. mareos (párr. 3)	b. la toma, el uso
_____ 3. la ingesta (párr. 4)	c. persona que se irrita fácilmente
_____ 4. destacándose (párr. 4)	ch. contribución
_____ 5. aporte (párr. 4)	d. señalándose

Antes de leer

¿Hay una relación entre lo que comemos y nuestro carácter? El siguiente artículo trata de eso. ¿Qué piensa Ud.?

Dietas y humor

SIEMPRE se ha dicho que las personas obesas tienen buen carácter y que las personas delgadas tienen mucho genio.

Por eso, en una época en la que proliferan las dietas para adelgazar hay que tener cuidado en no convertirse en un *cascarrabias* por una alimentación defectuosa.

Expertos en Dietética y Nutrición que acaban de participar en Madrid en una Reunión programada por el Consejo Superior de Investigaciones Científicas han puesto de manifiesto que si se realizan regímenes alimenticios drásticos, en los que se suprimen gran cantidad de calorías, se consigue una pérdida rápida de peso corporal, pero se provoca una sensación desagradable de apetito no saciado, que es debida a hipoglucemias que suelen aparecer a mitad de la mañana y que dan lugar a mareos, irritación, mal humor y agresividad.

Estos síntomas se manifiestan con más intensidad si además la dieta no es complementada con la ingesta diaria de vitaminas y minerales que son fundamentales para mantener el equilibrio psíquico y físico, porque se sabe que toda dieta de menos de 1.200 calorías es deficitaria en vitaminas y minerales, destacándose por parte de los especialistas la errónea creencia popular de que los preparados vitamínicos producen aumento del apetito, ya que está demostrado que nunca provocan sensación de hambre y tampoco engordan, porque su aporte calórico es nulo.

Después de leer

La idea principal es la comida y cómo esto afecta el carácter de la persona. ¿Qué método o métodos se utilizan para explicar esta idea?

_____ causa y efecto   _____ ejemplos

¿En qué párrafo(s) encuentra Ud. la relación de causa y efecto?

_____ primero   _____ tercero
_____ segundo   _____ cuarto

¿En qué párrafo(s) encuentra Ud. el uso de ejemplos?

_____ primero   _____ tercero
_____ segundo   _____ cuarto

■ LOS HECHOS Y LAS OPINIONES

La idea principal también se puede relacionar con el resto del párrafo por medio de los hechos y las opiniones. Una opinión es lo que se piensa acerca de algo o de alguien. No se puede comprobar. Un hecho es algo verdadero que se puede comprobar con otra información.

LECTURA: LOS PODERES DEL YOGHURT

En otras palabras

Repase las palabras primero y luego dé una lectura rápida al artículo. Después empareje las siguientes palabras con sus sinónimos.

PALABRAS		SINÓNIMOS
___ 1. el alimento	a.	características
___ 2. principios	b.	la comida
___ 3. toleran	c.	pueden comer

Antes de leer

En el siguiente anuncio algunas palabras o frases expresan la opinión del autor y otras expresan hechos. ¿Puede Ud. identificar lo que es una opinión y lo que es un hecho?

LOS PODERES DEL YOGURT

Este alimento "milagroso", contiene los mismos principios nutritivos de la leche, pero tiene más proteínas y vitaminas del grupo B, y resulta más digerible para aquellas personas que no toleran la leche. ¿Otras cualidades? Si lo come diariamente, disminuye el porcentaje de colesterol en la sangre, contribuye a que el organismo absorba calcio, equilibra la flora intestinal... ¡y ayuda a mantenerse en forma y a vivir más tiempo!

Después de leer

Indique si las siguientes frases u oraciones expresan un hecho o una opinión.

HECHO   OPINIÓN

_____   _____   Este alimento «milagroso»...
_____   _____   ...resulta más digerible para aquellas personas que no toleran la leche
_____   _____   ...disminuye el porcentaje de colesterol en la sangre
_____   _____   ...ayuda a mantenerse en forma
_____   _____   ...(ayuda) a vivir más tiempo

LECTURA: EL TELETIPO

Antes de leer

Determine lo que es un hecho y lo que es una opinión.

BUENAS NOCHES

Cenas inolvidables. Cierre feliz de un día duro o principio de una gratificante velada. Degustando la buena cocina vasca y sus pescados.
Buenas noches, sí.
¡Le esperamos!

EL TELETIPO
RESTAURANTE BAR - COCINA VASCA
c/ García Paredes, 51 - 28001 MADRID - Teléf.: 441 23 16

Después de leer

Indique si es un hecho o una opinión.

HECHO   OPINIÓN

_____   _____   Cenas inolvidables
_____   _____   Teléf: 441-23-16
_____   _____   Cierre feliz de un día duro...
_____   _____   ...la buena cocina vasca...
_____   _____   c/García Paredes, 51

LECTURA: ¿CUÁL TE APETECE?

En otras palabras

Repase las palabras y las definiciones y luego el artículo. Después empareje las siguientes palabras con la definición correspondiente.

PALABRAS	DEFINICIONES
____ 1. te apetece (título)	a. callado
____ 2. rebosante (subtítulo)	b. amigos y parientes cercanos
____ 3. mordisco (subtítulo)	c. inflexible
____ 4. allegados (párr. 1)	ch. deseas
____ 5. taciturno (párr. 2)	d. lleno
____ 6. intimar (párr. 2)	e. acción de comer
____ 7. afrontan la vida (párr. 3)	f. formar una amistad
____ 8. la desconfianza (párr. 4)	g. tomarte algo en serio
____ 9. tomarte las cosas más a pecho (párr. 6)	h. se comportan
____ 10. ahondar (párr. 8)	i. falta de confianza
____ 11. testarudo (párr. 8)	j. estudiar cuidadosamente

Antes de leer

¿Se puede determinar el temperamento de una persona por la fruta que come? El siguiente artículo tiene algunas ideas sobre esto. Trate de distinguir entre lo que es un hecho y una opinión.

¿CUÁL TE APETECE?

Tienes delante de ti un tentador frutero rebosante de todo tipo de frutas: exóticas, dulces... en cualquier caso representativas de alguna particularidad de tu temperamento. ¿A cuál le darías antes un mordisco? Ya sabes, según la que hayas elegido, así será tu carácter.

Piña
Si has elegido esta fruta tropical es porque eres de lo más original y anticonformista. Te gusta rodearte de un cierto halo de misterio y jugar constantemente con tu encanto personal... Pero lo que hay detrás de todo esto es en realidad un corazón sencillo y espontáneo que lo único que quiere es que le tengan en consideración y estima sus más allegados.

Moras
Con esta elección no cabe dudar: eres taciturno, algo primitivo y, sobre todo, bastante complicado. Como es de imaginar, no es nada fácil tratar contigo y mucho menos llegar a conocerte o a intimar ¡Cambia de actitud! En el fondo eres una persona de lo más delicada y susceptible que necesita, como todos, que se le preste mucha atención.

Cerezas
Una fruta colorista para alguien que posee un carácter extrovertido, alegre y dinámico. Además de todo esto eres franco, amable y sincero; nunca mientes acerca de lo que piensas de los demás y de cómo éstos afrontan la vida... Una cualidad muy estimable pero que, desgraciadamente, te traerá complicaciones muchísimas veces.

Uvas
Es triste decirlo, pero lo tuyo es la melancolía, la introversión y la desconfianza. Aparentemente no te fías de la gente, pero esta actitud es en realidad una manera de guardar las distancias para que te comprendan.

Manzana
Tu personalidad es bastante agresiva: te gusta afrontar la vida con fuerza y dinamismo, casi casi a mordiscos... Lo malo es que este carácter tuyo tan radical y violento te crea problemas; debes entender que a los demás les cueste mucho trabajo entender tu forma de ser tan extremista y apasionada.

Pera
Si lo que más te apetece de este frutero es la pera es porque eres básicamente sencillo, natural e impulsivo. Te tomas siempre la vida sin complicaciones y, por supuesto, sin asumir demasiadas responsabilidades... Una actitud muy poco positiva porque deberías tomarte las cosas más a pecho de lo que lo haces habitualmente.

Fresas
Estás muy apegado a los valores tradicionales de la vida; eres tierno, sensible y romántico. Lo que más te importa en este mundo son la familia y el afecto de los tuyos. Todo lo demás, estatus económico, trabajo, aspiraciones sociales, etcétera, pasa a un segundo plano.

Plátano
Eres una persona curiosa, inteligente y viva. No te quedes nunca en la superficie de las cosas; te gusta ahondar para descubrir qué hay detrás de las apariencias. Testarudo y terco, no te rindes fácilmente ante la evidencia, por mucho que los demás no te den la razón. ■

38 *mía*

Después de leer

Determine si las siguientes oraciones expresan un hecho o una opinión. Indique su respuesta con una palomita.

HECHO	OPINIÓN	
____	____	Tienes delante de ti un tentador frutero...
____	____	*Piña*... esta fruta tropical...
____	____	Te gusta rodearte de un cierto halo de misterio...
____	____	Cerezas... Una fruta colorista...

_____ _____ Uvas... Aparentemente no te fías de la gente...
_____ _____ Pera... eres básicamente sencillo, natural e impulsivo.
_____ _____ Fresas... Lo que más te importa en este mundo son tu familia y el afecto de los tuyos.

LECTURA: LA OFENSIVA ANTITABACO DEL GOBIERNO

En otras palabras

Repase las definiciones primero. Después lea el artículo, buscando las palabras que correspondan a esas definiciones.

PALABRAS	DEFINICIONES
_____	1. cigarrillo (párr. 1)
_____	2. caja en que vienen los cigarrillos (párr. 1)
_____	3. que llama la atención (párr. 1)
_____	4. dinero que se paga como castigo por desobedecer una ley (párr. 2)
_____	5. esfuerzo (párr. 4)

Antes de leer

En 1988 se aprobó en España una ley antitabaco que se describe en términos generales en el siguiente artículo. Lo que se encuentra en la ley misma son muchos datos. ¿Puede Ud. encontrar algunos?

ESTE PAIS

LA OFENSIVA ANTITABACO DEL GOBIERNO

A partir del 31 de diciembre próximo los contenidos en nicotina y alquitrán de los cigarrillos se verán sustancialmente reducidos. Serán como máximo de 1,3 miligramos de nicotina y 15 miligramos de alquitrán por pitillo. Las cajetillas llevarán impresas leyendas anunciando el negro porvenir que les espera a los que osen consumirlos: «Fumar provoca cáncer», «Fumar provoca enfermedades cardiovasculares», «Fumar en el embarazo daña al futuro hijo», entre las más llamativas.

Entre las nuevas interdicciones está la de no poder fumar donde trabajen mujeres embarazadas o en donde un empleado manifieste que sufre dolencias físicas o psicológicas producidas por el tabaco. Tampoco se podrán consumir cigarrillos en las oficinas de la Administración pública destinadas a la atención de público y, prácticamente, en todos los lugares de uso común, desde restaurantes de empresas a colegios, pasando por los locales donde se reúna un cierto número de personas, durante los espectáculos deportivos en sitios cerrados, etc. Las multas para los transgresores podrían dejar en la ruina a más de un millonario: de 500.000 a 100 millones de pesetas.

El jugoso pastel que Televisión Española se lleva cada año en concepto de publicidad de cigarrillos (aunque ésta sea *indirecta*) y que ascendió a 2.300 millones en 1987, se acaba el 1 de julio próximo con la abolición total de la publicidad de tabaco en televisión.

A buena parte del mundo deportivo se le termina también el *sabor del éxito, la aventura* y sobre todo el dinero que los fabricantes de cigarrillos repartían hasta ahora para anunciarse a través del deporte, los deportistas, las aventuras y los aventureros. Sólo se permitirá la publicidad en competiciones de *elite* —carrera de motos y fórmula uno— y quedará abolida en todos aquellos deportes que exigen desgaste físico de quienes los practican.

Después de leer

Empareje los datos con los nombres con que se asocian.

NOMBRES

____ 1. las multas
____ 2. lugares de trabajo
____ 3. los cigarrillos
____ 4. las cajetillas
____ 5. publicidad de cigarrillos
____ 6. los restaurantes

DATOS

a. nicotina y alquitrán... se verán sustancialmente reducidos.
b. ...llevarán impresas leyendas anunciando el negro porvenir que les espera a los que osen consumir los cigarrillos.
c. ...no poder fumar donde trabajen mujeres embarazadas o en donde el empleado manifieste que sufre dolencias físicas o psicológicas producidas por el tabaco.
ch. ...de 500.000 a 100 millones de pesetas.
d. Tampoco se podrán consumir cigarrillos... en todos los lugares de uso común, desde restaurantes de empresas a colegios, ...
e. ...la abolición total de la publicidad de tabaco en televisión.

LECTURA: ¿FUMAR O NO FUMAR?

En otras palabras

Repase las palabras y las definiciones primero y luego lea el artículo. Después empareje las palabras con la definición correspondiente.

PALABRAS

____ 1. a rajatabla (Gerardo Iglesias)
____ 2. vicio (Carmen Martín Gaite)
____ 3. pulmones (Elvira Quintilla)
____ 4. la nocividad (J. A. Vallejo-Nágera)
____ 5. acotar (Ignacio Gallego)

DEFINICIONES

a. mal hábito
b. el daño que hace
c. limitar
ch. rápido
d. órganos de la respiración

Antes de leer

Éstas son las respuestas que dieron varias personas a una pregunta sobre la ley antitabaco. ¿Están a favor o en contra de la ley?

¿Fumar o no fumar?

¿Qué le parece la legislación antitabaco aprobada por el Gobierno la semana pasada?

EDUARDO URCULO, pintor: «Cualquier ley que obligue a alguien a hacer algo en contra de su voluntad me parece fatal. No necesito leyes para no fumar en lugares públicos. Es una cuestión de sensibilidad personal.»

JOSE LUIS VILALLONGA, escritor: «Es un decreto monstruoso. Hay que respetar al no fumador, pero no se puede sacrificar al fumador separándolo de los demás.»

JUAN ANTONIO BARDEM, director de cine: «Me parece bien que se proteja al no fumador, siempre que se respeten también los derechos del fumador, que soy yo.»

GERARDO IGLESIAS, ex secretario general del PCE: «Como soy un fumador empedernido, me va a ir muy mal. Pero como ciudadano que vive en una colectividad, cumpliré las normas. Espero que la Administración aplique a rajatabla la legislación y no se quede en una operación de maquillaje.»

JESUS DEL POZO, modisto: «Estoy a favor de cualquier medida que proteja la salud pública, siempre y cuando no se atente contra la libertad individual.»

ESPERANZA ROY, actriz: «Todas las leyes contra el tabaco me parecen perfectas.»

JORGE DE ESTEBAN, ex embajador en Italia: «Soy un fumador reprimido y las últimas normas me parecen exageradas. Como decía Napoleón: "Sólo se pueden dictar leyes cuando se tiene capacidad para hacerlas cumplir." ¿Es que van a poner un policía en cada esquina? España no es Estados Unidos.»

¿Qué le parece la legislación antitabaco aprobada por el Gobierno la semana pasada?

CARMEN MARTIN GAITE, escritora: «Aunque soy fumadora, me parece muy bien que no se pueda hacer en los lugares públicos. Tampoco hay que pasarse en las prohibiciones; algún vicio hay que tener. Lo que me parece una auténtica estupidez es eso que ha dicho alguien de que fumar no es moderno. Sólo por eso ya dan ganas de hacerlo.»

MODESTO FRAILE, diputado de Democracia Cristiana: «El decreto es muy exagerado y me preocupa. No se puede obligar a una mayoría a actuar como si fuera una minoría. Los fumadores tenemos derecho a la libertad, respetando a los demás.»

ELVIRA QUINTILLA, actriz: «Las medidas son excesivas. Mi marido —José María Rodero— fuma como una chimenea desde hace cuarenta años y, sin embargo, yo tengo los pulmones completamente limpios.»

JUAN ANTONIO VALLEJO-NAGERA, psiquiatra: «Me parece bien que haya restricciones, ya que la nocividad del tabaco está demostrada. Los fumadores no son conscientes de la tiranía sobre los no fumadores.»

IGNACIO GALLEGO, secretario general del PCPE (Partido Comunista de los Pueblos de España): «La veo con simpatía, aunque soy un fumador total. Los fumadores tenemos poca fuerza de voluntad y, al "acotar" nuestras posibilidades, nos ayudarán a fumar menos. De todas maneras, el sentido de prohibición siempre resulta antipático.»

PEDRO RUIZ, humorista: «Todo el mundo debería tener muy claro aquello de "haga usted todo lo que no moleste a los demás". Las prohibiciones son malas, aunque era necesario proteger los derechos de los no fumadores.»

Después de leer

Indique quiénes están a favor o en contra de la ley antitabaco.

	EN PRO	EN CONTRA
Eduardo Úrculo (pintor)	_____	_____
José Luis Vilallonga (escritor)	_____	_____
Juan Antonio Bardem (director de cine)	_____	_____
Gerardo Iglesias (ex secretario general del PCE [Partido Comunista Español])	_____	_____
Jesús del Pozo (modisto)	_____	_____
Esperanza Roy (actriz)	_____	_____
Carmen Martín Gaité (escritora)	_____	_____
Modesto Fraile (diputado de Democracia Cristiana)	_____	_____
Elvira Quintilla (actriz)	_____	_____
Juan Antonio Vallejo-Nágera (psiquiatra)	_____	_____
Ignacio Gallego (secretario general del PCPE [Partido Comunista de los Pueblos de España])	_____	_____

¡A CONVERSAR!

Actividad A. Los buenos modales

Ud. está pasando un semestre en un país de habla española para perfeccionar su español. Para conocer mejor la cultura del país, Ud. vive con la familia Borja. Claro, la comida es bastante diferente de la que Ud. come en su casa en los Estados Unidos. Formen grupos de cuatro personas para hablar sobre lo que hay que hacer y decir en las siguientes situaciones.

1. Ud. es vegetariano/a, pero la familia Borja come primariamente carne. Ud. no quiere comer carne.
2. Ud. tiene alergia al pescado, y la Sra. Borja sirve pescado frecuentemente.
3. Ud. no reconoce el plato que le sirven esta noche, y quiere saber lo que es antes de probarlo.
4. ¡Es hígado (*liver*)! A Ud. no le gusta el hígado y nunca lo come. Sin embargo, hoy no ha almorzado y tiene mucha hambre.
5. Ud. acaba de comer un plato exquisito que no ha reconocido. Cuando pregunta qué es, el Sr. Borja le dice que es un plato de calamares (*squid*). Ud. nunca había comido calamares y siempre le han parecido repugnantes.

Actividad B. Ahora, ¡al revés!

Un año después, Antonio, el hijo de la familia Borja, viene a los Estados Unidos para pasar un mes con Ud. y su familia. Para él también, la comida es bastante diferente. Formen grupos de cuatro personas para contestar las siguientes preguntas de Antonio.

1. El Día de Gracias
   - Cuando se sirvió el pavo: ¿Por qué comemos pavo hoy? ¿Se sirve la misma comida en todas las familias norteamericanas hoy? ¿Hay diferencias regionales o étnicas en la comida del Día de Gracias? ¿Cuáles son?

- Mirando la batata (*sweet potato*) con *marshmallows*: Ah sí, conozco la batata. Pero ¿qué son estas cositas blancas? ¿Es una fruta? ¿Qué es?
- Tocando la jalea de arándanos (*cranberries*) con el tenedor: Y esto, ¿qué es? Esto no lo comemos en mi país. ¿Dé qué lo hacen?

2. Ayer vi que McDonald's, Wendy's y Burger King están muy cerca uno del otro. ¿Cuál es la diferencia entre ellos? Si quiero comer la mejor hamburguesa, ¿adónde me recomiendan que vaya?

ACTIVIDAD C. Sin palabras

Éste es un dibujo sin palabras, pero la idea es muy clara. Con un compañero (una compañera), inventen un diálogo entre el joven y el cocinero en el que cada uno de ellos exprese lo que piensa y lo que siente.

ACTIVIDAD CH. Con sus propias palabras

«Cenas inolvidables», dice el anuncio del restaurante El Teletipo. ¿Qué significa para Ud. una cena inolvidable? ¿Se acuerda Ud. de una cena inolvidable o todavía está en su imaginación? En un párrafo breve, cuente dónde será o dónde fue la cena, quiénes estarán o estuvieron presentes y qué comerán o comieron. Y, por supuesto, no se olvide de mencionar por qué la cena será o fue inolvidable.

REPASO DE ESTRATEGIAS

En esta unidad ha estudiado Ud. tres estrategias que se pueden emplear o para relacionar una idea principal con el resto del párrafo o artículo o para aclararla. Es importante poder reconocer e identificar estas estrategias y recordar que no sólo una, sino todas, se pueden usar en un mismo párrafo o artículo. Como Ud. recuerda, son:

- la relación de causa y efecto
- los ejemplos
- los hechos y las opiniones

En los artículos que siguen se repasan las tres estrategias que se han presentado en esta unidad.

LECTURA: NO IRÉ NUNCA MÁS A NUEVA YORK

En otras palabras

Repase las siguientes definiciones y después lea el artículo. Busque la palabra que corresponda a cada definición.

PALABRAS		DEFINICIONES
_____	a.	casa de una persona (párr. 1)
_____	b.	persona ridícula (párr. 1)
_____	c.	de gran importancia (párr. 1)
_____	ch.	acto criminal (párr. 1)
_____	d.	que puede causar daño (párr. 2)
_____	e.	producto para hacer crecer el pelo (párr. 2)
_____	f.	oficial de una ciudad (párr. 2)
_____	g.	mal olor (párr. 2)
_____	h.	repugnante (párr. 3)

Antes de leer

Como lo verá en este artículo, hay medidas que provocan una intensa reacción entre el público. Así pasó en este caso. ¿Puede Ud. determinar cuál es la causa de esta reacción? Es importante notar que el autor emplea las tres técnicas que se han presentado en este capítulo para explicar o aclarar la idea principal del artículo.

No iré nunca más a Nueva York

EDWARD Koch, alcalde de Nueva York, que ha prohibido fumar en todas partes menos en el WC del domicilio particular de los fumadores, so pena de multa de 55.000 pesetas, es un mamarracho integral y un cretino universal. Acaba de destruir uno de los atractivos mayores de la ciudad que administra: la libertad, contra la cual esta prohibición es un mayúsculo atentado.

Hay montañas de cosas mucho más molestas y nocivas en NY que el humo del tabaco y, entre ellas, los repugnantes perfumes y crecepelos que usa el edil, cuyo hedor causa alergias graves a sus conciudadanos.

No seré yo víctima del asqueroso personaje, aunque tenga que renunciar a volver a Nueva York.

No quiero tener que esconderme para fumar, que no es ni delito, ni pecado ni motivo de escándalo.

Es de esperar que el sucesor del actual maniático posea mayor sentido común o, sencillamente, más sano el seso. Y quiero recordar una vez más que Hitler, Mussolini y Franco fueron no fumadores. Ahora se han añadido a la lista de tiranos Fidel Castro y el alcalde de Nueva York. ¡Gentuza!

Edward Koch, alcalde de Nueva York.

12/CAMBIO16

Después de leer

El artículo que acaba de leer emplea las tres estrategias que se han presentado en esta unidad: la relación de causa y efecto, los ejemplos y los hechos y las opiniones.

A. Indique los párrafos donde se emplean estas estrategias.

La relación de causa y efecto: _____

Los ejemplos: _____

Los hechos y las opiniones: _____

B. Indique si la frase u oración representa la causa, el efecto, un ejemplo, un hecho o una opinión.

_____ Edward Koch, alcalde de Nueva York...

_____ ...ha prohibido fumar en todas partes menos en el WC del domicilio particular de los fumadores...

_____ (Edward Koch) es un mamarracho integral y un cretino universal.

_____ Hay montañas de cosas mucho más molestas y nocivas en NY que el humo del tabaco...

_____ *Hay montañas de cosas mucho más molestas y nocivas en NY que el humo del tabaco y,* entre ellas, *los repugnantes perfumes y crecepelos que usa el edil,...*

_____ ...los repugnantes perfumes y crecepelos que usa el edil, cuyo hedor causa *alergias graves a sus conciudadanos.*

LECTURA: EL NUEVO PLACER DE FUMAR

En otras palabras

Revise las siguientes palabras y definiciones y luego lea el artículo. Después empareje las palabras con la definición correspondiente.

PALABRAS	DEFINICIONES
___ 1. so penas (párr. 1)	a. amenaza, algo que representa un riesgo, peligro
___ 2. desprecio (párr. 2)	b. definitiva
___ 3. el amago (párr. 4)	c. que no estima a una persona o cosa
___ 4. un colador (párr. 4)	ch. bajo castigo
___ 5. forrar (párr. 9)	d. romper en pedazos pequeños
___ 6. denuncia (párr. 14)	e. objeto lleno de agujeros
___ 7. crujen (párr. 14)	f. hacerse muy rico
___ 8. hacer astillas (párr. 15)	g. destruyen, castigan
___ 9. tajante (párr. 17)	h. acusa a alguien de algún crimen

Antes de leer

La cuestión de fumar o no fumar provoca acalorados debates. Carmen Rico-Godoy presenta su punto de vista a través de un diálogo entre una paciente y un médico. La conversación tiene lugar en dos momentos distintos: antes, cuando la paciente y el médico fumaban, y ahora que el médico ya no fuma. ¿Puede notar Ud. alguna diferencia o no?

El nuevo placer de fumar

CARMEN RICO-GODOY

La nueva legislación sanitaria sobre no fumar en lugares públicos, so penas de hasta un millón de pesetas, va a proporcionar a muchos españoles una oportunidad de practicar su deporte favorito: prohibir, denunciar y reprimir.

Gracias a las nuevas normas los no fumadores podrán demostrar abiertamente sus auténticos sentimientos de enemistad y desprecio hacia los fumadores, que quedan convertidos en auténticos pervertidos, repugnantes seres que contaminan el aire puro que se respira en las ciudades, y por tanto atentan contra la salud pública, convirtiéndose en terroristas sanitarios y drogadictos autodestructivos.

Antes era tierno y reconfortante ver y escuchar a un médico que le decía al paciente, después del examen, mientras ambos fumaban el cigarrillo de la paz:

—Tiene que dejar de fumar, porque si no esa bronquitis se volverá crónica, le subirá la tensión agravando sus problemas de circulación y el amago de úlcera que tiene ahora, se transformará en un colador.

—Cualquiera deja de fumar, doctor. Usted mismo fuma y puede comprender lo que puede ser eso de difícil.

—Dejar de fumar es fácil, todo es cuestión de proponérselo. Yo, lo que pasa, es que no lo he intentado, pero si me pongo, lo consigo.

—Eso no se lo cree ni usted, doctor. Además, si dejo de fumar y me pongo sana, sanísima, ya no tengo que venir por aquí periódicamente y perderá una cliente.

—Tengo un colega que estudió conmigo que ha dejado el ejercicio de la profesión y ha puesto un centro para dejar de fumar, con acupuntura, hipnosis y todos los sistemas y métodos conocidos.

—Qué listo, se va a forrar.

Ahora es distinto, ahora ya no se puede ni sacar un cigarrillo en el consultorio del médico.

—¡¿Pero cómo se le ocurre sacar el tabaco?! ¡Guarde eso en seguida y para siempre! ¡Mejor! ¡Tírelo por la ventana! ¡Déme esa cajetilla, fuera, se acabó!

—Pero qué violencia, doctor. ¿Se encuentra usted bien?

—¡Claro que me encuentro estupendamente! Hace tres meses que no fumo y me encuentro hecho un toro.

—Hecho un toro totalmente histérico, claro. Además, qué haría yo convertida en un toro, ¿me quiere explicar?

—¡No tiene ninguna gracia! Se da cuenta que fumando no sólo pone en peligro su salud, sino la de los demás, ¡la mía! Sin contar con que como la vea la enfermera Fernanda, la denuncia y la crujen a multas. La úlcera de estómago le corroe, a que sí. Y tiene los pulmones como el carbón. ¡Además, huele usted que apesta!

—Está usted de los nervios, doctor. Acaba de romper un florero y, como siga dándole patadas a la mesa, la va a hacer astillas.

—¡Ustedes los fumadores sólo entienden la violencia! ¿No se da cuenta de que si sigue fumando no sólo se morirá, pero además será responsable de la muerte de las personas a las que usted intoxica con su tabaco? Es usted una asesina.

Así que cuando una vuelve a casa, le dice a su pareja:

—He tomado una decisión tajante.

—¿Vas a dejar de fumar?

—De eso nada, ahora que es cuando lo empiezo a pensar bien, sabiéndome una asesina, una poseída por la autodestrucción y una antisocial viviendo peligrosamente al borde de la ley, pienso sacarle más disfrute a cada cigarrillo. Lo que he decidido es dejar al médico.

Después de leer

Indique...

1. la relación de causa y efecto en el primer párrafo: _____
   _____

2. la opinión de Carmen Rico-Godoy en el segundo párrafo: _____
   _____

3. la relación entre la paciente y el médico al principio, cuando los dos fumaban: _____
   _____

4. la relación entre la paciente y el médico ahora que el médico ya no fuma: _____
   _____

5. si la autora habla en serio o está bromeando: _____
   _____

¡A CONVERSAR!

ACTIVIDAD A. Un debate

Como Uds. pueden ver después de haber leído las selecciones sobre el tema del tabaco, la perspectiva de los españoles es diferente de la de los norteamericanos. Aunque el gobierno español ya ha tomado medidas en contra del tabaco, para muchos españoles no es una cuestión de fumar o no fumar, sino una cuestión de libertad personal. Para un debate sobre el tema «Las leyes en contra del tabaco usurpan la libertad del individuo», hagan lo siguiente.

1. Escojan tres jueces (*judges*).
2. El resto de la clase se divide en dos grupos, uno en pro y otro en contra.
3. Cada grupo debe elegir un moderador (una moderadora) y después anotar los argumentos que van a presentar sus miembros. Cada grupo tiene la palabra por diez minutos.
4. El moderador (La moderadora) de cada equipo tiene que resumir los argumentos de sus compañeros.
5. Los jueces deben dar su veredicto después de consultar entre ellos.

ACTIVIDAD B. Dramas contemporáneos

¿Qué hacen Uds. en las siguientes situaciones? Formen grupos de cuatro personas (dos parejas) para desempeñar el papel de actores en estos pequeños dramas. La pareja número 1 no fuma; la pareja número 2 sí fuma. Tengan en cuenta que Uds. quieren ser corteses, no desean ofender a nadie pero, al mismo tiempo, quieren defender sus derechos.

1. Teresa y Guillermo están en un restaurante. Susana y Diego, que están en la mesa de al lado, encienden sus cigarrillos después de comer.
2. En la estación de tren, Teresa y Guillermo ven que Susana y Diego fuman aunque hay un letrero que dice «no fumar».

3. Susana y Diego van a una fiesta en la casa de Teresa y Guillermo. Preguntan, «Dónde están los ceniceros (*ashtrays*)?»
4. Teresa y Guillermo están invitados a cenar en la casa de Susana y Diego.

Susana y Diego   Teresa y Guillermo

ACTIVIDAD C. Con sus propias palabras

Carmen Rico-Godoy, que escribió el artículo «El nuevo placer de fumar», tiene una columna semanal en la revista española *Cambio 16*. Escriba una carta al editor de esta revista para expresar su opinión sobre este artículo. Tenga en cuenta que la revista prefiere publicar cartas breves de no más que 200 palabras.

Al editor:

_____
_____
_____
_____

        Su nombre
        Ciudad

Unidad IV

Las relaciones humanas

Unos amigos mexicanos celebran el cumpleaños de un compañero.

En esta unidad, Ud. va a aprender a:

- entender lo que es la unidad de un texto
- identificar y entender las palabras de transición
- entender lo que es la implicación

Al practicar estas estrategias para comprender mejor lo que lee, va a leer artículos que tienen que ver con las relaciones entre personas.

LA UNIDAD

Una manera en que un autor le da unidad a lo que escribe es por medio de la repetición de uno o varios temas a lo largo del texto. Cuando repite un tema, a veces usa las mismas palabras o frases, pero también puede usar otras que tienen el mismo sentido.

Al leer el siguiente ejemplo, fíjese sobre todo en las palabras y frases indicadas.

«EL ARTE INDIGNADO»

El humor parece ser algo característico del ser humano. Sin embargo, la forma en que se expresa y las ocasiones en que se usa varían de cultura en cultura y, lo que es más, de individuo en individuo. El constante juego verbal que caracteriza la interacción social entre amigos en los Estados Unidos y en otros países angloparlantes, se ve en las culturas hispanas como inapropiado—cuando no ofensivo—frente a su concepto del dignidad del individuo. En los Estados Unidos, por ejemplo, es común que un conferenciante u orador, el presidente incluso, incorpore chistes en su discurso. En contraste, es raro escuchar frases chistosas en los discursos de los jefes de estado hispanos. En los Estados Unidos y en Inglaterra, hay muy pocos temas—si es que los hay—que no puedan convertirse en blancos del humor. En la cultura hispana, en cambio, las bromas ocurren en circunstancias más limitadas. Una forma del humor que se manifiesta con frecuencia en los países hispanos es la sátira.

Las palabras y frases indicadas en el texto repiten un tema que da unidad. ¿Cuál es el tema y cuántas veces se repite? En esta sección de la unidad, Ud. va a aprender a reconocer esta técnica.

LECTURA: UNA MEJOR CONVIVENCIA

Antes de leer

Éste es un anuncio para una compañía de seguros y hay un mensaje que se repite en él. ¿Cuál es ese mensaje?

UNA MEJOR CONVIVENCIA

Hombres y mujeres, jóvenes y viejos, todos los que formamos parte de ésta, nuestra sociedad, buscamos convivir mejor.

Y para ello tenemos un camino: colaborar unos con otros en cualquier momento, con la más firme voluntad, con el máximo esfuerzo.

En Seguros América nos sentimos orgullosos de ser parte de esta sociedad y colaborar a mejorar su convivencia.
Porque convivir mejor es lo importante.

SEGUROS A AMERICA
PROTECCION CON SENTIDO HUMANO
SEGUROS AMERICA, S. A.

Después de leer

Las palabras o frases que nombran el tema que se repite son:

_____   _____

_____   _____

El tema que se repite es: _____

El día social

CASAMIENTOS —En la iglesia de Nuestra Señora del Carmen quedó consagrado el casamiento de la señorita Alejandra Llanos Ramírez con el señor Carlos Aníbal Chiodi.

—El jueves próximo se celebrará el casamiento de la señorita Amelia Bonfanto con el señor Brian Duffy.

—En la iglesia de Nuestra Señora del Carmelo se consagrará pasado mañana a las 20.30 el casamiento de la señorita Etelvina Carreras con el señor Vicente Martin Coleman.

BODAS DE ORO —Con motivo de celebrar sus bodas de oro matrimoniales, el señor Héctor Fredes Watt y su señora, Maria Celia Rivas Lerena, recibieron ayer en su casa el saludo de un grupo íntimo de sus amistades.

COMIDAS —Para celebrar una fecha intima la señorita Gabriela Villanueva ofrecerá pasado mañana una comida en su casa a un grupo de sus amistades.

PARTICIPACIONES — El señor Juan Carlos de Gamas Rubbens y su señora Mónica Rey Carrera, participan el nacimiento de su hija Lucila.

VIAJEROS —Llegadas: De Punta del Este, el señor Martin Alberto Noel, su señora, Ana Maria Cornejo, y su hija Maria.

—De Cordoba, la señora Elida Areco de Ramirez y su hija Luz Maria.

NECROLOGIA —En la iglesia Mater Admirabilis, se oficiará mañana a las 19.30 una misa en memoria del señor Luis Pinto Kramer, de cuyo fallecimiento se cumple el segundo aniversario.

—Hoy, a las 19, se oficiará en la iglesia de Nuestra Señora del Carmelo una misa en memoria de la señora Ernestina Alemán de Goñi, fallecida hace un año.

LECTURA: BOMBA 2000

En otras palabras

Repase rápidamente estas noticias buscando las palabras que correspondan a estas definiciones.

_____ 1. en la introducción, la palabra que quiere decir *15 días* (*dos semanas*)

_____ 2. en la noticia sobre Luis Miguel, la palabra que significa bien informada, con información veraz

_____ 3. en el último párrafo de la primera noticia, la palabra que quiere decir *que está en mucha demanda*

_____ 4. en la noticia sobre Alondra e Ignacio Aguilar, la palabra que quiere decir *vive*

Antes de leer

Hay unidad en todas estas noticias porque tratan la misma clase de tema, excepto una. ¿Puede Ud. identificar el elemento que tienen en común las noticias y, también, la noticia que no tiene ese elemento?

BOMBA 2000

LUIS MIGUEL TERMINO CON MARIANA YAZBECK... (Hubo una tercera en discordia).

Por Bob Logar

* Se casará en España Vianey Lárraga (viuda de Agustín Lara).

Hola, estimados amigos lectores y lindas amiguitas lectoras. Nuevamente me encuentro con ustedes para presentarles mi "calumnia" de esta quincena, perdón, quise decir columna.

LUIS MIGUEL TERMINO ROMANCE

Una fuente fidedigna me comunicó que LUIS MIGUEL terminó su romance con MARIANA YAZBECK y que esta se encontraba muy decepcionada. La vedad es que MICKEY y MARIANITA hacían muy bonita pareja, pero en esta vida todo lo que empieza, algún día termina, y al parecer, este bonito romance llegó a su fin. Se dice que hay una tercera persona y que es nada menos que una cantate juvenil con quien, a la hora de escribir esta nota, MICKEY ha salido varias veces.

Aclaro que se me hace difícil, ya que esa cantante tiene su compromiso sentimental por otro lado, pero quien me lo platicó es una muy cotizada modelo, quien es muy amiga de MARIANA YAZBECK y está muy enterada de todo.

CLAUDIA URIBE

A todos nuestros lectores del norte de la república les recomiendo que escuchen el programa *Dimensión 97*, de la XEW FM de Matamoros, Tamaulipas, pues en su sección "Rock en tu idioma", se luce la linda joven de 19 años, CLAUDIDA URIBE, con sus comentarios y entrevistas. CLAUDIA es una chica muy bella que desde la edad de 14 años ha andado dando lata en las radiodifusoras y periódicos de Matamoros. A pesar de su juventud, ya tiene un currículum impresionante como entrevistadora y periodista.

ALONDRA SE DIVORCIO EN NOVIEMBRE

Desde noviembre pasado se separaron ALONDRA e IGNACIO AGUILAR, aunque apenas hasta ahora se empezó a conocer lo del divorcio. En un principio, ALONDRA se fue a vivir a Puebla a la casa de sus padres, pero ya regresó a Cancún a atender su boutique, además de que está convencida de ese es el lugar donde quiere que su hija VALERIE crezca. Por su parte, NACHO también radica en Cancún, vendiendo bienes raíces, además que exporta espectáculos musicales a Estados Unidos.

LOS INFIELES

Ya debe estar a la venta mi novela *Los infieles*. No dejen de comprarla. Les va a gustar.

VIANEY LARRAGA SE CASA

El próximo 16 de julio, en Gerono, España, se casará Vianey Lárraga con un magnate hispano. Vianey estuvo casada con Agustín Lara y es la madre de Agustín Lara Jr. quien estará presente en la boda de su madre, así como Karla Lárraga, actriz y hermana de Vianey.

Y PARA TERMINAR

No se olviden de trabajar y estudiar mucho para que cada quien salga de su crisis personal. Así lograremos que nuestro país también salga de ella. Hasta el próximo número.

La sonrisa

Por ROMUALDO BRUGHETTI

Sal de la tierra,
la sonrisa
en el aire apacible
de la mañana.
dulce lengua comunicante,
sol de la vida.

Después de leer

Entendiendo la unidad

1. Las palabras o frases que repiten el tema o el elemento que tienen en común estas noticias son:

   _____

   _____

2. El elemento que tienen en común estas noticias es: _____

¡A CONVERSAR!

ACTIVIDAD A. Hablando de fiestas

Cuando alguien le preguntó a una anfitriona (*hostess*) famosa el secreto del éxito de sus fiestas, ella le contestó así:

El secreto consiste en invitar a cinco personas especiales: una persona inteligente, porque su conversación será interesante y estimulante; una persona divertida para que la fiesta sea alegre; un artista, porque los artistas son diferentes y ofrecen otra perspectiva de la vida; una persona muy atractiva y elegante para dar un aire de encanto (*glamour*) a la fiesta; y una persona que nadie conoce, para añadir un elemento de misterio.

Ahora que Uds. saben el secreto, formen grupos de cuatro o cinco compañeros para escoger a las personas que llenan tales requisitos y que les gustaría invitar a su próxima fiesta o cena. Claro, no tienen que conocerlas personalmente. Al proponer un nombre, debe mencionar cuál de las características mencionadas por la anfitriona famosa posee esa persona.

La persona inteligente   _____

La persona divertida   _____

El/La artista   _____

La persona muy atractiva y elegante _____

La persona que nadie conoce   _____

Ahora comparen su lista de invitados con las de otros grupos. ¿Figuran los mismos nombres en algunas listas?

ACTIVIDAD B. Con sus propias palabras

Hay muchas revistas que publican noticias de la vida personal y la carrera de las estrellas de cine y televisión, de músicos y cantantes y de otra gente famosa, como los príncipes de Inglaterra y sus princesas, de escritores, millonarios, políticos y otros. Aunque Ud. todavía no sea famoso/a, hay personas a quienes les gustaría saber algo de lo que sucede en su vida actual.

Siguiendo el modelo de las noticias y chismes que Ud. ha leído en esta unidad, escriba un párrafo con las noticias personales que Ud. quiere publicar... ¡o con las noticias imaginarias que Ud. quiere que se publiquen algún día!

PALABRAS DE TRANSICIÓN

La segunda estrategia que va a estudiar y practicar en esta unidad es la que tiene que ver con las palabras que sirven para *conectar* ideas, temas o cualquier otro elemento. Se llaman palabras de transición. En la siguiente tabla encontrará algunas de estas palabras y su uso.

PALABRAS DE TRANSICIÓN	PROPÓSITO
y, además, es más, otra vez, también, asimismo	para agregar una idea, etcétera
pero, sino, en cambio, en contraste, por otra parte, aunque, sin embargo	para contrastar y para comparar
en conclusión, para resumir, en resumen, finalmente, al fin	para concluir o resumir
por ejemplo, es decir, para explicar, en otras palabras, tal(es) como	para presentar un ejemplo
sobretodo, claro que, sí que, sin duda, en especial, especialmente, porque sí	para poner énfasis
como resultado, por ello, porque, puesto que, por eso, por lo tanto, por consiguiente	para indicar causa y resultado
para, para que, por esta razón, con este fin	para indicar el propósito
mientras (que), ahora, antes, después, por fin, primero, al mismo tiempo, inmediatamente, hasta que, en eso	para indicar la secuencia de ideas, eventos, etcétera.

Puede haber transiciones dentro de una oración o a través de dos oraciones o dos párrafos. Los siguientes ejemplos muestran cada una de estas funciones.

- Transición a través de dos partes de una oración:
  El salón sirve para pasar películas, *pero* no para representar obras de teatro.
  La palabra **pero** contrasta dos aspectos de una idea.
- Transición a través de dos oraciones:
  No manipule a sus amistades obligándolas a que le mientan. *Aunque* la honestidad duela a veces, a la larga es lo más saludable para las relaciones entre personas.

Aunque también es una palabra de transición que se usa para contrastar.

- Transición a través de dos párrafos:
  Una hora antes de llegar a Goose Bay nos avisaron de que andaba perdida una Cessna 172. Logramos localizarla por radio y determinar su posición, dato que de inmediato comunicamos a Canadá para que despacharan un helicóptero de rescate.

Después, en Goose Bay, supimos que el piloto extraviado no era un principiante sino un capitán de jets comerciales...

En este caso se usa **después** para indicar una secuencia.

Ud. va a identificar y analizar el uso de estas palabras y expresiones en las selecciones que siguen.

LECTURA: SU AMOR: ¡HÁGALO PARA TODA LA VIDA!

En otras palabras

Lea el artículo rápidamente, deteniéndose en la oración o párrafo en que se encuentran las palabras indicadas. Escriba el significado al lado derecho. Use las palabras clave para ayudarse a determinar el significado.

PALABRAS NUEVAS	SIGNIFICADO
1. Se necesitan dos personas interesadas, atentas y *hábiles* para comunicar algo. (lín. 38–40) Clave: la habilidad	
2. *Elógielo* por lo que hace bien. (lín. 50) Clave: Lo opuesto de criticar.	
3. Usted ama a su esposo y él la ama, pero no son *clarividentes*. (lín. 55–56) Clave: ...déjeselo saber al otro. (lín. 54)	
4. No *rechacen* como «temores infundados» lo que cada uno de los dos siente. (lín. 66–67) Clave: Lo opuesto de *aceptar*.	
5. La palabra *perdonar* está rodeada de un aura de *cálida fortaleza*. (lín. 107–108) Clave: *Cálida* se relaciona con *calor*, *fortaleza* con *fuerte*.	
6. Es difícil tener que *lidiar* interiormente con el dáño que se nos hace... (lín. 111–113) Clave: Se relaciona con *combate*.	

Antes de leer

Todos queremos tener éxito en el amor y queremos que sea duradero. Los expertos tienen mucho que decir sobre el tema, pero las personas que llevan muchos años de casados también deben saber algo. Lo que va a leer son sugerencias de algunas parejas. Preste atención a cómo se usan las palabras de transición.

Su amor: ¡hágalo para toda la vida!

Estas sugerencias proceden de miles de parejas que han querido comunicarle su experiencia ¡a usted!

Por Amalia Rosas

La mayoría de los artículos que usted lee sobre el amor y las relaciones humanas, procede de las recomendaciones de los sicólogos, basados en su observación y estudio de la conducta humana... Pero justamente uno de ellos, un eminente profesional neoyorquino, tuvo la feliz idea de olvidarse por un momento de lo que ya se sabía, y tratar de "descubrir directamente", en parejas que llevaban muchos años de matrimonio, y que se quieren con un amor tan fuerte o más que el del primer día, el "secreto" de esa armonía. Los puntos básicos que siguen, los "requisitos" para que una unión perdure felizmente, son los sugeridos por esas parejas, y aparecen en el orden de importancia que ellos mismos les concedieron, y que el sicólogo que los entrevistó mantuvo. ¡Son sugerencias de valor inestimable!, puesto que no provienen de un observador (por muy científico que sea) sino de las mismas personas que las han practicado y saben que dan resultado.

1 COMUNICACION

Todas las parejas estuvieron de acuerdo en que éste es el factor esencial. Y es un hecho probado que muchas veces en que creemos estar hablando con otra persona... no nos están escuchando. A veces, no está muy claro dentro de nosotros mismos lo que queremos decir. Otras veces, no poseemos la habilidad verbal necesaria para poder ponerlo en palabras. Por su parte, nuestro interlocutor, puede ser que no quiera enterarse de lo que le decimos, no le interese o no pueda comprenderlo. Se necesitan dos personas interesadas, atentas y hábiles para comunicar algo. Y éstas son algunas cosas que los que aman (tanto usted como él) desean oír:

• Que se aman. Dígaselo y pídale que se lo diga. Con palabras, con gestos y con hechos. El puede sentirse cohibido con esas manifestaciones, pero ¡no se deje engañar! Le gustan y las necesita.
• Que cada uno encuentra bien lo que el otro hace. ¡No dé nada por sentado! Elógielo por lo que hace bien. Repítale que lo quiere si hace algo mal... Se esforzará el triple por hacerlo todo bien.
• Cuando uno de los dos se sienta deprimido o triste, déjeselo saber al otro. Usted ama a su esposo, y él la ama, pero no son clarividentes. Yendo en ayuda del compañero, cada uno se sentirá mejor, importante. Además, los sentimientos que se callan ¡salen en formas inesperadas! y hasta destructivas.
• De la misma manera, no dejen de contarse sus alegrías. Eso da vitalidad a la unión, porque siempre alguno de los dos tendrá motivos para estar contento y se lo comunicará al otro.
• No rechacen como "temores infundados" lo que cada uno de los dos siente. Lo *siente*. Y esto es más que suficiente para que el otro se interese.
• Escuchen sin juzgar.
• Tómense de las manos y abrácense a menudo. El contacto con otro ser humano revitaliza. No tiene que ser un contacto sensual.
• Aprendan a respetar cada uno el silencio del otro. Las personas adultas necesitan pensar.
• Dejen saber ¡al mundo! que se aman. Eso los hace sentir orgullosos y, a cada uno, le comunica que es muy especial.

2 AFECTO

Demostrar afecto y recibirlo es una necesidad que se experimenta a cualquier edad. Pero en muchas sociedades, germánicas y anglosajonas, hay que luchar contra una serie de inhibiciones mentales. Todos los contactos físicos NO son preliminares de un acercamiento sexual. Las gentes pueden abrazarse, besarse sin que esto implique otras intenciones secretas. Las sociedades latinas son más liberadas en este aspecto. Y entre nosotros no suele darse el caso de un sicólogo que tenga que *recetar* a su paciente: "*Abrace y bese a su esposa y a sus hijos cuatro veces al día...*", como ha sucedido recientemente en California. Todas estas acciones que a veces se nos han criticado, tales como dar la mano al llegar y al marcharnos, dar palmaditas en las espaldas, tomar del brazo mientras se conversa, etc., si en la comunidad donde ustedes viven no se han perdido todavía... ¡defiéndanlas! Las personas necesitan saber físicamente que son aceptadas y que alguien las quiere.

3 FACULTAD DE PERDONAR

La palabra *perdonar* está rodeada de un aura de cálida fortaleza. Es una palabra que sugiere liberación, una acción que tiene el poder de suavizar, curar las heridas, reunir y recrear. Es difícil tener que lidiar interiormente con el daño que se nos hace, especialmente si pensamos que no hemos hecho nada para merecer esa conducta por parte del otro. No podemos siquiera contemplar la idea del perdón mientras no comprendamos cabalmente que la persona que nos ha herido... es exactamente como nosotros, un ser humano, ni mejor ni peor. Mientras no empecemos a sentir compasión por un individuo, lleno de debilidades, idealismo confuso, miedos, cobardía, fragilidad. La única fuente de donde puede emanar un perdón verdadero... es el amor. Si amamos, podemos separar el hecho de la persona. Y podemos ver la totalidad de la relación, que es más importante y más valiosa, que unos pocos momentos desagradables, un acto aislado o una actitud ocasional.

Después de leer

A. Transiciones. Indique las palabras de transición que se encuentran en las líneas indicadas. También indique para qué se usan.

	TRANSICIÓN	PROPÓSITO
1. Lín. 6	_____	_____
2. Lín. 22	_____	_____
3. Lín. 58	_____	_____
4. Lín. 63	_____	_____
5. Lín. 69	_____	_____
6. Lín. 98	_____	_____

B. Repitiendo en pocas palabras. A veces lo que se expresa en uno o más párrafos se puede resumir en una oración. A continuación hay 2 ó 3 frases u oraciones clave de cada sección. Escriba Ud. con sus propias palabras un breve resumen de lo que dicen. Sería bueno leer de nuevo la sección de donde vienen estas oraciones.

1. Comunicación
   Se necesitan dos personas interesadas, atentas y hábiles para comunicar algo.
   ...no son clarividentes.
   ...los sentimientos que se callan ¡salen en formas inesperadas! y hasta destructivas.

   Mi resumen: _____
   _____

2. Afecto
   ...es una necesidad...
   ...en muchas sociedades... hay que luchar contra una serie de inhibiciones mentales.
   Las sociedades latinas son más liberadas en este aspecto.

   Mi resumen: _____
   _____

3. Facultad de perdonar
   ...sugiere liberación, una acción que tiene el poder de suavizar, curar las heridas, reunir y recrear.
   ...la persona que nos ha herido... es exactamente como nosotros, un ser humano, ni mejor ni peor.
   La única fuente de donde puede emanar un perdón verdadero... es el amor.

   Mi resumen: _____
   _____

LECTURA: UNA PÁGINA SUELTA

Antes de leer

La página 74 tiene unidad porque su contenido se refiere a un solo tema, el amor. Al leer, busque las palabras o frases que expresan el amor.

Después de leer

La unidad. Escriba las palabras que Ud. cree que tienen que ver con el amor.

_____

_____

DECIRTE ALGO ESPECIAL...

Un recuerdo especial... un beso, una caricia, un consejo o tal vez un reproche... no sé, pero cuando en silencio te escucho, cuando a solas te miro, en mí pasa algo muy especial.
Al tomarte de la mano, al verte sonreír, al juntos caminar... o cuando a solas conversamos, quiero guardar esa imagen para siempre como un grato recuerdo...
Unas palabras, una timidez atrevida, una valentía oculta... un saludo o tal vez una despedida... no sé, pero son cosas que me hacen recordarte... decirte algo especial... decirte "Te quiero".

José Angel Rosa, República Dominicana.

A ti, que eres sonrisa de mis labios.
A ti, que eres los ojos de mi dulce mirar.
A ti, que eres el cristal de mi alma.
A ti es a quien sólo puedo amar.
Enrique, adorado mío.
Eres el porqué de mis decisiones.
Eres el tema de mi soñar.
Eres la razón de mi existencia.
Eres a quien sólo puedo amar.

Jessica Patty Andrew's, Estados Unidos.

EL AMOR

♥ Es tan extraño el carácter del amor, que quien lo siente, no puede ocultarlo, y quien no lo siente, no puede fingirlo.
♥ El amor y la confianza son hermanos y compañeros.
♥ No hay nada que avive más el amor, que el temor a perderlo.
♥ El amor no tiene edad; siempre está naciendo.
♥ El amor soporta mejor la ausencia o la muerte, que la duda o la traición.
♥ El amor... es un no sé qué, que viene de no sé dónde, y acaba yo no sé cómo.

María Elena Julián, Colombia.

Rafy:
Fuiste mi primera ilusión. Pensé que tú me querías, pero me fallaste, y cuando supe que tenías novia, me sentí derrotada.
Nadie te querrá como yo a ti, y aunque no espere nada a cambio, es verdad lo que todos dicen: ¡No hay amor como el primero!

Nury A. Ceballos, República Dominicana.

NO SE DECIR ADIOS

No sé decir adiós, porque al hacerlo, es decir que nunca más estarás a mi lado, significa que jamás te veré.
Tú me dijiste adiós.
Yo silenciosa te miré,
y viéndote partir,
sola me quedé.

Patricia R.C., Puerto Rico.

Marcos:
Enamorarme de ti fue lo más hermoso que pudo haberme pasado, y sinceramente le doy gracias a Dios por eso... aunque no soy correspondida.
Si algún día te sientes solo, triste, recorre la mirada lentamente en tu horizonte y allá a lo lejos, encontrarás a una persona que con el corazón en la mano, irá a tu encuentro. ¡Te lo juro!

Anna Lila Contreras, México.

Me enamoré de ti desde que te vi en mi casa.
Amarte fue mi mayor desgracia, pues tú me rechazaste cuando te expresé mis sentimientos.
Contigo soñaba todas las noches.
Ilusiones, fantasías... todo me inspirabas,
A pesar de que eras la novia de mi hermano.

Juan Carlos M., Venezuela.

Pregúntame si te quiero... ¡verás qué respuesta!

María Teresa O., Costa Rica.

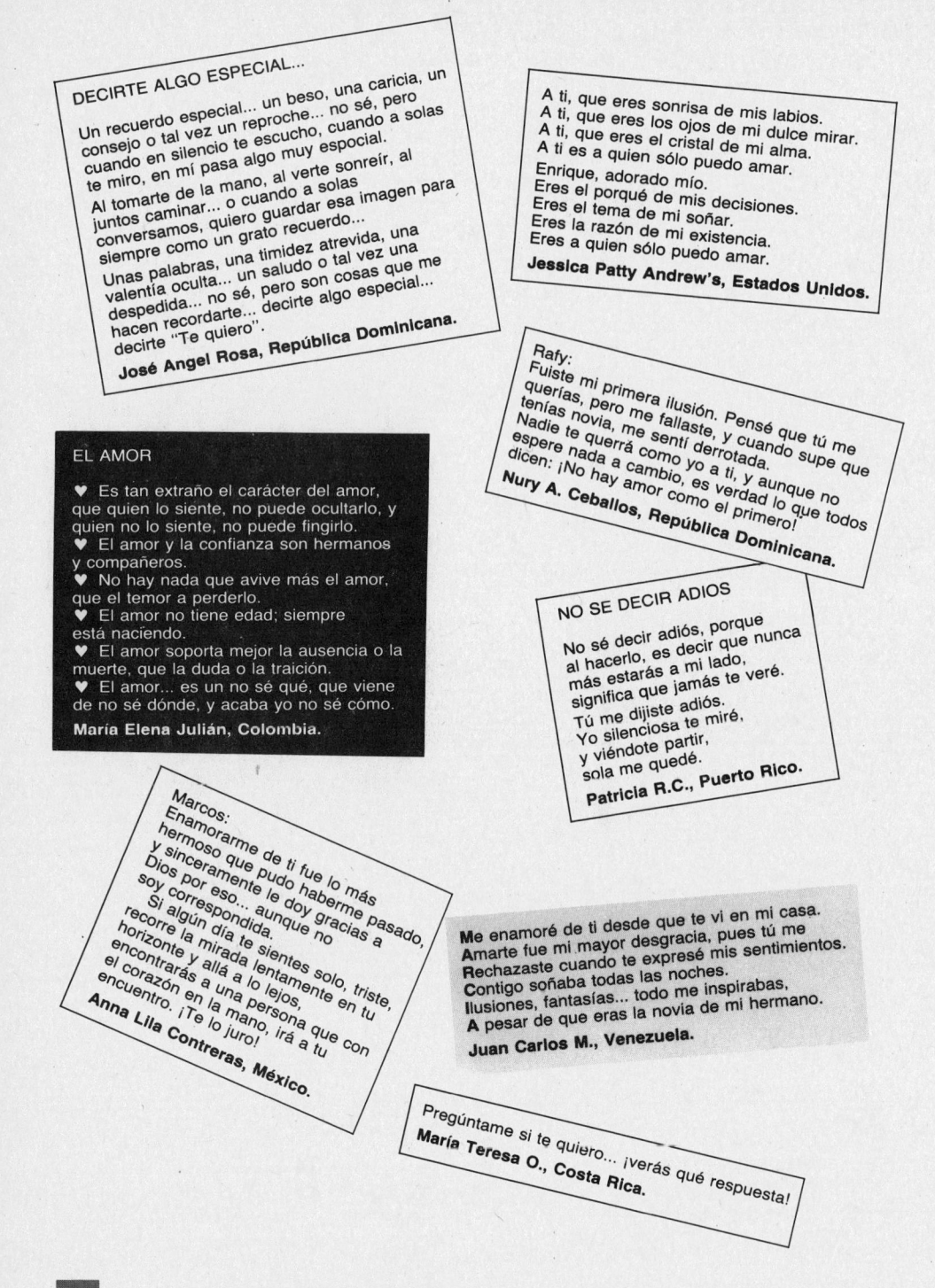

¡A CONVERSAR!

ACTIVIDAD A. El amor: hombres y mujeres

El artículo «Su amor: ¡hágalo para toda la vida!» procede de una revista para mujeres. Si ponemos atencíon, nos daremos cuenta de que en las revistas para mujeres frecuentemente se publican artículos sobre el amor, el matrimonio o las relaciones entre hombres y mujeres, padres e hijos. Pero si se trata de revistas para hombres, es raro que encontremos artículos sobre estos temas.

¿A qué se debo eso? ¿Será porque las mujeres piensan más que los hombres en el amor, el matrimonio y las relaciones con los demás? ¿O será porque a los hombres no les interesan esos temas? ¿Reflejan las revistas los intereses de sus lectores? Formen grupos de cuatro o cinco personas, preferiblemente hombres y mujeres, para comentar estas preguntas.

Actividad B. ¿Casarse? ¿Cuándo?

Hoy en día la gente no se casa a una edad tan temprana como se casaban las generaciones anteriores. ¿Por qué? ¿Cuáles son las ventajas y desventajas de casarse a los 30 o más años? ¿Cuál es la edad ideal para casarse? ¿Piensa Ud. casarse algún día? Con un compañero (una compañera), expresen sus ideas sobre este tema. Después hagan un resumen para comparar sus ideas con las de otros estudiantes.

1. La gente se casa a una edad mayor porque...
2. Las ventajas de casarse a los 30 o más años son...
3. Las desventajas de casarse a los 30 o más años son...
4. La edad ideal para casarse es...

"Caramba Manolo, me has llamado en un mal momento!...".

Actividad c. Con sus propias palabras

PRIMERA PARTE

En muchos periódicos y revistas hay columnas en las cuales personas como Abigail Van Buren o Ann Landers contestan cartas que los lectores les mandan contándoles sus problemas. Escriba una carta de aproximadamente 100 palabras explicando su problema amoroso, real o imaginario, o el problema de un amigo (una amiga). No firme su nombre verdadero.

SEGUNDA PARTE

Ahora formen grupos de cuatro personas para escribir las soluciones a los problemas como si fueran Querida Abby o Ann Landers. Su profesor(a) va a distribuir cuatro cartas a cada grupo.

Es mejor que todo el grupo trabaje en una carta a la vez porque cuatro cabezas piensan mejor que una. Mientras piensen en las soluciones, tengan presente los siguientes refranes españoles y traten de incorporarlos en sus respuestas.

1. El amor entra por los ojos.
2. El amor es mal navegante.
3. Amores nuevos hacen olvidar los viejos.
4. Amor de estudiante, amor constante.

LA IMPLICACIÓN

Al escribir, un autor puede decir algo directamente o puede sugerirlo sin decirlo explícitamente. Al hecho de sugerir algo sin decirlo abiertamente se le llama implicación. En esos casos, el lector debe usar sus conocimientos y experienca para entender o determinar lo que no se ha expresado directamente. Por ejemplo, si Ud. oye una sirena y ve un coche de policía que va a alta velocidad, la implicación es que hay un problema serio en alguna parte. Si Ud. ve una casa en malas condiciones, la implicación es que el dueño no la cuida o que es una casa abandonada.

LECTURA: TELEFONÓMANA

Antes de leer

«Telefonómana» es una canción popular en México y otras partes del mundo hispano. Como ya se habrá dado cuenta, se trata del teléfono y de una joven a quien le gusta hablar por teléfono. Al leer la canción piense en lo que se puede suponer de esta chica. ¿Hay otros temas que se repitan?

canta, canta

TU AMIGA FIEL

CUANDO ESTES PERDIDO
BAJO UN CIELO TRISTE Y GRIS...
Y NADA, NADA TE HAGA FELIZ,
PON TU PENSAMIENTO EN MI
Y NOMBRAME SIN MAS,
RECUERDA QUE, SIEMPRE TENDRAS MI AMISTAD...

HABLAME, BUSCAME
Y AL LUGAR QUE QUIERAS IRE...
A TU LADO, ALLI ESTARE...
TODO LO QUE TIENES QUE HACER
ES SENTIR QUE NO TE OLVIDE,
SOY TU AMIGA, SI, TU AMIGA FIEL...

CUANDO ESTES VENCIDO
Y EN TI NO ENCUENTRES PAZ
Y AL DOLOR TE ENTREGUES POR LOS DEMAS...
MIRA DENTRO TUYO Y ALLI ME ENCONTRARAS
SOY ESA PEQUEÑA LUZ DE AMISTAD...

HABLAME, BUSCAME
Y AL LUGAR QUE QUIERAS IRE...
A TU LADO, SIEMPRE, ALLI ESTARE...
LA DISTANCIA NO EXISTIRA
PARA ESTE CARIÑO JAMAS,
SOY TU AMIGA, SI TU AMIGA...

YA SABES QUE EN MI ALMA TIENES LUGAR
UN PUERTO DONDE LLEGAR
ABIERTO PARA TUS SUEÑOS,
TUS PENAS Y SENTIMIENTOS
Y YO TE LO OFREZCO...

HABLAME, BUSCAME
Y AL LUGAR QUE QUIERAS IRE...
A TU LADO, SIEMPRE, ALLI ESTARE...
TODO LO QUE TIENES QUE HACER
ES SENTIR QUE NO TE OLVIDE,
SOY TU AMIGA, SI TU AMIGA,
TU AMIGA FIEL...

TU AMIGA FIEL, PARA SIEMPRE, TU AMIGA FIEL
A TU LADO IRE OH, TU AMIGA FIEL, OH SI.
TU AMIGA FIEL, PARA SIEMPRE, TU AMIGA FIEL
OH SI, TU AMIGA FIEL...

VETE CON ELLA

VETE CON ELLA VIDA
PUES SE QUE TU LA QUIERES
AUNQUE NO ME LO DIGAS
A ELLA NO LA OLVIDAS

VETE CON ELLA VIDA
Y QUE SEAN MUY FELICES
VETE CON ELLA MI AMOR

YO LLORARE... AH... AH... AH...
MAS SE MUY BIEN, OH, OH, OH.
QUE ENCONTRARE, OTRO QUERER
POR ESO HOY, VETE DE MI
Y QUE SEAS CON ELLA MUY FELIZ

POR ESO VETE CON ELLA VIDA
PUES SE QUE TU LA QUIERES
AUNQUE NO ME LO DIGAS
A ELLA NO LA OLVIDAS.

Y TODAS LAS TARDES

HOY CON LA LLUVIA
DE ESTA TARDE TAN GRIS TE SENTI,
EN EL VACIO
QUE TU AUSENCIA DEJO JUNTO A MI.

HOY TU RECUERDO
SON TUS OJOS COLOR DE CRISTAL
Y TU SONRISA
EN UN RAYO DE SOL LLEGARA.

Y TODAS LAS TARDES
PENSANDO EN TU AMOR ESPERARE
Y TODAS LAS TARDES
ESTARE SINTIENDO QUE VUELVES OTRA VEZ
Y TODAS LAS TARDES
SOÑARE QUE PRONTO VAS A VOLVER¡
TU VOLVERAS, TU VOLVERAS ¡

HOY ME DOY CUENTA
QUE NO SIRVE LA VIDA SIN TI,
Y COMO SIEMPRE
LA TRISTEZA SE ADUEÑA DE MI.

HOY TU RECUERDO
LASTIMANDO EL OLVIDO LLEGO
Y EN NUESTRA CASA
AQUEL VIEJO ROSAL FLORECIO.

Y TODAS LAS TARDES...

TELEFONOMANA

TODOS LOS DIAS ME DICEN EN CASA QUE DEBO CAMBIAR
QUE (YO) SOY LA CULPABLE DE QUE PAPA SE PONGA SIEMPRE DE
MAL HUMOR
MAMA ME DICE QUE VA EXPLOTAR
POR MI MANIA DE TELEFONEAR
NADIE COMPRENDE LA NECESIDAD
QUE TENGO DE HABLAR (QUE TENGO DE HABLAR)
ES UNA OBSESION, TODOS ME DICEN ASI.....

TELEFONOMANA..........

SI HABLO CON MI NOVIO O LLAMO A UNA
AMIGA DICEN QUE ESTA MAL
ME CUENTAN LOS MINUTOS Y SIEMPRE ME
INTERRUMPEN LA CONVERSACION
ESTO ES UN CUENTO DE NUNCA ACABAR
NO SE PORQUE NO ME DEJAN EN PAZ
TOMO EL TELEFONO Y PIERDO EL CONTROL
NO PUEDO CORTAR (NO PUEDO CORTAR)
ES UNA OBSESION TODOS ME DICEN ASI...

TELEFONOMANA..........

SI MIS HERMANOS QUIEREN LLAMAR
YO SIEMPRE CORRO Y LES GANO EL LUGAR
TOMO EL TELEFONO Y PIERDO EL CONTROL
NO PUEDO CORTAR (NO PUEDO CORTAR)
ES UNA OBSESION, TODOS ME DICEN ASI...

TELEFONOMANA..........

CENICIENTA SE ACABO

NO ME LLEVO NADA, NADA TENGO QUE LLEVAR...
EN UNA MALETA NO ENTRARA MI SOLEDAD...
LO QUE YO TE HE AMADO DENTRO MIO VIVIRA
COMO UN EQUIPAJE INVISIBLE A LOS DEMAS...

FUISTE TAN PERFECTO QUE NO PUDE NI PENSAR...
QUE SOLO EN LOS CUENTOS NO HAY TRISTEZA EN EL FINAL...
EL RELOJ IMPLACABLE DOCE BALAS ME PEGO,
AHORA VISTO HARAPOS, CENICIENTA SE ACABO...

UN CUENTO MAS...
BENDITO AMOR, DONDE ESTAS...
UN CUENTO MAS...
AME, CREI Y FUE FATAL...
UN CUENTO MAS...
NO HUBO UN FINAL FELIZ.
ZAPATILLA DE CRISTAL QUE SE QUEBRO...
AMOR MIO, ESTE CUENTO TERMINO...

NO HUBO NI PALACIOS, NI CARROZAS, NI ESPLENDOR
PERO ENTRE TUS BRAZOS TU ME ABRISTE EL CORAZON...
NO ME DIGAS NADA NI ME PIDAS MAS PERDON,
DEJA QUE YO SEA LA QUE AHORA DIGA ADIOS...

UN CUENTO MAS...
BENDITO AMOR DONDE ESTAS...
UN CUENTO MAS...
AME, CREI Y FUE FATAL...
UN CUENTO MAS...
NO HUBO UN FINAL FELIZ...
ZAPATILLA DE CRISTAL QUE SE QUEBRO...
AMOR MIO, ESTE CUENTO TERMINO...

UNIDAD IV LAS RELACIONES HUMANAS

Después de leer

A. La implicación. Las siguientes son oraciones de la canción expresadas por la joven. Indique las implicaciones de lo que dice en cada una.

1. Que (yo) soy la culpable de que papá se ponga siempre de mal humor

   Implicación: _____

2. Mamá me dice que va a explotar

   Implicación: _____

3. Si hablo con mi novio o llamo a una amiga dicen que está mal

   Implicación: _____

4. Si mis hermanos quieren llamar yo siempre corro y les gano el lugar

   Implicación: _____

B. Entendiendo la unidad. Después de leer las siguientes oraciones y frases, trate de determinar qué tema se repite en cada una.

Lín. 5   Por mi manía de telefonear
Lín. 6–7   Nadie comprende la necesidad que tengo de hablar
Lín. 8   Es una obsesión, todos me dicen así...
Lín. 16–17   Tomo el teléfono y pierdo el control
              No puedo cortar (No puedo cortar)

Las palabras que se refieren a ese tema son:

1. _____

2. _____

3. _____

4. _____

El tema que se repite es: _____

LECTURA: ¿CUÁNTO SABE DE SUS HIJOS?

En otras palabras

Casi siempre cuando uno está aprendiendo una lengua, encuentra palabras desconocidas en lo que lee. Esto no tiene que ser un obstáculo para la comprensión de la idea principal. Al contrario, estas palabras pueden ayudarnos a entender detalles en la lectura.

Para entender el significado de las siguientes palabras, lea el artículo rápidamente, deteniéndose en esas partes donde aparecen las palabras indicadas, que probablemente le son desconocidas.

_____ 1. en el primer párrafo de la introducción, la palabra que quiere decir *capaz de comprender un problema*

_____ 2. en la pregunta número dos, la respuesta d, la palabra que significa *mucho dinero*

_____ 3. en la pregunta número tres, la palabra que quiere decir *investigar*

_____ 4. en la pregunta número nueve, la palabra que quiere decir *cantidad de dinero*

_____ 5. en la Evaluación, sección entre 62-45, la palabra que tiene que ver con *la casa*

Antes de leer

Aunque las preguntas de esta encuesta tienen que ser muy generales (para que la mayoría de los lectores las pueden contestar), algunas tienen ciertas implicaciones. Al leer el cuestionario y estudiar la evaluación, recuerde que hay implicación en las cosas que no se dicen directamente.

Por Bill Spicer

El principal deber de padres realmente comprensivos es criar a sus hijos haciéndolos tan fuertes que puedan en su día enfrentar el mundo sin tener que recurrir al apoyo de la familia... y sabemos que ese día va a llegar, inevitablemente. Pocos padres, sin embargo, recuerdan esta realidad básica. Y es natural. El hijo, la hija, son durante años la única razón de existir de algunas personas... y les resulta muy doloroso criarlos para que sean independientes y luego tener que dejarlos ir.

La generalidad de los padres sucumbe a la tentación de tratar de forzar al niño a ajustarse a un molde que los padres escogen... egoístamente. ¿No es así? Queremos hijos que se parezcan a nosotros, que sean como una extensión de nuestras personalidades, unos en mayor grado y otros en menor.

¿Qué tal padre o madre es usted? Este cuestionario ha sido expresamente preparado para ayudarlos a determinar si sus hijos crecen en un ambiente en que pueden expresarse con entera libertad... o casi siempre están obligados o comportarse tal y "como lo haría papá" o "como lo haría mamá".

¿Cuánto sabe de sus hijos?

Contesten estas preguntas usted y su esposo, juntos o por separado, para comprobar si están proporcionándoles a sus hijos ¡lo que tanto necesitan...!

PREGUNTAS

1. Si sus niños miran la televisión más tiempo del que creen conveniente, ustedes:
a) esconden el televisor
b) establecen estrictamente horas para mirarla
c) discuten con ellos si no piensan que les afectará la vista
d) tratan de atraer el interés de los niños hacia otras actividades

2. ¿Han decidido ya que sus hijos DEBEN tener una educación universitaria?
a) ¡por supuesto!
b) esperarán a escuchar las recomendaciones del maestro
c) sólo si ellos lo desean
d) no piensan gastarse un dineral

3. Cuando compran regalos de cumpleaños o en las Navidades, tratan de averiguar lo que sus hijos quieren.
a) alguna vez que otra
b) siempre
c) les dan dinero
d) los niños no saben lo que quieren

4. ¿Se quedarían usted o su esposo consternados si su hijo jugara con muñecas?
a) sí
b) en realidad, no
c) eso no podría suceder
d) su hermanita se las presta

5. ¿Se aterraría alguno de ustedes si su hija decide andar vestida de vaquero?
a) sí
b) en realidad, no
c) eso no podría suceder
d) su hermanito le presta el traje

6. Cuando su hijo o hija atraviesan el primer enamoramiento, ustedes:
a) quieren saberlo todo
b) piensan que eso es un asunto estrictamente de ellos
c) se preocupan con los posibles peligros que puedan confrontar
d) pretenden no darse cuenta

7. Si su hijo o su hija los atacan verbalmente, ustedes reaccionan con:
a) curiosidad
b) hostilidad
c) humor
d) incredulidad

8. Si ustedes muestran las fotografías de alguno de sus hijos, cuando era un bebé, lo hacen con:
a) burlas
b) orgullo
c) disgusto
d) no las enseñan nunca

9. Ustedes piensan que una asignación semanal a los niños para sus gastos es:
a) un derecho de los niños
b) un deber de ustedes
c) una recompensa que les dan
d) nunca les dan dinero

10. La principal misión de sus hijos en la vida es:
a) proveerlos a ustedes de nietos
b) ser felices
c) tener éxito económico
d) hacer exactamente lo que se les dice que tienen que hacer

11. En la vejez, ustedes esperan que sus hijos:
a) los visiten todos los días
b) los vean de vez en cuando
c) aparezcan ocasionalmente
d) recuerden sus cumpleaños

Pase a la página 80

¿Cuánto sabe de sus hijos?

Viene de la página 13

12. Todos los defectos de los niños son culpa de:
a) el esposo o la esposa
b) la madre del esposo o la esposa
c) son faltas justificables
d) ¿qué defectos?

13. ¿Pueden los adultos aprender de los niños?
a) nunca
b) a todas horas
c) algunas veces
d) sólo si se lo proponen

14. Si uno de sus hijos quisiera tener un animalito en la casa, ustedes le dirían
a) "si te ocupas tú de cuidarlo"
b) "si es un animal que nos gusta"
c) "por supuesto, mi vida"
d) "de eso nada"

15. El nombre que ustedes escogieron para su hijo o hija mayor...
a) es tan extraño que el niño se siente avergonzado
b) lo llena de orgullo
c) eso nunca se discute
d) no es problema, porque ustedes siempre lo llaman con algún apodo o apelativo cariñoso

PUNTUACION

	a	b	c	d
1.	1	3	5	4
2.	3	4	5	1
3.	4	5	3	1
4.	4	5	3	1
5.	3	5	4	1
6.	5	4	3	1
7.	5	4	3	1
8.	4	5	3	1
9.	5	3	3	1
10.	3	5	4	1
11.	1	3	4	5
12.	2	2	5	1
13.	1	3	4	5
14.	5	2	3	1
15.	3	4	1	5

EVALUACION

Entre 75 y 63: Ustedes son unos superpadres. Sus hijos probablemente no se den cuenta de la suerte que han tenido. Con el tipo de cuidados y orientaciones, que ustedes les proporcionan, y los sacrificios que están dispuestos a hacer por ellos, esos niños tendrán todas las oportunidades del mundo para encontrarse a sí mismos, y desarrollar su propia individualidad. Y, evidentemente... serán personalidades que a ustedes les gustarán.

Entre 62-45: ¡Bravo, papi y mami! A veces la identidad de los niños se confunde un poco con la de alguno de ustedes, especialmente los hijos del mismo sexo, que los han tomado como modelo. Ustedes, como hijos también que son, fueron quizás un poco "prisioneros" del ambiente hogareño creado por sus padres... pero reaccionaron. Eso sí: no olviden ni por un momento que ahora ustedes son los que tienen el poder de... ¡liberar a los hijos!

Entre 44 y 32: ¡Suelten a esos niños! Que no pueden desarrollarse individualmente agarrados a la falda de mami o a los pantalones de papi. Si no lo hacen, están destruyendo las posibilidades de que los niños encuentren su propia identidad... si no es que deciden marcharse de la casa, lo cual sería peor. Al menos uno de ustedes, el padre o la madre, tiene que crear cierto equilibrio, controlando la tendencia del otro a aferrarse a los hijos.

Entre 31 y 15: No busquen un culpable. No es uno de ustedes, ni alguna de las suegras. Los culpables son ustedes dos. Todos los "defectos" que ven en sus hijos son los mismos que tienen ustedes... magnificados. Ese niño o esa niña están hechos a imagen y semejanza de las propias ¡inseguras! personalidades de sus padres... y claro, ahora el resultado no les gusta.

Después de leer

A. Identificando la información. Después de contestar las preguntas y determinar la puntuación que obtuvo, diga qué tipo de padre/madre sería Ud.

_____ Superpadre/madre

_____ Bravo, papi y mami

_____ Suelten a esos niños

_____ No busquen un culpable... son ustedes dos.

Según la evaluación, ¿cómo es ese tipo de padre/madre?

B. Descubriendo la implicación en la introducción. Escoja la respuesta de la columna de la derecha que exprese mejor lo que implica el párrafo de la izquierda.

	SE DICE		SE IMPLICA
1.	El principal deber de padres realmente comprensivos es criar a sus hijos haciéndolos tan fuertes que puedan *en su día enfrentar el mundo sin tener que recurrir al apoyo de la familia.*	a. b. c.	Hay padres que no son comprensivos. Cada generación enfrenta problemas difíciles. Los hijos no deben depender de la familia.
2.	*¿Qué tal padre o madre es usted?*	a. b. c.	Cada padre y madre es bueno. Algunos padres de familia no saben si son buenos o malos padres. Es difícil para los hijos determinar si sus padres son buenos o malos padres.
3.	Evaluación. Entre 75 y 63: Sus hijos probablemente *no se dan cuenta de la suerte que han tenido.*	a. b. c.	Es difícil para los hijos saber si tienen buenos padres. Los buenos padres interfieren menos. Los hijos siempre creen que tienen padres malos.
4.	Entre 62 y 45: *A veces la identidad de los niños se confunde un poco con la de alguno de ustedes, especialmente los hijos del mismo sexo, que los han tomado como modelo.*	a. b. c.	Los hijos tienden a tomar a sus padres como modelos. Los padres quieren que sus hijos sean como ellos. Esta confusión de identidad se ve como algo negativo.

5. Entre 44 y 32:
   ¡Suelten a esos niños! Que no pueden desarrollarse individualmente agarrados a la falda de mami o a los pantalones de papi.

   a. Los padres no quieren soltar a los hijos.
   b. Los padres no permiten que los hijos se expresen individualmente.
   c. Los padres tienen miedo que se lastimen los hijos.

6. Entre 31 y 15:
   Todos los «defectos» que ven en sus hijos son los mismos que tienen ustedes... magnificados.

   a. Los defectos que los padres ven en los hijos no son tan grandes.
   b. Los hijos deben todos sus defectos a sus padres.
   c. Los hijos van a ser como sus padres.

C. Entendiendo la implicación. Fíjese en lo que se dice en la primera columna y luego trate de determinar la implicación. Hay preguntas entre paréntesis en la segunda columna que le pueden ayudar a determinar la implicación.

SE DICE... SE IMPLICA...

1. Pregunta #1:
   Si sus niños miran la televisión más tiempo del que creen conveniente, ustedes:
   (¿Miran los niños la televisión demasiado o insuficiente?)

2. Pregunta #4:
   ¿Se quedarían usted o su esposo consternados si su hijo jugara con muñecas?
   (¿Tenemos ciertas normas de conducta para los niños?)

3. Pregunta #5:
   ¿Se aterraría alguno de ustedes si su hija decide andar vestida de vaquero?
   (¿Tenemos ciertas normas de conducta para las niñas?)

4. Pregunta #6:
   Cuando su hijo o hija atraviese el primer enamoramiento, ustedes:
   (¿Se supone que sus hijos se van a enamorar?)

5. Pregunta #9:
   Ustedes piensan que una asignación semanal a los niños para sus gastos es:
   (¿Les dan los padres una asignación a sus hijos, por lo general?)

REPASO DE ESTRATEGIAS

Ud. ha estudiado y practicado tres estrategias diferentes y ahora las va a repasar. Recuerde que lo importante es poder usarlas cuando lea. Como Ud. ya sabe, las estrategias son:

- la unidad
- las palabras de transición
- la implicación

LECTURA: CUANDO LOS DOS GANAN EL MISMO DINERO

El siguiente artículo trata de los cambios que están ocurriendo en la vida familiar de tres parejas hoy en día. Las estrategias que ha aprendido en esta unidad se pueden aplicar aquí sin ninguna dificultad.

En otras palabras

Dé una lectura rápida al artículo, usando el contexto para determinar el significado de las palabras indicadas. Después escoja un sinónimo de la columna de la derecha para cada una de las palabras.

PALABRAS NUEVAS	SINÓNIMOS

_____ 1. remunerados (párr. 1, lín. 5)

Tomás
_____ 2. sucursal (párr. 2, lín. 2)
_____ 3. montó (párr. 2, lín. 12)
_____ 4. bisutería (párr. 2, lín. 20–21)

Antonio
_____ 5. cizaña (párr. 6, lín. 10)

Mariano
_____ 6. funcionario (párr. 7, lín. 1–2)
_____ 7. cosillas (párr. 7, lín. 19)
_____ 8. redondear (párr. 7, lín. 19–20)
_____ 9. ingresos (párr. 7, lín. 20)
_____ 10. me echó en cara (párr. 7, lín. 32)

El experto opina
_____ 11. inamovible (párr. 10, lín. 4–5)
_____ 12. imprescindible (párr. 10, lín. 6)
_____ 13. plena (párr. 10, lín. 17)
_____ 14. desbarata (párr. 10, lín. 20)
_____ 15. disponibilidad (párr. 10, lín. 34)
_____ 16. aporta (párr. 12, lín. 2–3)
_____ 17. enfrentamientos (párr. 12, lín. 5–6)
_____ 18. cimientos (párr. 12, lín. 7–8)

a. joyas de imitación
b. esencial
c. completa
ch. pagados
d. empleado
e. sueldo
f. rama
g. enemistad, conflicto
h. causó
i. fijo, que no puede cambiarse
j. cosas insignificantes
k. contribuye
l. poder
ll. me recordó en un momento oportuno
m. descompone
n. completar
ñ. luchas, conflictos
o. bases

Antes de leer

Este artículo presenta el punto de vista de tres esposos sobre sus esposas que trabajan. Ellas ganan tanto o más que ellos. Al leer el artículo recuerde las siguientes preguntas.

- ¿Cómo son los tres hombres?
- ¿Qué opinan ellos de los sueldos de sus esposas?
- ¿Cómo son sus esposas?
- ¿Qué dice la psicóloga sobre los papeles del esposo y de la esposa?

SOCIEDAD

CUANDO LOS DOS GANAN EL MISMO DINERO

De día en día, la mujer alcanza puestos más importantes y mejor remunerados; consecuentemente, el hombre ha de contemplar una realidad distinta. ¿Qué sentimientos se despiertan en él? ¿Cómo asume esta nueva circunstancia?

Tomás, 40 años, director de sucursal bancaria, casado, dos hijos de 14 y 11 años. «Antes de casarnos ella era secretaria; una buena secretaria. Pero lo dejó cuando nació el mayor. Siempre ha sido una mujer que vale para todo. Muy activa. Cuando los chicos se hicieron algo mayores, montó todo este lío. Lo veo bien, pero a veces trastorna un poco la marcha de la casa. Decidió que iba a dedicar dos habitaciones a su negocio, ya que tenemos suficiente sitio; nuestra casa es antigua, muy amplia. Y su negocio es vender ropa y bisutería. Pero a lo grande; todo de calidad. Además, tiene varias chicas que trabajan para ella. Empezó hace tres años, y en los últimos meses ha ganado lo mismo o más que yo. Claro que estoy orgulloso, pero al mismo tiempo me siento incómodo. Es como si hubiera perdido mi sitio.

Es una tontería y trato de no pensarlo, pero hay temporadas en las que esa sensación me acompaña constantemente. El otro día, mis hijos querían quedarse a dormir en casa de unos amigos. Me lo dijeron, y les di permiso. Cuando se iban, oí cómo el pequeño le decía al otro: "se lo tenemos que decir también a mamá, sin falta". Tal vez en otras circunstancias me hubiese parecido normal, pero desde que veo que lleva la casa a medias conmigo, estoy siempre dándole vueltas a lo que veo y a lo que oigo.

Además, ella disfruta con su trabajo mucho más que yo con el mío. Me alegro, sí, pero también me da rabia.»

Antonio, 31 años, biólogo, casado, sin hijos. «Sabía que iba a pasar. Hizo la carrera con unas notas estupendas. Y aunque entró en el laboratorio en un puesto muy por debajo del mío, estaba claro que iba a mejorar. Vale mucho. Por eso me gusta. Nos casamos unos meses después de conocernos, hace ahora 3 años. Yo acababa de terminar con otra chica y estaba muy mal. Hablar con ella era distinto. Me animaba, me hacía ver aquello en lo que yo podía destacar. Fue como un balón de oxígeno. Una persona que hace eso es porque ella misma es también muy valiosa. Y ahora ocupa un puesto igual al mío. En otro departamento, pero hace el mismo trabajo que yo, y ganamos lo mismo. Los amigos me han tomado el pelo; "que a ver quién va a llevar los pantalones en casa". Nada, no hay problema. Los dos estamos contentos. Me parece normal. Es inteligente, responsable, tiene mucha voluntad. Y además, me quiere a mí.

Pensándolo un poco, estar aquí los dos solos, quiero decir en esta ciudad, nos ha venido estupendamente. Ambos nos llevamos bien con nuestras respectivas familias, aunque es casi seguro que mi madre, con la mejor intención, habría metido un poco de cizaña. Pero nada, no hay problema.»

Mariano 44 años, funcionario, casado, tres hijos de 21, 17 y 16 años. «Poner una tienda era la ilusión de toda su vida. Heredó un dinero de su madre y como los chicos eran un poco mayores aprovechó el momento. Y ahí está, desde hace cinco años, dedicándose en cuerpo y alma a su negocio. Ya discutimos entonces y la cosa ha ido empeorando. Ella no tenía necesidad de trabajar. Con lo mío era suficiente. Además de mi trabajo oficial, tengo por ahí algunas cosillas que me permiten redondear los ingresos. Primero fue una tienda de regalos; en seguida empezó a ir bien, porque en la zona en la que vivimos no había nada de eso. Pero también ha metido ropa de niño y algunos productos de belleza. Ella, por su familia, tiene muchos contactos y sabe aprovecharlos. Nada, que está ganando bastante dinero. El otro día me echó en cara que ganaba lo mismo que yo. Que lo saque un mes, todavía, pero eso no quiere decir que a lo largo del año vaya a ingresar lo mismo que yo.

Y que no me venga con tonterías de que todos tenemos que colaborar en casa. ¿Pues no pretendía que fuera yo quien preparara la cena? No he cocinado nunca ni lo voy a hacer. Y mis dos hijos piensan exactamente como yo. La pequeña es la que está siempre dándole la razón a su madre. Ya le he dicho varias veces: "mucho realizarte tú, pero has conseguido dividir a la familia y que estemos continuamente discutiendo". No sé cómo va a acabar esto.»

El experto opina

Reflexiones sobre los tres casos presentados.

● El hombre trae el dinero, la mujer lo administra. Hasta hace pocos años esta división de tareas parecía inamovible. Sabemos que no es imprescindible que sea así, pero cuando llega el momento de afrontar el cambio, algunas parejas lo pasan mal. Muchos hombres han ido admitiendo que su mujer trabaje para que ayude a la marcha del hogar o para que se entretenga unas horas al día. El siguiente paso, es decir, que esa mujer desarrolle su trabajo con plena responsabilidad y eficacia y además gane un dinero sustancioso, desbarata sus esquemas mentales. El matrimonio crea una situación de dependencia cuando la mujer aporta únicamente su trabajo en casa. Y esa dependencia trae consigo que el marido se sienta investido de un poder especial. Cuando esa posición se nivela, hay hombres que se sienten asustados y perplejos ante lo que ellos consideran una pérdida de autoridad y plena disponibilidad en la familia.

● Cada vez en mayor número van apareciendo una nueva clase de hombres. Sobre todo, entre los jóvenes. Están más libres de prejuicios. Ven a su mujer como compañera, con iguales derechos y obligaciones. Pueden resistir que su compañera esté a su misma altura profesionalmente y económicamente, sin pensar que su virilidad disminuya por ello.

● La economía de una pareja, y más si la mujer aporta una cantidad importante a la bolsa común, suele ser motivo de discusiones. Enfrentamientos que pueden llegar a remover los cimientos del matrimonio. Y establecer pugnas dentro del mismo grupo familiar. ■

M. Ángeles Juez
(Psicóloga)

La inmensa mayoría de las mujeres casadas que trabajan ganan menos que sus maridos. Ella sólo ayuda, colabora. El es el suministrador principal del dinero, pero la situación está cambiando.

Que su esposa tenga el mismo sueldo que él es para muchos motivo de desavenencia.

A TENER EN CUENTA

● Admitir los cambios que la sociedad propone no es una claudicación si cada uno hace su reflexión particular.

● El dinero no debe ser sinónimo de poder.

● No es un amor saludable el de la pareja que mantiene una relación de dependencia basada en lo económico.

● Que la mujer llegue a aportar económicamente lo mismo que el marido da ocasión para revisar su estilo de vida. Las conclusiones pueden abrir nuevas puertas al entendimiento y a la felicidad.

Después de leer

A. La unidad. El autor crea la unidad hablando de dos temas. Identifique Ud. las palabras que se repiten o se relacionan con los siguientes temas.

EL DINERO   LAS EMOCIONES

_____   _____

_____   _____

_____   _____

_____   _____

_____   _____

B. Transiciones. Busque las siguientes palabras de transición en el artículo, lea la oración donde se encuentra cada una y después diga cómo se usan, es decir, explique su propósito.

TOMÁS

1. Además... (párr. 2, lín. 22)

   Propósito: _____

ANTONIO

2. Por eso... (párr. 5, lín. 9)

   Propósito: _____

3. ...aunque... (párr. 6, lín. 7)

   Propósito: _____

MARIANO

4. ...en seguida... (párr. 7, lín. 22)

   Propósito: _____

EL EXPERTO OPINA

5. ...para que... (párr. 10, lín. 12)

   Propósito: _____

6. ...es decir... (párr. 10, lín. 15–16)

   Propósito: _____

C. La implicación. Trate de determinar la implicación de lo que dice el autor en las partes indicadas. Será necesario que lea de nuevo el párrafo donde se encuentran las oraciones para ayudarse a determinar cuál es la implicación.

1. *Cuando los dos ganan el mismo dinero* (título)

   Implicación: _____

   _____

TOMÁS

2. Siempre ha sido [mi esposa] *una mujer que vale para todo.* (párr. 2, lín. 8–9)

   Implicación: _____

   _____

3. *Es como si hubiera perdido mi sitio.* (párr. 2, lín. 30–31)

   Implicación: _____

   _____

ANTONIO

4. *Fue como un balón de oxígeno.* (párr. 5, lín. 18–19)

   Implicación: _____

   _____

MARIANO

5. Y ahí está, desde hace cinco años, *dedicándose en cuerpo y alma a su negocio.* (párr. 7, lín. 9–12)

   Implicación: _____

   _____

6. *Ella no tenía necesidad de trabajar.* Con lo mío era suficiente. (párr. 7, lín. 14–16)

   Implicación: _____

   _____

7. *Y mis dos hijos piensan exactamente como yo.* (párr. 9, lín. 2–4)

   Implicación: _____

   _____

EL EXPERTO OPINA

8. Cada vez en mayor número van apareciendo una nueva clase de hombres. Sobretodo, entre los jóvenes. *Están más libres de prejuicios.* (párr. 11, lín. 1–5)

   Implicación: _____

   _____

¡A CONVERSAR!

ACTIVIDAD A. ¿Quién soy yo?

La siguiente serie de dibujos no tiene palabras; sin embargo, los dibujos implican que la imagen que tiene el hombre de sí mismo cambia gradualmente, que su autoestimación disminuye poco a poco. Con un compañero (una compañera), explique las implicaciones de cada situación y las subsecuentes transiciones. Después inventa un monólogo (los pensamientos del hombre) o un diálogo para expresar lo que piensa el hombre en las partes principales del dibujo, que son:

1. El hombre, en su casa
2. El hombre, en el autobús
3. El hombre, en la oficina

ACTIVIDAD B. Para llegar a un acuerdo...

El artículo «Cuando los dos ganan el mismo dinero» habla de una situación que existe tanto en los países de habla española como en los Estados Unidos. Sin embargo, el artículo nos da solamente el punto de vista de tres hombres; sabemos la perspectiva de las mujeres solamente por implicación. Para hablar de esta realidad actual, forme un grupo de tres personas para hacer los papeles del marido, la mujer y el consejero (la consejera) que trata de ayudarlos a comprender mejor sus sentimientos. Algunos sentimientos que puede expresar el marido son los siguientes:

1. Veo bien lo que mi mujer hace, pero a veces trastorna un poco la marcha de la casa.
2. Claro que estoy orgulloso de mi esposa, pero al mismo tiempo me siento incómodo. Es como si hubiera perdido mi sitio.

3. Ella disfruta de su trabajo mucho más que yo del mío. Me alegro, sí, pero también me da rabia.
4. Los amigos me toman el pelo. «A ver quién va a llevar los pantalones en tu casa», dicen.
5. Ella no tenía necesidad de trabajar. Con lo que yo ganaba, era suficiente.
6. Y que no me venga con tonterías de que todos tenemos que colaborar en casa. ¿Qué quiere ella? ¿Qué yo prepare la cena?
7. No he cocinado nunca ni lo voy a hacer. Y mis dos hijos piensan exactamente como yo.
8. Tú quieres realizarte pero has conseguido dividir a la familia y ahora estamos continuamente discutiendo.

Actividad C. Con sus propias palabras

Es fácil decir que el mejor remedio para los ataques de nervios de los padres sería conseguir otro teléfono para sus hijos. Pero en algunos países hay que esperar años para que la compañía instale un teléfono nuevo. También hay que tener en cuenta que un teléfono más es un gasto más. Entonces ¿cuál es la solución del problema? Si tenemos ciertas reglas de comportamiento para convivir con los demás, tal vez podamos crear otras para el uso del teléfono. Haga una lista de los buenos modales (*manners*) telefónicos para las siguientes circunstancias.

1. Al usar un teléfono público
2. Al compartir un teléfono con un compañero (una compañera) de cuarto
3. Al tener sólo un teléfono para toda la familia
4. Al tener que usar el teléfono de un amigo (una amiga)
5. Al llamar a alguien y escuchar lo siguiente: «¡Hola! Nadie puede contestar el teléfono en este momento, pero si Ud. deja un mensaje, le llamaremos lo más pronto posible».

Unidad V

Nuestro mundo

Vista aérea en la que se ve lo serio que es el problema de la contaminación ambiental en la Ciudad de México

En esta unidad, Ud. va a entender lo que son:

- el propósito del autor
- los hilos argumentales
- las interrelaciones

Estas estrategias refuerzan algunas ideas que se han comentado anteriormente. Las estrategias se presentan por medio de artículos técnicos que se caracterizan por la descripción de algún problema o de una hipótesis. Los artículos explican o muestran las consecuencias de algún experimento o de una situación. Casi todos estos artículos se refieren a la actualidad.

UNIDAD V NUESTRO MUNDO

EL PROPÓSITO DEL AUTOR

Al escribir un artículo, un libro, un cuento o un poema, quien escribe tiene un propósito, es decir, una razón para hacerlo. Esta persona tiene una opinión o un punto de vista que quiere comunicar al lector.

Los propósitos que se pueden tener al escribir son distintos. A continuación se presentan algunos.

atacar	convencer	entretener	informar
burlarse	criticar	explicar	persuadir

El propósito de un autor se puede determinar fijándose en los siguientes elementos:

a. el título
b. el prefacio o el primer párrafo
c. las palabras que se usan de una manera cómica o irónica
ch. lo que uno sabe del autor

LECTURA: ¿CÓMO ES LA COSA?

En otras palabras

Dé una lectura rápida al artículo. Después empareje las palabras y frases con su definición correspondiente.

PALABRAS		DEFINICIONES
____ 1. parte de (párr. 1)	a.	sistema
____ 2. folio (párr. 1)	b.	está basado en
____ 3. escrutadas (párr. 2)	c.	imprenta, impresora
____ 4. red (párr. 2)	ch.	hoja, página
____ 5. descompuestas (párr. 2)	d.	separadas
____ 6. mecanismo de impresión (párr. 2)	e.	copia exacta
	f.	analizadas, revisadas
____ 7. facsímil (párr. 2)	g.	bueno, prometedor
____ 8. promisorio (párr. 4)		

Antes de leer

El artículo que va a leer tiene que ver con la tecnología moderna. Al leerlo, tenga presente lo siguiente:

- Fíjese en el título.
- ¿Se trata de una descripción, una hipótesis o explica o muestra las consecuencias de un experimento o una situación?
- ¿Cuál es el propósito del autor?

¿Cómo es la cosa?

EL fax, aparato que está revolucionando las comunicaciones en el mundo, parte de un principio básico: el envío de documentos por medios electrónicos. En el aparato emisor, cada folio redactado es registrado por el método *línea a línea,* con una resolución de 100 a 200 líneas por pulgada, mientras una luz fluorescente ilumina el documento.

Las luces y sombras escrutadas durante el proceso de registro son convertidas en impulsos electrónicos y transmitidas a un fax compatible a través de la red telefónica. En los aparatos digitales (los más utilizados hoy día), las áreas de luces y sombras son descompuestas en puntos, convertidas en lenguaje binario y luego enviadas como una corriente de pulsaciones codificadas. Dichas pulsaciones son decodificadas en el aparato receptor y pasadas por un mecanismo de impresión que reconstruye un facsímil a partir del original.

La mayoría de las telecopiadoras que se venden hoy corresponden al *grupo 3,* que abarca las más modernas. Ellas pueden enviar una página en menos de un minuto, y son de mecanismo digital. Deben utilizar un *modem* (modulador-desmodulador) para adaptarse al sistema analógico en caso de que se requiera. Los fax del *grupo 4* no necesitarán esos transformadores, ya que las redes de comunicación terminarán por digitalizarse.

El futuro es promisorio, en lo que a tecnología se refiere: las imágenes tendrán una claridad casi fotográfica y podrán ser transmitidas en menos de 10 segundos. Y a medida que la velocidad y la resolución del facsímil aumenten, los precios caerán. Los expertos dicen que se producirá una dura competencia y que aquellos fabricantes que sobrevivan a la década de los ochenta tendrán una larga y próspera vida. La competencia, agregan, terminará por proporcionar máquinas eficaces y baratas al consumidor.

Después de leer

El propósito del artículo es...

1. describir un aparato nuevo
2. presentar una hipótesis
3. explicar las consecuencias de la nueva tecnología

LECTURA: SOLUCIONES OFIMÁTICAS FUJITSU

Antes de leer

Lea el anuncio que sigue sin detenerse en las palabras que no sabe. Hágase las siguientes preguntas al leer:

- ¿Ayuda el título a entender el mensaje?
- ¿Cuál es el propósito del anuncio?

UNIDAD V NUESTRO MUNDO

Arnedo (Rioja)

¿Así?

Fotocopias por teléfono 24 horas al día.

Soluciones Ofimáticas Fujitsu

Por primera vez un fax que puede recibir y enviar mensajes cuando usted duerme o se divierte. Son los nuevos facsímiles Dex, de alta velocidad y fácil manejo con que la tecnología Fujitsu sorprende al mundo una vez más... y como siempre, respaldados por la fiabilidad y el servicio Fujitsu.

dex 6300   dex 2500

Facsímiles FUJITSU dex

DEX 6300
- Velocidad de transmisión: 10 seg.
- Memoria de documentos: 80 hojas.
- Marcación automática: hasta 120 números.
- Polling confidencial y con identificación de grupo.
- Escala de grises: 16 niveles.

DEX 2500
- Alimentación automática.
- Alta velocidad de transmisión.
- Escala de grises: 16 niveles.
- Polling confidencial y con identificación de grupo.
- Marcación automática.

DEX TEN
- Facsímil personal de sobremesa.
- Fácil manejo.
- Recepción nítida de fotografías y documentos con medios tonos.

dex ten

FUJITSU
Más allá de la Informática y las Comunicaciones.
FUJITSU ESPAÑA, S.A.

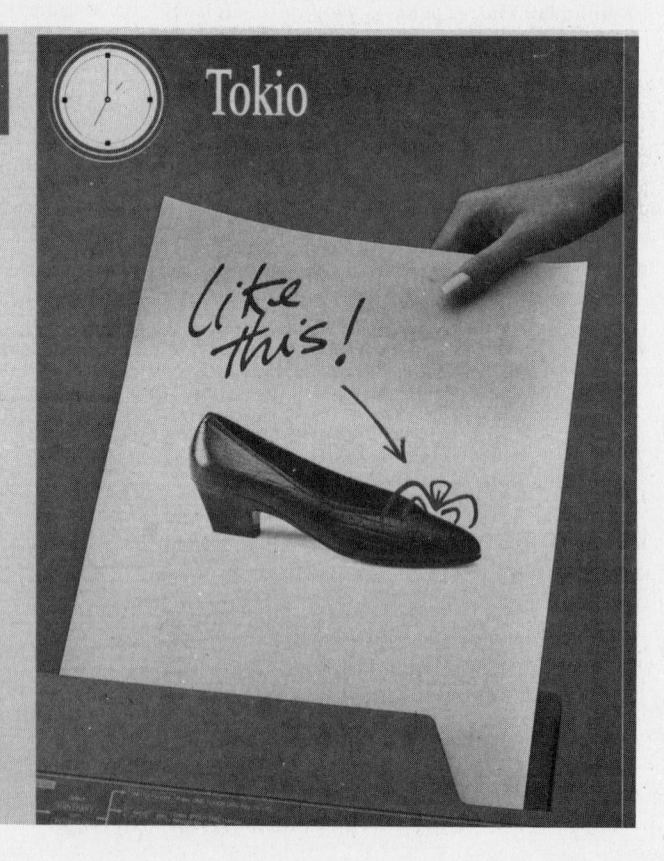

Tokio

Like this!

Después de leer

Según el título, el fax puede _____.
El propósito del anuncio es mostrarle al cliente las cualidades del fax. Identifique cuatro palabras que describan estas cualidades.

_____   _____   _____   _____

LECTURA: PLÁSTICOS VIVOS

En otras palabras

Repase el artículo buscando las palabras o frases que correspondan a las siguientes definiciones.

DEFINICIONES	PALABRAS
1. en grandes hojas (párr. 1)	_____
2. sólo es necesario (párr. 1)	_____
3. no se convierte en algo útil (párr. 1)	_____
4. algo que puede tomar el lugar de otra cosa (párr. 2)	_____
5. sitios donde hay acumulaciones de sal (párr. 3)	_____
6. que vive donde hay sal (párr. 4)	_____
7. no refinado (párr. 5)	_____
8. descubrimiento (párr. 8)	_____

Antes de leer

Al leer, no se detenga aunque no entienda todas las palabras. Tenga presente lo siguiente mientras lee:

- El título y los subtítulos.
- ¿Dónde se expresa la idea principal?
- El propósito del autor al escribir este artículo.

Plásticos vivos

Polietileno fabricado por bacterias

EL plástico en láminas —polietileno y polipropileno— es uno de los grandes contaminantes del medio natural: basta observar los ríos de España para comprobarlo. La razón es su difundido uso y que, una vez desechado, no se degrada en la Naturaleza como podría hacerlo una hoja.

El sueño de un plástico biodegradable es antiguo. En la década de los sesenta se descubrió que unas bacterias determinadas eran capaces de producir la materia prima para un sucedáneo del polietileno. Recientemente, en Gran Bretaña, comenzó a elaborarse un polietileno biodegradable a partir de ese método —el *bio pol*—. Pero su elevado coste —el doble que el del polietileno corriente— redujo su utilidad al campo de la medicina.

El Departamento de Microbiología de la Universidad de Alicante, dirigido por el catedrático Francisco Rodríguez, ha descubierto en las grandes salinas de la provincia la presencia de una bacteria que es capaz de producir un plástico biodegradable con la misma utilidad que el polietileno.

PLASTICO BIOLOGICO. La bacteria hallada por el doctor Rodríguez se conoce como *halo bacterium mediterranei* y presenta una gran resistencia para soportar condiciones de alto grado de humedad y de temperaturas extremas. Estas bacterias halófilas aparecen en las grandes salinas y dan a la sal una coloración rosada.

Trabajando en laboratorio el equipo de la Universidad de Alicante descubrió que las bacterias producían una forma de polihidroxibutirato (PHB) o polietileno en bruto, a partir del cual es posible elaborar un plástico biológico y biodegradable.

«Es indispensable que el PHB biológico sea completamente blanco porque cualquier tono rosado indica la existencia de bacterias vivas», explica el profesor Rodríguez.

La bacteria alicantina puede encontrarse en varios puntos del planeta y presenta una ventaja: es capaz de producir, en el medio natural, el doble de PHB biológico que en otro tipo existente, la *halo bacterium volcanii*.

Ahora sólo falta encontrar la metodología necesaria para convertir el hallazgo en un producto industrial a costes competitivos, que es lo que ha propuesto la Universidad alicantina.

M. H.

Después de leer

El propósito de este artículo es...

1. explicar cómo convertir una bacteria en producto industrial
2. informar al lector de un descubrimiento
3. evaluar el descubrimiento de un científico

LECTURA: CULTURAS DEL SILICIO

En otras palabras

Después de leer rápidamente el artículo, empareje las palabras con la definición correspondiente.

PALABRAS	DEFINICIONES
____ 1. ineludible (párr. 2)	a. no le falte
____ 2. la desdicha (párr. 5)	b. que puede guardar algo (como información)
____ 3. informática (párr. 5)	c. que no se puede evitar
____ 4. solícitamente (párr. 5)	ch. aparato unido a otra cosa de la misma naturaleza
____ 5. nota aclaratoria (párr. 6)	d. la mala suerte
____ 6. no carezca (párr. 6)	e. tipo de papel antiguo
____ 7. inadvertida (párr. 6)	f. queriendo agradar a alguien
____ 8. escaparates (párr. 6)	g. que tiene que ver con ordenadores
____ 9. novedoso (párr. 9)	h. absorberla
____ 10. papiro (párr. 9)	i. explicación
____ 11. almacenamiento (párr. 9)	j. no notada
____ 12. dispositivo anejo (párr. 9)	k. nuevo
____ 13. deglutirla (párr. 10)	l. lugares donde las tiendas ponen la mercancía para que la gente la vea

Antes de leer

Este artículo tiene que ver con los ordenadores/las computadoras y contiene importante información al respecto. Al leerlo tenga presente cuál es el propósito del autor.

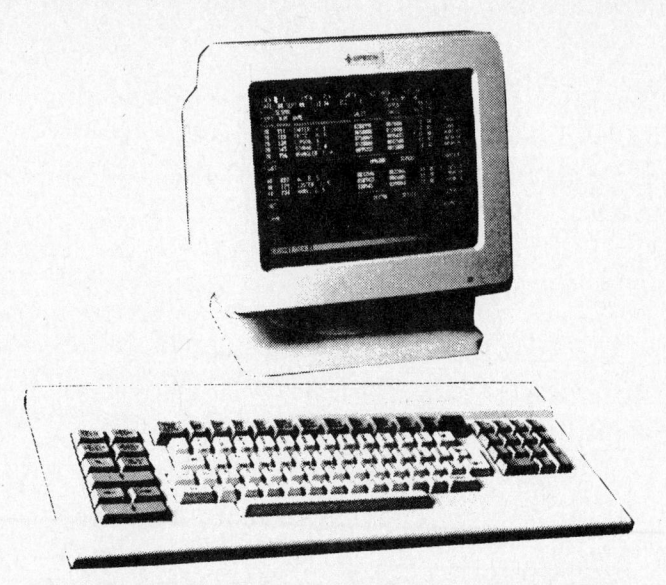

El ordenador no es un aparato como la televisión o el vídeo, que funcionan con sólo apretar un botón.

Culturas del silicio

MANUEL GARRIDO

Todavía no hace mucho que saber leer y escribir y dominar las cuatro reglas le bastaban a un individuo para sobrevivir en la ciudad. La invasión de la técnica ha impuesto recientemente una nueva forma de cultura elemental que los anglosajones denominan *computer literacy*, y que aquí muchos llaman ya *alfabetización informática*.

La irrupción de ordenadores en los servicios públicos y en la vida privada nos ha puesto en el trance, a veces profesionalmente ineludible, de tener que usarlos.

Y a esa necesidad responde, lógicamente, la proliferación en librerías y grandes almacenes de manuales de introducción, generales y especiales, a ordenadores de todas marcas y tamaños y a sus múltiples usos.

Pero el ordenador no es un aparato que uno pueda traer a casa para ponerlo a funcionar, como el televisor o el vídeo, apretando un botón y sentándose a mirarlo.

Analfabetismo informático

La desdicha está, sin embargo, en que al justificable analfabetismo informático del lector medio se suma, no infrecuentemente, el grado de incongruencia o de incultura, a veces increíble, de más de uno de los innumerables autores y traductores de libros de informática que tan solícitamente acuden en nuestro auxilio.

En uno de ellos encontramos, por ejemplo, como nota aclaratoria a la palabra "monitor" el siguiente comentario, parcialmente explicable, quizá, en otras fonéticas: "No confundir con *monstruo* ni con *monito*". Tal vez no carezca de utilidad, por prosaico que parezca, sugerir como regalo alguna introducción a la informática en general, o al ordenador personal en particular, cuya calidad no merezca pasar inadvertida en la jungla de los escaparates navideños.

El libro de Luis Arroyo (*Del bit a la telemática*, Alhambra, 278 páginas, 1.430 pesetas) es elegantemente informativo. El "a fondo" de Peter Norton (*El IBM PC a fondo*, 410 páginas, 6.360 pesetas), autor de grandes éxitos de venta en el competitivo mercado extranjero, es una excelente guía del clásico IBM PC.

La inteligencia artificial y la robótica se sitúan en la última frontera de la informática. En sus *Máquinas inteligentes* (Díaz de Santos, 315 páginas, 3.392 pesetas), Gevarter ilustra al profano sobre el estado actual del arte en ambos frentes, con profusión de cuadros y listas de avances, proyectos, instalaciones y productos.

De un círculo de problemas particularmente novedoso, que puede afectar de un modo revolucionario a la tecnología de la información, trata el apasionante volumen *El nuevo papiro: CD ROM* (Microsoft-Anaya Multimedia, 667 páginas, 5.300 pesetas). El llamado disco compacto o CD ROM posee una capacidad de almacenamiento mil veces superior al flexible, sin excederle apenas en precio. Aunque su explotación comercial está todavía en los comienzos, ofrece perspectivas inmensas como expansión del ordenador personal como dispositivo anejo de información visual.

Base de datos

Basta pensar en lo que significa para un ordenador una base de datos. El comportamiento del hombre respecto de la información puede consistir, como alguien ha dicho, en deglutirla pasivamente o en buscarla y capturarla.

El instrumento por excelencia para esta categoría de asimilación pasiva es el televisor, mientras que la función de busca y captura es más bien propia del ordenador, sea cual sea su capacidad.

Pero esta función requiere como complemento el acceso a grandes depósitos de información, como archivos o bibliotecas de soporte informático. Tales son las bases de datos, a las que el ordenador personal suele acceder por línea telefónica, con el consiguiente gasto de contador. Disponer en casa de bases de datos en CD ROM sería la ilusión de cualquier usuario.

La confección de libros a medida de los deseos personales de cada uno, o el uso de dispositivos de información interactivos y multimedia, mixtos de ordenador y de vídeo, serían otras posibilidades todavía más fantásticas, que parecen, sin embargo, estar al alcance de la mano.

Domingo 20 de diciembre

UNIDAD V NUESTRO MUNDO

Después de leer

A. El propósito de este artículo es...

1. atacar la invasión de la tecnología
2. convencer al lector que tiene que aprender a usar los ordenadores
3. informar al lector de asuntos que tienen que ver con la informática

B. Unidad. Se da unidad al artículo mediante el uso de ciertas palabras. Al referirse al ordenador, a veces se usan las mismas palabras y, a veces, otras. ¿Puede encontrarlas Ud.?

1. Párrafo dos _____
2. Párrafo cuatro _____
3. Párrafo seis _____
4. Párrafo siete _____

"Usted es el mejor hombre para el trabajo, pero yo tengo una computadora mejor que usted".

¡A CONVERSAR!

ACTIVIDAD A. Encuesta: Ud. y la computadora

Haga esta encuesta en un grupo de cinco personas. Una persona del grupo debe anotar en los espacios indicados el número de personas que contesta cada pregunta. Las personas que no usan una computadora deben contestar solamente las preguntas 1 y 10.

Después de contestar las preguntas en su grupo, suma los resultados obtenidos de todos los grupos. ¿Cuáles son las conclusiones que se pueden sacar de esta encuesta?

1. ¿Hay una computadora en su casa?   sí ____   no ____
2. ¿Tiene Ud. su propia computadora?   sí ____   no ____
   comparto una ____
3. ¿Cuánto tiempo hace que Ud. usa una computadora?
   ____ menos de seis meses
   ____ entre seis meses y un año
   ____ uno o dos años
   ____ más de dos años

4. ¿Por qué comenzó Ud. a usar una computadora? Indique todas las respuestas que se apliquen a su caso.
   _____ por curiosidad
   _____ porque la necesito para mi trabajo
   _____ por los juegos y diversiones que ofrece
   _____ por motivos educativos
   _____ para archivar datos
   _____ por otros motivos: _____

5. ¿Para qué la usa actualmente? Indique todas las respuestas que se apliquen a su caso.
   _____ procesar textos
   _____ jugar
   _____ archivar datos
   _____ correo electrónico o conexión en red (*networking*)
   _____ contabilidad electrónica (*spreadsheets*) o análisis financiero
   _____ manejo de bancos de datos (*data-base management*)
   _____ acceso (*retrieval*) de datos

6. ¿Cuántas horas por semana usa Ud. la computadora?
   _____ menos de cinco horas
   _____ de cinco a diez horas
   _____ de diez a veinte horas
   _____ más de veinte horas

7. ¿Cuáles han sido para Ud. algunas de las ventajas de usar una computadora? Indique todas las respuestas que se apliquen a su caso.
   _____ Puedo hacer nuevas tareas.
   _____ Mi productividad ha aumentado.
   _____ Me comunico mejor con los demás.
   _____ Tengo más independencia.
   _____ Mi trabajo es más estimulante.
   _____ Puedo trabajar en casa.

   _____ otro: _____

8. ¿Cuáles han sido los efectos negativos? Indique todas las respuestas que se apliquen a su caso.
   _____ Mi trabajo es menos estimulante.
   _____ Me siento frustrado/a.
   _____ Tengo menos contacto con mis compañeros o colegas.
   _____ Experimento dolores de cabeza u otros problemas de salud.
   _____ Tengo menos interés en mi trabajo.
   _____ Paso demasiado tiempo jugando.

   _____ otro: _____

9. Teniendo en cuenta los efectos positivos y negativos, ¿cuál es su opinión general sobre las computadoras?
   _____ muy favorable
   _____ favorable
   _____ neutral
   _____ no muy favorable
   _____ muy desfavorable

10. Si Ud. todavía no usa una computadora, ¿qué piensa de la idea de trabajar con una?
    _____ No quiero ni pensarlo.
    _____ Deseo tener una.
    _____ Tenerla o no tenerla, me da lo mismo.

ACTIVIDAD B. El ordenador: hoy y mañana

Aunque todavía no hemos llegado a la situación que se ve en el dibujo, la computadora ya es muy importante en la vida actual.

¿Qué papel tiene la computadora en su vida? ¿Qué papel tendrá en el futuro? Formen grupos de tres o cuatro compañeros y hagan una lista de los usos de la computadora, en el presente y en el futuro, en los siguientes campos:

1. en los colegios
2. en las universidades
3. en los negocios
4. en las tiendas y almacenes
5. en la ciencia
6. en los viajes
7. en las diversiones
8. en la vida doméstica
9. en la vida personal

CENTRO ASTROLOGICO
Tu futuro por computadora IBM
Tu horóscopo personalizado
3-6-12 meses desde 1.500 ptas.
KHIEN KHUAN: ASTROCARTA
Arenal, 8, 1.° planta. 521 76 70
QUORUM. Costanilla de los Angeles, 13 (Metro Santo Do...

ACTIVIDAD C. Con sus propias palabras

El robot doméstico es todavía un sueño, pero seguramente aparecerá antes del fin de este siglo. Tendrá dos brazos y circulará por la casa sobre pequeñas ruedas (*wheels*) impulsadas por un motor. Será capaz de limpiar la casa, cortar el césped (*lawn*) y barrer la nieve de la puerta, haciéndolo todo al ritmo de una música bonita.

Aunque no se ha inventado todavía, ya hay un concurso en el cual el gran premio es... ¡un robot doméstico! Para tener la oportunidad de ser la primera persona de su barrio en tener este último avance de la tecnología moderna, tiene sólo que escribir un párrafo de aproximadamente 100 palabras explicando las razones por las cuales lo quiere Ud. ¡Es posible que lo gane!

LOS HILOS ARGUMENTALES

La unidad se puede lograr con la repetición de elementos clave a lo largo de lo que uno está leyendo. A veces se repiten las mismas palabras, pero también se pueden emplear otras palabras o frases que tienen el mismo significado. Esto crea hilos argumentales que le dan unidad a la lectura.

LECTURA: BRASIL: LA SELVA AGONIZA

En otras palabras

Dé una lectura rápida al artículo. Después empareje las siguientes palabras con su sinónimo o definición.

PALABRAS	SINÓNIMOS/DEFINICIONES
____ 1. fomentan (párr. 1)	a. intensifican
____ 2. la desidia (párr. 1)	b. la costa
____ 3. se plantea (párr. 1)	c. toman algo sin derecho
____ 4. azotes (párr. 1)	ch. selva, flora
____ 5. otoñales (párr. 1)	d. mueren, desaparecen
____ 6. *mata* (párr. 2)	e. substancia muy deseada con que se da color
____ 7. abarcaba (párr. 3)	
____ 8. el litoral (párr. 3)	f. la pereza, indolencia
____ 9. los latifundistas (párr. 4)	g. calamidades, golpes
____ 10. se apropian (párr. 4)	h. se expone (un asunto) para tratarlo
____ 11. acaparadores (párr. 4)	
____ 12. sucumben (párr. 5)	i. originales
____ 13. primigenios (párr. 7)	j. dejó exhausto por explotar algo con exceso
____ 14. esquilmó (párr. 7)	
____ 15. tinte codiciado (párr. 7)	k. personas que acumulan cosas en más cantidad de lo que necesitan
	l. se extendía
	ll. de otoño
	m. dueños de grandes ranchos

Antes de leer

La situación de Brasil es muy importante para la ecología mundial. El siguiente artículo trata de llamar la atención del público en general. Mientras lea, fíjese en lo siguiente:

- el título, el subtítulo y el primer párrafo
- el vocabulario nuevo
- los elementos que se repiten a lo largo del artículo

INTERNACIONAL

Brasil: la selva agoniza

La «mata atlántica», decisiva para la ecología mundial, desaparece

BRASIL, *o maior pais do mundo*, es campeón en destrucción de bosques. Los gobiernos miran interesadamente a otra parte y fomentan la desidia cuando se plantea el problema de la desforestación. Sin embargo, esa política conduce a la perpetuación de azotes como las sequías que flagelan el *sertão* (llanura árida) del nordeste y las inundaciones otoñales en estados como Rio Grande do Sul o São Paulo.

Contra esta situación se alza ahora una campaña cívica llamada *S.O.S. mata atlántica*, apoyada por empresarios, científicos, ecologistas y medios informativos.

Es una denuncia desesperada. La *mata atlántica*, que en tiempos abarcaba todo el litoral, prácticamente está hoy reducida a los estados de São Paulo y Paraná, un cinco por ciento de su extensión original.

ESPECULADORES. Los depredadores son los grandes grupos financieros, que especulan en construcción, los latifundistas que se apropian tierras de la Reserva Federal y los acaparadores de madera.

Con el exterminio de árboles, sucumben también especies animales irrepetibles. «Las especies no se reponen —dice João Meirelles Filho, vicepresidente de la Fundación S.O.S.— y ése es el problema ecológico número uno del mundo.» El planeta corre el riesgo de perder, en el próximo cuarto de siglo, el diez por ciento de sus especies animales.

No se trata sólo de la *mata atlántica*. Brasil posee la mitad de las selvas tropicales de la Tierra. La mayor es la amazónica, con más de cuatrocientos millones de kilómetros cuadrados, pero ha perdido ya el diez por ciento de su área.

La *mata atlántica*, de sus primigenios cuatrocientos mil kilómetros, se ha quedado en veinticinco mil. Primero se la esquilmó para apoderarse de la madera del palo brasil, tinte codiciado; luego, para construir hornos de caña de azúcar; después, para pastos, y finalmente, para urbanización. Los intereses políticos han pisoteado siempre en Brasil lo mismo a las personas que a la naturaleza. ∎

Después de leer

A. Hilos argumentales. La unidad se consigue con la repetición de elementos clave a través de todo el artículo. Identifique el número del párrafo y escriba la frase donde se expresa, se infiere o se repite el elemento clave.

1. la *mata atlántica*

   Párrafos: _____

   Frases: _____
   _____
   _____

2. Brasil

   Párrafos: _____

   Frases: _____
   _____
   _____

3. la destrucción de los bosques

   Párrafos: _____

   Frases: _____
   _____
   _____

4. el desinterés del gobierno

   Párrafos: _____

   Frases: _____
   _____
   _____

B. El siguiente artículo breve representa en parte la respuesta del gobierno brasileño a la destrucción de la *mata atlántica*. ¿Qué elemento se repite aquí, que aparece en el artículo, «Brasil: la selva agoniza»?

> **El Gobierno brasileño culpa a los países desarrollados del deterioro de la selva amazónica.** La Asamblea Nacional Constituyente de Brasil ha remitido a las organizaciones ecologistas españolas encuadradas en la Federación de Grupos de Defensa de la Naturaleza (CODA) un escrito en el que se reconoce el alto deterioro que está sufriendo la zona selvática atlántica y las selvas del Amazonas, y en el que se acusa a los países desarrollados de Occidente de tener una grave responsabilidad en este hecho.

Se repite el elemento _____.

LECTURA: HIERBAS CONTRA BICHOS

En otras palabras

Repase el artículo rápidamente y busque las palabras o frases que correspondan a estas definiciones.

DEFINICIONES	PALABRAS
1. elemento que repele a los insectos (subtítulo)	_____
2. conocidas (párr. 1)	_____
3. sustituir (párr. 1)	_____
4. no dejar acercarse más allá de un límite (párr. 2)	_____
5. conjunto de flores o plantas (párr. 2)	_____
6. deshacer una cosa golpeándola (párr. 2)	_____
7. insecto con dos alas (párr. 2)	_____
8. recipiente para plantas (párr. 2)	_____
9. asustar (párr. 3)	_____
10. insecto que se come las telas (párr. 3)	_____
11. tela abierta (párr. 3)	_____
12. insecto que chupa sangre (párr. 6)	_____
13. un tipo de metal (párr. 7)	_____
14. otro tipo de metal (párr. 7)	_____
15. ablandar algo en agua (párr. 7)	_____

Antes de leer

Se mencionan en el artículo una serie de nombres de muchas «plantas olorosas y aromáticas», pero no es necesario saber sus nombres en inglés para entender la idea principal. Cuando vea las siguientes palabras, que probablemente son nuevas para Ud., tenga en cuenta que se refieren a las plantas.

el ajenjo	la melisa	el poleo	la salvia
la albahaca	la menta	el romero	el tanaceto
la cola de caballo	la nébeda	la ruda	el tomillo

El artículo habla de elementos naturales que pueden reemplazar en el hogar a los insecticidas. Trate de determinar si en este artículo se presenta un problema, una hipótesis, información conocida o las consecuencias de un experimento o de una situación.

VIVIR HOY

Hierbas contra bichos

Las plantas aromáticas, sabiamente empleadas, sustituyen a los insecticidas

TODO el mundo conoce las hierbas aromáticas, *les fines herbes* de los franceses, como condimentos culinarios. Menos difundidas son sus propiedades para reemplazar en el hogar, muchas veces con ventajas, a tantos productos químicos contaminantes y malolientes, empleados para funciones tan diversas como espantar insectos o limpiar metales.

Fácil de conseguir y con efectos sorprendentes como insectífugo, la menta es capaz de mantener a raya a las moscas en una cocina durante los meses cálidos. Basta con hacer un ramillete, machacar un poco las hojas para que suelten su aroma y colgar el conjunto junto a una ventana o cualquier otra vía de entrada de los molestos dípteros, para mantenerlos alejados. Si a ello se añade un tiesto donde se cultive albahaca, el efecto se duplicará. Con esto no sólo se ahorra insecticida, sino que se evitan los peligros de estos productos químicos que, accidentalmente, pueden envenenar los alimentos.

Albahaca: Espantamoscas.

Para ahuyentar polillas también hay plantas específicas que cumplen la misma función que la albahaca y la menta respecto de las moscas y, además, perfuman la ropa con un aroma bastante más agradable que el de la naftalina. Para espantar las polillas hay varias combinaciones, pero previamente hay que preparar unas bolsitas de una tela de trama algo abierta —la muselina es ideal— destinadas a contener las hierbas aromáticas. O bien unas medias gruesas con la misma finalidad.

Un cóctel adecuado contra las polillas se compone de hojas de romero, ajenjo, salvia y tomillo. Otro, algo más sofisticado, contiene romero, tomillo, melisa, tanaceto y corteza de limón seco por partes iguales; se machaca todo y se le agregan media docena de clavos enteros antes de introducir el *potpourri* en la bolsita para depositarla luego entre las ropas del armario.

Las hormigas son también sensibles a las plantas aromáticas y odian el tomillo limonado, el poleo, la nébeda y el tanaceto. Ramilletes de estas plantas colocados en los lugares que suelen visitar estos molestos himenópteros los deja a salvo de ellos, mientras las hierbas despidan sus fuertes aromas.

Las pulgas, como se sabe, adoran a los perros, pero no pueden soportar la ruda y el tanaceto. Unas hojas de ruda seca esparcidas por la cama de los canes domésticos y una buena restregada por su pelos con hojas de tanaceto, de vez en cuando, son suficiente antídoto contra las pulgas. No ocurre lo mismo con los gatos, porque los felinos no soportan el olor de la ruda y, si se la encuentran en su cama, saldrán corriendo a anidar en cualquier otro sitio. El ajenjo es un buen sustituto de la ruda ahuyentapulgas.

Por servir, las hierbas aromáticas sirven hasta para limpiar metales, particularmente el peltre o *estaño*. Hay que dejar macerar unos 250 gramos de cola de caballo en un litro de agua fría durante toda una noche. Al día siguiente se hierve la mezcla durante un cuarto de hora y se filtra una vez fría. El producto, que puede conservarse embotellado, es un *sidol* natural de excelentes resultados.

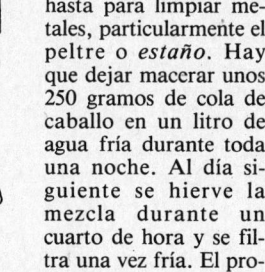

El uso en el hogar más conocido de las hierbas aromáticas, aparte de su utilidad gastronómica, es el de aromatizador, bastante más agradable que tantos productos químicos que intentan reemplazarlos con sus olores artificiosos e irrespirables. Para ello, puede recurrirse a un cóctel de hierbas a gusto del consumidor, metidas en la bolsita o a combinaciones húmedas que, en invierno, pueden difundirse por los ambientes colocándolos sobre un radiador de calefacción o sobre una bombilla eléctrica caliente.

En estas épocas del año no hay que olvidar el viejo método de las abuelas para aromatizar la ropa de los armarios: manzanas que pueden durar sin podrirse hasta comienzos de la primavera y que, mientras tanto, derraman su delicioso aroma en los ambientes cerrados.

Elena de Caro

Después de leer

A. Hilos argumentales. Identifique el número del párrafo donde se encuentra el elemento clave y escriba la frase en que se encuentra.

1. las hierbas aromáticas

   Párrafos: _____

   Frases: _____
   _____
   _____

2. insectos (de distintos tipos)

   Párrafos: _____

   Frases: _____
   _____
   _____

3. productos químicos contaminantes

   Párrafos: _____

   Frases: _____
   _____
   _____

B. Busque cualquier palabra o frase que se relacione con el siguiente sentido: el olfato.

_____   _____   _____

_____   _____   _____

_____   _____   _____

LECTURA: DOS ANUNCIOS Y UN ARTÍCULO

En otras palabras

Repase el artículo y los anuncios rápidamente, fijándose en el contexto para buscar las palabras que correspondan a estas palabras o definiciones.

En el anuncio «Haga bolsa la basura»

_____ orden de mamíferos pequeños, como el ratón y la ardilla

_____ siendo un estorbo o un obstáculo

En el anuncio «Bio Cultura»

_____ comida

Antes de leer

Los dos anuncios y el artículo tienen el mismo hilo argumental. Al leerlos, trate de determinar qué es lo que tienen en común.

HAGA BOLSA LA BASURA

Saque siempre la basura en bolsas bien cerradas, en el horario de 20 a 21.

Esto también es jugar limpio con Buenos Aires y con nosotros mismos. Sacando la basura siempre en bolsas plásticas bien cerradas evitará que los residuos se dispersen por la calle, como suele ocurrir cuando se utilizan cajas o bolsas de otro material. Las bolsas de plástico son mucho más resistentes a la lluvia, retienen los olores y evitan la presencia molesta de moscas y roedores.
Si saca las bolsas antes de las 20, quedan expuestas innecesariamente, entorpeciendo además, el tránsito peatonal. Y si lo hace después de las 21, corre el riesgo de que el recolector ya haya pasado.
Por eso, HAGA BOLSA LA BASURA, de 20 a 21 hs.
Muy pronto todos notaremos la diferencia. Así sí.

Municipalidad de la Ciudad de Buenos Aires

Más de 2.000 millones cuesta la producción de un filme con "valor ecológico". Se titulará Leviathan. Saldrá para Navidades y se está rodando sucesivamente en cinco teatros de Cinecittà, en Roma. La producen Luigi y Aurelio de Laurentis, y se presenta como una obra "de valor ecológico pero también de aventuras, de ficción científica y no poco suspense". Es una de las películas más importantes realizadas en Europa y, por supuesto, la más costosa: 22 millones de dólares (alrededor de 2.400 millones de pesetas). La originalidad de la película, consiste en su dificultad de rodaje, pues se trata de unos mineros que trabajan a 3.000 metros en el mar.

BioCultura
PROPUESTA DE FUTURO

Pabellón de la Agricultura. Casa de Campo.

Agricultura Biológica, Alimentación Natural, Energías Alternativas, Salud, Artesanías, Medio Ambiente.

Exposición, mercado, demostraciones, conferencias, coloquios y proyecciones

Hoy a partir 10.30 h.
JORNADAS NATURALEZA Y RECURSOS

Organizado por **ASOCIACION VIDA SANA**
Organización Técnica: **CENTRAL DE VIAJES**
Diego de León, 36, 28006 MADRID
Muntaner, 53, 08011 BARCELONA

Después de leer

A. Hilos argumentales. Lo que tienen en común los tres textos es que ____

B. Información general. ¿Quién es el anunciante de cada anuncio?

Haga bolsa la basura: _____

Bio Cultura: _____

¡A CONVERSAR!

ACTIVIDAD A. Una campaña para proteger el medio ambiente

¿Cómo podemos proteger el medio ambiente y no contaminarlo más? ¿Qué se puede hacer para que la gente sea más consciente de los peligros de la contaminación, la deforestación, los derrames de petróleo en el mar y los insecticidas? Vamos a suponer que su clase ha decidido planear un Día del Medio Ambiente. Sus propósitos serán los siguientes: (1) definir una serie de cuestiones ambientales, (2) proponer medidas para solucionar estas cuestiones, (3) sugerir lo que cada individuo puede hacer para no contaminar más.

Para planificar el Día del Medio Ambiente, primero defina las cuestiones ambientales más urgentes en su región. Después, divida la clase en los comités indicados a continuación y haga las tareas indicadas.

COMITÉ 1. Proponer medidas (legales, sociales, económicas) para resolver estas cuestiones

COMITÉ 2. Planificar una campaña de publicidad (en radio, televisión y prensa) para que el público tome conciencia de los problemas ambientales

COMITÉ 3. Hacer una lista de sugerencias de lo que cada individuo puede hacer para frenar (*to halt*) la destrucción del medio ambiente

Al terminar su tarea, cada comité presenta los resultados de su trabajo a la clase.

ACTIVIDAD B. Con sus propias palabras

Para que el público tome conciencia de una cuestión, siempre es útil tener un lema (*slogan*). Escriba por lo menos tres lemas que llamen la atención sobre el Día del Medio Ambiente, los peligros actuales y la participación activa del individuo.

LAS INTERRELACIONES

Los artículos que va a leer ahora ponen énfasis en las interrelaciones, es decir, en la manera en que un elemento afecta o depende de otro. Es otra forma de organizar lo que se escribe.

LECTURA: LA CIUDAD DE MÉXICO: IMÁN Y MONSTRUO

En otras palabras

Dé una lectura rápida al artículo y busque en los párrafos indicados las palabras y frases que se dan a continuación. Después empareje las palabras con la definición correspondiente.

PALABRAS/FRASES	DEFINICIONES
___ 1. fuentes de abastecimiento (párr. 1)	a. colapso
___ 2. afán (párr. 1)	b. total, gran
___ 3. en tropel (párr. 2)	c. disturbios, manifestaciones
___ 4. se destinaron (párr. 2)	ch. lugares que proveen de lo que se necesita
___ 5. salubridad (párr. 2)	d. deseo
___ 6. insolubles (párr. 3)	e. en avalanchas, en oleadas
___ 7. pletóricos (párr. 3)	f. se designaron
___ 8. cabal (párr. 3)	g. demasiado crecimiento
___ 9. se han atascado (párr. 4)	h. que no tienen solución
___ 10. diezmadas (párr. 4)	i. se han estancado
___ 11. macrocefalia (párr. 4)	j. disminuidas
___ 12. algaradas (párr. 4)	k. llenos
___ 13. desmoronamiento (párr. 4)	l. salud

Antes de leer

Lo que va a leer es una descripción de dos aspectos de la Ciudad de México. El texto procede de un libro reciente sobre México, *Vecinos distantes*. Mientras lea, tenga presente lo siguiente:

- ¿Qué quiere decir el título?
- ¿Cómo se relaciona este artículo con la contaminación?
- ¿Cuál es el propósito del autor?

13. LA CIUDAD DE MÉXICO: IMÁN Y MONSTRUO

I

Para ser el centro urbano más grande del mundo, la ciudad de México se encuentra en el lugar menos práctico de todos. Está situada a 2 255 metros sobre el nivel del mar, rodeada por montañas y volcanes, asentada en una zona sísmica, hundiéndose gradualmente en su subsuelo blando, lejos de fuentes de abastecimiento de agua, alimentos y energía y, literalmente, con poco oxígeno. Sin embargo, el tradicional dominio del país desde el altiplano central ha sido tan fuerte —de Teotihuacán, pasando por Tenochtitlán, hasta la propia ciudad de México— que la capital ha seguido creciendo más allá de su capacidad para funcionar. Hoy día, no sólo es la capital política del país, sino también es la capital industrial, financiera, comercial, cultural, de los espectáculos, e incluso religiosa. Con una población de 17 millones en 1984, se ha convertido en caso de estudio del caos que les espera a otros países en desarrollo, donde el afán por industrializarse ha estimulado un éxodo masivo de las zonas rurales deprimidas a las urbanas de crecimiento rápido, donde lo peor del subdesarrollo se ha combinado con lo peor del exceso de desarrollo.

La gente llegaba en tropel a la ciudad de México, porque la estrategia económica seguida por el país desde los años cuarenta le obligaba a hacerlo. Se destinaron muchos recursos a la industria, el comercio y la construcción urbana, mientras que se descuidaba la agricultura. Los problemas se agravaron debido a la planificación deficiente en todos los órdenes —desde la ubicación de las industrias hasta el abastecimiento de agua—, así como por el costo prohibitivo de seguir el ritmo de la población. No obstante, la gente seguía llegando —incluso después de que ya no se podían conseguir empleos en la industria en forma automática— porque la ciudad seguía resolviendo muchos de sus problemas. Era posible encontrar trabajo, las escuelas estaban en puntos cercanos y los servicios de salubridad resultaban accesibles. La migración a la capital creaba la opción de una movilidad social que no podía existir en el campo.

Sin embargo, el crecimiento caótico no ha oscurecido el carácter y encanto de la ciudad de México. Su propio crecimiento es reflejo de su hospitalidad, siempre dando cabida a una persona más por su puerta, para que encuentre un lugarcito y se gane la vida. Su energía y espíritu, de alguna manera, aíslan el placer de vivir ahí, separándolo del dolor de su ruido, tránsito y contaminación. El humanismo de la ciudad destaca constantemente sobre la fachada de problemas aparentemente insolubles: han sobrevivido joyas arquitectónicas del pasado prehispánico y del colonial; los museos, teatros y salas de concierto están siempre pletóricos, las élites sociales e intelectuales florecen, los contrastes sorprendentes y los descubrimientos deliciosos alimentan la sensación contradictoria de la desesperación y la esperanza. Y en todas partes se puede sentir el cabal poderío de la gran Tenochtitlán, como se llamó la ciudad, no sólo en el control de su inmensa población sino también en que mantiene unido al resto del país.

Pero esta dimensión más poética no explica dos fenómenos incomprensibles: que los sucesivos gobiernos hayan hecho tan poco por disminuir el crecimiento de la ciudad y que la población haya podido aceptar el constante deterioro de la calidad de la vida urbana sin mayor queja. Una especie de hipnosis colectiva parece haber abrazado al gobierno y a los habitantes conforme la población de la ciudad se ha ido multiplicando, su entorno se ha ido destruyendo, sus servicios se han atascado, sus finanzas han sido diezmadas y sus recursos naturales se han agotado. En 1960, todos los ingredientes socioeconómicos necesarios para un crecimiento urbano veloz estaban a punto; para 1970, tanto los funcionarios como los ciudadanos podían ya reconocer los síntomas de la macrocefalia urbana; y en 1980, la ciudad estaba saturada por los problemas y la gente. Pero en ningún momento se prohibieron industrias nuevas, programas de construcción o asentamientos de paracaidistas para evitar este desastre. El descontento tampoco se manifestó en algaradas o protestas. A no ser que se presente un desmoronamiento total de los servicios públicos, sobre todo del abastecimiento de agua, no hay estrategia alguna que ahora pueda evitar que la población de la capital se duplique, para llegar a 30 millones en las últimas dos décadas del presente siglo.

Después de leer

A. Las interrelaciones. Determine si los siguientes detalles se relacionan con la imagen de México como imán o monstruo. Escriba su número en la categoría apropiada.

EL IMÁN	EL MONSTRUO

DETALLES

1. ...el centro urbano más grande del mundo...
2. ...es la capital industrial, financiera, comercial, cultural...
3. ...lo peor del subdesarrollo se ha combinado con lo peor del exceso del desarrollo.
4. ...la gente seguía llegando... porque la ciudad seguía resolviendo muchos de sus problemas.
5. La migración a la capital creaba la opción de una movilidad social que no podía existir en el campo.
6. Su energía y espíritu... aislan el placer de vivir ahí, separándolo del dolor de su ruido, tránsito y contaminación.
7. ...han sobrevivido joyas arquitectónicas del pasado prehispánico...
8. ...en 1980, la ciudad estaba saturada por los problemas y la gente.

B. Las implicaciones. Explique de una manera breve cómo se relacionan los siguientes elementos con la contaminación.

1. ...es la capital industrial, financiera, comercial, cultural...

2. ...lo peor del subdesarrollo se ha combinado con lo peor del exceso de desarrollo.

3. Los problemas se agravaron debido a la planificación deficiente...

4. ...y en 1980 la ciudad estaba saturada por los problemas y la gente.

LECTURA: EL «MAL DE LA CIUDAD» ATACA A LOS CARAQUEÑOS

En otras palabras

Después de leer el artículo rápidamente, empareje las siguientes palabras con su definición según el contexto.

UNIDAD V NUESTRO MUNDO

PALABRAS	DEFINICIONES
___ 1. caraqueños (título)	a. elemento importante, central
___ 2. dispone (subtítulo)	b. en peligro
___ 3. dolencias (subtítulo)	c. fuera de su sitio
___ 4. sumamente (párr. 1)	ch. tiene
___ 5. afección (párr. 1)	d. personas que viven en Caracas
___ 6. amenazada (párr. 3)	e. enfermedades
___ 7. dislocado (párr. 3)	f. muy
___ 8. eje (párr. 3)	g. expone, dice
___ 9. optar (párr. 4)	h. obtener
___ 10. licenciatura (párr. 4)	i. niño
___ 11. plantea (párr. 6)	j. enfermedad
___ 12. menor (párr. 6)	k. título recibido en una universidad

Antes de leer

Este artículo examina una enfermedad nueva que ocurre en las ciudades grandes. Al leer, trate de identificar (a) la enfermedad, (b) sus víctimas y (c) las causas y los síntomas.

Ciudad

El espacio se reduce... la salud también
El "mal de la ciudad" ataca a los caraqueños

Una investigación efectuada en la UCV revela que el hombre de Caracas dispone de menos de 10 metros cuadrados para vivir. Es así como desarrolla dolencias físicas y mentales, muy difíciles de curar, por lo menos mientras habite en esta gran ciudad.

Una nueva enfermedad se une a las ya conocidas en nuestro país, pero esta no viene en forma de epidemia, no se contagia, no tiene vacuna y su tratamiento es sumamente difícil. Ataca sólo a la población urbana y tiende a convertirse en una afección generalizada.

Se trata, nada más y nada menos, que del **mal de la ciudad**, un síndrome cuyos síntomas son el stress una sensación subjetiva de impotencia y angustia, neurosis, úlcera, asma, hipertensión arterial, impotencia sexual y hasta la caída del cabello.

"La salud mental y física de los caraqueños se ve seriamente amenazada. El tiempo dislocado que impone la ciudad, sus características físicas y sociales, consecuencia del desarrollo acelerado y anárquico que ha tenido el país a partir de que el petróleo se convierte en el eje de la economía, hace que el hombre de esta ciudad sea el más pobre en términos de salud mental"

Tal afirmación la sostiene Leonor Pulgar en su trabajo de investigación "Caracas enfermedad Urbana" realizado para optar la licenciatura en sociología en la Universidad Central de Venezuela.

Afirmó la socióloga en su trabajo que el espacio habitacional es uno de los aspectos más graves de las grandes ciudades. Cada día la vivienda se convierte en un sitio inhabitable debido a la reducción de todos los ambientes —dormitorios, cocina—, sitios de estar y hasta de las ventanas. Esto sin contar con la falta de sitios de recreación.

Plantea Pulgar en la investigación que el más afectado con esta situación es el niño, que tiende, debido a todas estas limitaciones, a ser un menor frustrado, siempre bajo techo, sin áreas libres donde expresar su vitalidad, entre muebles y objetos y con un único amigo: la televisión, que le permite permanecer inactivo e inmóvil durante muchas horas.

A esta situación hay que agregar la disminución del espacio físico por persona: se llegan a niveles de menos de 10 metros cuadrados por individuo, lo cual, naturalmente, impide desarrollar una vida propia e íntima. Así pues, un niño que crece de esta forma prontamente desarrollará el "mal de la ciudad", una enfermedad en la que los médicos, psicólogos y psiquiatras coinciden en diagnosticar con alarma.

Después de leer

A. Las interrelaciones. Explique brevemente cómo «el mal de la ciudad» se relaciona con lo siguiente.

1. la población en general: _____

2. la ciudad: _____

3. Leonor Pulgar: _____

4. los niños: _____

B. Verificando los datos. Es necesario saber qué detalles apoyan las declaraciones que se hacen en el artículo. Use el contexto dado para encontrar los detalles.

1. En el título se habla del «mal de la ciudad». Busque en el primer párrafo las características de este mal.

2. El segundo párrafo habla de los síntomas de este mal. Identifique cinco síntomas.

3. El tercer párrafo describe la ciudad. Identifique sus características.

4. En el título aparece la sigla UCV. Busque su significado en el cuarto párrafo.

5. En el quinto párrafo se usa el término *espacio habitacional*. ¿Puede Ud. encontrar más información acerca de esto en este párrafo?

6. El niño y su ambiente se describen en el sexto párrafo. ¿Cómo es el ambiente, especialmente en la ciudad?

UNIDAD V Nuestro mundo

7. Como Ud. sabe, lo que se implica es lo que no se dice. Hay varias implicaciones en la información que se presenta en este artículo. Identifique Ud. por lo menos una de ellas.

_____

_____

¡A CONVERSAR!

ACTIVIDAD A. Las expresiones apropiadas

Lea «Los ruidos en la vida cotidiana» y verá que con razón el hombre sufre a causa del ruido. Sin embargo, nunca protesta, nunca dice nada. ¿Qué podría decir para saber lo que pasa? ¿Qué podría decir para evitar tanto ruido a su alrededor? Con sus compañeros, escojan las expresiones apropiadas que él podría haber dicho en cada dibujo. Si alguien no está de acuerdo, debe decir por qué.

8 hs. _____	a.	¿Cómo?
8.30 hs. _____	b.	¿Qué dijo Ud.? ¿Qué dijiste?
9 hs. _____	c.	Disculpe, no oí lo que me dijo.
10 hs. _____	ch.	Hable (Habla) en voz más alta, por favor.
12 hs. _____	d.	¿Me lo puede repetir, por favor?
17 hs. _____	e.	¿Por qué no vamos a un lugar más tranquilo?
18 hs. _____	f.	¡No me grites!
21 hs. _____	g.	¡Silencio, por favor!
22 hs. _____	h.	¡Cállate! (*Shut up!*)
22.05 hs. _____	i.	No quiero escuchar más.
	j.	¿Pueden hablar en tono más bajo?
	k.	¡Apaga ese radio (estéreo, televisor)!
	l.	¡No aguanto más! (*I can't stand it anymore!*) ¡Me voy!

UNA NOTA PARA NO HACER OIDOS SORDOS...

LOS RUIDOS EN LA VIDA COTIDIANA

Por Fortín y Ceo

El de los ruidos es un problema grave del que no escuchamos hablar muy a menudo. No porque no sea abordado por médicos, psiquiatras, dermatólogos y otros profesionales, sino porque cuando ellos intentan referirse al tema, algún ruido los tapa. Lo cierto es que la vida en la ciudad es una sucesión ininterrumpida de bocinazos, timbres, chicharras y otros ruidos de los que no nos podemos protejer ni siquiera cuando nos encerramos en el baño.
Si usted no cree que es así, por favor, escuche esta historia.

¡A CONVERSAR!   113

8 hs./ Antes que el despertador lo que a usted lo despiertan son otros sonidos: caseros y de la calle. ¿Qué dice su mujer?

8.30 hs./ Usted ya se va preparando para lo que será su jornada habitual... habitualmente ruidosa. ¿Qué dice la radio?

9 hs./ Rumbo al trabajo. De paso, lleva a su hijo al club e intenta escucharlo, pero... Ya se enterará algún día, cuando aprenda fonomímica.

10 hs./ La oficina y sus ruidos. ¡Con razón no liga aumento!... Si cuando lo llama su jefe, usted nunca va porque no lo escucha.

12 hs./ El almuerzo. El ruido del boliche no le permite escuchar al otro. Como si esto fuera poco, le empieza a hacer ruidito el estómago.

17 hs./ La salida del trabajo. Usted se distiende, pero sus oídos, no. Las callecitas de Buenos Aires tienen ese ruido que no sé qué...

18 hs./ El embotellamiento nuestro de cada día. Usted quisiera gritar. Pero total ¿para qué? Si nadie lo va a escuchar.

21 hs./ En casa, se encuentra con la ansiada paz del hogar... Justo cuando su mujer le dice... ¿Qué dice su mujer?

22 hs./ El descanso del guerrero no empieza... porque comienza el bolonqui de los basureros. ¿Qué dice su mujer?

22.05 hs./ ¡Albricias! ¡Puede escuchar! ¡Por fin se acabó el ruido! Su mujer le habla dulcemente, pero sus palabras igual lo aturden.

ACTIVIDAD B. Con sus propias palabras

Después de haber leído los artículos de esta unidad, Ud. seguramente tiene una idea del lugar donde le gustaría vivir algún día. ¿Está en la ciudad o en el campo? ¿Por qué cree Ud. que le gustaría vivir en este lugar? ¿Cuáles son las ventajas y las desventajas que ofrece? Escriba dos párrafos, uno para explicar por qué quiere vivir allí y otro para dar una idea realista de sus ventajas y desventajas.

REPASO DE ESTRATEGIAS

En esta unidad, Ud. ha aprendido algo acerca de las características de los escritos especializados y técnicos. Además, ha estudiado tres estrategias para comprender mejor lo que lee.

- el propósito del autor
- los hilos argumentales
- las interrelaciones

LECTURA: APOCALIPSIS

En otras palabras

Dé una lectura rápida al cuento y luego empareje las palabras con la definición correspondiente.

PALABRAS	DEFINICIONES
____ 1. bastaba (lín. 8)	a. era suficiente
____ 2. Burdeos (lín. 13)	b. movimiento de cabeza o manos
____ 3. las golondrinas (lín. 14)	c. muy despacio
____ 4. los tapices (lín. 14)	ch. región de Francia
____ 5. flamencos (lín. 14)	d. que había libres
____ 6. el ajedrez (lín. 15)	e. de Flandes, una región de Bélgica
____ 7. Foro Trajano (lín. 18)	f. pájaros negros, popularizados en muchas canciones y poemas
____ 8. paulatinamente (lín. 22–23)	g. juego de dos personas que se juega con un tablero y figuras
____ 9. disponibles (lín. 29)	h. plaza, en la Roma antigua, donde se celebraban reuniones
____ 10. ademán (lín. 30)	i. telas con escenas bonitas para adornar paredes

Antes de leer

El cuento que va a leer contiene muchos datos y hay que leerlo con cuidado. Mientras lea, trate de aplicar las estrategias que estudió en esta unidad. Hágase las siguientes preguntas al leer:

- ¿Cuál es el propósito del autor?
- ¿Hay elementos que se repiten?
- ¿Puede encontrar algunas interrelaciones?

Apocalipsis
Marco Denevi

La extinción de la raza de los hombres se sitúa aproximadamente a fines del siglo XXXII. La cosa occurrió así: las máquinas habían alcanzado tal perfección que los hombres ya no necesitaban comer, ni dormir, ni hablar, ni leer, ni escribir, ni pensar, ni hacer nada. Les bastaba apretar un botón y las máquinas lo hacían todo por ellos. Gradualmente fueron desapareciendo las mesas, las sillas, las rosas, los discos con las nueve sinfonías de Beethoven, las tiendas de antigüedades, los vinos de Burdeos, las golondrinas, los tapices flamencos, todo Verdi, el ajedrez, los telescopios, las catedrales góticas, los estadios de fútbol, la Piedad de Miguel Ángel, los mapas, las ruinas del Foro Trajano, los automóviles, el arroz, las sequoias gigantes, el Partenón. Sólo había máquinas. Después los hombres empezaron a notar que ellos mismos iban desapareciendo paulatinamente y que en cambio las máquinas se multiplicaban. Bastó poco tiempo para que el número de los hombres quedase reducido a la mitad y el de las máquinas se duplicase. Las máquinas terminaron por ocupar todos los sitios disponibles. No se podía dar un paso ni hacer un ademán sin tropezarse con una de ellas. Finalmente los hombres fueron eliminados. Como el último se olvidó de desconectar las máquinas, desde entonces seguimos funcionando.

Después de leer

A. El propósito del autor es...

1. atacar los efectos de la tecnología
2. reconocer el poder creativo del hombre
3. informar acerca del poder de las máquinas

B. Hilos argumentales. Encuentre palabras que se repitan o se refieran a la máquina o al hombre.

LA MÁQUINA	EL HOMBRE
_____	_____
_____	_____
_____	_____
_____	_____

C. Las interrelaciones. Determine si los siguientes detalles se relacionan con los hombres o con las máquinas. Escriba su número en la categoría apropiada.

LOS HOMBRES	LAS MÁQUINAS
_____	_____

DETALLES

1. ...habían alcanzado tal perfección que los hombres ya no necesitaban comer, ni dormir, ni hablar...
2. Les bastaba apretar un botón...
3. ...ellos mismos iban desapareciendo paulatinamente
4. ...se multiplicaban.
5. ...terminaron por ocupar todos los sitios disponibles.
6. ...fueron eliminados.

CH. La perspectiva. Lea el cuento de nuevo y esta vez trate de determinar desde qué perspectiva se escribe: desde la perspectiva de los hombres o de las máquinas. Indique con una palomita su conclusión.

_____ los hombres   _____ las máquinas

¿En qué palabras o frases se basó para llegar a esa conclusión?

Escríbalas aquí: _____

Unidad VI

Ahora la universidad, y después...

Jóvenes puertorriqueñas que estudian en la Biblioteca de la Universidad de Puerto Rico en San Juan

En esta unidad, Ud. va a aprender:

- lo que es la cronología y la sucesión de acontecimientos
- lo que es la referencia
- a descubrir la actitud del autor

Las estrategias que Ud. va a estudiar y practicar son importantes para poder entender la relación entre lo que sucede antes o después y entre distintas partes de un artículo.

LA CRONOLOGÍA Y LA SUCESIÓN DE ACONTECIMIENTOS

Hay varias maneras de ordenar los distintos acontecimientos en un artículo. Una de las más comunes es la secuencia cronológica. Es decir, lo que ocurre primero aparece primero, seguido por lo que ocurre en segundo lugar y así sucesivamente hasta llegar al fin.

117

Para entender la cronología de acontecimientos, el lector puede usar (a) la relación lógica entre los hechos y (b) el vocabulario relacionado con la cronología. Cuando hay una casa destruida, la relacion lógica nos ayuda a entender que, lógicamente, algo tuvo que haber ocurrido para causar este desastre. La sucesión de los acontecimientos se puede descubrir fijándose en las palabras que indican el orden temporal de los hechos. La siguiente tabla contiene algunas de estas palabras.

VOCABULARIO RELACIONADO CON LA CRONOLOGÍA		
a partir de	ahora	al cabo de
al principio	al + *infinitivo*	al fin
comenzar	antes de que	al terminar
empezar	cuando	en conclusión
primero	después de que	finalmente
	durante	para concluir
	entonces	por fin
	luego	terminar
	mientras	
	tan pronto como	
	ya	

LECTURA: SOLICITANTES DE EMPLEO

En otras palabras

A veces cuando se trata de un tema desconocido, hay palabras nuevas que hay que aprender. Si se pueden clasificar en categorías, eso ayuda a determinar su significado.

A. Busque las siguientes palabras en el artículo y póngalas en las categorías indicadas, según el tema del párrafo.

(párr. 2) traje... arrugado
zapatos deslustrados
un atildamiento exagerado
(párr. 6) miran a los ojos
desleales
carecen de confianza
(párr. 7) seguros de sí mismos
aplomado
jactancioso
engreído

FORMA DE VESTIR	ASPECTOS NEGATIVOS DE LA PERSONALIDAD	ASPECTOS POSITIVOS DE LA PERSONALIDAD
_____	_____	_____
_____	_____	_____
_____	_____	_____
_____	_____	_____

B. Después de leer el artículo rápidamente, indique las palabras que correspondan a las siguientes definiciones.

LA CRONOLOGÍA Y LA SUCESIÓN DE ACONTECIMIENTOS   119

_____ 1. en el primer párrafo, la palabra que quiere decir *distinguidos*
_____ 2. en el segundo párrafo, la palabra que quiere decir *persona que solicita o busca empleo*
_____ 3. en el tercer párrafo, la palabra que significa *ser parte de una cuestión*
_____ 4. en el tercer párrafo, la palabra que tiene el mismo significado que la frase *hacer preguntas sobre*
_____ 5. en el cuarto párrafo, la palabra que quiere decir *beneficios*
_____ 6. en el quinto párrafo, la palabra que tiene el mismo significado que *exagerados*
_____ 7. en el mismo párrafo, la palabra que significa *eliminado, contradicho*
_____ 8. todavía en el mismo párrafo, la palabra que significa *entrevista*
_____ 9. en el párrafo siete, la frase que expresa la actitud de una persona que se siente segura de sí misma

Antes de leer

Lo que nos ayuda a entender mejor la relación entre las partes de un artículo es la secuencia cronológica. Al leer el siguiente artículo, tenga presente la sucesión de las sugerencias para superar una entrevista. Hágase las siguientes preguntas al leer:

- ¿Qué se hace primero?
- ¿Luego qué pasa?
- ¿Después qué tiene lugar?
- ¿Qué indica el título acerca de una entrevista?

Solicitantes de empleo

Recientemente se publicó en los Estados Unidos una investigación realizada entre destacados especialistas en contratación de personal. El estudio, dirigido a revelar los factores que pueden determinar el éxito del entrevistado, fue concebido por el presidente de una de las firmas más grandes del mundo en materia de contratación de personal ejecutivo de contabilidad y procesamiento de datos y conducida por funcionarios de la misma. Y sin perder de vista las diferencias de costumbres y psicologías que pueden existir de un país a otro, los expertos han concluído que el estudio tiene una validez general. He aquí lo que en el mismo se dice:

■ Los entrevistadores le dan una gran importancia al aspecto personal y a la forma de vestir del postulante. Por muy calificado que el mismo pueda ser, sus posibilidades de éxito se verán seriamente disminuídas si no le presta la debida atención al cuidado de su persona o si su traje está arrugado y sus zapatos deslustrados. No se trata de ir a la entrevista vestido de etiqueta o exhibir un atildamiento exagerado sino tan sólo de traslucir preocupación por el aspecto exterior, aunque ello sea solo uno de los elementos que se tomarán en cuenta al juzgar al postulante.

■ Haga preguntas acerca del empleo. Si usted no muestra verdadero interés por conocer las obligaciones y responsabilidades involucradas en el mismo, es muy probable que el entrevistador deje de considerarlo como un serio candidato, lo que, de suceder, es absolutamente comprensible. Porque, ¿cómo se puede pensar bien de una persona que no se preocupa por indagar la mayor cantidad de detalles sobre el empleo que está tratando de conseguir?

■ No haga preguntas directas con respecto a sueldo o prestaciones al comienzo de la entrevista. Deje este asunto para el final. De lo contrario dará la impresión —justificadamente o no— de estar interesado solamente en lo que la compañía puede hacer por usted.

■ No exagere sus capacidades o realizaciones previas. La mayoría de los entrevistadores coinciden en señalar que los desmedidos elogios quedan usualmente desmentidos en el transcurso del interrogatorio, cosa que representa un golpe mortal para las aspiraciones de quien recurra a tales tácticas.

■ Los entrevistadores se muestran más favorables hacia los postulantes que miran a los ojos. Existe la generalizada convicción de que las personas incapaces de mirar de frente tienen algo que ocultar, son desleales, carecen de confianza en sí mismas o son excesivamente tímidas. Sea o no así, lo cierto es que quienes actúan en esa forma no inspiran mucha confianza a nadie y, naturalmente, llevan todas las de perder cuando compiten por un empleo.

■ Los postulantes seguros de sí mismos tienen mayores posibilidades de impresionar favorablemente a los entrevistadores que aquellos que actúan con timidez. Pero, cuidado; hay una gran diferencia entre mostrarse aplomado y ser petulante, jactancioso o engreído.

Después de leer

A. Examine los siguientes dibujos y organícelos en el orden en que se presentó el tema en el artículo.

1. PREGUNTE
2. SINCERIDAD
3. ASEO
4. DISCRECION
5. SEGURIDAD
6. DINERO

El orden correcto es: _____.

B. Lo positivo y lo negativo. Repase el artículo rápidamente y trate de determinar cuáles son los factores positivos y los negativos.

FACTORES POSITIVOS	FACTORES NEGATIVOS
_____	_____
_____	_____
_____	_____
_____	_____

LECTURA: MI PRIMER EMPLEO

En otras palabras

Lea las entrevistas rápidamente y fíjese en el contexto para buscar las palabras que correspondan a las siguientes definiciones.

_____ 1. en la primera entrevista, la palabra que quiere decir *lento*

_____ 2. en la primera entrevista, la palabra que significa *película breve*, en el contexto del cine

_____ 3. en la segunda entrevista, la palabra que significa *rama de una empresa*

_____ 4. en la segunda entrevista, la palabra que se relaciona con la música y con el arte de cantar

_____ 5. en la última entrevista, la palabra que significa *personas que sufren alguna limitación*

LA VIDA ES UNA HISTORIETA

Por César H. Robles

Antes de leer

A. Ud. leerá las entrevistas después de hacer este ejercicio. El propósito del ejercicio es ver si Ud. puede colocar los acontecimientos, en cada caso, en el orden apropiado, basándose sólo en la relación lógica de los mismos hechos y en las palabras que indican la cronología.

Fernando Colomo, 42 años, director de cine
_____ Al acabar la carrera comencé a hacer cortos sin dejar la arquitectura.
_____ Mi primer trabajo fue como arquitecto.
_____ Sin embargo, ésta fue cediendo terreno y ahora desde *Tigres de papel* me dedico por completo al cine.
_____ Mi familia no se opuso a mi carrera cinematográfica, porque fue un cambio paulatino de la arquitectura al cine.
_____ Al terminar la carrera me propusieron diseñar un chalet y ése fue mi primer trabajo.

Javier Gurruchaga, 30 años, cantante
_____ Cuando estaba trabajando de botones me pagué yo mismo los estudios de Filosofía y Letras, rama Geografía e Historia, hasta segundo curso.
_____ Lo conseguí gracias a unas oposiciones que hice.
_____ Mi primer empleo fue de botones en un banco.
_____ Mis padres querían para mí un trabajo seguro, que fuera ascendiendo a jefe de sucursal o a un cargo importante en el banco, ya que no podían pagarme una carrera.
_____ Mi madre, a pesar de no hacerle mucha gracia que fuera cantante, me inició en el solfeo y también estudié saxofón durante cuatro años.

Andrés Aberasturi, 39 años, periodista
_____ Lo gané, y una periodista que me entrevistó me presentó al director de dicho periódico.
_____ Estudiando me quedé sin dinero y decidí presentarme a un concurso de cuentos.
_____ Mi primer trabajo fue como colaborador en el periódico *Información de Alicante*.
_____ Allí me quedé, ganaba mil pesetas por noticia publicada.
_____ La diferencia con mi sueldo actual es muy grande, pero también la vida en los años 66 y 67 era más barata.

B. La comprensión de un texto se facilita cuando se entiende la relación entre sus partes. A veces hay palabras que ponen en claro esta relación, pero también hay casos en que no hay palabras con referencia temporal. En esos casos hay que prestar atención a la relación lógica entre las partes. Al leer las siguientes entrevistas, observe cómo se expresa la cronología de los acontecimientos.

MI PRIMER EMPLEO

FERNANDO COLOMO,
42 años, director de cine
«Mi primer trabajo fue como arquitecto. Al terminar la carrera me propusieron diseñar un chalet y ése fue mi primer trabajo. Mi familia no se opuso a mi carrera cinematográfica, porque fue un cambio paulatino de la arquitectura al cine. Al acabar la carrera comencé a hacer cortos sin dejar la arquitectura. Sin embargo, ésta fue cediendo terreno y ahora desde *Tigres de papel* me dedico por completo al cine.»

JAVIER GURRUCHAGA,
30 años, cantante
«Mi primer empleo fue de botones en un banco. Lo conseguí gracias a unas oposiciones que hice. Mis padres querían para mí un trabajo seguro, que fuera ascendiendo a jefe de sucursal o a un cargo importante en el banco, ya que no podían pagarme una carrera. Mi madre, a pesar de no hacerle mucha gracia que fuera cantante, me inició en el solfeo y también estudié saxofón durante cuatro años. Cuando estaba trabajando de botones me pagué yo mismo los estudios de Filosofía y Letras, rama Geografía e Historia, hasta segundo curso.»

ANDRES ABERASTURI,
39 años, periodista
«Mi primer trabajo fue como colaborador en el periódico *Información de Alicante*. Estudiando me quedé sin dinero y decidí presentarme a un concurso de cuentos. Lo gané, y una periodista que me entrevistó me presentó al director de dicho periódico. Allí me quedé, ganaba mil pesetas por noticia publicada. La diferencia con mi sueldo actual es muy grande, pero también la vida en los años 66 y 67 era más barata».

MANOLO DIAZ
46 años, director general de CBS

«Todos mis trabajos los he conseguido buscándolos. El primero fue tocar la guitarra, junto con dos compañeros, en un club de jazz en Madrid. Lo conseguimos diciendo que queríamos tocar, presentamos nuestro trabajo y así comenzamos. Al elegir una profesión tan poco convencional, tuve problemas con mi familia, pero, trabajando como un burro y sin acostarme con nadie, conseguí llegar a donde estoy ahora, en la CBS. Todo lo conseguí compitiendo.»

GALLEGO & REY,
dibujantes y humoristas
Gallego, 32 años: «Comencé como caricaturista: Un amigo mío de la Escuela de Artes y Oficios era confeccionador en una editorial y me llevó allí. Mostré mi trabajo y me aceptaron. La primera revista para la que trabajé fue *Mecanipiel*, especialidad en piel.»

Rey, 33 años: «Mi primer puesto de trabajo lo conseguí como ilustrador en un grupo de publicidad, como free-lance, por libre. Conocía a una persona en la Escuela de Artes y Oficios que tenía contacto con una agencia de publicidad. Me metió allí y mi primera ilustración fue para una campaña de minusválidos.»

Después de leer

Ahora que ya ha leído el artículo, complete las siguientes oraciones, que se basan en las entrevistas, con el vocabulario de cronología apropiado.

| primero | antes (de que) | cuando | durante |
| tan pronto como | por fin | después (de que) | |

1. Fernando Colomo empezó a trabajar en el cine _____ trabajaba en la arquitectura.

2. _____ de *Tigres de papel* se dedicó completamente al cine.

3. _____ Javier Gurruchaga trabajó de botones en un banco.

4. _____ Andrés Aberasturi ganó un concurso de cuentos, una periodista lo presentó al director del periódico.

5. _____ Manolo Díaz consiguió llegar a donde está ahora, en la CBS.

¡A CONVERSAR!

ACTIVIDAD A. Vestirse para lograr el éxito

Hoy en día se dice que hay que vestirse para triunfar en la profesión. Entonces, ¿cómo deben vestirse el hombre y la mujer para tener éxito en los siguientes oficios o profesiones? Con un compañero (una compañera), escojan entre la ropa que se ve en los dibujos la más apropiada. Mencionen otros detalles también, como el largo de la falda, los colores, etcétera. Luego expliquen el por qué de su elección.

- el traje, la camisa y la corbata
- el smoking o el frac
- la falda y la blusa
- los vaqueros y el suéter
- el vestido
- la chaqueta (americana) y los pantalones
- el uniforme

1. un arquitecto/una arquitecta _____ _____
2. un empleado/una empleada de banco _____ _____
3. un(a) cantante de música rock _____ _____
4. un director/una directora de cine _____ _____
5. un director/una directora de orquesta _____ _____
6. un(a) periodista _____ _____
7. un ejecutivo/una ejecutiva de una empresa internacional _____ _____

¿Cree Ud. que la ropa contribuye al éxito profesional? Explique su respuesta.

ACTIVIDAD B. El trabajo ideal

Cada persona tiene su propio criterio para determinar lo que quiere del trabajo. ¿Cuál sería el trabajo ideal para Ud.? ¿O por qué eligió Ud. la carrera que piensa seguir?

Formen grupos de cuatro o cinco personas para hablar de este tema. Tengan en cuenta los siguientes factores:

1. la seguridad económica
2. las relaciones con la gente
3. la satisfacción personal
4. el sueldo
5. los beneficios
6. el peligro o los riesgos
7. la oportunidad de avanzar
8. ¿———?

ACTIVIDAD C. Con sus propias palabras

Imagine que Ud. acaba de recibir una carta de un periodista en la que le pide que contribuya con un párrafo a un artículo que él está escribiendo. El título del artículo es «Mi primer empleo» y se parece en gran parte al artículo del mismo nombre que Ud. acaba de leer en esta sección de la Unidad VI.

¿Ha trabajado Ud. como niñero/a (*baby-sitter*), empleado/a en una tienda o almacén, asistente en el laboratorio de lenguas u otra clase de empleo? Escriba un párrafo sobre sus experiencias en este trabajo, siguiendo el modelo de «Mi primer empleo».

■ LA REFERENCIA

La referencia es otra manera de establecer la cohesión entre las partes de un texto. Un autor puede usar distintas palabras para referirse a una persona, una cosa, un lugar o una acción. Por ejemplo, hay dos maneras de referirse a una persona. Si el autor quiere referirse a Ana, puede usar formas léxicas o gramaticales.

> Léxico: estudiante, novia, mujer, empleada, joven
> Gramática: ella, la, le, la cual, la que, tú, Ud.

Al leer los siguientes artículos, fíjese en las distintas palabras que se usan para referirse a personas, lugares, actividades y otras cosas.

LECTURA: CONVERSACIONES CON UN DIRECTOR

En otras palabras

Repase el artículo rápidamente para determinar el significado de las siguientes palabras. Luego empareje las palabras con la definición correspondiente.

PALABRAS	DEFINICIONES
____ 1. porteño (párr. 1)	a. dormido
____ 2. radicado (párr. 1)	b. sirvan para conseguir (algo)
____ 3. actualmente (párr. 1)	c. vaciar (como el contenido de algo)
____ 4. valgan (párr. 2)	ch. persona que vive en un puerto
____ 5. volcar (párr. 8)	d. establecido, situado
____ 6. asiduidad (párr. 12)	e. ahora mismo, en el presente
____ 7. gremiales (párr. 13)	f. sindicales (tiene que ver con los sindicatos laborales)
____ 8. aletargada (párr. 17)	g. con frecuencia

Antes de leer

A continuación hay una entrevista con un joven argentino que habla de su profesión. Al leer tenga presente las siguientes preguntas:

- ¿Cuáles son sus deseos?
- ¿Qué opina de su profesión?
- ¿Qué opina del gobierno y su profesión?

Conversaciones con un director

Emir Saúl es un joven director de orquesta porteño, radicado actualmente por su actividad en la ciudad de Tucumán. Allí estuvo al frente de la Orquesta Sinfónica y actualmente conserva la dirección de la Juvenil de esa hermosa provincia argentina.

El constante deseo de avanzar en su profesión lo lleva a buscar continuamente nuevos caminos que le valgan mayor experiencia con la batuta. Hace pocos días mantuvimos con él, luego de su presentación en Buenos Aires, un diálogo que no sólo sirve para apreciar a un profesional responsable, sino que también, sus reflexiones nos acercan a algunos problemas culturales que debemos soportar los argentinos.

—¿Qué crée que es lo más importante en este momento para avanzar como director?

—Ver ensayar y dirigir a los grandes directores —esto es lo que hice cuando viajé a los Estados Unidos—, creo que es lo más positivo para mi experiencia en este momento. Estar en lugares donde la calidad no es excepción es lo que quiero.

—¿De sus palabras podemos deducir que aquí el verdadero y profundo nivel artístico sólo se alcanza como una casualidad?

—Usted sabe tan bien como yo que esto es así, lamentablemente.

—¿Luego de completar este tipo de enriquecimiento de que usted habla, cuál es su plan futuro?

—Pienso que lo ideal, lo que quiero es volver otra vez a la Argentina y volcar todo lo que pude incorporar aquí, pero en serio.

Saúl Emir, joven director argentino actualmente radicato en Tucamán

—¿A qué países piensa viajar?
—A Italia, posiblemente por un lapso de varios años.

—¿Cómo son en nuestro país las posibilidades para los jóvenes directores de orquesta?

—Veamos, por un lado existen aproximadamente 15 orquestas profesionales, esto no ha crecido desde hace mucho tiempo. Por otro lado existen cada vez más directores, lo cual hace muy difícil el desarrollo y la práctica. Por otra parte cada director debería rotar mucho más de lo que lo hace, pasar de una orquesta a otra con mayor asiduidad. Lo mismo tendría que suceder con los solistas, pero esto parece ser muy difícil.

Además nosotros no tenemos organización, no hay para nosotros protección en lo que a temas gremiales se refiere.

—¿Qué está haciendo actualmente en Tucumán?

—Por ahora (responde Saúl Emir) y hasta que viaje, participo de una sociedad que se llama "Espacio". Esta institución privada fue creada para difundir la música en todos los niveles posibles, incluso con algunos invitados del mayor nivel. Además estoy a cargo de la Orquesta Juvenil de la Universidad.

—¿Esta iniciativa de crear "Espacio" que tiende hacia lo privado, a qué se debe?

—El Estado, la cosa oficial, es como si estuviese aletargada. Sólo colabora cuando se le brinda todo hecho, carece de verdadera iniciativa, y en otros casos sólo repite esquemas que a lo largo de su desarrollo por años han demostrado su nulidad. Los funcionarios carecen de dinámica propia y por lo general tampoco son las personas indicadas para el lugar apropiado. Aquello de zapatero a tus zapatos...

Alberto Devoto

Después de leer

A. La referencia. La cohesión del artículo se mantiene por medio de la referencia. Busque palabras que se refieran a lo siguiente:

SAÚL EMIR	«ESPACIO»	LOS FUNCIONARIOS
_____	_____	_____
_____	_____	_____
_____	_____	_____
_____	_____	_____
_____	_____	_____
_____	_____	_____
_____		

¿A qué palabra se hacen más referencias? _____

Explique por qué. _____

_____

B. Más referencias. Explique a qué se refieren las palabras indicadas en las siguientes oraciones. Tal vez tenga que leer partes del artículo de nuevo.

1. *Allí* estuvo al frente de la Orquesta Sinfónica y actualmente conserva la dirección de la Juvenil de esa hermosa provincia argentina.

   _____

2. *Ver ensayar y dirigir a los grandes directores*—esto es lo que hice cuando viajé a los Estados Unidos—,...

   _____

3. Usted sabe tan bien como yo que *esto* es así, lamentablemente.

   _____

4. Pienso que lo ideal, lo que quiero es *volver otra vez a la Argentina* y volcar todo lo que pude incorporar aquí, pero en serio.

   _____

5. *Lo mismo* tendría que suceder con los solistas, pero esto parece ser muy difícil.

   _____

LECTURA: ÁNGELES CASO, CASI PERFECTA

En otras palabras

Repase el artículo rápidamente, buscando palabras que correspondan a las siguientes definiciones.

_____ 1. persona que da las noticias por televisión o radio (lín. 4)

_____ 2. persona que estudia ciencias de la comunicación (lín. 8)

_____ 3. se prepara para hacer algo (lín. 16)

_____ 4. hacer una evaluación (lín. 21)

Antes de leer

Hágase las siguientes preguntas antes de leer el artículo:

- ¿Quién es Ángeles Caso?
- ¿Cuál es su profesión?
- ¿Cómo se refiere a ella el autor?

Ángeles Caso, casi perfecta

Está considerada como una de las chicas con más estilo dentro del *ranking* de presentadoras de Televisión. Habla tres idiomas, francés, inglés e italiano, y, según comunicólogos expertos, tiene una mirada cargada de sugerencias. Durante los quince días de vacaciones que ha disfrutado en julio ha estado en París, ciudad que, por supuesto, *«ya conocía»*. Ahora, a finales de agosto, se dispone a disfrutar del resto.

Ángeles Caso sería la mujer perfecta de Televisión Española si a la hora de enjuiciar los informativos fuese un poco más objetiva: *«Si los comparamos con otros que se realizan en Europa, tengo que decir que tienen un nivel más que aceptable.»* ¡Vaya modestia!

Después de leer

Busque cuatro palabras que se refieran a Ángeles Caso.

_____ _____ _____ _____

LECTURA: CABELLOS LARGOS... Y OFICINAS SUNTUOSAS

En otras palabras

Repase el artículo, buscando palabras o expresiones que quieran decir lo mismo que las siguientes palabras o expresiones.

_____ 1. esenciales (introducción)

_____ 2. pelear, batallar (párr. 3)

_____ 3. hacen bien las funciones de su trabajo (párr. 3)

_____ 4. trasladado a otro lugar (párr. 6)

_____ 5. acción negativa para conseguir algo de una persona (párr. 8)

Antes de leer

Este artículo identifica un elemento importante en el mundo de los negocios. Al leerlo, tenga presente las siguientes preguntas:

UNIDAD VI AHORA LA UNIVERSIDAD, Y DESPUÉS...

- ¿De qué trata el artículo?
- ¿Qué está ocurriendo en las grandes empresas?
- ¿Qué dice de los ejecutivos?

CABELLOS LARGOS... Y OFICINAS SUNTUOSAS

Un especialista empresarial revela cómo, contra lo que se pudiera pensar, las mujeres no son sólo agradables en las reuniones ejecutivas, sino imprescindibles para adaptar la compañía a los cambios tecnológicos

Cecilia Arroyo Brenan

Syndicate Features Ltd.

El profesor Cary Cooper, uno de los principales expertos ingleses en sicología empresarial y *stress* ocupacional, opina que si se trata de negocios, las mujeres pueden revitalizar la industria. El último tercio del siglo XX ha producido una generación de ejecutivas sensibles, leales y comprometidas con el desarrollo de su empresa. "Si se quiere revitalizar a la industria —insiste el profesor Cooper— ellas han de llevar los pantalones."

Como ejemplo de lo que puede hacer una mujer en un mundo primordialmente masculino (de los 152 empleados del Capitolio con ingresos superiores a los 70,000 dólares anuales, sólo 18 son mujeres), cita a la primera ministra británica, Margaret Thatcher, a Katy Graham del *Washington Post*, a la empresaria Anita Roddick y a Myra Hess, quien por décadas ha administrado y organizado —con éxito— la vida artística de Chicago, y a su colega en Nueva York, Marta Casals.

"Necesitamos más mujeres administradoras que nos ayuden a adaptarnos al cambio tecnológico —dice Cooper—. Se han hecho estudios que demuestran que las mujeres son mejores cuando se trata de delegar autoridad, lidiar con el cambio o ayudar a otros a hacer lo mismo. La administración masculina nos ha costado millones cada año; los hombres no delegan funciones, pues les preocupa mucho la competencia. Tampoco dan estímulos positivos a sus subordinados cuando éstos se desempeñan bien. El estilo empresarial de las mujeres es más productivo a largo plazo. Las mujeres, además, por ser recién llegadas al campo de la dirección empresarial, traen ideas y perspectivas frescas. Los hombres, en cambio, cargan con una tradición que les dicta como deben comportarse".

A pesar de sus aptitudes, muy pocas mujeres llegan a ocupar puestos ejecutivos. Aun menos llegan a los puestos de máxima responsabilidad —y esto sucede ahora que hay más mujeres trabajando que en cualquier otro tiempo.

Según el profesor Cooper, una de las razones por las que esto sucede es que las mujeres se dedican más al trabajo, mientras que a los hombres les preocupa principalmente su carrera personal. "Las mujeres trabajan más porque no tienen la habilidad ni la maldad política, ni la confianza que los hombres han adquirido en el curso de las generaciones. Ellas, además, hacen su trabajo bien, y eso es una amenaza para los hombres que las rodean. Como generalmente es un hombre quien decide a quién se asciende a un puesto ejecutivo, generalmente elige a otro hombre."

En buena medida, lo que sucede es que la estructura laboral y cultural no es la más adecuada para que las mujeres avancen. En casi todas las grandes compañías una persona debe estar dispuesta a ser reubicada. ¿Cuántas mujeres pueden llegar a casa y decirle al marido: "la compañía me manda a otra ciudad... ¿vamos?" ¿Cuántos hombres cambiarían sus empleos en estas circunstancias?

Además, las mujeres tienen que cumplir con la casa y con el trabajo. Los hombres rara vez hacen algo más que tareas de fin de semana en la casa. "Casi les puedo garantizar —dice Cooper— que si le preguntan a un hombre si en la escuela de sus hijos tienen el teléfono de su oficina, les contestará que tienen el de su esposa."

Si una mujer se mantiene firme y continúa con su carrera, su esposo suele recurrir a otra táctica: el chantaje. Nada enfurece más a un hombre que una camisa mal planchada. Si algo no funciona en casa "como debe ser", él empieza a hacerla sentirse culpable. Recurre a la vieja convención que dicta que ella debe estar en casa con los niños, no en la oficina.

Afortunadamente para hombres y mujeres, en algunos países las empresas, considerando este tipo de situaciones, han comenzado a dar facilidades a las mujeres ejecutivas para que puedan continuar su vida doméstica sin renunciar a su carrera. Así, se les da la oportunidad de reincorporarse a la compañía trabajando tiempo completo o medio tiempo después de tener un bebé. De este modo las empresas conservan personal valioso y ellas ya no tienen que decidir entre familia y carrera.

Ya sean mujeres u hombres, los altos ejecutivos necesitan mejorar —casi diríamos feminizar— su estilo de administración si quieren que la industria y sus carreras avancen. **HM**

Después de leer

A. Referencia. ¿Qué palabras puede encontrar Ud. que se refieren a los siguientes?

LA MUJER	EL HOMBRE	LA COMPAÑÍA
_____	_____	_____
_____	_____	_____
_____	_____	_____
_____	_____	_____
_____	_____	_____
_____	_____	_____

¿A qué palabra se hacen más referencias? _____

¿Va de acuerdo con la idea principal del artículo? _____

B. Comparación. Compare a la mujer ejecutiva con el hombre ejecutivo. Busque solamente las cualidades de cada uno y escríbalas aquí.

LA EJECUTIVA	EL EJECUTIVO
_____	_____
_____	_____
_____	_____
_____	_____
_____	_____

¿Qué se puede deducir de esta información?
_____
_____

¡A CONVERSAR!

ACTIVIDAD A. Dos perspectivas

¿Qué desea un jefe (una jefa)? ¿Qué desea un empleado (una empleada)? ¿Tienen los mismos—o parecidos—deseos o tienen deseos completamente diferentes? Para comentar estas preguntas, formen grupos de cuatro personas. Dos compañeros deben hacer el papel del jefe (de la jefa) y dos, el del empleado (de la empleada). Antes de contestar, tanto «los jefes» como «los empleados» deben intercambiar ideas.

- Creo que un jefe (una jefa) debe...
- Creo que un empleado (una empleada) debe...

1. ser comprensivo/a
2. ser leal
3. sentirse responsable de su trabajo
4. saber delegar autoridad
5. poder acostumbrarse a los cambios
6. ayudar a los otros
7. preocuparse por la competencia

8. saber estimular positivamente a los otros
9. traer nuevas ideas
10. tener una perspectiva amplia
11. ser dedicado/a al trabajo
12. ser optimista

¿Cuáles son los deseos de los jefes? ¿y los de los empleados? ¿Cuáles son los factores o las cualidades de más importancia para ambos?

Actividad B. Trabajo de vacaciones

¿Por qué busca Ud. trabajo en las vacaciones? ¿porque es más agradable estar ocupado que ocioso? ¿porque quiere conocer a otra gente? ¿pasarlo bien? ¿conseguir experiencia? ¿ganar dinero? ¿Y qué tipo de trabajo busca? Formen grupos de cuatro o cinco compañeros para contestar estas preguntas.

Pueden hablar también de los trabajos que Uds. han tenido en las vacaciones. ¿Cuál ha sido su mejor trabajo de vacaciones? ¿el peor? ¿el más interesante? Explique sus respuestas.

Actividad C. Con sus propias palabras

Todos los trabajos requieren referencias o recomendaciones. ¿No sería maravilloso escribir su propia carta de recomendación? ¡Pues, aquí tiene Ud. la oportunidad! Complete la siguiente oración con su nombre y el empleo que Ud. está solicitando. Después escriba una descripción de Ud. mismo/a en tercera persona, enumerando todas sus cualidades y capacidades (*qualifications*) o grandes habilidades. Debe mencionar también un defecto menor, ¡para dar verosimilitud (*an aura of reality*) a la descripción!

Esta carta es para recomendar a _____ para el puesto de _____.

LA ACTITUD DEL AUTOR

Lo que dice el autor en un artículo puede revelar una actitud ya sea positiva, negativa o neutral hacia lo que trata. ¿Cómo se identifica una actitud? Las palabras y expresiones que emplea el autor son una buena guía para entender su disposición o la de otros hacia el tema.

LECTURA: LA UNIVERSIDAD, ASPIRACIÓN GENERAL DE LOS ESPAÑOLES

En otras palabras

Repase estas palabras primero. Luego lea el artículo, buscando las palabras que correspondan a estas definiciones.

_____ 1. pronóstico (párr. 2)

_____ 2. que existe en el momento actual (párr. 3)

_____ 3. atrevido (párr. 4)

_____ 4. pronosticar (párr. 4)

_____ 5. excepto (párr. 4)

_____ 6. no evitar algo (párr. 4)

_____ 7. dichos con dificultad (párr. 4)

_____ 8. limitado (párr. 5)

_____ 9. modelo (párr. 6)

Antes de leer

Como se va a dar cuenta, el artículo que sigue trata de la educación. Si tiene presente este tema, lo entenderá con más facilidad. Hágase las siguientes preguntas al leer.

- ¿Qué dice la tabla acerca de las aspiraciones y expectativas de los padres españoles?
- ¿Hay algo que revele la actitud de los españoles hacia la educación? ¿la de los estudiantes? ¿la del autor?

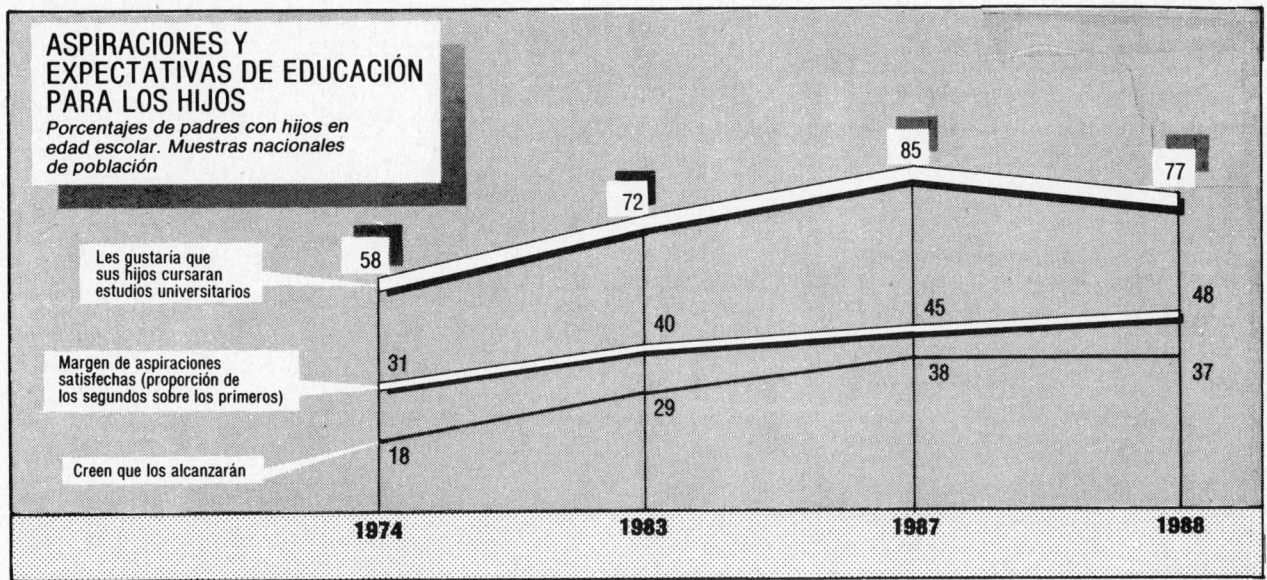

ASPIRACIONES Y EXPECTATIVAS DE EDUCACIÓN PARA LOS HIJOS
Porcentajes de padres con hijos en edad escolar. Muestras nacionales de población

	1974	1983	1987	1988
Les gustaría que sus hijos cursaran estudios universitarios	58	72	85	77
Margen de aspiraciones satisfechas (proporción de los segundos sobre los primeros)	31	40	45	48
Creen que los alcanzarán	18	29	38	37

COLÍN

Los datos de 1974 proceden del CIS; los de 1983, de la CECE; el resto, de Demoscopia

La Universidad, aspiración general de los españoles

EL PAÍS, Madrid
Más de las tres cuartas partes de la población española desea un título universitario para sus hijos, según una encuesta de opinión sobre la situración general de la enseñanza en España realizada por Demoscopia para EL PAÍS. Dicha opinión es, en general, más crítica que positiva: una mayoría de los españoles mayores de 14 años cree que tanto la enseñanza de los primeros niveles como la universitaria no es buena. En el curso que comienza (1988-1989) la población universitaria se acercará al millón de estudiantes, siendo España uno de los países de Europa y del mundo con mayor densidad relativa de universitarios.

Una proyección razonable de la evolución de la demanda universitaria para los próximos 10 años arroja una matrícula superior al millón y medio de estudiantes. Entre los países grandes de Europa somos el primero en densidad de estudiantes universitarios y también el que menos universidades tiene para atenderlos: sólo 34, mientras que en Italia hay 59, y en torno a 100 en países como Francia, el Reino Unido o Alemania Occidental.

Paradójica, aunque lógicamente, pues tal es el más útil contenido de la oferta educativa vigente, las preferencias ideales de carrera son las clásicas: Medicina, Derecho, Económicas y Empresariales, Ingeniería y Ciencias.

En este estado de cosas, objetivo y subjetivo, no parece arriesgado predecir que el futuro próximo de la Universidad española será expansivo no sólo por parte de la demanda, sino también de una oferta con grados de calidad diferentes. Probablemente en 10 años habrá universidades para todos los gustos y bolsillos, salvo que el actual *establishment* político y burocrático universitario esté dispuesto a afrontar presiones conflictivas hasta ahora balbucientes o esencialmente inéditas. Hay que tener en cuenta en todo caso que el resto de las democracias industriales enfrentaron problemas similares en décadas anteriores y los canalizaron de forma conocida.

También nos diferenciamos del resto de las sociedades industriales en cuyo entorno socioeconómico, cultural y político nos movemos en el sistema de carreras universitarias. Para una demanda masiva de estudios superiores, en España se sigue ofreciendo básicamente el mismo número corto de carreras y títulos de hace 30 años. Todas las sociedades industriales se han enfrentado al mismo problema universitario que tenemos en España y básicamente lo han intentado resolver del mismo modo: transformando radicalmente el contenido de la oferta tradicional de estudios y títulos superiores mediante el establecimiento de estudios y carreras cortas que permiten obtener títulos superiores con dos, tres, cuatro o más años de paso por la universidad.

Ésta ha sido la pauta, primero en Estados Unidos y después en los principales países de Europa, incluidas las sociedades latinas, como Francia e Italia. En España, la reciente ley de Reforma Universitaria da algunos pasos en la dirección anteriormente apuntada, pero sin alterar la sustancia del sistema vigente, ya que básicamente se limita a descomponer las carreras tradicionales en tres ciclos y ofrecer eventualmente nuevas titulaciones tras un primer ciclo de tres años.

Martes 20 de septiembre

Después de leer

A. Entendiendo actitudes. Las palabras, las frases y las expresiones que se usan para hablar de un tema son una buena guía para entender las actitudes de quien escribe. Revise la siguiente lista de frases y oraciones para determinar si expresan una actitud positiva, negativa o neutral hacia la universidad en España. Tendrá que leer el artículo de nuevo.

LA UNIVERSIDAD EN ESPAÑA	ACTITUD POSITIVA	NEGATIVA	NEUTRAL
1. Más de las tres cuartas partes de la población española desea un título universitario para sus hijos,...	____	____	____
2. ...una mayoría de los españoles mayores de 14 años cree que tanto la enseñanza de los primeros niveles como la universitaria no es buena.			
3. ...la demanda universitaria para los próximos 10 años arroja una matrícula superior al millón y medio de estudiantes.	____	____	____
4. somos el primero en densidad de estudiantes universitarios...	____	____	____
5. ...el [país] que menos universidades tiene para atenderlos.	____	____	____
6. ...las preferencias ideales de carrera son las clásicas.	____	____	____
7. ...el futuro próximo de la Universidad española será expansivo no sólo por parte de la demanda, sino también de una oferta con grados de calidad diferentes.	____	____	____
8. Probablemente en 10 años habrá universidades para todos los gustos y bolsillos...	____	____	____
9. ...en España se sigue ofreciendo básicamente el mismo número corto de carreras y títulos de hace 30 años.			
10. ...la reciente ley de Reforma Universitaria da algunos pasos en la dirección anteriormente apuntada...	____	____	____

La actitud que se toma en cuanto a la universidad española en este artículo, ¿es (a) positiva, (b) negativa o (c) neutral?

B. Referencia. Busque las palabras que se refieran a los siguientes.

ESTUDIANTES	LA UNIVERSIDAD	OTROS PAÍSES
_____	_____	_____
_____	_____	_____
_____	_____	_____
_____	_____	_____
_____	_____	_____

¿A qué palabra se hacen más referencias? _____

¿menos referencias? _____

¿Hay algo que explique el por qué en los dos casos?
_____
_____

LECTURA: INVENTAN ELLOS

En otras palabras

Repase estas palabras y las definiciones primero y luego lea el artículo rápidamente. Después empareje las palabras con la definición correspondiente.

PALABRAS	DEFINICIONES
___ 1. funcionario de turno (párr. 1)	a. caminos, rumbos
___ 2. sortear (párr. 2)	b. concurso, competición
___ 3. empeñado en (párr. 5)	c. persona a quien le toca trabajar
___ 4. certamen (párr. 5)	ch. luchar con
___ 5. cantera (párr. 5)	d. esforzándose para (conseguir algo)
___ 6. estancamiento (párr. 7)	e. lugar donde encontrar algo
___ 7. azares (párr. 8)	f. cuando algo se ha detenido
___ 8. derroteros (párr. 10)	g. cosas del destino

Antes de leer

Es importante leer el título y el subtítulo para ayudarse a entender su contenido. También tenga presente las siguientes preguntas al leer:

- ¿Qué se está promoviendo?
- ¿Cuál fue la causa de este hecho?
- ¿Quiénes son los afectados?

ESTE PAIS

Inventan ellos

El Ministerio de Educación decide promocionar la investigación entre los jóvenes

CUANDO Antonio Paramés Medcalf se dirigió al Archivo de Indias manifestando su interés en consultar una documentación del siglo XVIII, el funcionario de turno debió pensar que se trataba de una broma de chavales o que aquel muchacho que tenía enfrente había digerido mal alguna de sus últimas clases de Historia en el colegio.

De esta manera, Antonio tuvo ocasión de experimentar a sus 17 años cómo es la dura vida del investigador hispánico. No sólo hay que pelear contra las dificultades intelectuales, sino también dedicar buena parte de tiempo y de ingenio a sortear las burocracias. A Antonio y a sus compañeros Javier Ruiz y Daniel Limón les dijeron que no.

Pero no por ello se desanimaron y a pesar de no contar con una fuente documental tan importante lograron llevar al concurso de investigadores de Huelva un interesante trabajo sobre el puerto de Sevilla.

DÉFICIT DE INVENTORES. Un concurso que se celebró durante el pasado mes de septiembre en La Rábida (Huelva), en el que participaron 900 jóvenes de 15 a 23 años. Se trata del Primer Congreso de Jóvenes Investigadores e Inventores promocionado por el Ministerio de Educación y el Ministerio de Asuntos Sociales.

Ahora el Gobierno está empeñado en promocionar la investigación. Esto se debe a la escasez de inventores y al temor a la invasión tecnológica extranjera. Por eso se ha organizado este congreso, un certamen que sirve para crear una cantera de investigadores.

El objetivo de este concurso lo explica a CAMBIO16 su organizador, Antonio Oria.

«Existe un peligroso estancamiento de los recursos humanos —señala Oria—. Según un estudio de Fundesco, sólo en Tecnología de la Información y la Comunicación tenemos un déficit de 3.000 técnicos al año. Incluso hay becas del Plan Nacional de Investigación que no se cubren, como es el caso de los Nuevos Materiales y Derecho Internacional. Es necesario crear un ambiente social que promocione la investigación y por eso hemos decidido fomentarla entre los más jóvenes.»

Antonio Paramés, aunque nacido en Madrid por los azares de la vida familiar, es prácticamente sevillano. Desde hace pocos días vive justo al lado del puerto que ha investigado, de cuya Junta su padre es funcionario. Quizá por eso surgió la idea de llevar a cabo una investigación sobre este tema.

«Nos enteramos de este certamen por el periódico —explica a esta revista Antonio— y escogimos un aspecto del puerto de Sevilla muy poco investigado: el de las reformas propugnadas por los ilustrados para que éste recuperase la importancia que llegó a tener en la época del Descubrimiento.»

Pero lo más sorprendente de todo es que las aficiones de Antonio discurren por derroteros totalmente ajenos a la actividad humanística. Sus asignaturas favoritas son las Matemáticas, la Física y el Dibujo Técnico, y su proyecto cuando acabe COU, que ahora inicia, es tratar de ingresar en Telecomunicaciones.

En cualquier caso, lo que le atrae es cualquier rama electrónica y sobre todo los microprocesadores. Sus padres lo califican como un buen estudiante, de sobresalientes, y como una persona más amante de estar en casa que de divertirse fuera de ella.

Como quiera que en su colegio tampoco les hicieron mucho caso, Antonio y sus compañeros no tuvieron más remedio que ser autodidactas a la hora de habilitar una metodología para su investigación. «Por eso, decidimos hacer el trabajo siguiendo las indicaciones de un libro que distribuyó el Ministerio de Educación entre los participantes de este certamen: *Cómo hacer una tesis,* de Umberto Eco.»

Después de leer

A. Actitud del autor. Lo que sigue son unos comentarios hechos por el autor acerca de algunos aspectos de la educación en España. Lea el contexto donde se encuentra el comentario e indique si expresa un punto de vista positivo, negativo o neutral. Luego escriba las palabras o frases que lo/la ayudaron a contestar.

ACTITUD

POSITIVA   NEGATIVA   NEUTRAL

1. Tema: la vida del investigador (párr. 2)

   No sólo hay que pelear contra las dificultades intelectuales, sino también dedicar buena parte de tiempo y de ingenio a sortear las burocracias.

   Palabras que ayudan a determinar la actitud del autor: _____

2. Tema: el gobierno español y la investigación (párr. 4)

   Un concurso que se celebró durante el pasado mes de septiembre en La Rábida (Huelva), en el que participaron 900 jóvenes de 15 a 23 años.

   Palabras que ayudan a determinar la actitud el autor: _____

3. Tema: Déficit de inventores (párr. 7)

   Según un estudio de Fundesco, sólo en Tecnología de la Información y la Comunicación tenemos un déficit de 3.000 técnicos al año.

   Palabras que ayudan a determinar la actitud del autor: _____

4. Tema: El gobierno español y la investigación (párr. 7)

   Es necesario crear un ambiente social que promocione la investigación y por eso hemos decidido fomentarla entre los más jóvenes.

   Palabras que ayudan a determinar la actitud del autor: _____

5. Tema: Las escuelas públicas (párr. 12)

   Como quiera que en su colegio tampoco les hicieron mucho caso, Antonio y sus compañeros no tuvieron más remedio que ser autodidactas a la hora de habilitar una metodología para su investigación.

   Palabras que ayudan a determinar la actitud del autor: _____

B. Referencia. El individuo que se destaca en el artículo es Antonio. ¿Qué palabras puede encontrar Ud. que se refieran a él a través del artículo?

1. párrafo uno: _____
2. párrafo dos: _____

3. párrafo once: _____

4. párrafo doce: _____

■ REPASO DE ESTRATEGIAS

A lo largo de esta unidad Ud. ha estudiado y practicado tres estrategias para entender distintos aspectos de la lectura. Ahora se practican y aplican en el último artículo. Las estrategias son:

- la cronología y la sucesión de acontecimientos
- la referencia
- la actitud del autor

LECTURA: UNIVERSIDAD: EL «BOOM» DE LA PSICOLOGÍA

En otras palabras

Primero, repase las palabras y los sinónimos y luego lea el siguiente artículo rápidamente. Después empareje cada palabra con su sinónimo.

PALABRAS	SINÓNIMOS
___ 1. padece (párr. 1)	a. llegada
___ 2. alteraciones mentales (párr. 1)	b. rápidamente
	c. salones prestados
___ 3. ámbitos (párr. 2)	ch. sufre
___ 4. auge (párr. 4)	d. período de gran intensidad
___ 5. advenimiento (párr. 5)	e. fricciones, problemas
___ 6. reemplazó (párr. 5)	f. método de llenar vacantes
___ 7. régimen de cupos (párr. 5)	g. ambiente
	h. sustituyó
___ 8. aulas cedidas (párr. 6)	i. aumentar
___ 9. a las apuradas (párr. 6)	j. excesiva
___ 10. resquemores (párr. 7)	k. la enseñanza
___ 11. el magisterio (párr. 9)	l. no pueden atender a todos
___ 12. abrumadora (párr. 10)	ll. desórdenes psicológicos
___ 13. no dan abasto (párr. 17)	
___ 14. incrementar (párr. 18)	

Antes de leer

Este artículo da información y también expresa opiniones, pero lo hace de una manera llamativa. No deje de fijarse en el título y el subtítulo. Tal vez Ud. ya sepa algo al respecto o pueda comparar lo que pasa en la Argentina e Hispanoamérica con lo que ocurre en su universidad. Al leer, tenga presente las siguientes preguntas:

- ¿Cómo se explica el «boom» de la psicología en la Argentina?
- ¿Qué efectos tiene en la universidad este interés por la psicología?
- ¿Cuál es el futuro de la psicología en la Argentina?

Una carrera que registra récord de inscriptos y pasó a ocupar el primer lugar en las preferencias de los estudiantes

UNIVERSIDAD: EL "BOOM" DE LA PSICOLOGIA

Un veinticinco por ciento de la población metropolitana –Capital Federal y Conurbano– padece de alteraciones mentales. Esta información, difundida hace ya algún tiempo por la Municipalidad porteña, daba cuenta también de que durante **el año '85 fueron atendidos 320.000 casos por el Departamento de Salud Mental dependiente de la Comuna.**

Resulta curioso que paralelamente a que se conocieran estas cifras comenzara en la Facultad de Psicología de la Universidad de Buenos Aires, donde el tema salud mental es predominante, un fenómeno sin antecedentes en los ámbitos universitarios. Durante ese mismo año la carrera de psicología ocupó, por volumen de inscriptos, **el tercer lugar dentro de la Universidad**, precedida por abogacía y medicina y dejando atrás a otras carreras de las consideradas tradicionales. En 1986, los números en la Facultad de Psicología volvieron a enloquecer y, superando su propio récord de inscriptos, **llegó al primer lugar en el ránking de la Universidad, siendo, además, la única de las carreras que elevó el porcentaje de estudiantes dentro de la UBA.**

¿Por qué se produjo este fenómeno? ¿Cuáles podrán ser sus consecuencias? Para responder a estas preguntas Clarín Revista dialogó con autoridades y alumnos de esta Facultad, que también tiene algunas características bastante peculiares comparada con otras carreras universitarias.

INCONVENIENTES DE LA SUPER-POBLACION

"Las razones de la demanda masiva para estudiar psicología son varias. **El auge que tomaron en estos últimos años las ciencias sociales y humanas tiene que ver con el comienzo de la democracia** –explica la licenciada **Sara Slapak**, decana de esta casa de estudios–. **El estudio y la reflexión sobre estos temas necesitan un clima de libertad para poder desarrollarse."**

A partir del advenimiento de la democracia también fue implantado un nuevo sistema de ingreso en toda la universidad: el Ciclo Básico Común. Este sistema reemplazó al antiguo régimen de cupos que frenaba las aspiraciones de muchos por ingresar en las carreras universitarias e indudablemente tienen relación con la actual superpoblación de las aulas. **Actualmente tenemos doce mil alumnos en la Facultad y cinco mil más que están cursando el C.B.C. se incorporarán el año próximo** –dice la licenciada Slapak–. Por el viejo sistema de cupos se puede explicar también que nuestra Facultad sea la que contiene el **más alto porcentaje de alumnos mayores de veinte años de toda la Universidad."**

La masiva demanda por esta carrera hizo que durante un tiempo los alumnos tuvieran que cursar algunas materias en aulas cedidas por distintos colegios secundarios. Hace algunos meses la Facultad inauguró un nuevo edificio en la calle Hipólito Yrigoyen, con el que –según explicó la decana– se solucionaron los problemas de espacio. Aun así, subsisten algunos inconvenientes que provocan quejas por parte de los alumnos. "El ingreso masivo no sirve para la formación de un profesional en psicología y supongo que para el resto de las carreras universitarias tampoco –opina **Fernanda Estévez**, alumna de cuarto año–. **En nuestra Facultad hubo una explosión demográfica que hizo que existan cátedras con 1.500 alumnos donde es imposible la necesaria relación docente-alumno. Se tuvieron que formar docentes a las apuradas y además hacer prácticas en estas condiciones es una utopía; es imposible ubicar 800 personas en el Borda para una clase."**

Las nuevas condiciones de estudio provocaron también ciertos resquemores entre alumnos "nuevos" y "viejos" que todavía no han sido totalmente superados. **"En algunos horarios es imposible cursar: la Facultad está llena de gente** –cuenta **Paula Pérez**, que está a punto de recibirse–, **en los pasillos hay que avanzar a los codazos y para hacer una fotocopia o comprar un apunte te podés pasar tres cuartos de hora en una cola".** "A veces hay aglomeraciones en el turno noche –interviene **Clarisa Menajovsky**, presidenta del centro de estudiantes–, pero ya no es tan grave como antes. **Los estudiantes viejos se quejan, pero es una actitud que les quedó como reflejo de otros años".**

LA FACULTAD DE LAS MUJERES

Otra de las características llamativas de esta carrera es que ostenta el menor porcentaje de estudiantes varones de toda la Universidad. **Solo el 28 por ciento de sus alumnos son varones, mientras que las cifras para el resto de la UBA son del orden del 87 por ciento.**

"Creo que eso tiene que ver con el desprestigio sufrido por el magisterio –dice **Luisa Marcó**, estudiante de tercer año, a modo de teoría–; ser maestra ya no es tan prometedor como antes y gran parte de quienes hubieran elegido esa profesión ahora se deciden por la psicología."

Esta abrumadora mayoría de estudiantes mujeres es incluso tratada en un estudio elaborado por el Departamento de Docencia de la Facultad, de donde fueron tomados los datos estadísticos de esta nota. En el citado documento, a modo de comentario, se explica que en esta profesión existe para la mujer una posibilidad de beneficio complementario, ya que el **desempeño profesional puede brindarle una fórmula ideal para trabajar y estar en su casa o cerca de los chicos**, aunque aclara que este argumento no constituye una motivación primaria para quienes siguen la carrera. **Esta característica también da pie a que a veces se produzcan ciertas confusiones en las actividades organizadas por los alumnos y que no tienen que ver con el estudio. "Cada vez que organizamos una fiesta pasa lo mismo** –cuenta la presidenta del centro de estudiantes–: sabiendo que es una facultad de mujeres, las chicas no vienen, y con el mismo criterio vienen varones de todas las otras facultades". No resulta extraño entonces que esta Facultad sea **una de las pocas que cuentan con decana y presidenta de centro de estudiantes**. Incluso la presidencia de la Asociación de Psicólogos de nuestra ciudad está ocupada por una mujer.

LAS RAZONES DE UNA ELECCION

Según explica el documento elaborado por los docentes de la Facultad, el auge de la carrera de psicología no es patrimonio exclusivo de la Argentina, sino que se manifiesta en toda América latina. Una de las hipótesis que tratan de explicar el fenómeno en nuestro país se basa en que esta profesión es la única de tipo humanístico y social que se puede ejercer en forma liberal. "Para mucha gente con inquietudes orientadas a las ciencias sociales, a la filosofía o la educación, en un medio donde los sueldos son bajos y las posibilidades de investigación limitadas, **psicología aparece como la posibilidad de hacer coincidir vocación, inquietud intelectual y medio de vida** –apunta la licenciada **Rosalía Schneider** en el estudio citado–. **Además, llena las aspiraciones del trabajo por cuenta propia, libertad y autorregulación de trabajo y horarios, aceptables ingresos y prestigio.**"

Pero no son éstas las únicas causas que deciden al estudiantado a optar por esta formación. "**Acá se puede encontrar mucha gente que viene a estudiar psicología creyendo que de esa forma pueden resolver problemas personales** –explica Gustavo Polanversky–, entre los alumnos se puede encontrar cada drama a nivel particular que serviría para escribir una novela. Creo que este requerimiento masivo por estudiar en esta Facultad refleja también una crisis en la sociedad y la necesidad de mucha gente por hacer algo para encontrar soluciones."

"Siempre hay razones estrictamente personales y no solamente racionales vinculadas a la elección de una carrera –dice la decana Slapak–, sabemos que **a la gente le interesa estudiar psicología no solo por razones académicas sino para conocerse más a sí mismos y mejorar su relación con los demás.** Incluso a un alto porcentaje de estudiantes no les interesa ejercer la profesión."

Las dudas acerca del ejercicio profesional se van haciendo más angustiosas a medida que el alumno avanza en la carrera. "La psicología siempre me atrajo por curiosidad –cuenta Eduardo Walman–, **pero estoy en cuarto año y todavía no sé si me voy a dedicar o no en forma profesional.** Creo que en estos años lo que pasó es que esta carrera se puso de moda. Así como existe un prejuicio sobre que los estudiantes de ingeniería son cuadrados, en ciertos ambientes parece que estudiar psicología da patente de piola."

PRESENTE Y FUTURO EN PSICOLOGIA

La carrera de psicología a nivel estatal es relativamente joven. Fue creada como dependiente de la Facultad de Filosofía y Letras en el año 1957. A principios de esta década pasó a depender directamente del rectorado de la UBA y recién el año pasado adquirió el rango de facultad. Quienes estudian en ella desde antes de la implementación del C.B.C. como sistema de ingreso reconocen que con la masiva afluencia de estudiantes ha ido variando su composición social. "Ahora hay un espectro mucho más amplio –dice **Mario Figueroa**, a quien le faltan pocas materias para recibir su título–, hasta el '83 la mayoría de la gente que había era onda psicobolche: pulóveres peruanos, jeans, zapatillas, pelo largo y todo eso. En este momento hay de todo, hasta entraron los que en otra época hubieran ido a facultades privadas."

Otra de las características particulares que posee esta Facultad es el alto porcentaje de alumnos que trabajan y estudian a la vez. **Casi el sesenta por ciento de los alumnos de esta carrera trabajan, mientras que las cifras del resto de la Universidad en este sentido no alcanzan a la mitad de los estudiantes.**

Con respecto a las expectativas profesionales, en una encuesta realizada sobre 2.288 alumnos un cincuenta y cinco por ciento de los interrogados manifestó su preferencia por dedicarse al área clínica una vez conseguido el título. "**En el campo profesional no se necesitan tantos psicólogos que se dediquen a la clínica** –explica la presidenta del centro de estudiantes–, **pero sí en otras áreas que no se fomentan.** Es necesaria la diversificación más allá de la clínica, pero generarla cuesta mucho aunque es algo en lo que estamos de acuerdo tanto estudiantes como autoridades y graduados de la Facultad. **La ampliación del campo laboral del psicólogo es algo que depende de otras instituciones, fundamentalmente, el Estado y las Obras Sociales.** La ley del psicólogo está reglamentada, pero de hecho el espacio no se abre. Los hospitales con servicio de psicología son pocos y no dan abasto."

La posibilidad de que en un futuro cercano sean varios miles los psicólogos recibidos que actúen dentro de la sociedad no parece ser una preocupación para las autoridades de la carrera. "Los psicólogos siempre nos hemos caracterizado por abrir caminos –comenta la licenciada Slapak–, quien más quien menos encuentra inserción profesional en distintos campos. **Desde la facultad estamos interesados en incrementar las áreas de trabajo. Hay posibilidades reales en lo educativo, en lo que se refiere a la atención primaria de la salud, en lo laboral, y a nivel institucional.** Estamos intentando cubrir en forma más efectiva estos otros campos demandados por la comunidad que no están totalmente cubiertos. Es necesario reformular temas conceptuales y de instrumentación para lograr un desarrollo profesional adecuado."

¿Tendrá alguna incidencia sobre las estadísticas de salud mental en nuestro país la futura graduación masiva de licenciados en psicología? La respuesta es incierta; en este tema lo único que podemos aportar es una expresión de deseos hecha por la decana de la populosa facultad. "Se supone que si la formación es adecuada, si se dan respuestas satisfactorias a la comunidad, el porcentaje de quienes requieren atención psicológica va a disminuir. O por lo menos eso espero." □

Alejandro Waksman

Después de leer

A. Sucesión de acontecimientos. Relacione los sucesos que aparecen en el artículo con los siguientes años o hechos.

1. 1957 _____
2. los 80 _____
3. 1983 _____
4. 1985 _____
5. 1986 _____
6. Hace algunos meses... _____
7. El comienzo de la democracia _____
   _____
8. Actualmente _____
9. El futuro cercano _____

B. Referencia. A veces hay palabras o frases que dirigen la atención del lector hacia algo o alguien que se mencionó antes. ¿A qué se refieren las palabras o frases indicadas? Tal vez tenga que leer esas partes de la lectura otra vez.

1. en el primer párrafo, *Esta información* se refiere a: _____
   _____

2. en el segundo párrafo, *Durante ese mismo año* se refiere a: _____
   _____

3. en el tercer párrafo, *este fenómeno* se refiere a: _____
   _____

4. en el sexto párrafo, *esta carrera* se refiere a: _____
   _____

5. en el párrafo diez, *la presidenta del centro de estudiantes* se refiere a
   _____ en el párrafo siete

6. en el párrafo doce, *no son éstas las únicas causas* se refiere a
   _____ en el párrafo catorce

7. en el párrafo quince, *ella* se refiere a: _____

8. en el último párrafo, *la decana* se refiere a _____ en el párrafo cuatro

C. La actitud hacia la psicología. Las palabras y expresiones que decide usar el autor para desarrollar un tema pueden revelar su actitud. Puede ser una actitud positiva, negativa o neutral, entre otras. Estudie las siguientes frases y oraciones e indique qué actitud expresan hacia la psicología y las ciencias sociales. Tendrá que leer el artículo de nuevo para determinar la actitud.

REPASO DE ESTRATEGIAS | 139

POSITIVA   NEGATIVA   NEUTRAL

1. (párr. 2)

   Resulta curioso que paralelamente a que se conocieran estas cifras comenzara en la Facultad de Psicología de la Universidad de Buenos Aires,... un fenómeno sin antecedentes en los ámbitos universitarios.

   Palabras que ayudan a determinar la actitud del autor: _____

2. (párr. 4)

   El auge que tomaron en estos últimos años las ciencias sociales y humanas tiene que ver con el comienzo de la democracia...

   Palabras que ayudan a determinar la actitud del autor: _____

3. (párr. 6)

   El ingreso masivo no sirve para la formación de un profesional en psicología y supongo que para el resto de las carreras universitarias tampoco...

   Palabras que ayudan a determinar la actitud del autor: _____

4. (párr. 7)

   Las nuevas condiciones de estudio provocaron también ciertos resquemores entre alumnos «nuevos» y «viejos» que todavía no han sido totalmente superados.

   Palabras que ayudan a determinar la actitud del autor: _____

5. (párr. 10)

   En el citado documento, a modo de comentario, se explica que en esta profesión existe para la mujer una posibilidad de beneficio complementario...

   Palabras que ayudan a determinar la actitud del autor: _____

6. (párr. 11)

   Además, llena las aspiraciones del trabajo por cuenta propia, libertad y autorregulación de trabajo y horarios, aceptables ingresos y prestigio.

   Palabras que ayudan a determinar la actitud del autor: _____

7. (párr. 15)

   ...hasta el '83 la mayoría de la gente que había era onda psicobolche: pulóveres peruanos, jeans, zapatillas, pelo largo y todo eso.

Palabras que ayudan a determinar la actitud del autor: _____

_____

8. (párr. 16)

Otra de las características particulares que posee esta Facultad es el alto porcentaje de alumnos que trabajan y estudian a la vez.

Palabras que ayudan a determinar la actitud del autor: _____

_____

¡A CONVERSAR!

ACTIVIDAD A. Materias que están de moda

Ud. acaba de leer que la psicología ha llegado a ocupar el primer lugar en la lista de preferencias de la Universidad de Buenos Aires, que el porcentaje más grande de estudiantes dentro de la universidad sigue estudios en este campo. ¿Cuáles son las materias en su universidad con el mayor número de estudiantes? ¿Cuál es la materia en la que hay mayor número de hombres? ¿y mayor número de mujeres? ¿A qué se atribuyen estos datos? ¿Está relacionado con la oferta y la demanda? ¿Están de moda estas carreras? ¿O hay otra razón?

Para hablar de este tema, formen grupos de cuatro o cinco estudiantes. Si hay algunos en el grupo que siguen carreras en estos campos, pídales que expliquen sus motivos personales.

ACTIVIDAD B. Mesa redonda

CARRERAS
LICENCIATURAS Y DOCTORADOS

- CONTADOR PUBLICO
- Lic. en ADMINISTRACION
- Lic. en ANALISIS DE SISTEMA
- ANALISTA DE SISTEMA
- Lic. en ARTES Y CS. DEL TEATRO
- Lic. en CIENCIA POLITICA
- Lic. en DEMOGRAFIA Y TURISMO
- Lic. en PERIODISMO Y COMUNIC.
- Lic. en PSICOLOGIA
- Lic. en RELACIONES PUBLICAS
- Lic. en SOCIOLOGIA
- Lic. en CS. DE LA EDUCACION
- PROF. ENS. MD. en CS. EDUC.
- Lic. en SERVICIO SOCIAL
- ASISTENTE SOCIAL
- Doct. en CIENCIAS PENALES
- Doct. en CIENCIA POLITICA
- Doct. en PSICOLOGIA
- Doct. en PSICOLOGIA CLINICA
- Doct. en PSICOLOGIA SOCIAL
- Doct. en SOCIOLOGIA

Extens. Univers.: PSICOANALISIS (para grad. 3 años)

Curso de Introducción a la Terapia Familiar (8 meses)

BME. MITRE 1411
(Colegio Central)

UNIVERSIDAD ARGENTINA JOHN F. KENNEDY

Por lo general, la universidad española o latinoamericana se dedica casi exclusivamente a la preparación profesional del individuo. Por eso, un estudiante que quiere ser médico, abogado, arquitecto, o ejercer otra profesión, ingresa directamente en la facultad de su especialización después de terminar el bachillerato, generalmente a los 17 ó 18 años. Casi todas las materias que estudia son obligatorias, y generalmente la carrera es de más de tres o cuatro años. Formen grupos de seis a ocho personas para hablar de las ventajas y desventajas de este sistema. Algunos aspectos que se puede tener en cuenta son:

1. La formación o el desarrollo del individuo
2. El papel de las humanidades y las ciencias sociales en la formación de la persona
3. La posibilidad de cambiar metas (*goals*)
4. La oportunidad de descubrir otros intereses

ACTIVIDAD C. Con sus propias palabras

Después de graduarse, ¿le gustaría pasar seis meses o un año estudiando o investigando un tema que le interese mucho? ¿Hay un proyecto que le gustaría seguir? Hay becas que ofrecen esta posibilidad. Escríbale a un comité que otorga estas becas una carta explicando su tema o proyecto, dónde le gustaría llevarlo a cabo y qué haría para realizarlo.

Unidad VII

La comunicación

Anuncio para una película en Montevideo, la capital de Uruguay

En esta unidad, Ud. va a aprender a:

- inferir el tono y el humor de un artículo
- relacionar las ideas con las experiencias personales
- entender mejor el lenguaje figurado

Como se dará cuenta, las estrategias que va a aprender ahora ponen más énfasis en los aspectos subjetivos del texto para interpretar lo que se lee.

EL TONO Y EL HUMOR

El autor usa el tono y el humor para comunicarle al lector su punto de vista o su actitud hacia lo que escribe. El tono se refiere a la actitud del autor al escribir. A veces hay que inferir el tono del autor, basándose en conocimientos o experiencias que uno ya posee para entender lo que el autor no ha dicho directamente. El humor* son los sentimientos o las emociones que el autor quiere causar en el lector.

Para determinar el tono o el humor de un artículo, hay que fijarse en el título, en las circunstancias en que tiene lugar la acción que se describe y en el uso de palabras con un sentido irónico o humorístico. También es útil tener en cuenta lo que se sabe acerca del autor.

LECTURA: MARCIANO PARDALES, PIONERO ESPAÑOL

En otras palabras

Después de leer rápidamente el artículo, empareje las palabras con la definición correspondiente.

PALABRAS

_____ 1. tatuado (párr. 1)
_____ 2. el paro (párr. 1)
_____ 3. acogieron (párr. 3)
_____ 4. reclamo (párr. 6)
_____ 5. frunce (párr. 6)

DEFINICIONES

a. recibieron de cierta manera
b. arruga parte de la cara, como las cejas
c. persona con tatuajes
ch. sin trabajo
d. propaganda

Antes de leer

Para determinar el tono o el humor de texto, tenga presente las siguientes preguntas al leer el artículo:

- ¿Bajo qué circunstancias hace Marciano Pardales lo que hace?
- ¿Qué significa el nombre Marciano Pardales?
- ¿Se debe tomar en serio todo el artículo?
- ¿Se deben tomar en serio los nombres de todas las personas?

---

*¡OJO! En este contexto se usa la palabra **humor** con un sentido amplio; significa **estado de ánimo**. No expresa la palabra inglesa *humor*.

Marciano Pardales, pionero español

GLORIA MEJORADA, Madrid

El saguntino Marciano Pardales se ha convertido en el primer tatuado publicitario del mundo. Marciano llevaba 15 meses en el paro cuando, el pasado mes de abril, se dirigió a los ejecutivos de la compañía de publicidad Botticcelli y les ofreció su frente para que tatuaran un mensaje publicitario.

—¿Cómo se le ocurrió la idea, Marciano?

—Llevaba mucho tiempo meditándola, porque me encantan los tatuajes. Estaba preparado: ya tenía un escorpión en la espalda y una víbora en cada muslo. Ellos me acogieron maravillosamente y entre todos hemos producido esta obra de arte.

Marciano está sumamente orgulloso del tatuaje, que le ocupa desde las cejas al nacimiento del pelo. La verdad es que para esta primera experiencia de publicidad epidérmica no se han ahorrado medios.

—Sí, el diseño es obra de Ágata Ruiz del Morro y de Jordi Peribáñez, sobre un análisis filosófico previo de Jarvando Sadaber. Pero el verdadero padre de la creación ha sido el gran artista japonés Agujata Jiujitsu.

Cuando se le pregunta lo que ha recibido por convertirse en un reclamo vivo, Pardales frunce la obra de arte y responde:

—Bueno, no creo que el dinero sea lo más importante, sino el que he abierto una puerta nueva para el mundo de la publicidad. Yo he sido un precursor, un revolucionario; a partir de ahora, los esquemas a nivel de publicidad va a revestir una problemática muy distinta. De momento, Botticcelli y yo hemos producido una noticia internacional: me han entrevistado desde los suizos hasta los birmanos. He recibido varias ofertas de conferencias en Estados Unidos, e incluso el Gobierno español me ha felicitado oficialmente por mi contribución al aumento de la demanda económica interna. Pero lo más importante, sigo diciendo, es el futuro.

Marciano no exagera. En vista de los fabulosos contratos que les han sido ofrecidos, varios famosos han manifestado ya su voluntad de tatuarse. Cantantes como Plástico Carringo, intelectuales de la talla de Gomilo Torrantela, actrices tan conocidas como Ana Ubrebomb y periodistas del talento de José Luis Iñolmo se lo están pensando. Incluso se dice que algunos gobernadores civiles han ofrecido distintas partes de su cuerpo para lucir tatuajes institucionales. Lamentablemente, la fiebre del tatuaje publicitario ya ha empezado también a causar sus primeros problemas. La semana pasada, al agricultor Bonifacio Tenazas se le infectó una tatuaje que se había escrito él mismo en la mejilla derecha con la leyenda "Consuma espárragos".

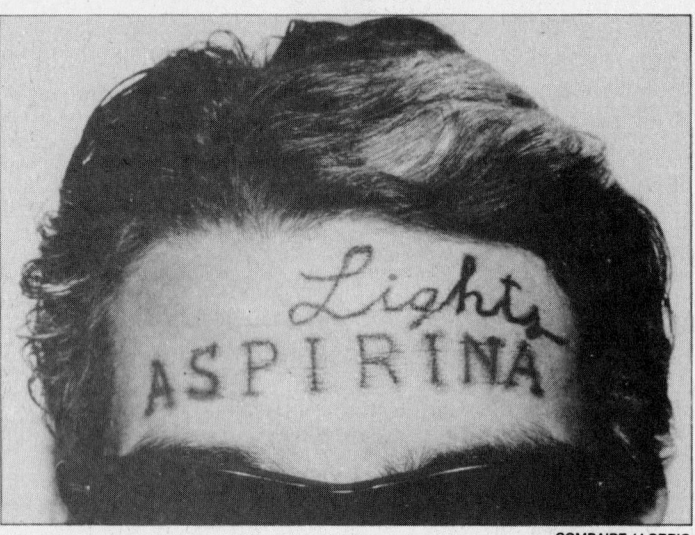

COMPAIRE / LORRIO

Después de leer

A. El tono y el humor. ¿Qué tono o humor se produce en los siguientes párrafos?

1. Párrafo tres: ¿Qué tono se produce en este párrafo?
   —Llevaba mucho tiempo meditándola, porque me encantan los tatuajes. Estaba preparado: ya tenía un escorpión en la espalda y una víbora en cada muslo. Ellos me acogieron maravillosamente y entre todos hemos producido esta obra de arte.

   a. orgulloso   b. irónico   c. serio   ch. humorístico

2. Párrafo cuatro: ¿Qué sentimiento o emoción (humor) se produce en este párrafo?
   Marciano está sumamente orgulloso del tatuaje, que le ocupa desde las cejas al nacimiento del pelo. La verdad es que para esta primera experiencia de publicidad epidérmica no se han ahorrado medios.

   a. satisfacción   b. sorpresa   c. felicidad   ch. humildad

3. Párrafo siete: ¿Qué sentimiento o emoción (humor) se produce en este párrafo?

   —Bueno, no creo que el dinero sea lo más importante, sino el que he abierto una puerta nueva para el mundo de la publicidad. Yo he sido un precursor, un revolucionario; a partir de ahora, los esquemas a nivel de publicidad va[n] a revestir una problemática muy distinta. De momento, Botticcelli y yo hemos producido una noticia internacional: me han entrevistado desde los suizos hasta los birmanos. He recibido varias ofertas de conferencias en Estados Unidos, e incluso el Gobierno español me ha felicitado oficialmente por mi contribución al aumento de la demanda económica interna. Pero lo más importante, sigo diciendo, es el futuro.

   a. sorpresa   b. satisfacción   c. preocupación   ch. temor

B. Apoyando las ideas principales. Conteste según la lectura.

1. Identifique con su número los párrafos en que se habla de Marciano Pardales. Luego escriba un detalle de cada párrafo. _____
_____
_____

2. Identifique con su número los párrafos en que se habla del tatuaje. Después escriba algunos detalles. _____
_____
_____

3. Identifique con su número los párrafos en que se habla del efecto de este tipo de publicidad. Después mencione algunos de los efectos. _____
_____
_____

LECTURA: DEMASIADO INGLÉS

Antes de leer

Al leer el artículo tenga presente las señales para determinar el tono y el humor. Recuerde que el tono se refiere a la actitud del autor, y el humor a las emociones del lector.

Demasiado inglés

Después de residir durante varios años en Australia observo con un poco de enfado la cantidad de palabras inglesas que innecesariamente utilizan los periodistas españoles. Sin ir más lejos, en su número 706 usaron las siguientes: cash flow, chance, supporters, affaire, lobby, lunch, in, out, kitsch, jet-set, beautiful, cream, pub, slack-jack, brandy, know-how, luthiers, a go-gó, british, of course, topless, rallies, trekking, campings, ferry, pony, slips, rocky, jogging, walkman, VIPS, pressing, comic, stand, public school, elepé (LP), gay... ¡En un solo número! Bueno, creo que se están pasando, ¿no? Si tanto les gusta el inglés, publiquen su revista en este idioma, y si el problema es que sus redactores están un poco «peces» en castellano, pues que vuelvan a la escuela a repasarlo un poco; pero, por favor, dejemos de ser tan quijotes y tengamos un poco más de amor propio. Nuestro idioma no es tan pobre que haya que estar usando palabras inglesas continuamente. Luego, al final, claro, para los españoles ir a correr un poco es ir a hacer «footing».

José Luis Anguix
Valencia

Después de leer

A. El tono del artículo es de...

1. disgusto 2. crítica 3. tristeza 4. responsabilidad

B. Mucho inglés. Empareje algunas de las palabras en inglés que se mencionan en el artículo con su equivalente en español.

____ 1. *chance*	a. el almuerzo
____ 2. *lobby*	b. claro
____ 3. *lunch*	c. rocoso
____ 4. *cream*	ch. el trasbordador
____ 5. *pub*	d. la oportunidad
____ 6. *know-how*	e. la taberna
____ 7. *of course*	f. la sala de espera
____ 8. *ferry*	g. los conocimientos
____ 9. *rocky*	h. la escuela pública
____ 10. *public school*	i. la crema

LECTURA: IDIOMAS EXTRANJEROS

En otras palabras

Después de leer al artículo rápidamente, empareje las siguientes palabras con la definición correspondiente.

PALABRAS	DEFINICIONES
____ 1. la tripulación (párr. 2)	a. aterrizan
____ 2. desagradables (párr. 2)	b. personas que manejan y sirven en un avión o barco
____ 3. toman tierra (párr. 4)	c. no muy simpáticos
____ 4. fatídica (párr. 7)	ch. que anuncia algo malo

Antes de leer

Tenga presente las siguientes preguntas mientras lea el artículo:

- ¿Cuál es la idea más importante de «Idiomas extranjeros»?
- ¿A quién le habla el autor?
- ¿Qué datos usa el autor para apoyar sus declaraciones?
- ¿Qué tono quiere imprimir el autor a lo que escribe?

ENTRE NOSOTROS

Idiomas extranjeros

Todos los turistas franceses que van, por ejemplo, a Palma en avión, saben que Iberia y Air France son compañías aéreas «complementarias»...

Mi familia y yo somos sus clientes desde hace unos quince años por lo menos. Lo que siempre nos ha sorprendido mucho es no sólo el conocimiento aproximado de los idiomas practicados por las azafatas y los demás miembros de la tripulación, sino también y sobre todo, ciertos «olvidos» desagradables.

Ejemplos:

—¿Por qué en tal vuelo de Iberia, al llegar a París, sólo se hacen los anuncios en inglés y en castellano, y no en francés, también?

—¿Por qué, a la ida como a la vuelta, se «olvida» sistemáticamente el mallorquín (o el catalán, por lo menos, ya que muy a menudo los aviones toman tierra en Barcelona, antes de proseguir su viaje)?

Por otra parte, se crean por todos lados institutos de idiomas... Muy bien. Pero muchas veces, estos institutos o academias parecen tener por lo menos una vista limitadísima de la Europa del Mercado Común, cuando anuncian, en sus rótulos: Español-Alemán-Inglés... Olvidándose de que Francia, Portugal e Italia y otros... forman parte de dicho Mercado. ¡Qué pena!

Una pregunta: ¿es que los franceses ya no son los turistas más numerosos en España?

¿Por qué pues —según parece— se estudia el francés menos que antes en España, mientras que en Francia el estudio del castellano gana cada día más terreno? Este problema nos parece muy importante, sobre todo al acercarse la fecha fatídica de 1992, ¿no? Sólo quedan unos cuatro añitos... ¡Cuidado!

Georges Colomer
Noisy le Grand (Francia)

Después de leer

A. El tono y el humor. Al leer los siguientes párrafos identifique el tono o el humor según las indicaciones.

1. Párrafo tres: ¿Qué tono imprime el autor a lo que escribe en este párrafo?

    —¿Por qué en tal vuelo de Iberia, al llegar a París, sólo se hacen los anuncios en inglés y en castellano, y no en francés, también?

    a. cómico   b. crítico   c. interrogativo   ch. despreocupado

2. Párrafo cinco: ¿Qué humor quiere el autor que el lector sienta al leer este párrafo?

    —Por otra parte, se crean por todos lados institutos de idiomas... Muy bien. Pero muchas veces, estos institutos o academias parecen tener por lo menos una vista limitadísima de la Europa del Mercado Común, cuando anuncian, en sus rótulos: Español-Alemán-Inglés... Olvidándose de que Francia, Portugal e Italia y otros... forman parte de dicho Mercado. ¡Qué pena!

    a. preocupación   b. temor   c. decepción   ch. ansiedad

3. Párrafo siete: ¿Qué humor se siente al leer este párrafo?

    —¿Por qué pues—según parece—se estudia el francés menos que antes en España, mientras que en Francia el estudio del castellano gana cada día mas terreno? Este problema nos parece muy importante, sobre todo al acercarse la fecha fatídica de 1992, ¿no? Sólo quedan unos cuatro añitos... ¡Cuidado!

    a. temor   b. odio   c. desinterés   ch. felicidad

B. Comprensión del artículo. Conteste según la lectura.

1. Párrafo dos: ¿Cuál es la función de este párrafo?
    a. Presentar detalles que ayuden a entender el asunto.
    b. Presentar la idea principal del artículo.
    c. Dar un ejemplo que apoye la idea principal.

2. Según los párrafos tres y cuatro, ¿cuál de las siguientes declaraciones es verdadera?
    a. Iberia no debe volar a París o a Barcelona.
    b. Los empleados de Iberia deberían saber bien los idiomas que tienen que hablar.
    c. No se habla francés, mallorquín ni catalán en Iberia.
3. Párrafo cinco: ¿Qué oración resume mejor la idea principal de este párrafo?
    a. Los institutos de idiomas en España no deben olvidar el francés.
    b. Los institutos no saben cuáles son las lenguas del Mercado Común Europeo.
    c. Los institutos deben tomar una perspectiva más amplia respecto a las lenguas del Mercado Común Europeo.

¡A CONVERSAR!

ACTIVIDAD A. Tatuajes para publicidad

Lo que ha hecho Marciano Pardales es absurdo, ¿no es cierto? Sin embargo... imagine que su idea ha tenido éxito y que varias agencias de publicidad buscan personas famosas para los tatuajes. ¿A quiénes recomendaría Ud.? ¿En qué parte del cuerpo sugiere Ud. que se les haga los tatuajes? ¿Qué producto anunciarán?

Con dos compañeros, completen la siguiente tabla y después comparen sus sugerencias con las de los otros grupos. Pueden usar nombres de personas verdaderas o inventarlos, como ha hecho el autor del artículo sobre los tatuajes.

	PROFESIÓN U OFICIO	NOMBRE	TATUAJE	PARTE DEL CUERPO	PRODUCTO
1.	ejecutivo de una gran empresa	Lee Iacocca	_____	_____	coches
2.	cantante	Dolly Parton	_____	_____	_____
3.	_____	_____	una rosa	la nariz	_____
4.	político	_____	_____	_____	_____
5.	_____	_____	¡Sea campeón!	_____	cerveza
6.	médico	_____	_____	_____	aspirina
7.	_____	Osvaldo Paniagua	_____	la frente	_____
8.	_____	_____	una serpiente	_____	_____

ACTIVIDAD B. Los viajeros

Piense en el espacio limitado de la cabina de un avión y en las cosas que algunas personas quieren llevar a bordo. Luego lea la información de Aerolíneas Argentinas para saber lo que pueden llevar los pasajeros y lo que no pueden llevar. ¿Qué les diría Ud. a estos pasajeros si Ud. fuera un(a) agente de esta aerolínea? Con uno/a o más compañeros, hagan un diálogo para tratar los casos que siguen de una manera cortés, refiriéndose a la información de Aerolíneas Argentinas. Luego presenten su diálogo a la clase.

1. La señora Larrea tiene 86 años y necesita un bastón porque a veces tiene dificultades para caminar. También lleva su caniche (*poodle*) Fufú, un paraguas («Nunca se sabe cuándo va a llover»), un impermeable, un abrigo («El tiempo hoy en día es tan variable»), un bolsón con peróxido (todavía es rubia) y la comida especial de Fufú («La pobre perrita es muy delicada»).
2. El profesor Martín Oñate, sociólogo de fama mundial, está invitado a enseñar en la Universidad de San Marcos, en Lima, Perú. Como va a pasar un año allá, viaja con su esposa Maite, su hija Carmencita, de tres años, y su hijo Lorenzo, de ocho meses. El profesor lleva una cámara con prismático zoom («Dicen que los paisajes son estupendos»), el moisés de Lorenzo, una caja enorme con todos los libros que ha escrito («Para firmar y regalar») y el cochecito (*stroller*) de Carmencita. Maite lleva a Lorenzo, un bolsón con la comida de éste, ropa y dos mantas, y los libros y juguetes de Carmencita para que esté quieta durante el vuelo.
3. Al señor Chuck Robertson le gusta ir de caza cada año a otro país. Este año va a practicar su afición en los Andes. Quiere subir al avión con dos escopetas (*shotguns*), un cuchillo, queroseno para su lámpara, un insecticida («A veces los insectos también son feroces») y cuatro botellas de whiski («Las noches son muy largas cuando no hay televisión»).
4. La señorita Pinto es ejecutiva de un banco y piensa utilizar el tiempo del vuelo, sin dejar de trabajar. Por eso lleva una computadora portátil, un portafolios, un bolsón con productos de belleza y—¡las rosas que le trajo su novio al aeropuerto!

UNIDAD VII LA COMUNICACIÓN

0 4 4 4 4 1 1 3 1 8 0 7 3 1

Billete de pasaje y control de equipaje
Passenger ticket and baggage check

Emitido por / issued by Aerolíneas Argentinas - Miembro de IATA - Sede Central: Paseo Colón 185 - Buenos Aires - Argentina.

4 Cabotaje

AEROLINEAS ARGENTINAS

Artículos que pueden transportarse en adición a la franquicia de equipaje.

- Un bolsón o cartera de mujer.
- Un paraguas o bastón.
- Una cantidad razonable de lectura para el vuelo.
- Un moisés y alimento para niños para consumo durante el vuelo.
- Un sobretodo, abrigo o manta de viaje.
- Una cámara y/o prismáticos.
- Una silla de ruedas plegable, un par de muletas u otro aparato ortopédico imprescindible para el pasajero.

Artículos restringidos

Por razones de seguridad está prohibido transportar en los equipajes los siguientes elementos considerados peligrosos:

Maletines o Portafolios con mecanismos de alarma instalados.

Gases comprimidos (inflamables, no inflamables y venenosos): garrafas de gas, cilindros de aire comprimido o tanques de aire para buceo.

Corrosivos (ácidos, alcalinos): batería de celdas húmedas.

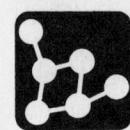

Materiales radiactivos
Otros artículos restringidos: mercurio y material magnético. Los aparatos que contengan mercurio no pueden ser transportados como equipaje.

Se exceptúan de esta medida los artículos medicinales y de tocador en pequeñas cantidades, que resulten necesarios o adecuados para el pasajero durante el viaje, como ser: aerosoles, perfumes y medicinas con contenido alcohólico.

En caso de duda consulte en nuestras oficinas.

Explosivos: armas, municiones o materiales de pirotecnia.

Líquidos o sólidos inflamables: combustible para encendedores, fósforos y artículos de fácil ignición.

Materiales oxidantes o irritantes: agentes blanqueadores, peróxido, agua lavandina, agua oxigenada.

Materiales tóxicos o venenosos: arsénico, cianuro, insecticidas o herbicidas.

ACTIVIDAD C. Con sus propias palabras

En esta unidad Ud. ya ha leído unas—y va a leer más—cartas al director de una revista o un periódico en las que se hacen comentarios sobre el tema del uso del lenguaje. En «Demasiado inglés» el escritor usó las palabras *affaire*, *luthiers* y *kitsch* como ejemplos de palabras inglesas usadas por periodistas de habla española. Pero... ¿son realmente palabras inglesas?

Escríbale una carta al director de la revista en que se publicó «Demasiado inglés» para explicarle que las palabras *affaire* (= *affair*; *business*) y *luthiers* (= *violin makers*) son francesas y que la palabra *kitsch* es de origen alemán. Ponga atención especial al uso del tono o del humor en su carta, refiriéndose cuando sea necesario al autor de la carta.

■ RELACIONAR LAS IDEAS CON LAS EXPERIENCIAS PERSONALES

Las experiencias personales del lector y lo que ya sabe del tema de un artículo lo ayudan a entenderlo. No se aprende nada en el vacío. Cuando la experiencia del lector tiene puntos en común con lo que describe el autor, la comprensión del lector es mejor. Cuantas más experiencias tiene en común el lector con lo que lee, mejor será su comprensión.

A veces las experiencias que se describen en un texto no son idénticas a las del lector, pero la situación puede ser muy parecida y así muy útil para el lector cuando lee. Por ejemplo, si el autor describe a un joven que, a pesar de ciertos impedimentos físicos, llega a ser un buen violinista, el lector podrá entender este logro cuando lo relacione con su propia experiencia de poder caminar después de haber sufrido un accidente serio. Las dos situaciones son parecidas pero no idénticas. Describen logros alcanzados por dos personas que tenían muy pocas probabilidades de hacerlo.

Poder relacionar la experiencia personal con lo que se lee es algo que ayuda a entender mejor y a disfrutar más cualquier texto que se lee. Se puede desarrollar esta habilidad:

a. identificando la situación cuanto antes
b. recordando experiencias semejantes a las que describe el autor
c. recordando las reacciones personales en una situación similar
ch. identificando las emociones que se expresan en el texto

LECTURA: FELIPE, LENGUAJE

En otras palabras

Después de repasar el artículo rápidamente, empareje las palabras con la definición correspondiente.

	PALABRAS		DEFINICIONES
___ 1.	escarnio (párr. 1)	a.	sin duda
___ 2.	de seguro (párr. 1)	b.	establecidos
___ 3.	afincados (párr. 2)	c.	humillación
___ 4.	ellos tienen la sartén por el mango (párr. 2)	ch.	ellos controlan la situación

Antes de leer

Al leer el artículo, trate de identificar la situación, pensar en una experiencia personal similar, recordar cómo reaccionó Ud. e identificar las emociones que se expresan en lo que está leyendo.

Felipe, lenguaje

Tristeza y escarnio me ha producido el ver en la Televisión Española cómo políticos catalanes, en presencia del Presidente del Gobierno, se dirigían «a su público» en catalán, idioma que de seguro Felipe González, la procesión debía ir por dentro, no entiende. Algo similar sería inconcebible en Francia, Italia, Alemania e Inglaterra, países con los cuales hay que comparar a España y no con Suiza. Esta nación, al contrario que España, nada ha pintado ni pinta en la historia de Europa.

Repulsa e ira me ha producido el que durante mis vacaciones en Mallorca no me haya enterado de lo que ocurría en la Vuelta a Francia y en los Campeonatos de Golf de Inglaterra, al ver estos acontecimientos televisados en catalán. Si esto no es sentirse extranjero en el propio país, soy yo Manolo Escobar. Algo similar le debe ocurrir a los miles de trabajadores foráneos afincados en las Baleares. ¿Por qué aceptan ustedes esta situación?, le pregunté yo a algunos. Qué quiere usted que hagamos, ellos tienen la sartén por el mango. A esto le llamo yo imperialismo catalán económico-idiomático.

A la carta confusa e insultante del señor Codina Serra, CAMBIO16 n.º 868, en respuesta a una carta mía, prefiero no contestar. Sólo mencionaré que yo no soy un tal doctor Nieves. Yo soy neurólogo, doctor en Medicina, Chefarzt (jefe médico) en un importante hospital alemán y miembro de número de la Sociedad de Escritores Médicos.

Desde luego nada del otro mundo, pero con ello creo poder mirarme al espejo. Tampoco pertenezco a ningún «Bunker» ideológico, soy simplemente un miembro «suizo» de la socialdemocracia, antaño PSOE.
Doctor Pedro Rodríguez Nieves
Viersen (RFA)

Después de leer

A. La experiencia personal y la lectura. Conteste según la lectura.

1. La situación es la de alguien que...
   a. se siente triste porque el presidente de su país no entiende ni habla español
   b. piensa que se debe hablar español en todas partes de su país, España
   c. cree que, en un país como el de él, no se deben hablar otros idiomas

2. En esta situación el autor se siente...
   a. enojado
   b. desconcertado
   c. insultado

3. Las emociones que se expresan aquí son...
   a. la tristeza, la ira y el temor
   b. la humillación, la ira y el menosprecio
   c. la decepción, la ira y la confusión

4. ¿Puede relacionar esta situación con una experiencia personal?

   Explique. _____

   _____

B. El tono y el humor. Conteste según la lectura.

1. ¿Qué tono predomina en el primer párrafo?
   a. incredulidad b. confusión c. incomprensión ch. ira

RELACIONAR LAS IDEAS CON LAS EXPERIENCIAS PERSONALES | 153

2. ¿Qué humor imprime el autor en el segundo párrafo?
   a. tristeza   b. simpatía   c. temor   ch. enojo
3. ¿Qué humor se imprime en el tercer párrafo?
   a. orgullo   b. desprecio   c. tristeza   ch. alegría

LECTURA: BILINGÜISMO

En otras palabras

Después de leer el artículo rápidamente, empareje las palabras con la definición correspondiente.

PALABRAS	DEFINICIONES
____ 1. radica	a. consiste
____ 2. se imponga	b. tontería
____ 3. necedad	c. unión
____ 4. pretensión	ch. prevalezca
____ 5. ámbitos	d. aspiración
____ 6. encaje	e. se le dé más valor
____ 7. se potencie	f. lugares

Antes de leer

El artículo que va a leer tiene que ver también con la lengua. Al leerlo, tenga presente lo siguiente:

- ¿Puede identificar la situación?
- ¿Puede relacionar la situación con alguna experiencia personal?
- ¿Puede identificar la emoción que se expresa?
- ¿Qué puede deducir acerca del autor?

CARTAS AL DIRECTOR

Bilingüismo

Este diario ha empezado, ahora sin ningún tipo de maquillaje que lo pueda hacer aparecer como neutral, una especie de campaña a favor de la lengua española. Pasan por él todas las semanas ilustres académicos como los señores Laín o Lapesa, artículos sobre el uso del español en Filipinas, Estados Unidos, etcétera. Parece que están muy preocupados. Pero la realidad es que esta preocupación radica en una sola cuestión: ¿cómo hacerlo para que el español se imponga definitivamente en Cataluña? Con la ideología de la "universalidad" y la del nuevo mundo de las comunicaciones quieren hacer evidente la necedad de los catalano-hablantes en su pretensión de mantener la lengua en ámbitos que sólo habrían de ser para el español. Han renunciado, parece, a la muerte lenta del bilingüismo (esto, cualquier sociolingüista honesto se lo confirmará) y han pasado al viejo argumento que dice que el español tiene problemas en Cataluña. Parece que en esta cuestión no pueden ser tolerantes y ni tan sólo se dan cuenta que lo normal es que el catalán en su territorio pueda ser un vehículo social normal. No se dan cuenta de que la estabilidad de este país, incluso lo que llaman "el encaje con el resto de España" pasa por que se respete y se potencie el catalán, también desde el resto de España. Hay opiniones del director de la Real Academia que resultan muy injustas y revelan una actitud beligerante y emocionalista alejada de lo que debería ser en una persona de cultura. Cuando Lapesa acaba diciendo: "Todo esto va creando una desintegración creciente de España..." creo que da la altura de su discurso intolerante. Bien, no creo que publiquen esto, ni por el contenido ni por la lengua en que está escrita [original en catalán], pero me parece que no he dicho nada irreal.— **Xavier Palau Raurell.** Sant Just Desvern, Barcelona.

Después de leer

A. La lectura y la experiencia personal. Conteste según la lectura.

1. El tema del artículo es...
   a. el español como lengua universal
   b. la eliminación del bilingüismo en España
   c. la intolerancia de los catalanes
2. La emoción que comunica el autor es...
   a. preocupación
   b. desesperación
   c. resignación
3. Se puede suponer que el autor...
   a. sólo habla catalán
   b. es intolerante respecto a otras idiomas
   c. cree en el bilingüismo
4. ¿Puede relacionar esta situación con una experiencia personal?

   Explique. _____

   _____

B. Los datos. El autor de la carta dice que el diario *El País* hace una campaña a favor del español. Busque ejemplos que apoyen su crítica.

1. _____
   _____

2. _____
   _____

3. _____
   _____

C. Comparación. Haga una comparación de este artículo con el anterior, «Felipe, lenguaje», en cuanto a los siguientes puntos.

1. Situación: _____
2. Emociones: _____
3. Lenguas: _____
4. Autores: _____

LECTURA: SE HABLA MUCHO, PERO SE HABLA MAL

En otras palabras

Lea rápidamente el artículo y después busque las palabras o expresiones que correspondan a las siguientes definiciones.

RELACIONAR LAS IDEAS CON LAS EXPERIENCIAS PERSONALES   155

DEFINICIONES	PALABRAS
1. lenguaje informal (subtítulo)	_____
2. desarrollo deficiente (subtítulo)	_____
3. letras iniciales usadas como abreviaturas (párr. 1)	_____
4. entran, aparecen (párr. 1)	_____
5. sinónimo de *palabra* (párr. 1)	_____
6. usar de una manera incorrecta (párr. 3)	_____
7. frase que expresa que hay peligro (párr. 4)	_____
8. más allá de (párr. 4)	_____
9. investigaciones que se hacen para determinar la opinión de las personas sobre un asunto (párr. 5)	_____
10. funcionario (párr. 7)	_____
11. frase que significa *sin duda alguna* (párr. 7)	_____
12. frase que quiere decir *de una manera oculta* (párr. 10)	_____
13. sinónimo de *cerca*, *muro* (párr. 10)	_____
14. exagerado, pomposo (párr. 12)	_____
15. afectado y no natural (párr. 12)	_____

Antes de leer

Este artículo, como los otros que ha leído en esta unidad, trata de ideas u opiniones. El autor quiere convencer al lector de su punto de vista. Tenga presente las siguientes preguntas al leerlo:

- ¿Cuál es la situación?
- ¿Puede relacionar Ud. esta situación con una experiencia personal?
- ¿Puede identificar Ud. alguna emoción en el artículo?
- ¿Qué datos usa el autor para apoyar sus ideas?
- ¿Qué puede suponerse acerca del autor?

SE HABLA MUCHO, PERO SE HABLA MAL

Los medios de comunicación, el abandono oficial, la invasión del inglés, la jerga política y el sistema de enseñanza conspiran contra el decoro del castellano y conducen al raquitismo de su léxico

EL español tiene un léxico de 800.000 a 1.000.000 de palabras, de las cuales más de 300.000 son términos científicos o técnicos. A este gran total hay que sumar entre 50.000 y 100.000 siglas locales o internacionales que son, en el fondo, nuevas palabras cuya principal característica es la de que no figuran en el diccionario oficial, aunque algunas —como *radar, sonar, sida* y *ovni*— ya lo han hecho o lo harán muy pronto. Y a las palabras y siglas que forman el río del idioma se suman cada día las aguas de nuevas voces procedentes de otros idiomas. En su edición de 1992, el Diccionario de la Real Academia Española de la Lengua recogerá unas 90.000 palabras de las que circulan por el castellano.

Nunca antes, pues, los hispanohablantes habían tenido a su disposición un vocabulario tan vasto y rico para comunicarse. Y, sin embargo, los expertos coinciden en señalar que el español atraviesa una etapa de grave deterioro. Para escribir el *Quijote,* Cervantes necesitó menos de 8.000 palabras; una persona culta utiliza apenas más de 5.000; un graduado de bachillerato emplea entre 3.000 y 4.000; el pueblo llano se defiende con un léxico que no pasa de 2.000, y la meta de la televisión internacional en castellano sería reducir su glosario a unos mil términos claramente comprensibles en todo el mundo de habla hispana. Si a esto se agrega el analfabetismo funcional de quienes no saben leer o bien son incapaces de expresarse por escrito, que en España es del veintisiete por ciento y en Hispanoamérica es más elevado, se verá que el castellano escrito se halla en condiciones aún más lamentables que el hablado.

«Los españoles somos un pueblo extraño, dividido por una lengua común que entre todos contribuimos a destrozar —afirma el sociólogo Amando de Miguel—. El castellano es el capital intangible más valioso que tenemos los españoles, y lo podemos perder o por lo menos lo podemos malversar.»

Voces de alerta como ésta se escuchan en muchos otros lugares de España. Pero la peste se extiende allende el mar.

El escritor ecuatoriano Hernán Rodríguez Castillo señala que, según encuestas adelantadas en Hispanoamérica, ejecutivos, secretarias y estudiantes se comunican por medio de un vocabulario que no va más allá de las 2.000 palabras. Agrega Rodríguez Castillo: «El fenómeno de la depauperización idiomática toca también a la sintaxis, que tiende a tornarse elementalísima y casi rudimentaria.»

DESCUBRA AL CRIMINAL. Todos los diagnósticos muestran, pues, que el español está herido. Pero ¿quién hirió al español?

Cada fiscal ha escogido su villano favorito. La rueda de sospechosos deja ver a las claras que son cinco los principales acusados:

● Los medios de comunicación de masas, por maltratarlo a la vista del público, lo cual siembra un ejemplo altamente peligroso.

● Los gobiernos hispanoparlantes, por desentenderse de su protección y difusión.

● El inglés, por perpetrar una invasión corrupta en medios del castellano, luego de haber saltado a hurtadillas la tapia trasera del léxico tecnológico.

● Los estudios y la enseñanza del castellano, que han convertido el tema fascinante de la lengua en una ciencia abstrusa y aburridora.

● Los políticos y dirigentes públicos, creadores de un lenguaje altisonante, rebuscado y vacío que les permite esconder bajo un ropaje de supuesta versación su propia ambigüedad.

Académicos y lingüistas, reunidos en la Agencia Efe.

Después de leer

A. La experiencia personal y la lectura. Conteste según la lectura.

1. ¿Cuál es la situación?
   a. El español no tiene suficientes palabras y va perdiendo más cada día.
   b. El inglés está invadiendo el español más y más cada día.
   c. El español está en deterioro y la gente no lo usa bien.
2. ¿Cuál es una de las causas de esta situación?
   a. los medios de comunicación
   b. el número de personas que hablan español
   c. la Real Academia Española
3. ¿Qué emoción predomina en el artículo?
   a. el disgusto
   b. la desesperación
   c. el enojo
4. ¿Qué actitud tiene el autor hacia la lengua en general?
   a. Las lenguas son más ricas si aceptan la influencia de otras lenguas extranjeras.
   b. La lengua debe ser pura y debe usarse correctamente.
   c. La lengua hablada es más importante que la escrita.

¿Puede relacionar esta situación con alguna que Ud. conozca o haya experimentado? Explique. _____

_____

_____

B. Comprensión. Conteste según la lectura.

1. ¿Cuál es la función del primer párrafo?
   a. presentar la idea principal o un resumen del artículo
   b. presentar un ejemplo del problema
   c. servir de introducción al tema principal
2. ¿Cuál es la función del segundo párrafo?
   a. presentar la idea principal
   b. apoyar la idea principal
   c. comentar una novela española famosa
3. Párrafos tres, cuatro y cinco: ¿Cuál de las siguientes declaraciones es verdadera?
   a. Los hispanohablantes prefieren limitarse a usar 2.000 palabras al hablar y/o escribir.
   b. Otras lenguas quieren destruir el idioma español.
   c. Los hispanohablantes mismos contribuyen al deterioro del español.
4. Párrafos seis, siete, ocho, nueve, diez, once y doce: ¿Qué oración expresa mejor la idea principal de estos párrafos?
   a. Los hispanohablantes deben oponerse a que se hagan cambios en la lengua.
   b. Hay muchas causas por las que el español está en deterioro.
   c. Los medios de comunicación son los más culpables de esta situación.

Trate Ud. de expresar la idea principal del artículo en sus propias palabras.

_____

_____

_____

LENGUA ESPAÑOLA

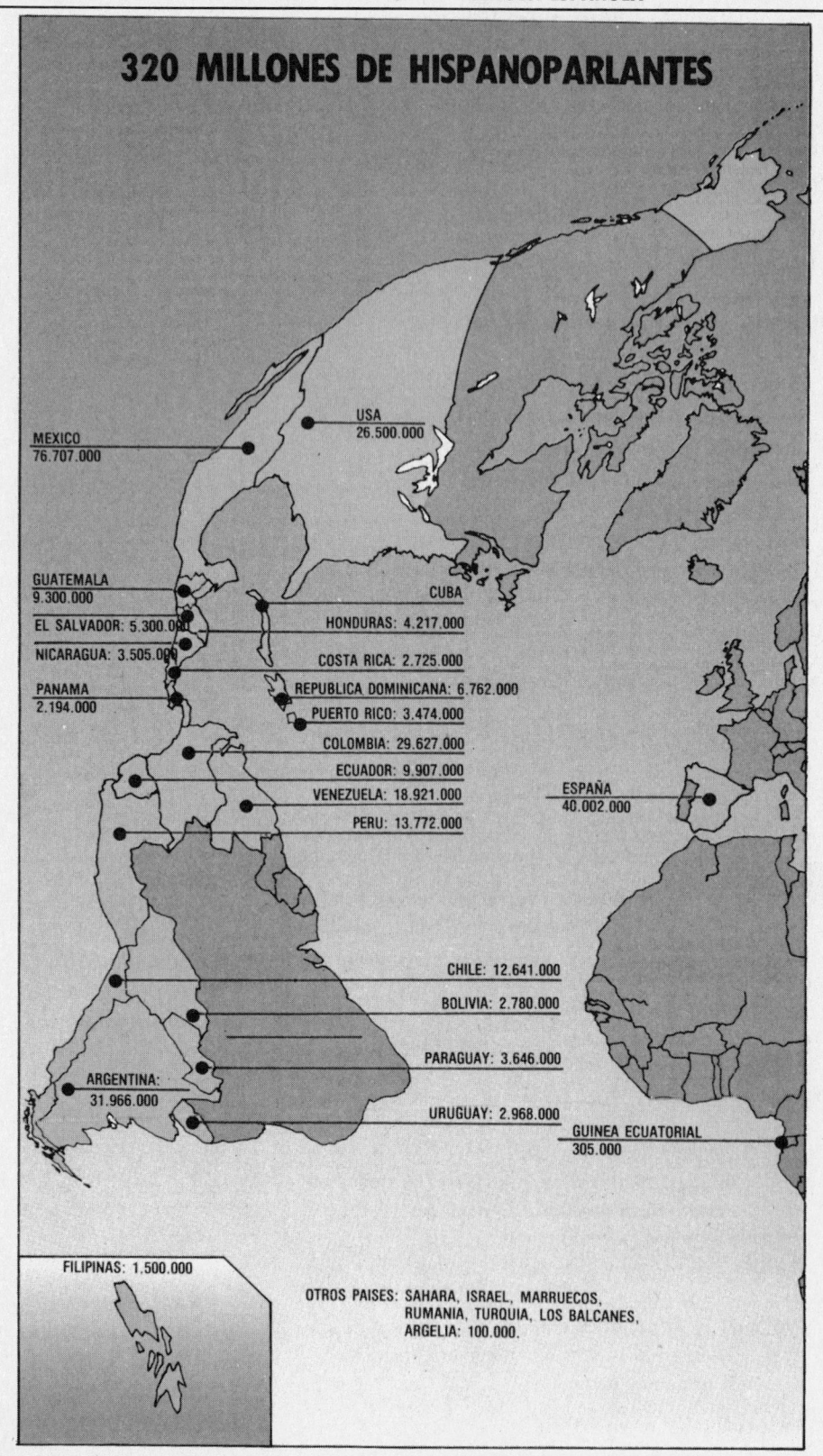

320 MILLONES DE HISPANOPARLANTES

MEXICO: 76.707.000
USA: 26.500.000
GUATEMALA: 9.300.000
CUBA
EL SALVADOR: 5.300.000
HONDURAS: 4.217.000
NICARAGUA: 3.505.000
COSTA RICA: 2.725.000
PANAMA: 2.194.000
REPUBLICA DOMINICANA: 6.762.000
PUERTO RICO: 3.474.000
COLOMBIA: 29.627.000
ECUADOR: 9.907.000
VENEZUELA: 18.921.000
ESPAÑA: 40.002.000
PERU: 13.772.000
CHILE: 12.641.000
BOLIVIA: 2.780.000
PARAGUAY: 3.646.000
ARGENTINA: 31.966.000
URUGUAY: 2.968.000
GUINEA ECUATORIAL: 305.000
FILIPINAS: 1.500.000
OTROS PAISES: SAHARA, ISRAEL, MARRUECOS, RUMANIA, TURQUIA, LOS BALCANES, ARGELIA: 100.000.

Casi subrepticiamente Estados Unidos se ha ido convirtiendo en uno de los países con mayor número de hispanohablantes. Las estadísticas oficiales mencionaban en 1980 a 14.606.000 y una encuesta de Coca-Cola afirma en 1987 que son 30.000.000. Según Angel Alcalá, profesor de la Universidad de Nueva York, no hay menos de 25.000.000, y la cifra va en aumento.

¡A CONVERSAR!

ACTIVIDAD A. Aquí se habla español

El mapa de la página 158 demuestra el número de hispanoparlantes en una serie de países en 1987. Mire con cuidado las estadísticas y luego conteste las siguientes preguntas.

1. ¿Qué país tiene el mayor número de hispanohablantes? ¿Qué país está en segundo lugar?
2. En la opinión de Ud., ¿hay un país que deba establecer *standards* mundiales para el uso del español? Si dice que sí, ¿en qué basa su selección? Si dice que no, ¿por qué no?
3. ¿Qué se puede decir sobre el lugar de los Estados Unidos entre los países que tienen hispanoparlantes? ¿Qué cree Ud. que va a pasar en el futuro? Explique.
4. ¿Se puede decir, siguiendo el modelo del artículo «Se habla mucho, pero se habla mal», que el español «[ha perpetrado] una invasión corrupta en medio del [inglés]...» en los Estados Unidos? Esté preparado/a para justificar su opinión.

ACTIVIDAD B. ¿De verdad se habla mal?

Ud. ha leído varios artículos sobre el uso y el abuso del español. ¿Existe la misma situación con el inglés en los Estados Unidos? En la opinión de muchas personas, los siguientes ejemplos demuestran el deterioro del inglés. ¿Está Ud. de acuerdo? Con dos compañeros, coméntenlos. ¿Representan el deterioro o la evolución del lenguaje? Luego comparen sus opiniones con las de los otros compañeros de clase. ¿Están todos de acuerdo sobre lo que es el inglés correcto en cada caso?

1. El uso de la palabra *ain't*.
2. El uso de la palabra *hopefully*.
   Hopefully the situation will be resolved.
         versus
   It is to be hoped that the situation will be resolved.
3. Terminar una oración con una preposición.
   That's a bad situation to be in.
         versus
   That's a bad situation in which to be.
4. La pronunciación *nucular* (versus *nuclear*).
5. ¿Otros ejemplos?

ACTIVIDAD C. Con sus propias palabras

A continuación y en otras partes de esta unidad, hay varios anuncios de cursos para aprender un idioma. Ya que Ud. tiene interés en el aprendizaje de los idiomas, ¿por qué no diseña un curso ideal? Escoja los aspectos que más le gusten de cada anuncio y añada otros que Ud. crea que darán buenos resultados. Luego escriba el anuncio, incluyendo una descripción de los aspectos visuales que quisiera tener (las fotos, los dibujos, etcétera).

Inglés en Verano

En convivencia con chicos y chicas ingleses de la misma edad.

ESTEPONA (Málaga)
(Residencial. De 8 a 14 años)
- Inglés
- Deportes náuticos
- Informática
- Actividades culturales

SIERRA DE CAZORLA
(Residencial. De 8 a 14 años)
- Inglés
- Equitación • Ski acuático y otros deportes
- Artes plásticas

MADRID (Aravaca-Chamartín)
(De 3 a 14 años)
- Inglés
- Informática
- Arte
- Piscinas

INGLATERRA
(Residencial. Desde 8 años. Jóvenes y adultos)
- Deportes náuticos • Karts • Moto cross
- Dry ski • Equitación • Esgrima • Tenis
Excursiones. Travesías en barco por canales y ríos. Cursos para familias.

The English Montessori School
Eduardo Vela, 10 (Aravaca)
Tels.: 207 03 05/207 04 37
Triana, 65 (Chamartín)
Tels.: 457 42 22/250 77 69

EL LENGUAJE FIGURADO

Es importante poder reconocer y entender el lenguaje figurado para entender bien los textos en que se emplea este tipo de lenguaje. ¿Cómo se puede reconocer el lenguaje figurado cuando se lee? Primero se busca aquellas palabras o frases que no tienen sentido si se toman literalmente. Aquí tiene algunas claves para identificar el lenguaje figurado.

- Se usan las palabras *como* y *parecer*, entre otras, para hacer comparaciones.

    Tenía tanto hambre *como* un oso.
    El mar *parecía* un espejo.

- Se dice que una cosa es otra.

    Su voz *era* un trueno.
    Carlos *es* un pez en el agua.

- A veces el autor sólo menciona una parte de la comparación.

    Sus ojos volaban por las páginas.

- A veces se usa la exageración.

    Los libros pesaban una *tonelada*.
    Es tan delgada que *parece un fideo*.

Para entender el lenguaje figurado hay que determinar:

a. qué es lo que se está comparando
b. qué característica(s) tiene lo que se compara

Por ejemplo: Los ojos del gato eran dos grandes lámparas.

a. Se están comparando los ojos del gato con dos lámparas.
b. La característica apropiada es la luz que emiten los ojos del gato y las lámparas.

El lenguaje figurado alude al hecho de que los ojos del gato parecían lámparas en la oscuridad.

Hay casos en los que el lenguaje figurado puede extenderse a varias oraciones o a un párrafo. Estos casos se analizan como si se tratara de una oración.

LECTURA: LAS PALABRAS Y LA MEMORIA

En otras palabras

Después de repasar rápidamente el artículo, trate de determinar cuál es el sinónimo más apropiado de las siguientes palabras:

1. trasfondo (párr. 1)
   a. ambiente   b. fuerza   c. memoria
2. cerradura (párr. 2)
   a. puerta   b. candado   c. llave

Antes de leer

Recuerde que para encontrar y entender los ejemplos de lenguaje figurado hay que:

- buscar las palabras *como* y *parecer*, entre otras
- determinar qué es lo que se está comparando y qué características tiene lo que se compara

LAS PALABRAS Y LA MEMORIA

De acuerdo con estudios realizados recientemente por los sicólogos Alan Baddeley y Pierre Salame, de la Universidad de Cambridge (Inglaterra) y del Centro de Investigaciones Bioclimáticas de Estrasburgo (Francia), respectivamente, el sonido de una voz humana hablando —en cualquier idioma— puede resultar más perturbador que el ruido de una locomotora o de un martillo eléctrico. Varios estudiantes universitarios fueron sometidos a un sonido de 95 decibeles, parecido al que se oye en los trenes subterráneos, mientras trataban de recordar números de teléfono de nueve dígitos. Los estudiantes recordaron tantos números como habían recordado antes, cuando se hizo la prueba sin ruido de ninguna especie, pero cuando se repitió el mismo experimento usando como sonido de trasfondo la grabación de una voz humana hablando en árabe, los estudiantes recordaron un 10 por ciento menos de números.

"El mismo efecto se hubiera producido con chino, alemán, griego o cualquier otro idioma", asegura Baddeley. "La memoria corta del cerebro está relacionada con el lenguaje hablado, y ésta es la razón por la cual uno repite en alta voz un nuevo número de teléfono o la combinacióon de una cerradura para recordarla. El sonido de otra voz humana interrumpe este proceso; es como si dos estaciones de radio estuvieran tratando de trasmitir en la misma onda".

También se comprobó que la música cantada, ya sea ópera o *rock*, es tan perturbadora para la memoria como la palabra hablada. Por esto es que las personas que estudian mientras escuchan canciones tienen menos capacidad para recordar lo que han aprendido.

Después de leer

A. El lenguaje figurado. En las siguientes oraciones se están comparando dos cosas. Indique (a) qué es lo que se está comparando, (b) qué características del lenguaje figurado son apropiadas en ese contexto y (c) qué se quiere decir con este lenguaje figurado.

1. El sonido de otra voz humana interrumpe este proceso; es como si *dos estaciones de radio estuvieran tratando de trasmitir en la misma onda.*

    a. _____

    b. _____

    c. _____

2. También se comprobó que la música cantada, ya sea ópera o rock, es tan perturbadora para la memoria como *la palabra hablada.*

    a. _____

    b. _____

    c. _____

B. Comprensión. Conteste según el artículo.

1. Párrafo uno: La idea principal...
    a. señala nuestra dependencia de la memoria
    b. identifica lo que perturba la memoria
    c. indica que hablar dos lenguas mejora la memoria
2. Párrafo dos: En este párrafo se dice que...
    a. algunos idiomas afectan a la memoria más que otros
    b. le repetición mejora la memoria
    c. la memoria está relacionada con la lengua hablada
3. Párrafo tres. Aquí se dice que...
    a. la música de ópera ayuda cuando uno estudia
    b. es bueno estudiar con algún trasfondo de música
    c. la música cantada perturba cuando uno estudia

LECTURA: HABLAR CON TODO EL MUNDO

En otras palabras

Repase el artículo rápidamente, buscando las palabras y frases que correspondan a las siguientes definiciones.

DEFINICIONES	PALABRAS
1. haciéndose más pequeño (párr. 1)	_____
2. esté separada de otra cosa por cierta distancia (párr. 1)	_____
3. de una manera casual (párr. 2)	_____
4. que se ha propagado (párr. 3)	_____
5. en el pasado (párr. 3)	_____
6. divisiones (párr. 3)	_____
7. sería posible (párr. 4)	_____
8. se mezcla (párr. 4)	_____
9. estarían en una situación más favorable (párr. 5)	_____
10. están orgullosos de (párr. 6)	_____
11. hacer que predomine (párr. 6)	_____
12. extraordinaria (párr. 7)	_____
13. provocar (párr. 9)	_____
14. han tenido peores resultados (párr. 9)	_____
15. hombres de comercio (párr. 10)	_____
16. necesaria (párr. 10)	_____
17. se desarrolle (párr. 11)	_____
18. que impresiona mucho (párr. 11)	_____
19. propias (párr. 11)	_____

Antes de leer

Al leer este artículo, tenga presente lo siguiente:

- ¿Qué quiere decir el título?
- ¿Por qué se mencionan el inglés y el chino en particular?
- ¿Cuál es la idea principal del artículo?
- ¿Cuál es el propósito del artículo?
- ¿Hay ejemplos de lenguaje figurado?

Asimov

El mundo ha ido achicándose y hoy cabe, como quien dice, en el bolsillo de cualquiera. No hay ningún lugar de la Tierra que diste, por avión, más que unas horas de cualquier otro, o más que fracciones de segundo por radio o televisión.

Existe, pues, la posibilidad de que dos personas cualesquiera necesiten comunicarse. ¿Qué idioma utilizarán? Si eligiéramos dos personas al azar, lo más probable es que tuvieran que entenderse por gestos.

Por número de hablantes, la lengua más extendida en la Tierra es el chino mandarín: unos 470 millones lo hablan. En su casi totalidad viven en la propia China, constituyendo sólo un 11 % de la población mundial y quizá no más de tres quintos de la población china. El segundo idioma más hablado es el inglés, lengua materna de unos 340 millones de personas, lo que representa algo más del 8 % de la población mundial. Aun así, es un idioma muy difundido, gracias a lo que antaño fue el Imperio Británico. El inglés lo habla el 10 % de la población en treinta y dos países, y por un porcentaje mucho más alto si contamos sólo los estratos de nivel educativo y tecnológico superior (en algunos casos es ya la lengua materna).

El inglés es la lengua casi universal de la ciencia, de los negocios y de la política internacional. Cabría pensar, por tanto, que a medida que el mundo se entreteje más y más y cuenta con unos medios de transporte y comunicación cada vez mejores, el inglés adquirirá mayor preponderancia y se convertirá en idioma universal: la primera o segunda lengua del planeta.

Pero hay una cosa, y son las reacciones nacionalistas que podrían surgir contra el inglés. Millones y millones de personas dirían, y con razón, que aquellos cuya lengua materna fuera el inglés estarían en ventaja frente a aquellos otros para los que fuera lengua aprendida; y que la herencia literaria y cultural en lengua inglesa haría sombra a todas las demás.

No es difícil imaginar una rebelión lingüística, una negativa a hablar inglés o a hacer el esfuerzo de entenderlo. Hay muchos canadienses francófonos, por poner un ejemplo, que tienen a gala no entender inglés. Y de igual modo podrían surgir movimientos para potenciar el gaélico y el galés dentro de las propias Islas Británicas.

Otras lenguas han tenido experiencias parecidas. La India sigue utilizando el inglés como lengua oficial porque nadie está dispuesto a admitir la imposición de otra lengua hindú que no sea la suya propia. Y, en el Cáucaso, los georgianos organizaron una insólita manifestación pública contra el proyecto de convertir el ruso en lengua oficial de aquella república soviética.

¿Qué alternativa queda? ¿Intérpretes? Fueran personas o computadores los que hicieran la interpretación, ¿nos podríamos fiar? Porque los errores, difíciles de impedir, serían muy costosos. ¿Cabría pensar en un idio-

Es posible que en el futuro la gente se niegue a «la obligación» de aprender inglés

ma universal que no fuera el inglés? Es indudable que cualquier otra lengua provocaría objeciones aún más duras en todo el mundo.

También existen lenguas artificiales. La más conocida es el esperanto, inventado en 1887. Lengua muy lógica y fácil de aprender, pero que en esencia viene a ser una destilación de las lenguas romances y podría suscitar la oposición de los no europeos. Además, las lenguas artificiales parecen adolecer de falta de vitalidad. Al cabo de un siglo sólo hay unos 100.000 hablantes de esperanto. Y otras lenguas artificiales han corrido peor suerte.

El problema puede que se resuelva por sí mismo, porque ha habido casos, en menor escala, en que la solución ha surgido sin la intervención expresa de nadie. En la región mediterránea, a finales de la Edad Media, surgió entre los mercaderes una *lingua franca* («lengua de los francos», de los europeos) al servicio de una comunicación que era imprescindible. Se trataba de una mezcla de italiano, francés, español, griego y árabe. Otro caso análogo son las diversas lenguas híbridas llamadas *Pidgin English* que evolucionaron en Asia Oriental como puente de comunicación entre el inglés y las lenguas nativas.

Puede ser que a medida que mejoren las comunicaciones en todo el mundo y que haya más gente que quiera hablarlo (no sólo hombres de negocios y científicos), surja poco a poco una *Lingua terrae*, una lengua mundial. El inglés constituirá sin duda una parte importante, pero cualquier otra lengua aportará vocabulario, giros y gramática. El resultado final sería una construcción imponente, con reglas *sui generis* que no llevarían el sello de ninguna lengua nacional concreta. Todos los seres humanos tendrían que aprenderla junto con su lengua materna. La *lingua terrae* podría acabar teniendo un vocabulario, flexibilidad y riqueza superiores a las de cualquier otro idioma, dando así lugar a una literatura de gran fecundidad. Y además, en virtud de su simple existencia, podría contribuir, más que mil sermones, a subrayar la unidad de todos los hombres.

Hablar con todo el mundo

Después de leer

A. El lenguaje figurado. En los siguientes ejemplos de lenguaje figurado indique (a) qué es lo que está comparando, (b) qué características del lenguaje figurado son apropiadas en este contexto y (c) qué se quiere decir con este lenguaje figurado.

1. *El mundo ha ido achicándose y hoy cabe*, como quien dice, *en el bolsillo* de cualquiera.

    a. _____
    b. _____
    c. _____

2. Cabría pensar, por tanto, que a medida que el mundo *se entreteje más y más* y cuenta con unos medios de transporte y comunicación cada vez mejores, el inglés adquirirá mayor preponderancia y se convertirá en idioma universal:...

    a. _____
    b. _____
    c. _____

3. Millones y millones de personas dirían, y con razón, que aquellos cuya lengua materna fuera el inglés estarían en ventaja frente a aquellos otros para los que fuera lengua aprendida; y que la herencia literaria y cultural en lengua inglesa *haría sombra a todas las demás*.

    a. _____
    b. _____
    c. _____

4. Además, las lenguas artificiales *parecen adolecer de falta de vitalidad*.

    a. _____
    b. _____
    c. _____

5. Y además, en virtud de su simple existencia, podría contribuir, *más que mil sermones*, a subrayar la unidad de todos los hombres.

    a. _____
    b. _____
    c. _____

B. Entendiendo la organización. El artículo puede dividirse en tres partes principales. ¿Puede Ud. identificarlas?

1. En la primera parte se habla del inglés. ¿Dónde empieza y con qué párrafo termina?

    _____

2. En la segunda parte se habla de las reacciones nacionalistas. ¿Dónde empieza esta parte y dónde termina?

    _____

3. En la tercera parte se trata de las lenguas artificiales. ¿Dónde empieza y dónde termina?

C. Los detalles. ¿Cuáles son algunos de los detalles que apoyan lo que se dice en cada parte?

Primera parte: El inglés

1. Párrafo tres: Identifique una razón que explique por qué el inglés se habla en tantos países.

2. Párrafo cuatro: Explique esta frase « ...se convertirá en idioma universal...» ¿Por qué se dice esto del inglés?

Segunda parte: Las reacciones nacionalistas

3. Párrafo cinco: ¿Cómo explica este párrafo la idea de «reacciones nacionalistas» contra el inglés?

4. Párrafos seis y siete: Identifique otras lenguas y países que han sufrido reacciones nacionalistas.

Tercera parte: Lenguas artificiales

5. Párrafo nueve: Busque cuál es la lengua artificial que se menciona aquí y explique su situación.

6. Párrafo diez: Aquí se presenta una posible solución para el problema de la comunicación. ¿Puede Ud. identificarla y dar unos detalles más?

7. Párrafo once: Aquí se menciona el término «lingua terrae» por primera vez. ¿Puede Ud. explicar lo que quiere decir y por qué se menciona?

¡A CONVERSAR!

ACTIVIDAD A. Experiencias personales

¿Cómo estudia Ud.? ¿Escuchando la radio, con la televisión puesta o en un ambiente tranquilo y silencioso? Formen tres grupos, según su respuesta a esta pregunta. En los grupos, hagan y contesten las siguientes preguntas.

Grupo 1 Los que escuchan la radio mientras estudian

1. ¿Qué tipo de programas escucha generalmente? ¿canciones? ¿música clásica? ¿comentarios?
2. ¿Qué tipo de programas no escucha nunca mientras estudia?
3. ¿Tiene la radio puesta muy alta o muy baja?
4. ¿Por qué escucha la radio mientras estudia?

Grupo 2 Los que ponen la televisión mientras estudian

5. ¿Qué tipo de programas mira generalmente? ¿telenovelas? ¿las noticias? ¿programas dramáticos?
6. ¿Se da cuenta siempre de lo que está pasando en el programa?
7. ¿Mira el programa o sólo lo escucha?
8. ¿Por qué tiene la tele puesta mientras estudia?

Grupo 3 Los que estudian en silencio en un ambiente tranquilo

9. ¿Dónde encuentra con más frecuencia el ambiente silencioso que necesita para estudiar?
10. ¿Qué ruidos le molestan más mientras estudia?
11. ¿Estudiaba así de niño/a?
12. ¿Siempre estudia así o a veces escucha la radio o pone la televisión? ¿Por qué?

Después de que cada persona del grupo haya contestado las preguntas, debe hacerse un resumen del punto de vista de todos para presentarlo a los otros miembros de la clase.

ACTIVIDAD B. Con sus propias palabras

En el artículo «Hablar con todo el mundo», el escritor Isaac Asimov ofrece varias razones para apoyar su idea de crear «una lingua terrae». ¿Estarían de acuerdo o no con él las siguientes personas? Escriba en su nombre una breve carta al director de la revista en que se publicó el artículo de Asimov.

- Una persona que trabaja como traductor(a) en las Naciones Unidas
- El inventor del esperanto
- Un grupo de científicos que ya usan el inglés para comunicarse

¿Y Ud.? ¿Está de acuerdo o no con Asimov? Escriba sus opiniones en otra carta al director.

UNIDAD VII LA COMUNICACIÓN

REPASO DE ESTRATEGIAS

En esta unidad Ud. ha estudiado tres estrategias que tienen que ver con elementos más abstractos. Ahora se van a repasar y aplicar en el último texto. Las estrategias son:

- inferir el tono y el humor
- relacionar las ideas con las experiencias personales
- entender mejor el lenguaje figurado

LECTURA: COMER EN CATALÁN

En otras palabras

Sin detenerse mucho en ninguna parte, trate de determinar qué sinónimo se empareje con cada una de las siguientes palabras.

PALABRAS	SINÓNIMOS
____ 1. sudaca (párr. 1)	a. lo peor
____ 2. a fuerza de (párr. 2)	b. entramos
____ 3. lo más gordo (párr. 4)	c. hispanoamericano
____ 4. caldera (párr. 4)	ch. espacio entre las cejas
____ 5. reposaran (párr. 4)	d. por medio de
____ 6. colamos (párr. 4)	e. olla grande para cocinar
____ 7. aduciendo (párr. 7)	f. descansaran
____ 8. entrecejo (párr. 8)	g. explicando
____ 9. viandas (párr. 9)	h. comimos por fin
____ 10. chavales (párr. 11)	i. plato preparado con carne
____ 11. rematamos (párr. 11)	j. muchachos

Antes de leer

Al leer, recuerde que Ud. quiere entender las ideas generales.

LOS QUE NO SALIMOS EN VERANO

Comer en catalán

DANIEL SAMPER

CUANDO visitó por primera vez a España un sudaca amigo mío, me pidió que lo llevase a Cataluña. Quería conocer en persona la tierra de Joan Manuel Serrat y me aseguró que había estudiado catalán por discos.

—¿Un curso por correspondencia?

—No. Los discos de Serrat.

Dudé que fuera capaz de conocer un idioma tan completo a fuerza de escuchar discos de Serrat en catalán.

—En catalán, no. En castellano. Pero el acento lo dice todo.

Después, en el camino a Barcelona, me explicó que el catalán es sencillísimo.

—Es como el castellano, pero sin la vocal final.

Estábamos en lo más gordo del verano del 78 y el coche era una caldera. Mi mujer aceptaba morir hervida al vapor, pero pedía hacerlo, al menos, en un paisaje montañoso, para que sus restos reposaran bajo un pinar. Nos desviamos por L'Espluga de Francolí y al cabo de unos kilómetros de ascenso descubrimos que nos había salvado la vida el fresco de la sierra. En agradecimiento, bajamos del coche en Prades y nos colamos al primer restaurante que topamos, dispuestos a dar gracias a Dios por su misericordia.

Resultó ser el Racó d'en Manelic, un «restaurant tipic de muntanya».

—¿Ya ves? —me dijo mi amigo señalando el letrero—. No es más que suprimir la vocal: *tipic* quiere decir *típico*.

Estimulado por la que parecía una confirmación de su teoría, nos dijo que pagaría la cuenta, a condición de que lo dejásemos escoger los platos de la comida. En catalán, naturalmente.

Recapacitando después nos dimos cuenta de que había tenido problemas desde un principio. No pidió *arrengada* ni *maduixes* aduciendo que no era temporada, pero ordenó en cambio, sin permitir siquiera que el camarero abriera la boca, un *brou* como primer plato. Tuvo apenas unos segundos de desconcierto cuando le trajeron el pedazo de pan con tenedor, cuchillo y servilleta. Pero se repuso pronto. Identificó correctamente la *longanissa* y pidió *corder* y *ensalad*. El camarero hizo gesto de no entender («Ha de ser gallego», me comentó mi amigo) y llamó al dueño, un viejo cordial y educado. El dueño le explicó que cordero se dice *xai* y ensalada se dice *amanida*.

Tras la primera sospecha de que el catalán sí era una lengua, y aprovechando la presencia del dueño, mi amigo se hizo traducir otros platos. Lo vi arrugar el entrecejo cuando se enteró de que *arrengadas* son sardinas; *maduixes*, fresas; *conill*, conejo; y *vedella*, ternera. Pero también supo que *vi* quería decir vino y *butifarra*, butifarra. Esto lo hizo afianzarse otra vez en su tesis. Agradeció al viejo y le pidió que enviase al camarero de nuevo: estaba listo para pedir.

Mi amigo volvió a examinar la carta, señaló para nosotros algunos platos ya conocidos y luego pidió para sí una combinación de viandas que sonaba deliciosa: *callau i saumell*.

—Me apetecen unos buenos callos con saumell, que es una estupenda verdura catalana —explicó.

El camarero intentó decir algo, pero mi amigo lo cortó con firmeza. («Gallegos impertinentes», comentó en voz baja).

Llegaron los más exquisitos platos, que devoramos mi mujer, los chavales y yo. Pero no marchaba el suyo. Rematamos con postres dignos de ablandarle el corazón a un verdugo. Pero aún tardaba el plato de mi amigo sudaca, quien empezaba ya a maldecir en catalán. Finalmente, cuando ya estábamos apurando el café, dio un golpe en la mesa y dijo imperativo al camarero que ya no aguardaba más, que le trajera el *callau i saumell* aunque estuviera crudo.

Y crudo llegó. El camarero hizo una señal al dueño del restaurante y éste se acercó a la mesa.

—Josep Callau i Saumell —se le presentó el viejo estirando la mano—: Medalla del Turisme de la Generalitat de Catalunya...

En ese momento, mientras sacudía desconcertado la mano afable del viejo, mi amigo el sudaca supo dos cosas: que había ordenado como comida un cocido de dueño, y que el catalán es mucho más que un castellano sin vocales.

Por esas, y por mil razones más, soy de los que no salen en verano.

Después de leer

A. El tono y el humor. Recuerde que *el tono* es la actitud del autor al escribir y *el humor* es la emoción que quiere causar en el lector. ¿Qué tono o humor quiere producir el autor en los siguientes párrafos?

1. Párrafo uno (lín. 1–9): ¿Qué tono hay en este párrafo?
   a. incredulidad   b. serio   c. de asombro   ch. agradecido
2. Párrafo tres (lín. 18–27): ¿Qué humor quiere producir el autor en este párrafo?
   a. alegría   b. simpatía   c. miedo   ch. decepción
3. Párrafo siete (lín. 37–59): ¿Cuál es el tono aquí?
   a. ridículo   b. cómico   c. serio   ch. alegre
4. Párrafos diez, once, doce, trece, catorce: ¿Qué humor quiere provocar el autor en estos párrafos?
   a. crítica   b. vergüenza   c. confusión   ch. alegría

B. Relacionar las ideas con las experiencias personales. Recuerde que hay que tratar de (a) identificar la situación, (b) recordar experiencias semejantes a las que describe el autor, (c) recordar cómo reaccionó Ud. y (ch) identificar las emociones.

La situación en «Comer en catalán» es de un señor...

1. que aprende lenguas fácilmente
2. a quién le gusta la comida catalana
3. que se pone en ridículo cuando piensa que sabe algo y no lo sabe

¿Puede recordar una experiencia personal semejante a la que describe el autor? Explique. ¿Cómo reaccionó Ud.? Identifique las emociones que Ud. sintió en esta situación.

_____

C. El lenguaje figurado. Lea los siguientes ejemplos y trate de explicar su significado.

1. El camarero hizo gesto de no entender («*ha de ser gallego*», me comentó mi amigo) y llamó al dueño, un viejo cordial y educado.

   _____
   _____
   _____

2. Rematamos con postres dignos de *ablandarle el corazón a un verdugo*.

   _____
   _____
   _____

3. Comer *en catalán*.

   _____
   _____
   _____

Unidad VIII

Los Estados Unidos vistos por ojos hispanos

Una joven locutora cubana en la estación de radio, «La super Q», en Miami, Florida

En esta unidad, Ud. va a aprender a:

- distinguir entre los hechos y las opiniones
- resumir el contenido de un artículo
- leer un ensayo

Como Ud. se dará cuenta, la primera sección es un repaso de una estrategia que ya ha estudiado, distinguir entre los hechos y las opiniones. Luego se van a presentar dos estrategias generales para leer.

UNIDAD VIII Los Estados Unidos vistos por ojos hispanos

■ DISTINGUIR ENTRE LOS HECHOS Y LAS OPINIONES

Poder distinguir entre lo que es un hecho y lo que es opinión es uno de los primeros pasos para poder leer con ojo crítico. Como Ud. ya sabe, un hecho es algo verdadero que se puede comprobar con otra información, mientras que una opinión es la reacción personal, lo que una persona cree acerca de algo o alguien.

LECTURA: LOS ÁNGELES

En otras palabras

Primero, repase las palabras y las definiciones. Luego lea el artículo rápidamente. Después, empareje las palabras con la definición correspondiente.

PALABRAS	DEFINICIONES
___ 1. recorriendo (párr. 3)	a. numerosos
___ 2. cuantiosos (párr. 3)	b. viajando
___ 3. desclasados (párr. 5)	c. decisivas
___ 4. se pertrechan (párr. 6)	ch. frecuente
___ 5. contundentes (párr. 6)	d. casa de prostitución
___ 6. asiduo (párr. 6)	e. telenovelas
___ 7. burdel (párr. 6)	f. de peor categoría
___ 8. más tirado (párr. 6)	g. que no pertenecen a ninguna clase social
___ 9. calvario (párr. 7)	h. se acomodan con todo lo necesario
___ 10. folletones (párr. 7)	i. sufrimiento

Antes de leer

Lo que va a leer fue escrito por una periodista que da su opinión acerca de Los Ángeles. Como extranjera, explica cómo ve Los Ángeles. Al leer, las siguientes preguntas lo/la ayudarán a entender el artículo:

- ¿Cuál es la idea más importante de «Los Ángeles»?
- ¿Puede Ud. identificar los hechos y las opiniones?
- ¿Qué datos tiene para apoyar sus opiniones?

Los Angeles

CARMEN RICO-GODOY

HAY ciudades míticas en este mundo, y una de ellas, sin duda, es Los Angeles (California).

Quizá la razón principal es que, en realidad, Los Angeles no existe como ciudad. Es más bien una serie de suburbios unidos entre sí por interminables autopistas, avenidas y bulevares. Lo que se conoce en el mundo occidental como *centro-ciudad* es inexistente. Parece como si alguna potencia extraterrestre hubiera succionado en Los Angeles el núcleo alrededor del cual las ciudades suelen ir creciendo.

Por las calles y paseos de los distintos barrios —Hollywood, Beverly Hills, Bel Air, Century City— nunca hay personas caminando. Las personas, en Los Angeles, están siempre montadas en un coche recorriendo los cuantiosos kilómetros que separan sus hogares del trabajo, del centro comercial, del hospital o de los colegios.

En Los Angeles, un ser humano se compone de cuerpo, alma y coche, estando los tres indisolublemente unidos. Coches enormes, de cambio automático y dirección asistida, con lo que pueden ser conducidos con una mano y un pie, dejando la cabeza vacía y la mirada vaga.

Hay barrios, como Hollywood, donde sí hay gente que circula por la calle, pero es casi peor. La famosa meca de José Luis Garci está poblada por desclasados, *yonkis* y borrachos que inspiran auténtico pánico.

Los habitantes de los barrios bonitos con casas grandísimas y hermosos jardines cuando no están subidos encima del coche devorando millas para ir a comprar condones se pertrechan en los salones frente al televisor, que es el cordón umbilical del cuerpo + alma + coche con el mundo exterior. La tele les proporciona telediarios cada hora, concebidos como *spots* de publicidad: noticias contundentes y brevísimas, acompañadas de imágenes impactantes: un predicador llorando ante una multitudinaria congregación histérica, confesando haber pecado al descubrirse que era un asiduo cliente del burdel más tirado de Luisiana; los cadáveres de una madre y su bebé asesinados por el padre, y las declaraciones de éste; soldados israelíes disparando contra mujeres palestinas, y los diferentes candidatos a la presidencia de Estados Unidos pidiendo embargo total a Panamá o intromisión del Ejército en dicho país para poner orden en el Canal.

Cuando se acaban los telediarios empiezan los programas de distracción. Mercedes Milás y Jesuses Hermidas entrevistando a madres que han tenido un hijo y lo han dado en adopción y luego quieren recuperarlo; madres de drogadictos que cuentan con pelos y señales el calvario de su hijo; niños sin brazos que demuestran cómo, con voluntad, han llegado a ser campeones de patinaje en el Estado; homosexuales que han adoptado un niño y no tienen ningún problema, todo lo contrario, son felices; una señora que quiso suicidarse ocho veces sin conseguirlo y luego se hizo policía y también encontró la felicidad; una periodista que un día, haciendo la compra, vio a Dios y, desde entonces, se dedica a predicar. En el canal hispano ponen sin parar folletones que elevan a *Los ricos también lloran* al nivel de *Guerra y paz*.

No todo es horror en la tele. También, gracias a Dios, sale, de repente, Liz Taylor promocionando su libro, en el que explica cómo superó el alcoholismo, las drogas y la obesidad.

Woody Allen dijo que la única contribución cultural de Los Angeles a la cultura occidental es que se puede torcer a la izquierda con el semáforo en rojo. Frank Lebowitz dijo que prefería vivir en Moscú antes que esperar un taxi en Los Angeles. Los Angeles, el mito.

Después de leer

A. Comprensión. Conteste según la lectura.

1. La principal característica de Los Ángeles como ciudad es que...
   a. es muy grande
   b. es mítica
   c. no tiene un centro como otras ciudades
2. Para la autora, una persona en Los Ángeles consta de...
   a. cuerpo, alma y coche
   b. cuerpo, alma y barrio
   c. cuerpo, alma y mente
3. Hay tres tipos de programas de televisión, según la autora, y éstos son...
   a. deportes, telediarios y de distracción
   b. de horror, telediarios y de distracción
   c. telediarios, de publicidad y de distracción

B. Hecho u opinión. Lea las siguientes oraciones y ponga atención a las palabras indicadas. Considere si expresan un hecho o una opinión e indique su respuesta en la primera columna. Si considera que expresan una opinión, escriba en la segunda columna las palabras que lo demuestran.

	Hecho (H) u opinión (O)	Palabras que lo demuestran

1. *Hay ciudades míticas en este mundo, y una de ellas, sin duda, es Los Ángeles (California).*

2. *[Los Ángeles] Es más bien una serie de suburbios unidos entre sí por interminables autopistas, avenidas y bulevares.*

3. *Parece como si alguna potencia extraterrestre hubiera succionado en Los Ángeles el núcleo alrededor del cual las ciudades suelen ir creciendo.*

4. *En Los Ángeles, un ser humano se compone de cuerpo, alma y coche, estando los tres indisolublemente unidos.*

5. *Coches enormes, de cambio automático y dirección asistida, con lo que pueden ser conducidos con una mano y un pie...*

6. *La famosa meca de José Luis Garci está poblada por desclasados,* yonkis *y borrachos que inspiran auténtico pánico.*

7. *La tele les proporciona telediarios cada hora, concebidos como* spots *de publicidad: noticias contundentes y brevísimas,...*

8. *...y los diferentes candidatos a la presidencia de Estados Unidos pidiendo embargo total a Panamá o intromisión del Ejército en dicho país para poner orden en el Canal.*

9. *...madres de drogadictos que cuentan con pelos y señales el calvario de su hijo.*

10. *No todo es horror en la tele.*

C. Asociando los detalles con las ideas principales. A continuación hay una lista de detalles seguida de un bosquejo de las ideas principales del artículo. Escriba el número del detalle en su espacio correspondiente en el bosquejo.

DETALLES

1. Es más bien una serie de suburbios unidos entre sí por interminables autopistas, avenidas y bulevares.
2. Las personas, en Los Ángeles, están siempre montadas en un coche recorriendo los cuantiosos kilómetros que separan sus hogares del trabajo, del centro comercial, del hospital o de los colegios.
3. Cuando se acaban los telediarios empiezan los programas de distracción.
4. No todo es horror en la tele.
5. Coches enormes, de cambio automático y dirección asistida, con lo que pueden ser conducidos con una mano y un pie, dejando la cabeza vacía y la mirada vaga.
6. Lo que se conoce en el mundo occidental como *centro-ciudad* es inexistente.
7. La tele les proporciona telediarios cada hora, concebidos como *spots* de publicidad: noticias contundentes y brevísimas,...
8. En Los Ángeles, un ser humano se compone de cuerpo, alma y coche, estando los tres indisolublemente unidos.
9. Hay ciudades míticas en este mundo, y una de ellas, sin duda, es Los Ángeles (California).

LOS ÁNGELES

I. Los Ángeles, la ciudad

___

___

___

II. Los Ángeles y el coche

___

___

___

III. Los Ángeles y la televisión

___

___

___

LECTURA: «NEW YORK, NEW YORK!»

En otras palabras

Primero, repase las palabras y frases y las definiciones rápidamente. Luego lea el artículo «New York, New York!». Después empareje las palabras con la definición correspondiente.

UNIDAD VIII LOS ESTADOS UNIDOS VISTOS POR OJOS HISPANOS

PALABRAS	DEFINICIONES
____ 1. desmesurado (párr. 1)	a. que están en un sitio sin tener derecho a estar allí
____ 2. la bandera de las barras y las estrellas (párr. 2)	b. reptil sin pies, de gran tamaño
____ 3. intrusos (párr. 2)	c. recipiente para fundir materiales a altas temperaturas; (fig.) situación donde se encuentran varias culturas fundidas en una
____ 4. serpiente de cascabel (párr. 2)	
____ 5. crisol (párr. 3)	
____ 6. coctelera (párr. 3)	ch. la bandera de los Estados Unidos
____ 7. inquietantes (párr. 3)	
____ 8. incógnitas (párr. 3)	d. fuera de control; colosal
____ 9. frenesí (párr. 4)	e. que causa preocupaciones
____ 10. trazas (párr. 4)	f. recipiente en que se mezclan los ingredientes del cóctel
____ 11. abollados (párr. 4)	
____ 12. muecas (párr. 4)	g. preguntas misteriosas
____ 13. regados (párr. 4)	h. delirio
____ 14. desmoronando (párr. 5)	i. gestos faciales
____ 15. pertinaz (párr. 5)	j. aspectos (de lo neoyorquino)
____ 16. empuje (párr. 5)	k. acompañados (fig.)
____ 17. bamboleantes (párr. 5)	l. estropeado; en malas condiciones
____ 18. vaharadas (párr. 5)	
____ 19. cigala (párr. 6)	ll. acción de empujar
____ 20. almeja (párr. 6)	m. deshaciéndose poco a poco
____ 21. fagocitar (párr. 7)	n. que se mueven de un lado a otro
____ 22. tapiz (párr. 8)	
____ 23. flecudo (párr. 8)	ñ. persistente
____ 24. pitanza (párr. 8)	o. molusco comestible
____ 25. cuarentena (párr. 9)	p. englobar algo y dirigirlo
____ 26. se accede (párr. 10)	q. vapores que salen de una cosa húmeda (por ejemplo, de la calle)
____ 27. vetustos (párr. 10)	
____ 28. escotilla (párr. 10)	r. tipo de langosta pequeña
____ 29. mezcolanza (párr. 12)	rr. se llega; se pasa
____ 30. sempiternos (párr. 13)	s. porción de comida
____ 31. ronde la cincuentena (párr. 14)	t. con flecos; tipo de adorno de hilo
____ 32. desencajados (párr. 15)	u. tela gruesa para cubrir el suelo o para adornar paredes
	v. viejos
	w. situación de observación en que se mantiene algo o alguien antes de admitirlo en cierto lugar
	x. mezcla
	y. eternos
	z. puerta que permite ir de un sitio a otro en un barco
	aa. que tienen las facciones de la cara alteradas por un sentimiento muy intenso
	bb. que tiene alrededor de 50 años

Antes de leer

Éste es otro artículo escrito por un español dando sus impresiones acerca de una ciudad norteamericana. Habla de diversos temas: de las personas que viven en Nueva York, cómo es esta ciudad en comparación con otras ciudades norteamericanas y de otras cosas más.

Al leer, no se detenga para averiguar el significado de cada palabra. En cambio, trate de:

- identificar y entender la idea principal
- identificar los temas generales que se mencionan
- identificar los hechos y las opiniones
- fijarse en la organización del artículo

NEW YORK, NEW YORK!

Ricardo Utrilla

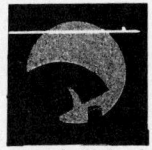

Contrariamente a una opinión muy extendida, Nueva York no es una ciudad, ni tampoco una metrópolis. Es un desmesurado Planeta Ming, con sus mujeres y hombres halcones, hombres y mujeres leones, lagartos o mariposas, en el que Flash Gordon acaba como vendedor ambulante de *hot dogs* y Dale Arden sirviendo *vodka martinis* en la terraza del Grand Hyatt.

Ni siquiera es Norteamérica. Aun viviendo largo tiempo en los Estados Unidos, siempre sorprende ver la bandera de las barras y las estrellas en cualquier lugar de Nueva York. Nada es totalmente como en el resto de la Unión. Los típicos McDonalds o Holidays Inn aparecen como tímidos intrusos, a la vuelta de una esquina, cuando la más sofisticada pagoda o el más inesperado restaurante con serpiente de cascabel como plato del día se encuentran realmente en su casa.

Tampoco es Nueva York un crisol, ni crisol de crisoles. Si acaso, una coctelera. Todo y todos andan mezclados, pero sin plena fusión definitiva. Hablar de neoyorquinos es referirse a algo inconcreto e inacabado en perpetuidad, como la ciudad misma, como la misma vida. En una película de segunda, *California Suite*, Jane Fonda admite, por guión interpuesto, que «todos los neoyorquinos estaremos locos, pero estamos vivos». Filosófica fórmula, llena de inquietantes incógnitas: ¿habrá que estar loco para estar, realmente, vivo? Más allá de Calderón, pero cerca de Hamlet.

Si el frenesí es vida, la Fonda tiene razón. Nada hay tan frenético como lo neoyorquino. De ello llevan las trazas hombres, coches y edificios. Abollados taxis amarillos, conducidos por casi epilépticos salvadoreños, yugoslavos, vietnamitas, jamaicanos, paquistaníes o soviéticos, nos conducen en ruta suicida hasta un cóctel ofrecido en un antiguo depósito de maquinaria de obras públicas, una exposición de pintura judía de antes y después del Holocausto o un baile en el *Rainbow Something* con música de los años 40. De igual manera podemos encontrarnos hablando de negocios millonarios con un alto ejecutivo de multinacional en un despacho que provocaría muecas despectivas en cualquier conserje de Ministerio español. Y compartiendo con él un *lunch* de trabajo compuesto por extrañas ensaladas y ligeros bocadillos regados con *Coca-Cola* o peculiares limonadas, todo ello servido en recipientes de poliestireno.

Y pasar junto a un edificio que se va desmoronando ante el pertinaz empuje de enormes bolas bamboleantes que se adivinan pesadísimas y recordar que en aquellos bajos existía hace años uno de los más atractivos *pubs* neoyorquinos. O dejarse angustiar por las enormes vaharadas que, en las épocas frías, surgen en pleno centro de cualquier calle como en un *thriller* barato.

O, si uno es visitante español, poner a prueba los mariscos de ese Ming yendo a comer al *Captain's Table*, en la Segunda Avenida, verdadero palacio de la cigala, o a la enorme marisquería de la vieja estación *Grand Central*, en la 42, donde hasta los moluscólogos, si es que tal especialidad existe, se maravillan ante una nueva especie de almeja, viva como buena neoyorquina.

Nueva York está tan inmersa en los tópicos que ha acabado por fagocitarlos. El *Empire State Building* sigue viviendo de *King Kong*, pero su reinado de altura hace años que acabó a los pies del gemelo poder de las torres del *World Trade Center*, a cuyas cumbres elevó de nuevo al gran gorila el productor italiano Dino de Laurentis.

En su vestíbulo amplio cual plaza pública, adornado por un interminable tapiz flecudo de Miró, habrá uno de encontrar el ascensor adecuado, entre incontables, para subir hasta el que —con probable permiso de Chicago y quizás de La Paz, Bolivia— será el restaurante más elevado del mundo. En él poco importa la mediocre pitanza. Lo que se valora, en unos 80 dólares por persona, es la altura y la contemplación de un Nueva York interminable, selva de torres que se pierde en el horizonte.

Y al fondo, la verde estatua de la Libertad, que compone con Manhattan un signo de admiración de la que ella es el punto, limpio ahora de la vergüenza necesaria que supuso la isla de Ellis, paso y cuarentena obligados de millones de humildes inmigrantes.

Todavía es visita imperiosa, la vieja solterona ya prometida al Colón barcelonés, y a ella se accede en casi vetustos pero bien conservados *ferries* que le devuelven a uno a los años en que Frank Sinatra podía aparecer por cualquier escotilla vestido de marinero, para cantarnos la bienvenida.

Otro de los tópicos, éste apenas digerido, de Nueva York es *Central Park,* un Retiro plebeyo donde el Manhattan elegante empieza a oler a Harlem, y en el que se siguen cometiendo crímenes de los que la ciudad habla, por sus periódicos, radios y televisiones, durante dos o tres días. Está bordeado por grandes edificios y hoteles, entre los que destaca el mítico Plaza, con su no menos legendario *Oysters Bar,* lugar de cita inevitable, en cualquier momento, de intelectuales, negociantes y periodistas.

Pero, quizás, la principal característica de este gran planeta neoyorquino sea la mezcolanza de razas, lenguas y nacionalidades, que hace de ella, realmente, una antibabel en la que todo el mundo acaba por entenderse, hable lo que hable, sobre todo inglés y español. Que, muy a menudo, no es verdadero inglés ni auténtico español, aunque se les acercan todo lo posible.

Los negros en Nueva York componen su propio mundo. Salpican las multitudes con su inconfundible andar desparpajoso, con sus enormes radios portátiles y sus sempiternos soliloquios, sean los oradores de la clase social que sean, y sus vestimentas sorprendentes.

Para un visitante español que ronde la cincuentena, Nueva York da, de algún modo, la impresión de ser un Madrid o un Barcelona de nuestra posguerra, donde la gente no tiene otra obsesión que la supervivencia, sea cual fuere en este caso el objetivo final: el control de una compañía o el alimento cotidiano.

Andan casi todos un tanto desencajados, pero no como en las ciudades del Este europeo, donde lo que prevalece en las caras es la tristeza y la impotencia. En los neoyorquinos, se trata de una ansiedad con ansias liberadoras. Todos parecen seguros de conseguir, antes de que acabe la noche, los cinco dólares o cinco millones de dólares que les resolverán el problema. O, en algunos casos, la tranquila indiferencia de quien está convencido de que puede sobrevivir agradablemente con lo que ya tiene.

Después de leer

A. Idea principal. Según este artículo, Nueva York es...

1. como tener todo Estados Unidos en un lugar
2. un planeta aparte
3. diferente pero atractivo

B. Hecho u opinión. Lea las siguientes oraciones y ponga atención a las partes indicadas. Considere si expresan un hecho o una opinión e indique su respuesta en la primera columna. Si considera que expresan una opinión, escriba en la segunda columna las palabras que lo demuestren.

Hecho (H) u opinión (O)	Palabras que lo demuestran

1. Contrariamente a una opinión muy extendida, Nueva York no es una ciudad, ni tampoco una metrópolis. *Es un desmesurado Planeta Ming,...*
2. *Aun viviendo largo tiempo en los Estados Unidos, siempre sorprende ver la bandera de las barras y las estrellas en cualquier lugar de Nueva York.*
3. *Los típicos McDonalds o Holidays Inn aparecen como tímidos intrusos,* a la vuelta de una esquina,...
4. Si el frenesí es vida, la Fonda tiene razón. *Nada hay tan frenético como lo neoyorquino.* De ello llevan las trazas hombres, coches y edificios.
5. Y pasar junto a un edificio que se va desmoronando ante el pertinaz empuje de enormes bolas bamboleantes que se adivinan pesadísimas y recordar que en aquellos bajos *existía hace años uno de los más atractivos* pubs *neoyorquinos.*
6. El *Empire State Building* sigue viviendo de *King Kong, pero su reinado de altura hace años que acabó a los pies del gemelo poder de las torres del* World Trade Center,...
7. *En él* [el restaurante más elevado del mundo] *poco importa la mediocre pitanza.*
8. Otro de los tópicos, éste apenas digerido... es *Central Park,* un Retiro plebeyo donde el Manhattan elegante empieza a oler a Harlem, *y en el que se siguen cometiendo crímenes de los que la ciudad habla,...*
9. Pero, *quizás, la principal característica de este gran planeta neoyorquino sea la mezcolanza de razas, lenguas y nacionalidades,...*
10. Para un visitante español que ronde la cincuentena, *Nueva York da, de algún modo, la impresión de ser un Madrid o un Barcelona de nuestra posguerra,...*

C. Lenguaje figurado. Las siguientes oraciones contienen lenguaje figurado. Indique (a) qué es lo que se está comparando, (b) qué características del lenguaje figurado son apropiadas en este contexto y (c) qué se quiere decir con el lenguaje figurado.

1. Los típicos McDonalds o Holidays Inn *aparecen como tímidos intrusos,...*

   a. _____
   b. _____
   c. _____

2. Tampoco es Nueva York un crisol, ni crisol de crisoles. *Si acaso, una coctelera.* Todo y todos andan mezclados, pero sin plena fusión definitiva.

   a. _____

   b. _____

   c. _____

3. *Nueva York está tan inmersa en los tópicos que ha acabado por fagocitarlos.*

   a. _____

   b. _____

   c. _____

4. Y al fondo, la verde estatua de la Libertad, que compone con Manhattan un signo de admiración de la que ella es el punto, limpio ahora de la vergüenza necesaria que supuso la isla de Ellis, paso y cuarentena obligados de millones de humildes inmigrantes.

   Todavía es visita imperiosa, *la vieja solterona* ya prometida al Colón barcelonés, y a ella se accede en casi vetustos pero bien conservados *ferries...*

   a. _____

   b. _____

   c. _____

¡A CONVERSAR!

ACTIVIDAD A. ¡Bienvenidos a los Estados Unidos!

Imagine que Ud. es un español (una española) o un latinoamericano (una latinoamericana) que piensa visitar los Estados Unidos y que acaba de leer los artículos sobre Los Ángeles y Nueva York en esta parte de la Unidad VIII. Después de leerlos, ¿cambiaría de idea? ¿Tendría interés en visitar estas dos ciudades? ¿Por qué sí o por qué no?

Después de contestar estas preguntas, formen grupos que incluyan personas que tendrían interés en visitarlas y personas a quienes no les atrae esa idea. Cada quien debe explicar por qué le interesan o no estas ciudades. Trate de hacer que los otros acepten su punto de vista.

ACTIVIDAD B. Castillos en España

¿Sueña Ud. con viajar o vivir algún día en cierto país o ciudad? ¿Quiere vivir y trabajar en alguna ciudad en especial? ¿Cuál es? ¿Por qué le interesa ir allí? Formen grupos de cuatro personas para compartir las razones que motivan este sueño. ¿Tienen todos diferentes o parecidas razones?

Después, haga una encuesta con toda la clase. ¿Cuáles son el país y la ciudad que la mayoría prefiere? ¿Quieren sólo visitar estos lugares o quieren vivir allí? ¿Cuáles son las razones que se dan para estas preferencias? Si un compañero (una compañera) de clase ha visitado la ciudad o el país, debe ofrecer su punto de vista, apoyando o contradiciendo las ideas expresadas sobre el lugar.

ACTIVIDAD C. Con sus propias palabras

Carmen Rico-Godoy y Ricardo Utrilla mencionan en sus artículos los taxis... ¡o la falta de ellos! Por supuesto. Cuando viajamos a otras ciudades o a otros países, a veces dependemos mucho de los taxis para ir de un sitio a otro. El/La taxista nos puede ayudar mucho, dándonos información valiosa.

Imagine que Ud. está trabajando un verano como taxista y que lleva a uno de los autores de los artículos, Carmen Rico-Godoy o Ricardo Utrilla. Él/Ella le hace preguntas sobre los siguientes aspectos de su ciudad o pueblo. Escriba la conversación en forma de diálogo. Puede inventar la conversación con un compañero (una compañera) si quiere.

1. el tráfico
2. el tiempo
3. el mejor restaurante
4. la actitud de la gente
5. el modo de vivir de los habitantes

EL RESUMEN

El resumen es una estrategia que el lector puede emplear para recordar lo que ha leído. En un resumen el lector repite con sus propias palabras las ideas principales del autor. El lector tiene que considerar cuáles son los párrafos más importantes, es decir, cuáles presentan las ideas o los temas más sobresalientes.

Una manera eficaz de preparar un resumen es subrayar la oración que tiene la idea central de cada párrafo al leer. Después, al redactar el resumen, el lector puede expresar las ideas centrales con sus propias palabras. Puede cambiar el orden de las palabras, combinar dos o tres oraciones o usar otras palabras para escribir el resumen.

LECTURA: HIJOS PARA «YUPPIES»

En otras palabras

Después de leer el artículo rápidamente, determine qué palabra o frase, en el contexto en que se encuentra, tiene el sentido que se da en la pregunta.

_____ 1. en el primer párrafo, la palabra que quiere decir *pasar por*
_____ 2. en el primer párrafo, la palabra que quiere decir *vencer*
_____ 3. en el segundo párrafo, la palabra que significa *desean fuertemente*
_____ 4. en el segundo párrafo, las palabras que significan *una situación complicada*
_____ 5. en el cuarto párrafo, la palabra que significa *repugnancia*
_____ 6. en el cuarto párrafo, la palabra que expresa *alegre*
_____ 7. en el último párrafo, la palabra que quiere decir *aumentando rápidamente*

Antes de leer

El artículo que va a leer trata de un aspecto de los *yuppies*, una clase social en los Estados Unidos. Al leerlo, tenga presente las siguientes preguntas para entender mejor el texto:

- ¿Cuál es la idea central?
- ¿Puede Ud. encontrar la definición de «yuppie»?
- ¿Trata el artículo de un problema o de un servicio?

Hijos para 'yuppies'

Los «yuppies» en Estados Unidos no tienen que sufrir las molestias de todo el mundo para tener hijos

TODOS los que han pasado por la experiencia saben bien todas las dificultades, preocupaciones, problemas que hay que atravesar y superar para disfrutar del momento de tener un bebé.

Para los *yuppies* (jóvenes urbanos profesionales) que no quieren molestarse pero ansían pasar por la experiencia, una empresa norteamericana, Creative Programs, ha fabricado el *Video Baby*, que por un precio ridículo (14,95 dólares o 1.650 pesetas) permite «tener la completa y rica experiencia de la paternidad sin los líos e inconvenientes del hecho real», según reza la publicidad del producto.

Basta meter la cinta de vídeo en el aparato para que un adorable bebé de ojos azules aparezca en la pantalla. La voz melodiosa del narrador invita a los espectadores —embobados *padres* de la criatura— a ponerle un nombre.

«Usted sabrá inmediatamente si el nombre elegido le gusta al bebé», dice el locutor, porque en la sociedad democrática las criaturitas también tienen derecho a elegir. «Dígale el nombre escogido ahora», ordena una voz. Los felices *padres,* tímidamente, sugieren: «¿Penélope?» El bebé pone cara de asco. «¿Priscilla?» Tampoco. «¿Liz?» El bebé sonríe, complaciente. Ya tiene nombre.

OBEDIENCIA COMPLACIENTE. Ahora ya pueden darle órdenes a Liz. «Saluda a mamá», «sonríe al abuelo», «aplaude a papaíto», y la criatura —que ya viene bien educada para ahorrar toda clase de esfuerzos— obedece complaciente.

«Se trata de un invento hecho a medida para los *yuppies*», dice Peter Wirld, presidente de Creative Programs.

Wirld parece saber lo que tiene entre manos: en estas Navidades se le han disparado las ventas del *Video Baby* y de otros programas similares, *Video Cat* y *Video Dog,* para gozar de la alegría de tener animales domésticos sin las molestias que producen todos estos insoportables seres vivos.

R. H.

Después de leer

A. Preparando un resumen. Se dan a continuación las oraciones que contienen las ideas centrales del artículo que acaba de leer. Léalas con cuidado y después escriba un resumen del artículo con sus propias palabras. Recuerde lo que se dijo del resumen al principio de esta parte de la unidad.

1. (párr. 1) Todos... saben... las dificultades... que hay que atravesar... para disfrutar del momento de tener un bebé.
2. (párr. 2) ...Creative Programs, ha fabricado el *Video Baby*, que... permite «tener la completa y rica experiencia de la paternidad sin los líos e inconvenientes del hecho real»,...
3. (párr. 3) Basta meter la cinta de vídeo en el aparato para que un adorable bebé de ojos azules aparezca en la pantalla.
4. (párr. 5) ...y la criatura—que ya viene bien educada para ahorrar toda clase de esfuerzos—obedece complaciente.
5. (párr. 6) «Se trata de un invento hecho a medida para los *yuppies*», dice Peter Wirld, presidente de Creative Programs.

Mi resumen: _____

B. Comprensión. Conteste según la lectura.

1. El objetivo principal del artículo es...
   a. describir un servicio para *yuppies*
   b. criticar el uso de los vídeos
   c. convencer al lector de que debe usar este servicio
2. Se puede suponer que los *yuppies*...
   a. no quieren tener hijos
   b. ahora pueden tener hijos sin tener inconvenientes
   c. son amantes de los vídeos

C. La unidad. En este artículo se usa la repetición de ideas clave para darle unidad. Busque en los párrafos que se especifican las palabras o frases que repiten la idea que expresa la palabra *molestias*. Luego escríbalas en el lugar apropiado.

1. Párrafo uno: _____
2. Párrafo dos: _____
3. Párrafo siete: _____

LECTURA: LOS «OTROS»

Antes de leer

En el siguiente artículo dos jóvenes expresan su punto de vista sobre un aspecto de la vida de los Estados Unidos. Al leer, tenga presente el título y las siguientes preguntas que lo/la ayudarán a entender el artículo:

- ¿Quiénes son los «otros»?
- ¿Qué aspecto de la vida norteamericana les llama la atención?
- ¿Qué opinión tienen de los Estados Unidos?

CARTAS AL DIRECTOR

Los 'otros'

Somos dos españoles que estamos trabajando dos años en Estados Unidos con una beca de investigación. En este tiempo hemos observado, tanto en la Prensa como en la televisión, un enorme vacío de información internacional. El resto de los países existe sólo en la medida en que pueda afectar a los intereses americanos.

En numerosas ocasiones hemos oído noticias tales como "accidente aéreo en... Mueren todos los ocupantes; afortunadamente, no había americanos a bordo".

Aunque ya no nos sorprende este egocentrismo, existen ciertas ocasiones en que esta *manipulación desinformativa* nos resulta difícil de digerir.

El pasado 2 de enero apareció en *The Washington Post* un curioso titular refiriéndose al incendio ocurrido en un hotel de Bangkok que costó la vida a 13 personas. Decía literalmente: *Incendio en un hotel de Bangkok mata un americano, 12 otros.*

Como personas pertenecientes al resto del mundo, incluidas en el grupo de los *otros*, estas afirmaciones, muy representativas de la forma de pensar americana, no dejan de producirnos indignación.— **Juan Luis Jiménez Molina** y **Mercedes Jiménez Atienza.** Bethesda, Maryland (EE UU).

Después de leer

A. Comprensión. Conteste según la lectura.

1. Los «otros» son _____
2. Ellos hablan de _____
3. Opinan que _____

B. Preparando un resumen. Se dan a continuación las oraciones que contienen las ideas centrales del artículo que acaba de leer. Léalas con cuidado y después escriba un resumen con sus propias palabras. Recuerde lo que se dijo del resumen al principio de esta parte de la unidad.

1. (párr. 1) En este tiempo hemos observado, tanto en la Prensa como en la televisión, un enorme vacío de información internacional. El resto de los países existe sólo en la medida en que pueda afectar a los intereses americanos.
2. (párr. 3) Aunque ya no nos sorprende este egocentrismo, existen ciertas ocasiones en que esta *manipulación desinformativa* nos resulta difícil de digerir.
3. (párr. 4) El pasado 2 de enero apareció en *The Washington Post* un curioso titular... Decía literalmente: *Incendio en un hotel de Bangkok mata un americano, 12 otros*.
4. (párr. 5) ...estas afirmaciones, muy representativas de la forma de pensar americana, no dejan de producirnos indignación.

Mi resumen: _____

_____

_____

_____

_____

_____

_____

¡A CONVERSAR!

ACTIVIDAD A. ¿Cómo te llamas?

En el artículo «Hijos para 'yuppies'» se presenta una forma de ponerle nombre a un bebé, un sistema democrático en que la criatura tiene derecho a votar. Desgraciadamente no se sigue todavía este sistema, y casi todos nosotros tenemos los nombres que nos pusieron nuestros padres. Formen grupos de cuatro personas para hablar de los nombres: la manera de ponerlos, su importancia y algunas sugerencias para mejorar el sistema.

1. ¿Cómo eligieron sus padres su nombre? ¿Sabe Ud. lo que significa? ¿Representa algo de la historia familiar?
2. ¿Le gusta su nombre? Si pudiera elegir su propio nombre ahora, ¿cuál elegiría? ¿Por qué?
3. ¿Tiene apodo? ¿Quién se lo puso? ¿Qué significa? ¿Cómo prefiere que lo/la llamen, por su apodo o por su nombre? ¿Por qué? ¿Cambia su preferencia según las circunstancias? Explique.

4. Los artistas a veces cambian de nombre. Si Ud. pudiera cambiarse el nombre y el apellido, ¿lo haría? ¿Por qué sí o por qué no? ¿Qué nombre y apellido adoptaría?
5. ¿Cree que el nombre influye en el carácter o la personalidad de una persona? Dé ejemplos que apoyen su punto de vista.
6. ¿Cree que una persona debe tener derecho a escoger su propio nombre a los 18 o 21 años? ¿Por qué sí o por qué no?
7. ¿Debe una mujer usar el apellido de su esposo? ¿Debe el esposo usar el apellido de su mujer? ¿Hay un sistema más equitativo? Explique.

ACTIVIDAD B. ¿Qué es? No entiendo...

Imagine que Ud. y un compañero (una compañera) son amigos de un estudiante español o latinoamericano (una estudiante española o latinoamericana) que está estudiando en los Estados Unidos. Un día este amigo (esta amiga) les pide una definición o una explicación de ciertas palabras de la jerga (*slang*) del inglés que él/ella no entiende. Explíquenle en español el significado de seis de las siguientes palabras, dándole un ejemplo de cada una. Después comparen sus definiciones con las de otros compañeros para determinar cuáles son las más exactas y apropiadas.

1. yuppie
2. dink
3. nerd
4. grind
5. jock
6. smokey
7. hacker
8. dude
9. happenin' babe

ACTIVIDAD C. Con sus propias palabras

Escríbale una carta al director de la revista en que se publicó la carta de Juan Luis Jiménez Molina y Mercedes Jiménez Atienza. Indique si Ud. comparte su indignación o no y si Ud. también cree que los norteamericanos son egocéntricos. Trate de explicar la expresión *los otros*, sobre todo si tiene algo que ver con su punto de vista.

■ CÓMO LEER UN ENSAYO

Un ensayo es una obra o escrito, generalmente breve, en la que el autor expresa sus ideas y conceptos sobre un tema más o menos serio, sin la extensión ni el aparato crítico de un tratado completo. En el ensayo, el autor quiere convencer al lector a que acepte su punto de vista. Para lograr esto, el autor tiene que organizar bien sus ideas y presentar argumentos buenos y convincentes que apoyen su punto de vista.

Los ensayos se pueden encontrar en los periódicos,* en las revistas serias o como parte de una colección de varios ensayos en un libro. Cuando Ud. lee un ensayo, debe recordar que el redactor (la persona que ha escogido los ensayos de la colección) escogió ese ensayo porque presenta ideas importantes y un punto de vista correcto para la colección.

Leer un ensayo requiere atención y esfuerzo. Hay que leer con ojo crítico. Con ese fin Ud. va a aplicar algunas estrategias que ya ha estudiado.

a. descubrir el propósito del autor
b. entender la actitud del autor

---

*En España, los ensayos que aparecen en los periódicos se denominan artículos de fondo o de opinión. Con frecuencia aparecen en la sección del periódico que se llama OPINIÓN.

Como Ud. recuerda, el autor puede tener distintos propósitos al escribir. Entre otros, él puede tener la intención de «criticar», «tratar de convencer», «informar», «persuadir», «explicar», etcétera. La actitud del autor puede ser positiva, negativa, neutral, etcétera. Las palabras y expresiones que emplea son una buena indicación para entender su disposición o la de otras personas hacia el tema.

LECTURA: LOS MIEDOS AMERICANOS

En otras palabras

Después de leer al ensayo rápidamente, empareje las palabras con la definición correspondiente.

PALABRAS	DEFINICIONES
_____ 1. urbes (párr. 1)	a. se pone de manifiesto
_____ 2. se patentiza (párr. 2)	b. por lo común
_____ 3. se encuadre (párr. 2)	c. ciudades
_____ 4. casa de vecinos (párr. 2)	ch. escaleras para escapar en caso de incendio
_____ 5. de ordinario (párr. 2)	
_____ 6. trasera (párr. 2)	d. se coloque
_____ 7. escala de incendios (párr. 2)	e. no impide
	f. edificio de apartamentos
_____ 8. tramo (párr. 2)	g. parte
_____ 9. no obsta (párr. 2)	h. armazón, tipo de estructura
_____ 10. costillares (párr. 2)	i. tiene todos los requisitos
_____ 11. vivienda (párr. 3)	j. lugar donde habitan personas
_____ 12. reúne condiciones (párr. 3)	k. parte de atrás
	l. dificultad
_____ 13. inmueble (párr. 3)	ll. demostración
_____ 14. apuro (párr. 3)	m. algo que no se puede mover, por ejemplo, un edificio
_____ 15. despliegue (párr. 3)	
_____ 16. estera (párr. 3)	n. actividad que consiste en practicar cómo abandonar un barco en caso de emergencia
_____ 17. ensayo de abandono (párr. 3)	
_____ 18. posaderas (párr. 3)	ñ. alfombra pequeña, rústica, que se pone en el suelo a la entrada de una casa o edificio
_____ 19. trasiego (párr. 3)	
	o. movimiento
	p. parte posterior del cuerpo

Antes de leer

El autor de este ensayo vivió en los Estados Unidos durante varios años y después escribió unos ensayos acerca de sus impresiones sobre este país. Al leer el ensayo, Ud. debe fijarse en las ideas y detalles y en la manera en que se desarrolla el tema. Trate de determinar:

- el propósito del autor
- la actitud del autor
- cómo apoya sus argumentos

XVI

LOS MIEDOS AMERICANOS

Entre los miedos "made in USA" hay uno, el miedo al fuego, viejo y tradicional, inspirado, sin duda, por el elevado número de incendios devastadores que se producen, todos los años en grandes urbes americanas. Otro miedo que ha surgido con los adelantos de la medicina y la farmacopea, unidos al debilitamiento de la fe religiosa, es el miedo a la enfermedad y, consecuentemente, a la muerte. Y, por último, he advertido un miedo nuevo, un miedo americano del que no tenía noticia, un miedo que me ha llenado de estupor — aunque ahora le comprenda — que es el miedo a salir de noche, a pie, en los barrios residenciales, más o menos solitarios, de las grandes ciudades. Charlemos un poco de estos miedos.

El miedo al fuego se patentiza sin necesidad de pisar tierra americana; es algo que salta a la vista sin más que ir al cine en cualquier lugar del mundo. En toda película donde se encuadre una casa de vecinos yanqui advertimos que junto al ascensor y la escalera interior, existe, de ordinario en la trasera o en una calle lateral, una escala de incendios cuyo tramo inferior está levantado, a unos tres metros del suelo, para que nadie pueda, desde la calle, subir por ella. Estas escaleras imprimen a las ciudades americanas una peculiar fisonomía. Son, todos lo saben, escaleras para un caso de emergencia, es decir, que están allí para un por si acaso, lo que no obsta para que muchas veces las casas mueran de viejas sin que aquéllas hayan sido utilizadas. Es algo así — aunque menos justificado, al menos en los edificios de tres o cuatro pisos — como los costillares metálicos que ciñen las casas chilenas con vistas a los terremotos; una precaución. Pero si es cierto que el miedo al fuego del yanqui empieza ahí, empieza en las escaleras, ¿dónde concluye?

Esto ya es más difícil de precisar. Por de pronto, los niños en la escuela primaria reciben, de entrada, una lección al respecto e, incluso, un buen día llegan a casa exigiendo de sus padres instrucciones para saber, en la eventualidad de un incendio, cómo han de comportarse. Cuando un ama de casa americana nos muestra su vivienda, es muy frecuente que no olvide este apartado, es decir, que apunte "si la casa reúne condiciones o no las reúne" — las reúne cuando tiene muchas puertas y ventanas — de presentarse inopinadamente un fuego. (Una amiga de Washington me anunció, apenas nos conocimos, su propósito de mudarse de casa porque "la actual no ofrecía seguridades para caso de incendio".) En las residencias de estudiantes de Ohío, y en otros muchos lugares, apenas se ingresa en ellos, los universitarios son instruidos sobre las puertas o ventanas a utilizar para evacuar el edificio en situaciones de emergencia. Otro tanto acontece con las "baby-sitter", esto es, con las niñas que cuidan niños cuando los padres salen de casa; aquéllas, aparte cuatro consejos prácticos para una emergencia, tienen anotado en lugar y en caracteres bien visibles, el número de teléfono de los bomberos. A mayor abundamiento, en no pocas ciudades americanas existe un cuerpo de instructores para aquellos que requieran sus servicios. Estos señores, como nuestros decoradores o nuestros racionalizadores del trabajo, visitan la casa o la empresa que les solicita, con objeto de estudiar el inmueble — escaleras, pisos, huecos, número de inquilinos, etc. — y trazar, en consecuencia, un plan — o, si me apura, varios planes según si el fuego se inicie por la trasera, el tejado, los bajos, el ala izquierda o la derecha — de retirada en caso de apuro. Este temor es tan grande y está tan extendido, que todas esas instalaciones que en España suelen pudrirse de puro viejas — puertas de escape, timbres, extintores protegidos tras un cristal: "romper en caso de incendio", etc. — se utilizan aquí sin excesivos miramientos. (Un detalle: en dos de las seis u ocho veces que he comido en casa de mi amigo Antonio Bermejo, ha sonado la alarma de fuego, insistentemente, crispadamente, y todo el aparato extintor — y el pánico lógico — ha entrado inmediatamente en funciones, incluso, una de ellas, con la llegada de los bomberos y el despliegue de fuerzas consiguiente. Pues bien, la primera alarma la produjo un vecino descuidado que dejó quemar el aceite en una sartén y, la segunda, una estera arrojada al incinerador.) En el barco que me trajo a Nueva York, el ensayo de abandono de buque no tuvo el carácter festivo que presidió un número semejante en el trasatlántico italiano "Julio Cesare" sino que estuvo investido de una seriedad, de un realismo, verdaderamente escalofriante, en particular para los caballeros que ante aquella masa ingente de mujeres y niños, dudábamos mucho que, en caso de necesidad, pudiésemos encontrar una tabla donde asentar nuestras posaderas en algún bote salvavidas. En fin, lo que sobran son datos sintomáticos que revelen hasta qué punto constituye en USA el fuego una preocupación, cosa, por otro lado, muy explicable si evaluamos las víctimas y los daños ocasionados anualmente por aquel elemento o nos dejamos guiar por el trasiego continuo de los coches de bomberos, abriéndose paso a sirenazo limpio, en cualquier ciudad y a cualquier hora.

Después de leer

A. Propósito del autor. Conteste según el ensayo.

1. Este ensayo trata de lo que el autor cree que los norteamericanos...
   a. piensan   b. temen   c. critican   ch. estiman

2. El autor _____ un aspecto de la vida norteamericana.
   a. critica   b. respeta   c. se burla de   ch. comprende

B. Actitud del autor. A continuación se dan unos comentarios del autor acerca de uno de los miedos de los norteamericanos. Con un palomita, indique si expresan una actitud positiva, negativa o neutral.

1. Entre los miedos «made in USA» hay uno, el miedo al fuego, viejo y tradicional, inspirado, sin duda, por el elevado número de incendios devastadores que se producen, todos los años en grandes urbes americanas.
   ____ Positiva   ____ Negativa   ____ Neutral
2. Son, todos lo saben, escaleras para un caso de emergencia, es decir, que están allí para un por si acaso, lo que no obsta para que muchas veces las casas mueran de viejas sin que aquéllas hayan sido utilizadas.
   ____ Positiva   ____ Negativa   ____ Neutral
3. Pero si es cierto que el miedo al fuego del yanqui empieza ahí, empieza en las escaleras, ¿dónde concluye?
   ____ Positiva   ____ Negativa   ____ Neutral
4. Una amiga de Washington me anunció, apenas nos conocimos, su propósito de mudarse de casa porque «la actual no ofrecía seguridades para caso de incendio».
   ____ Positiva   ____ Negativa   ____ Neutral
5. A mayor abundamiento, en no pocas ciudades americanas existe un cuerpo de instructores para aquellos que requieran sus servicios.
   ____ Positiva   ____ Negativa   ____ Neutral
6. En fin, lo que sobran son datos sintomáticos que revelen hasta qué punto constituye en USA el fuego una preocupación, cosa, por otro lado, muy explicable si evaluamos las víctimas y los daños ocasionados anualmente por aquel elemento...
   ____ Positiva   ____ Negativa   ____ Neutral

En su opinión, ¿cuál es la actitud del autor hacia este «miedo» de los norteamericanos?

_____

_____

C. Apoyando las ideas principales. El autor presenta un punto de vista: que los americanos les temen a los incendios. ¿Qué detalles da para apoyar su punto de vista? Escriba Ud. cinco detalles que el autor emplea para apoyar su argumento.

1. _____
2. _____
3. _____
4. _____
5. _____

LECTURA: LA «COLLEGE GIRL»

En otras palabras

Después de leer el ensayo rápidamente, empareje las palabras con su definición correspondiente.

PALABRAS	DEFINICIONES
____ 1. supervivencia (párr. 2)	a. últimas publicaciones
____ 2. novedades (párr. 3)	b. prohibido a otras personas
____ 3. jerarquías (párr. 3)	c. acción de durar largo tiempo
____ 4. abrumados (párr. 3)	ch. recargados, abatidos
____ 5. acotado (párr. 4)	d. categorías
____ 6. angostura (párr. 4)	e. tono
____ 7. cotillería (párr. 4)	f. algo fino y delicado
____ 8. matiz (párr. 4)	g. de espacio o tamaño limitado
____ 9. primores (párr. 5)	h. chisme
____ 10. esmero (párr. 5)	i. cuidado, especialmente en los detalles
____ 11. aplomo (párr. 5)	j. recipientes
____ 12. acechan (párr. 6)	k. inconsistencia de carácter
____ 13. frondosos (párr. 7)	l. amenazan
____ 14. se decanten (párr. 7)	ll. seguridad en sí mismo
____ 15. vasijas (párr. 7)	m. con muchas ramas y hojas
____ 16. ligereza (párr. 8)	n. se filtren
____ 17. cautela (párr. 8)	ñ. peligros, dificultades
____ 18. embalamiento (párr. 8)	o. precipitación
____ 19. escollos (párr. 8)	p. precaución

Antes de leer

Muchos intelectuales extranjeros han escrito acerca de los Estados Unidos, y este país siempre se ha interesado en las opiniones de otros. Julián Marías es un español que ha escrito dos libros acerca de este país. El ensayo que Ud. va a leer pertenece a su segundo libro, *Análisis de los Estados Unidos*. Se incluye aquí porque representa una perspectiva de otro aspecto de la vida en los Estados Unidos.

Al leer el ensayo, trate de:

- fijarse en el título y en lo que quiere decir
- determinar el propósito del autor
- identificar la actitud del autor
- determinar cómo apoya sus argumentos

1. LA «COLLEGE GIRL»

En los Estados Unidos hay cerca de doscientos *Women's Colleges*, que a veces se podrían llamar Universidades femeninas y otras no, porque son instituciones universitarias de reducido tamaño; en su gran mayoría son *liberal arts colleges* o «colegios de artes liberales», donde se cursan los cuatro años del primer grado universitario en letras o ciencias; solo muy pocos tienen una *Graduate School* donde se cursan estudios para el M. A. o el Ph. D.; por lo general, prefieren no organizar estudios tan complejos y costosos, y que las alumnas vayan a hacerlos en una Universidad mixta. Algunos de estos *colleges* son muy pequeños, tienen sólo unos centenares de estudiantes; otros tienen mil o dos mil. Varios están asociados a una Universidad masculina y comparten los profesores: Radcliffe a Harvard, Pembroke a Brown, Newcomb a Tulane, Barnard a Columbia, Saint Mary's a Notre Dame. Otras veces hay una asociación no oficial y más vaga, especialmente por la proximidad y las frecuentes relaciones entre los chicos de una Universidad y las chicas de un *college* vecino.

Los *Women's Colleges* se fundan a principios y mediados del siglo XIX, cuando las mujeres no iban en ninguna parte a la Universidad; han sido la gran avanzada de la educación superior femenina. Al cabo del tiempo, cuando más de un tercio de los estudiantes son mujeres, y éstas están en todas partes, esta separación parece injustificada, y la tendencia general es hacia la coeducación; sin embargo, hay un número muy grande de estos *colleges* —y de los correspondientes masculinos— en plena vitalidad y con gran prestigio. Hay que agregar, por otra parte, los muchísimos *colleges* mixtos, donde conviven muchachos y muchachas en instituciones pequeñas y del mismo carácter; los *colleges* privados, pequeños y medianos, no son en modo alguno una supervivencia tradicional, sino parte activísima de la educación americana, donde cursan sus estudios por lo menos la tercera parte de los alumnos del país.

¿Por qué? Indudablemente, los *Women's Colleges* — y en general los *colleges*— tienen menos facilidades que las grandes Universidades estatales o privadas: menos dinero, laboratorios y museos modestos, bibliotecas reducidas —aunque en otros países parecerían grandes—, entre unas decenas de miles de libros y el medio millón. Tampoco es frecuente que tengan entre sus profesores a las figuras más famosas —rara vez pueden costear un premio Nobel—, aunque en ocasiones las tienen. Pero estas deficiencias tienen sus compensaciones. Para el *undergraduate level*, antes que se inicie la investigación personal, ¿hacen falta laboratorios maravillosos y bibliotecas de cuatro o seis millones de libros? ¿No bastan con 50 o 100.000 bien escogidos y siempre disponibles, junto con las novedades y los que se obtienen por el préstamo entre bibliotecas? Hay grandes Universidades que tienen dos o tres premios Nobel y otros diez o quince hombres de fama mundial; pero no suelen enseñar a los *undergraduates*, a los estudiantes del B. A., y los que de verdad cuentan para la enseñanza son los varios millares de profesores de todas las jerarquías; y estos acaso no son superiores a los de un buen *college*. La proporción entre estudiantes y profesores, en las instituciones pequeñas, puede ser aún más favorable: acaso un profesor por cada seis u ocho estudiantes, que «tocan a más»; la proximidad es mayor, la posibilidad de discusión, la atención personal, las conferencias de visitantes distinguidos a que puede asistir todo el cuerpo de estudiantes, las actividades artísticas, todo esto es mucho más accesible en los pequeños *colleges*, menos abrumados también por lo administrativo. Y la convivencia entre estudiantes y profesores es mucho más fácil y frecuente en el pequeño *campus* donde al cabo de poco tiempo se conoce a todo el mundo.

Las alumnas de los *colleges* suelen ser muy críticas respecto a ellos; les reprochan su «irrealidad», el ser un espacio acotado, con poca semejanza con el mundo efectivo; cierta angostura que fomenta el *gossip*, la curiosidad y la cotillería; la falta de camaradería y trato amistoso con los muchachos, lo que engendra una preocupación excesiva por ellos, una polarización muy marcada hacia las *dates* con chicos los sábados y domingos, que por eso mismo se tiñen de un matiz erótico más intenso del que quisieran, y que en ocasiones resulta perturbador o lleva a decepciones muy frecuentes.

Todo esto es cierto; pero lo indubable es que la muchacha universitaria que estudia en una de estas instituciones, la *college girl*, tiene cualidades y perfecciones difíciles de encontrar en otra parte. Los *colleges* suelen ser admirables escuelas de educación, de formación personal; enseñan ciertos valores humanos, ciertos primores de feminidad que me parecen sumamente importantes; la cortesía, el esmero, el aplomo o *poise*, la facilidad de expresarse, la capacidad de viajar y desenvolverse en cualquier situación, el tacto para tratar a personas muy distintas, a otras mujeres, a hombres maduros, a chicos muy jóvenes o niños, son absolutamente sorprendentes en muchachas de dieciocho a veintidós años. Lo que en otros países sólo se encuentra en los estratos superiores de la sociedad, en los Estados Unidos es frecuente en una amplísima zona social, y además unido a la espontaneidad, la imaginación, la flexibilidad, la inventiva y la audacia que son en general propias de los estudiantes y que rara vez se dan en los círculos restringidos y privilegiados.

Hay dos riesgos que acechan a las muchachas americanas de los *colleges*; el primero es el de esa polarización hacia los muchachos con los que no conviven normalmente dentro de la Universidad o en la ciudad, que puede conducir a una preocupación obsesiva, a excesivo interés sexual, a un matrimonio irreflexivo y prematuro; el segundo, de signo inverso, en muchachas de personalidad enérgica y no muy femenina, es el de la seca afirmación de sí mismas, la suficiencia, el culto de la eficacia. Estos peligros son muy reales para la muchacha mediocre —como persona y sobre todo como mujer—; para estas, creo que es muy preferible la Universidad mixta y la coeducación.

Para la muchacha con calidad personal, capaz de exigirse a sí misma, con sensibilidad despierta y sentido de las jerarquías en las cosas humanas, el *college* es una escuela admirable de formación. Su misma «irrealidad» es una virtud: en ese mundo mágico, casi siempre de belleza en paisaje y edificios, un tanto aislado —*campus* lleno de árboles frondosos y verde hierba, junto a una pequeña ciudad monótona y apacible—, con tiempo libre y algunas horas tediosas, con estímulos intelectuales y espacios de calma, va haciéndose y madurando durante cuatro años, como una cristalización, dejando que se decanten y depositen en el fondo de su alma ciertas esencias que no se consiguen en vasijas más agitadas y tumultuosas. Esa misma polarización hacia el hombre habitualmente distante, que en la muchacha vulgar es una nota negativa, en la más depurada y selecta se traduce en una más aguda e intensa conciencia de feminidad, en una impregnación más honda de la condición de mujer, que me parece uno de los grandes valores de este mundo. En ningún otro medio he encontrado la perfección que se da en los casos mejores; las muchachas de las universidades mixtas, en general gratísimas, de excelente carácter, inteligentes y despiertas, rara vez alcanzan la calidad e intensidad femenina que se pueden encontrar, que se hallan con relativa frecuencia, entre las más delicadas y exigentes de los *colleges*.

Las rasgos distintivos de la *college girl* son los que caracterizan en general a la muchacha americana. Esta, entre los tipos de mujer que conozco, representa un máximo de naturalidad, espontaneidad, porosidad, esa disposición amistosa y cordial que se llama *friendliness*; de confianza —a veces excesiva, porque no se responde adecuadamente a ella—; de generosidad humana. La impulsividad, la ligereza, la falta de cautela, el embalamiento, la capacidad de confundir cosas y personas, son los defectos y peligros que acompañan con más frecuencia a esas calidades. La *college girl* significa la acentuación de esos rasgos genéricos; yo diría que es la más americana de las muchachas americanas. En algunos casos, los riesgos son demasiado grandes, y ese producto resulta deficiente y, sobre todo, poco estable; cuando no ocurre así, cuando un refinamiento natural o una disciplina firme evitan los escollos más graves, esas cualidades positivas resplandecen. Entonces se logra uno de los tipos más acabados, intensos y atractivos de la mujer de nuestro tiempo.

Después de leer

A. Comprensión. Después de leer el ensayo, determine la función de los siguientes párrafos. Lea las alternativas e indique su respuesta con una palomita.

Primer párrafo: Su función es...
_____ 1. describir los *colleges* donde estudian las *college girls*
_____ 2. identificar la relación que existe entre los *colleges* y otras universidades
_____ 3. hablar de la educación en los Estados Unidos

Segundo párrafo: La idea principal es...
_____ 4. que los *Women's Colleges* se fundaron para mantener una larga tradición
_____ 5. que los *Women's Colleges* representaron un avance para la educación de las mujeres
_____ 6. que los *Women's Colleges* tienen más ventajas que desventajas

Tercer párrafo: La idea más importante es comparar...
_____ 7. los *Women's Colleges* con las universidades estatales
_____ 8. las deficiencias y compensaciones de los *Women's Colleges*
_____ 9. las figuras famosas de los *Women's Colleges* con las de las universidades estatales

Cuarto párrafo: Da a entender que...
_____ 10. hay diferencias entre los *Women's Colleges*
_____ 11. los *Women's Colleges* no reflejan la vida real
_____ 12. los *Women's Colleges* se critican los unos a los otros

Quinto párrafo: Se da a entender que los *colleges*...
_____ 13. enseñan a las jóvenes cómo tratar con otras mujeres
_____ 14. son excelentes para el desarrollo personal
_____ 15. enseñan la cortesía

Sexto párrafo: La idea más importante es que...
_____ 16. la *college girl* tiene un excesivo interés sexual
_____ 17. hay peligros para las muchachas que asisten a los *colleges*
_____ 18. algunas muchachas no deben asistir a los *colleges*

Séptimo párrafo: Dice que...
_____ 19. el *college* es una buena escuela de formación para algunas jóvenes
_____ 20. las jóvenes de universidades mixtas no llegan a tener las mismas cualidades que las *college girls*
_____ 21. el *college* es un mundo irreal y fantástico

Octavo párrafo: Según el autor la *college girl*...
_____ 22. es demasiado amistosa
_____ 23. es la típica muchacha norteamericana
_____ 24. casi no tiene defectos

B. Propósito del autor. Conteste según el ensayo.

1. El propósito del autor en el primer párrafo es...
   a. describir los *Women's Colleges*
   b. comparar los *Women's Colleges* con las universidades mixtas
   c. hablar de la relación de los *Women's Colleges* con otras universidades
2. El propósito del tercer párrafo es...
   a. criticar las grandes universidades
   b. hablar de los profesores de fama mundial
   c. hablar de las deficiencias y compensaciones de los *Women's Colleges*
3. En el quinto párrafo, considere si el autor critica o admira a las jóvenes de estas instituciones. Después busque cinco palabras o frases que apoyan su opinión.

Mi opinión: El autor _____

_____   _____   _____

_____   _____

4. En el último párrafo el autor habla de las deficiencias y cualidades de la *college girl*. Encuentre Ud. frases o expresiones que se refieran a esas dos características y después indique cuál es el propósito del autor.

DEFICIENCIAS	CUALIDADES
_____	_____
_____	_____
_____	_____
_____	_____

¿Cuál cree Ud. que fue el propósito del autor al escribir este ensayo? Repase las repuestas que Ud. ha dado en este ejercicio antes de llegar a una conclusión.

_____

_____

C. Actitud del autor. A continuación hay unos comentarios del autor acerca de los *Women's Colleges* o de la *college girl*. Indique con una palomita si expresan una actitud positiva, negativa o neutral.

1. muy pocos [*Women's Colleges*] tienen una *Graduate School* donde se cursan estudios para el M.A. o el Ph.D.; por lo general, prefieren no organizar estudios tan complejos y costosos, y que las alumnas vayan a hacerlos en una Universidad mixta.
   _____ Positiva   _____ Negativa   _____ Neutral

2. [Los *Women's Colleges*] han sido la gran avanzada de la educación superior femenina.
   _____ Positiva   _____ Negativa   _____ Neutral

3. Las alumnas de los *colleges* suelen ser muy críticas respecto a ellos; les reprochan su «irrealidad», el ser un espacio acotado, con poca semejanza con el mundo efectivo; cierta angostura que fomenta el *gossip*, la curiosidad y la cotillería; la falta de camaradería y trato amistoso con los muchachos, lo que engendra una preocupación excesiva por ellos,...
   _____ Positiva   _____ Negativa   _____ Neutral

4. Todo esto es cierto; pero lo indudable es que la muchacha universitaria que estudia en una de estas instituciones, la *college girl*, tiene cualidades y perfecciones difíciles de encontrar en otra parte.
   _____ Positiva   _____ Negativa   _____ Neutral

5. Hay dos riesgos que acechan a las muchachas americanas de los *colleges*; el primero es el de esa polarización hacia los muchachos con los que no conviven normalmente dentro de la Universidad o en la ciudad, que puede conducir a una preocupación obsesiva, a excesivo interés sexual, a un matrimonio irreflexivo y prematuro;...
   _____ Positiva   _____ Negativa   _____ Neutral

6. Para la muchacha con calidad personal, capaz de exigirse a sí misma, con sensibilidad despierta y sentido de las jerarquías en las cosas humanas, el *college* es una escuela admirable de formación.
   _____ Positiva   _____ Negativa   _____ Neutral

UNIDAD VIII LOS ESTADOS UNIDOS VISTOS POR OJOS HISPANOS

7. En algunos casos, los riesgos son demasiado grandes, y ese producto resulta deficiente y, sobre todo, poco estable; cuando no ocurre así, cuando un refinamiento natural o una disciplina firme evitan los escollos más graves, esas cualidades positivas resplandecen. Entonces se logra uno de los tipos más acabados, intensos y atractivos de la mujer de nuestro tiempo.
_____ Positiva   _____ Negativa   _____ Neutral

D. La actitud del autor, en general, hacia los *Women's Colleges* y la *college girl* es _____.

REPASO DE ESTRATEGIAS

En esta unidad Ud. ha repasado unas estrategias que ya conocía y ha aprendido otras que eran nuevas. Ahora se van a repasar y aplicar en la última lectura. Las estrategias son:

a. distinguir entre los hechos y las opiniones
b. resumir el contenido
c. leer un ensayo

LECTURA: NORTEAMÉRICA SE ALEJA

En otras palabras

Después de leer el ensayo rápidamente, empareje las palabras con su definición correspondiente.

PALABRAS		DEFINICIONES
_____ 1. se aleja (título)	a.	lo que une dos cosas
_____ 2. pese a que (párr. 1)	b.	intelectuales
_____ 3. rechaza (párr. 1)	c.	distancia
_____ 4. nexo (párr. 1)	ch.	contribución
_____ 5. vínculo (párr. 2)	d.	no acepta
_____ 6. estudiosos (párr. 3)	e.	que no habla
_____ 7. consolidarse (párr. 4)	f.	a pesar de que
_____ 8. por tanto (párr. 4)	g.	establecerse
_____ 9. aportación (párr. 4)	h.	unido
_____ 10. drena (párr. 4)	i.	confirmar
_____ 11. retaguardia (párr. 5)	j.	como consecuencia
_____ 12. muda (párr. 5)	k.	que ha quedado atrás
_____ 13. rezagado (párr. 7)	l.	quita
_____ 14. encaminada (párr. 8)	ll.	asombro; efecto causado por una cosa extraña
_____ 15. solidario (párr. 9)		
_____ 16. fecundación (párr. 10)	m.	orientada, camino de
_____ 17. constatar (párr. 12)	n.	los que vienen detrás
_____ 18. extrañeza (párr. 14)	ñ.	desarrollo
	o.	conexión

Antes de leer

El autor de este ensayo es corresponsal del periódico español *El País*. El ensayo presenta un punto de vista europeo y español de la imagen de los Estados Unidos.

El artículo viene de la sección de OPINIÓN, lo cual quiere decir que es un artículo serio y que el director del periódico lo ha escogido porque presenta ideas importantes sobre el asunto, en este caso, los Estados Unidos.

Al leer, trate de:

- entender lo que quiere decir el título
- identificar los hechos y las opiniones
- identificar la idea más importante de cada párrafo
- entender cuál es el propósito y la actitud del autor

EL PAIS, domingo 5 de mayo de 1985   OPINIÓN / 13

Norteamérica se aleja

FRANCESCO ALBERONI

La cultura norteamericana y la europea se hacen cada vez más diferentes entre sí, pese a que aumentan los intercambios culturales, pese a que las relaciones científicas son muy estrechas, pese a que en Europa se ven filmes y seriales televisivos norteamericanos, y pese a que suele usarse ya el inglés como lengua común. Europa se americaniza, todo lo que sucede en Estados Unidos lo vemos aparecer, pocos años después, entre nosotros. Y a pesar de ello, la distancia se hace cada vez mayor. Porque si Europa imita a Estados Unidos y toma sus modelos, Estados Unidos no hace lo mismo, rechaza cada vez más a Europa, se diferencia de ella voluntariamente y corta el nexo con su pasado.

En estos últimos años se ha hablado mucho de *raíces*. En realidad, lo que se está cortando hoy en día son precisamente las raíces, los nexos que existían todavía entre los distintos grupos étnicos de Estados Unidos y los países de origen. Mario Puzo escribe un libro titulado *Los sicilianos*, pero él ya no tiene ningún vínculo con los sicilianos ni con Italia.

La imagen de los diferentes países del mundo, tal como la ven estos nietos de emigrantes, es mítica, irreal e inventada. La casi totalidad de los norteamericanos ya no habla lenguas europeas. Hace tiempo, entre los profesores universitarios, era obligatorio conocer el francés. Un gran número de ellos conocía el alemán. Después de la guerra el alemán perdió importancia, pero hoy también el francés está desapareciendo como lengua culta. Los estudiosos norteamericanos sólo leen lo que se publica en su inglés y en sus revistas. Lo demás, para ellos, no existe.

No quiere decir esto, necesariamente, que la cultura estadounidense esté empobreciéndose. Pues cada año llegan a Estados Unidos miles de estudiosos de todo el mundo, pues los más ambiciosos tratan de consolidarse en Estados Unidos, y por tanto realizan una aportación creativa impresionante. Estados Unidos es el centro, y atrae tanto capitales como inteligencias, drena del resto del mundo recursos económicos e intelectuales. Pero quien se establece en Estados Unidos acaba siendo absorbido por su cultura. Se convierte, culturalmente, en un estadounidense.

La diferencia creciente entre Estados Unidos y Europa no reside tan sólo en el hecho de que Estados Unidos esté más avanzado, sea más creativo, sea el que hace la historia, mientras que los europeos están ligados a su pasado, a la retaguardia. Europa está algo así como muda.

Es terrible ver lo que está ocurriendo con la gran cultura francesa desde que su lengua está en decadencia. Los franceses, hasta hace unos cuantos años, hablaban y escribían en francés, pensando que se los entendía en todo el mundo. Estaban convencidos de que la verdadera cultura era francesa. Hoy descubren, y no terminan de creérselo, que no es así, que los estadounidenses consideran al francés una lengua regional, una especie de dialecto, como el alemán, como el italiano, el griego o el polaco. En esta lógica, sin embargo, es más importante el español, pues Estados Unidos está rodeado de hispánicos y tiene una enorme inmigración desde México y Centroamérica.

Así pues, no se trata tan sólo de quedar rezagado en lo técnico y lo científico. Se trata de algo más grave que esto: es perder la palabra, perder importancia, no contar, haber perdido el valor de hablar. Esto es decadencia: la pérdida de confianza en sí mismos, que nos hará perder la identidad.

Mientras ignora o desprecia a Europa, Estados Unidos mira hacia Asia. El centro económico del mundo —se nos repite constantemente— se ha trasladado al Pacífico, con el desarrollo de Japón, de Corea, de Taiwan y ahora de China, la inmensa China, encaminada hacia un desarrollo social-capitalista gracias a las finanzas y a la tecnología nipo-estadounidense.

La influencia de Asia y, en concreto, de Japón en Estados Unidos no se limita, con todo, a la actividad económica. En Estados Unidos se produjo un verdadero *shock* japonés cuando los productos nipones conquistaron los mercados norteamericanos de la óptica, de las máquinas fotográficas, del automóvil y de la pequeña electrónica. Los estadounidenses tienen el culto de los vencedores. Dividen el mundo en *winners* y *losers* (vencedores y perdedores): los primeros son eficaces, admirables, honrados. Los segundos, escuálidos, estúpidos e inmorales. Estados Unidos ya había sufrido un *shock* asiático anterior, en Vietnam, y el actual éxito japonés ha provocado casi una neurosis. El reaganismo significa también una voluntad de recuperar la distancia, es producto de una identificación con Japón, tan trabajador, tan solidario, tan duro.

En estos años se está produciendo una fecundación recíproca entre la cultura estadounidense y la japonesa. El mínimo común denominador, el terreno sobre el que ambas sociedades han podido entenderse, comunicarse entre sí, es el de la técnica. Los estadounidenses han sido siempre pragmáticos. Siempre han tenido gran desconfianza hacia la metafísica. La metafísica se pregunta el porqué de las cosas, se pregunta —utilicemos la expresión de Heidegger— por qué las cosas son. Los norteamericanos, pese a que su cultura, mayoritariamente, es de origen europeo, siempre han favorecido el *cómo hacer* en vez del porqué.

Por su lado, los japoneses ni siquiera han sabido nunca lo que es la metafísica. Un universitario japonés, una persona culta japonesa no comprende nada a nuestros clásicos de la filosofía. Occidente llegó a Japón como técnica, respondiendo a la pregunta "¿cómo se hace esto?". Por eso la sociedad japonesa pudo conservar sus valores tradicionales y su ética, pues nunca los discutió. Por esta razón los japoneses tienen tanta facilidad para hacer las cosas: ya que no se preguntan nunca el porqué, centran toda su inteligencia en el cómo.

Esta cultura técnica japonesa ha reforzado la tendencia en el mismo sentido que ya existía en Estados Unidos. Los estadounidenses se han hecho todavía más antimetafísicos, más antiintelectuales, más técnicos. Es impresionante constatar esta tendencia en las relaciones humanas y sociales. Fabrican, y leen por millones de ejemplares libros técnicos que tratan de cómo conquistar amigos, cómo enamorar al marido o a la esposa, cómo enamorarse uno, cómo dejar de estar enamorado, cómo querer a los padres, cómo no depender de ellos.

En los últimos años, la tendencia se ha hecho realmente frenética y, paralelamente, han disminuido e incluso desaparecido los ensayos que ayudan a reflexionar sobre el mundo, sobre la vida, para conocerla, comprenderla, para elegir, para decidir qué es mejor, para descubrir los fines.

En la cultura norteamericana contemporánea todo es técnica. La gente no desea conocer, no quiere comprender, sino que quiere hacer, obtener, cualquier cosa, pero obtenerla.

De esta manera, la cultura estadounidense se aleja de sus raíces europeas, y esto contribuye a que exista la sensación de extrañeza creciente que se experimenta en Europa. De extrañeza y de nostalgia. Que no es solamente nostalgia del propio pasado, sino nostalgia de algo importante que se está perdiendo. Al igual que Europa tiene nostalgia de su otra mitad que ha quedado englobada en el imperio soviético. Del mismo modo que tiene nostalgia de la propia Rusia, que formaba parte de la cultura europea, parte integrante, más que el mismo Estados Unidos.

Esto es, para Estados Unidos, algo peligroso. No comprenden la nostalgia cultural de Europa, no comprenden las esperanzas de unificación de las dos Alemanias, más allá de los odios, de los regímenes, del muro de Berlín, de los horrores. No entienden la atracción cultural profunda, terrible, angustiosa que existe entre las muchas partes de Europa y, por tanto, también de Rusia. Pues basta un hombre sonriente como Gorbachov para provocar una emoción y hacer que veamos a Reagan viejo y lejano.

Después de leer

A. Hecho u opinión. Considere si las siguientes oraciones expresan un hecho o una opinión e indique su respuesta en la primera columna. Si considera que expresan una opinión, escriba en la segunda columna las palabras que lo demuestren.

	Hecho (H) u opinión (O)	Palabras que lo demuestran
1. La cultura norteamericana y la europea se hacen cada vez más diferentes entre sí,...		
2. La imagen de los diferentes países del mundo, tal como la ven estos nietos de emigrantes, es mítica, irreal e inventada.		
3. La casi totalidad de los norteamericanos ya no habla lenguas europeas.		
4. Pues cada año llegan a Estados Unidos miles de estudiosos de todo el mundo, pues los más ambiciosos tratan de consolidarse en Estados Unidos, y por tanto realizan una aportación creativa impresionante.		
5. [Los franceses] Estaban convencidos de que la verdadera cultura era francesa.		
6. Mientras ignora o desprecia a Europa, Estados Unidos mira hacia Asia.		
7. Los estadounidenses tienen el culto de los vencedores. Dividen el mundo en *winners* y *losers* (vencedores y perdedores): los primeros son eficaces, admirables, honrados. Los segundos escuálidos, estúpidos e inmorales.		
8. Por su lado, los japoneses ni siquiera han sabido nunca lo que es la metafísica.		

B. Preparando un resumen. Se dan a continuación las oraciones clave del ensayo que acaba de leer. Léalas con cuidado y después escriba un resumen con sus propias palabras. Recuerde lo que se dijo del resumen al principio de la unidad.

1. (párr. 1) La cultura norteamericana y la europea se hacen cada vez más diferentes entre sí,...
2. (párr. 2) En realidad, lo que se está cortando hoy en día son precisamente las raíces, los nexos que existían todavía entre los distintos grupos étnicos de Estados Unidos y los países de origen.
3. (párr. 3) La imagen de los diferentes países del mundo, tal como la ven estos nietos de emigrantes, es mítica, irreal e inventada.
4. (párr. 4) Pero quien se establece en Estados Unidos acaba siendo absorbido por su cultura.
5. (párr. 8) Mientras ignora o desprecia a Europa, Estados Unidos mira hacia Asia.
6. (párr. 9) La influencia de Asia y, en concreto, de Japón en Estados Unidos no se limita, con todo, a la actividad económica.
7. (párr. 10) El mínimo común denominador, el terreno sobre el que ambas sociedades [Estados Unidos y Japón] han podido entenderse, comunicarse entre sí, es el de la técnica.

UNIDAD VIII LOS ESTADOS UNIDOS VISTOS POR OJOS HISPANOS

8. (párr. 11) Por su lado, los japoneses ni siquiera han sabido nunca lo que es la metafísica.
9. (párr. 12) Esta cultura técnica japonesa ha reforzado la tendencia en el mismo sentido que ya existía en Estados Unidos. Los estadounidenses se han hecho todavía más antimetafísicos, más antiintelectuales, más técnicos.
10. (párr. 14) De esta manera, la cultura estadounidense se aleja de sus raíces europeas, y esto contribuye a que exista la sensación de extrañeza creciente que se experimenta en Europa.

Mi resumen: _____

_____
_____
_____
_____
_____
_____
_____
_____

C. Actitud del autor. A continuación hay unos comentarios del autor acerca de los norteamericanos y los japoneses. Indique con una palomita si expresan una actitud positiva, negativa o neutral.

1. La cultura norteamericana y la europa se hacen cada vez más diferentes entre sí,...
   _____ Positiva _____ Negativa _____ Neutral
2. La imagen de los diferentes países del mundo, tal como lo ven estos nietos de emigrantes, es mítica, irreal e inventada.
   _____ Positiva _____ Negativa _____ Neutral
3. Los estudiosos norteamericanos sólo leen lo que se publica en su inglés y en sus revistas. Lo demás, para ellos, no existe.
   _____ Positiva _____ Negativa _____ Neutral
4. Pero quien se establece en Estados Unidos acaba siendo absorbido por su cultura.
   _____ Positiva _____ Negativa _____ Neutral
5. Mientras ignora o desprecia a Europa, Estados Unidos mira hacia Asia.
   _____ Positiva _____ Negativa _____ Neutral
6. Los estadounidenses tienen el culto de los vencedores. Dividen el mundo en *winners* y *losers* (vencedores y perdedores): los primeros son eficaces, admirables, honrados. Los segundos, escuálidos, estúpidos e inmorales.
   _____ Positiva _____ Negativa _____ Neutral
7. Por su lado, los japoneses ni siquiera han sabido nunca lo que es la metafísica.
   _____ Positiva _____ Negativa _____ Neutral
8. En la cultura norteamericana contemporánea todo es técnica.
   _____ Positiva _____ Negativa _____ Neutral

¡A CONVERSAR!

ACTIVIDAD A. Hablando de «Los miedos americanos»

Según el autor de este artículo, los norteamericanos tienen muchos miedos. ¿Está Ud. de acuerdo con él? ¿Cómo le respondería a un amigo español o latinoamericano (a una amiga española o latinoamericana) que ha leído el mismo artículo cuando le pide una explicación de estos miedos? Formen un grupo de tres compañeros para hablar de las razones sociales o psicológicas de estos miedos y su actitud hacia ellos. Traten de pensar en otros miedos a que el autor posiblemente se refiere cuando dice «y otros».

1. el miedo a los incendios
2. el miedo a salir de noche, a pie, en los barrios residenciales, más o menos solitarios, de las grandes ciudades
3. el miedo a la enfermedad y, consecuentemente, a la muerte
4. ¿____?

ACTIVIDAD B. Universitarios y universitarias

Cuando se habla de cualquier país, especialmente de uno tan grande y diverso como los Estados Unidos, es difícil y aun peligroso hacer generalizaciones. Sin embargo, el autor habla de las estudiantes de las universidades femeninas norteamericanas y las compara con las estudiantes de otras universidades. Pero... ¿cómo las describiría Ud.? ¿Y cómo describiría a los estudiantes de las diferentes clases de universidades? Si es posible, formen un grupo de dos mujeres y dos hombres para dar una descripción de los diferentes tipos de «la estudiante norteamericana» y «el estudiante norteamericano». Puede mencionar entre otros, los estudiantes de los *community colleges*, de las grandes universidades estatales y de las universidades privadas.

Después comparen sus descripciones con las de otros grupos. ¿Son muy diferentes hoy en día las mujeres y los hombres de estos *colleges* y universidades? ¿Hay muchas diferencias entre las descripciones de los grupos? ¿Cree que sus descripciones son objetivas o hacen generalizaciones? ¿Recurren a estereotipos?

ACTIVIDAD C. Mesa redonda

Hoy en día en los Estados Unidos casi ya no existen las universidades exclusivamente para hombres, pero todavía hay algunas exclusivamente para mujeres. En su opinión, ¿cuáles son sus ventajas y desventajas? Y ¿cuáles son las ventajas y desventajas de las universidades mixtas? La clase debe dividirse en dos grupos: uno para hablar de las universidades exclusivamente masculinas o femininas, y otro para hablar de las universidades mixtas. Como punto de partida, hagan una lista de las ventajas y desventajas de cada una. Al hablar, pueden mencionar también sus experiencias en la escuela secundaria y sus preferencias.

ACTIVIDAD CH. Con sus propias palabras

El autor del artículo «Norteamérica se aleja» hace algunas declaraciones audaces. ¿Cuáles son sus ideas u opiniones sobre las relaciones entre los Estados Unidos y otros países? Escoja uno de los siguientes párrafos u oraciones del artículo para escribir un ensayo de una página, siguiendo el modelo de un ensayo.

1. «Europa se americaniza, todo lo que sucede en Estados Unidos lo vemos aparecer, pocos años después, entre nosotros. Y a pesar de ello, la distancia se hace cada vez mayor. Porque si Europa imita a Estados Unidos y toma sus modelos, Estados Unidos no hace lo mismo, rechaza cada vez más a Europa, se diferencia de ella voluntariamente y corta el nexo con su pasado.»
2. «Mientras ignora o desprecia a Europa, Estados Unidos mira hacia Asia.»
3. «Los estadounidenses han sido siempre pragmáticos. Siempre han tenido gran desconfianza hacia la metafísica. La metafísica se pregunta el porqué de las cosas, se pregunta—utilicemos la expresión de Heidegger—por qué las cosas son. Los norteamericanos, pese a que su cultura, mayoritariamente, es de origen europeo, siempre han favorecido el *cómo hacer* en vez del porqué.»
4. «En la cultura norteamericana contemporánea todo es técnica. La gente no desea conocer, no quiere comprender, sino que quiere hacer, obtener, cualquier cosa, pero obtenerla.»

Vocabulario

This vocabulary contains all words that appear in the text with the exception of very close or exact cognates, conjugated verb forms, diminutive (**-ito**) and emphatic forms (**-ísimo**), as well as articles, most numerals, possessives, demonstrative and personal pronouns, and other words that an average student of intermediate Spanish would be expected to know.

Gender has not been indicated for masculine nouns ending in **-o** or for feminine nouns ending in **-a**, **-dad**, **-ión**, **-tad**, or **-tud**. Most adjectives and nouns are given in the masculine form only. When a verb is radical changing, the change is indicated in parentheses.

ABBREVIATIONS

adj.	adjective	*m.*	masculine
adv.	adverb	*myth.*	mythological
Cat.	Catalonian	*n.*	noun
coll.	colloquial	*pl.*	plural
conj.	conjunction	*pp.*	past participle
f.	feminine	*Port.*	Portuguese
fig.	figurative	*prep.*	preposition
Fr.	French	*pron.*	pronoun
inf.	infinitive	*rel.*	relative
int.	interjection	*sing.*	singular
Lat.	Latin	*v.*	verb

A

abajo below
abarcar to encompass; to contain
abastecimiento supply, provisioning
abasto: dar abasto to cope with, be able to manage
abatido dejected
abejorro hum, droning
abertura opening
ablandar to soften
abogacía law (*as a profession or a subject*)
abogado/a lawyer
abollado dented, bruised; embossed
abordar to undertake, tackle
abrazar to embrace, hug; to take on, take charge of
abreviatura abbreviation
abrigo overcoat
abrir to open
abrumado overwhelmed
abrumador *adj.* overwhelming
abstruso abstruse; obscure
abuelo/a grandfather; grandmother; *pl.* grandparents
abundamiento: a mayor abundamiento moreover, furthermore
aburridor boring
acá here
acabar to finish, end (up); **acabar de** (+ *inf.*) to have just (*done something*)
académico/a academician
acalorado heated
acaparador(a) hoarder
acaso perhaps; by chance; **por si acaso** just in case
acceder to accede, agree
accidentado rough, uneven

acechar to lie in wait for
aceite *m.* oil
acerca de about, concerning, with regard to
acercamiento approach
acercar to bring or place near; **acercarse a** to approach
aclarar to clarify
aclaratorio explanatory
acoger to welcome
acomodarse to accommodate oneself; to adapt or adjust oneself
acompañar to accompany
aconsejable advisable
aconsejar to advise
acontecer to happen, come about
acontecimiento event, incident
acordarse (ue) de to remember
acostarse (ue) to go to bed
acostumbrarse a to become accustomed to
acotar to mark the boundaries or limits of; to reserve for a certain use
actitud attitude
actual present, current; actual, real
actualidad present time; **en la actualidad** at present
actuar to act
acudir to go (*to help*); **acudir a** to resort to (*person, medicine*)
acuerdo agreement; pact; **de acuerdo con** in accordance with; **estar de acuerdo con** to agree with
achicarse to get smaller
adecuado adequate, sufficient
adelantar to move or bring forward or ahead; to speed up, hasten
adelante forward, ahead
adelanto advance, progress

adelgazar to make thin, slim
ademán *m.* gesture
además moreover, furthermore; **además de** besides, in addition to
adentro inside
adepto/a *n.* initiate
adivinar to guess; to foretell
administrar to administrate, manage
adolecer de to suffer from
¿adónde? where (to)?
adorno ornament, decoration
adosado townhouse
adquirir (ie, i) to acquire
aducir to cite (*as proof*)
advenimiento arrival, coming
advertir (ie, i) to observe, notice; to tell, inform; to warn
aéreo air, aerial
aerobia aerobic
aerolínea airline
aeropuerto airport
afable affable
afán *m.* eagerness, zeal
afección affection; affect, impression
afecto affection
aferrarse a to cling to, hold on to
afianzarse en to make oneself secure or fast in
afición fondness; eagerness, zeal
aficionado/a fan
afilado sharp, slender
afiliarse a to join
afincado rooted, settled in
afortunado fortunate, lucky
afrontar to face
agarrado a holding onto, grabbing onto
ágil agile, nimble
agitado shaken; agitated

201

agonizar to be dying, in the throes of death
agotarse to become exhausted; to be used up
agradable pleasant
agradar to please
agradecer to thank
agradecimiento gratitude, gratefulness
agravar to aggravate
agregar to add
agresividad aggressiveness
agricultor(a) agriculturalist, farmer
agrupar to group
agua (*f.* but **el agua**) water
aguantar to stand, put up with
aguardar to wait for; to expect
agujero hole
ahí there; **por ahí** over there
ahondar to deepen; to dig deeply into, examine or study profoundly
ahora now; **ahora mismo** right now
ahorrar to save
ahuyentapulgas *adj.* flea-repelling
ahuyentar to drive or chase away
aire *m.* air; look, appearance
aislamiento isolation
aislar to isolate
ajedrez *m.* chess
ajenjo absinthe, wormwood
ajeno foreign, alien
ala (*f.* but **el ala**) wing
albahaca sweet basil
¡albricias! *int.* good news!; congratulations!
alcalde/alcaldesa mayor
alcalino alkaline
alcance: al alcance de within reach
alcanzar to reach; to get, obtain
alcoba bedroom
aldea village
alegrarse to be glad
alegre happy
alegría happiness; joy
alejarse to leave; to go far away
alemán *m.* German (*language*); **alemán/alemana** *adj.* German
Alemania Germany
alentador encouraging, inspiring
alerta *m.* alert, alarm
aletargado sluggish; sleepy
alfombra rug
algarada din, uproar
algo something
alguien someone
algún, alguno/a some, any
alicantino *adj.* from Alicante, Spain
alimentación food, nutrition
alimentar to feed
alimenticio nutritional, nutritive
alimento food
alma (*f.* but **el alma**) soul; spirit
almacén *m.* grocery store
almacenado stored; hoarded
almacenamiento storage
almeja clam
almorzar (ue) to have lunch
almuerzo lunch
alpinismo mountain climbing
alquitrán *m.* tar
alrededor: a su alrededor in the area around one; **alrededor de** *prep.* around, about

alteración disturbance
altiplano high plateau
altisonante high-sounding, pompous
alto high; serious, grave; **en alta voz** out loud
altura height
alumno/a student
alzar to raise, lift
allá there; **más allá de** beyond, farther than
allegado near, close; related
allende beyond, on the other side
allí there
ama (*f.* but **el ama**): **ama de casa** housewife
amable friendly
amago sign; beginning, outbreak
amante *n. m., f.* lover; *adj.* loving, fond
amar to love
amarillo yellow
Amazonas *m. sing.* Amazon
amazónico of or relating to the Amazon
ambiental environmental
ambiente *m.* environment; atmosphere, surroundings; **medio ambiente** environment
ámbito boundary, limit
ambos both
ambulante: vendedor(a) ambulante traveling salesperson
amenaza threat
amenazar to threaten
ameno pleasant
amigo/a friend
amistad friendship
amistoso friendly
amor *m.* love
ampliación enlargement
amplio full
amueblado furnished
anaerobio anaerobic
analfabetismo illiteracy
análogo analogous
anárquico anarchic, anarchical
ancho wide
andar to walk; to go, move; **andar** (+ *present participle*) to have been (*doing something*); **andar dormido** to sleepwalk; **andar en bicicleta** to ride a bicycle
anejo attached
anfitrión, anfitriona host; hostess
angloparlante English-speaking
anglosajón/anglosajona *n., adj.* Anglo-Saxon
angostura narrowness
angustia anguish
angustiarse to become distressed, disturbed
angustioso anguishing, distressing
anidar to dwell, live
animal *m.* **doméstico** (household) pet
animar to animate; to encourage
ánimo: estado de ánimo mood, frame of mind
anotar to make a note of, jot down
ansiado anxious; worried
ansiar (+ *inf.*) to long to (*do something*)
ansiedad anxiety; worry
antaño long ago; last year

ante before, in front of; with regard to
antepasado ancestor
anterior previous
antes *adv.* before; **antes de** *prep.* before; **antes (de) que** *conj.* before
anticipación: con anticipación in advance
anticipar to anticipate
antídoto antidote
antigüedad *n.* antique
antiguo ancient, old; former
antipático disagreeable, unpleasant
antitabaco antismoking
antro cavern, cave
anunciante *m., f.* advertiser
anunciar to announce; to advertise
anuncio advertisement; announcement
añadir to add
año year; **al año** per year
apacible mild; balmy (*weather*)
apagar to turn off (*a light or an appliance*)
aparato apparatus, device; appliance; machine; **aparato emisor** radio transmitter
aparecer to appear; to show up, turn up
aparición appearance, onset
apariencia appearance
apartado post office box
aparte *adv.* apart, aside; **aparte de** *prep.* apart from, besides
apasionado passionate
apasionante exciting
apegado attached
apelativo surname
apellido last name
apenas hardly, scarcely
apestar to stink, smell
apetecer to long for, crave for
aplicar to apply
aplomado poised, self-assured
aplomo aplomb, poise
apoderado/a attorney; manager
apoderarse de to seize, take possession of
apodo nickname
aportación contribution
aportar to contribute, bring
aporte *m.* contribution
apoyar to support
apoyo support
apreciar to appreciate
aprender to learn
aprendizaje *m.* learning
aprensión fear, misgiving
apretar (ie) to press, push
aprobar (ue) to approve
apropiado appropriate
apropiar to appropriate
aprovechar to take advantage of
aproximado approximate, close
apto apt, fit
apuntar to point out, indicate; to make a note of
apuradas: a las apuradas in a hurry
apurar to drain, drink, finish up; to annoy, irritate
apuro difficulty, jam, fix; hurry, haste
aquelarre *m.* witches' sabbath
árabe *m.* Arabic (*language*)

arándano cranberry
araña spider
árbitro referee, umpire
árbol *m.* tree
arce *m.* maple tree
Archipiélago canario Canary Islands
archivar to store, file
archivo archives, annals; files
ardilla squirrel
arduo arduous, difficult
argumentar to argue; to dispute
árido arid, dry
arma (*f.* but **el arma**) arm, weapon
armamentista *adj.* armaments
armario free-standing closet
armazón *m.* framework
armonía harmony
aro hoop, ring
aromatizador *m.* atomizer
aromatizar to perfume, scent
arquitectónico architectural
arrebatar to snatch away, seize
arrengada sardine
arriba: hacia arriba upward
arriesgado risky
arrojar to fling; to throw
arroz *m.* rice
arrugar to wrinkle
arterial: hipertensión arterial high blood pressure
artesanía handicrafts
artificioso artificial, unnatural
asamblea assembly
ascender (**ie**) to ascend, climb; to advance (*in business*)
ascenso ascent
ascensor *m.* elevator
asco disgust
asegurar to assure
asemejarse a to resemble
asentamiento settlement
asentar (**ie**) to seat; to rest, be
aseo cleanliness
así *adj.* such; *adv.* so, thus, in this manner; **así como** *conj.* as soon as; **así pues** so, then; **así que** so, then
asiduidad diligence; frequency
asiduo assiduous; frequent
asignación allowance
asignatura course, subject (*in school*)
asimismo likewise, also
asistir to attend
asociación association, partnership
asombro surprise, astonishment
asqueroso disgusting, revolting
astillas: hacer astillas to splinter
asunto matter, affair, subject
asustar to frighten
atacar to attack
atalaje *m.* harness; outfit, equipment
ataque *m.* attack
atascarse to become clogged; to become bogged down
atasco clog, jam
atención: poner atención to pay attention; **prestar atención** to pay attention
atender (**ie**) to take care of, look after; to wait on
atentado crime
atentamente attentively

atentar to attempt a crime
atento attentive; polite
aterrar to knock down, destroy; to terrify
aterrizar to land (*an airplane*)
atildamiento neatness, tidiness
atleta *m., f.* athlete
atormentado tormented
atracar to moor, dock; to bring or come alongside (*ship*)
atractivo attraction
atraer to attract, draw
atrapado trapped
atrás back; behind
atravesar (**ie**) to cross over, go through
atrevido daring
atribuir to attribute
aturdir to daze, stun
audacia audaciousness
audaz audacious
auge *m.* summit, height
aula (*f.* but **el aula**) classroom
aumentar to increase
aumento increase; raise; **ir en aumento** to be on the increase
aun even, yet, although
aún yet, still; **aún más** moreover, furthermore
aunar to combine
aunque although, even though
ausencia absence
austriaco/a Austrian
auténtico authentic
autobús *m. sing.* bus
autodestrucción self-destruction
autodestructivo self-destructive
autodidacto/a self-taught person
autódromo motorcar race track
autoestima self-esteem, self-respect
autoestimación opinion of oneself
automático: de cambio automático with automatic transmission
automovilismo *n.* driving; race car driving
automovilístico pertaining to race car driving
autopista freeway, highway
autor(a) author
autoridad authority
autorizar to authorize
auxilio help, aid
avasallador subjugating, subduing
avenida avenue
avergonzado ashamed, embarrassed
averiguar to verify; to find out
avión *m.* airplane
avisar to advise, notify; to warn
avivar to enliven; to excite
¡ay! *int.* alas! oh!
ayer yesterday
ayuda help, aid, assistance
ayudar to help
azafata airline stewardess
azar *m.* chance, hazard; **al azar** at random
azotes *m. pl.* whipping, flogging
azúcar: caña de azúcar sugar cane
azucena lily
azul blue

B

bachillerato equivalent of high school diploma

baile *m.* dance
bajar to get out of (*a vehicle*)
bajo *adj.* low; *adv.* under, below, beneath
balbuciente *adj.* stammering, stuttering
Baleares *f. pl.* Balearic Islands
balón *m.* ball; balloon; cylinder (*for gas*)
baloncesto basketball (*game*)
bamboleante *adj.* swinging, swaying
bancario of or relating to a bank
banco bank (*financial institution*)
bandera flag
baño bathroom; *pl.* baths, spa, watering resort
barato cheap
barcelonés/barcelonesa native of Barcelona
barco ship, boat
barra stripe
barrer to sweep
barrio neighborhood
bastante *adj.* enough, sufficient; *adv.* fairly, quite
bastar to be enough, sufficient; **bastar con** (+ *inf.*) to be enough, sufficient to (*do something*)
bastón *m.* cane (*for walking*)
basura trash
basurero trash can
batallar to fight, battle
batata sweet potato
batuta baton (*music*); **llevar la batuta** *coll.* to be in command, be the boss
bebé *m.* baby
beber to drink
beca scholarship
Bélgica Belgium
belleza beauty
bello beautiful
beneficiar to benefit
beneficio benefit; profit, gain
besar to kiss
beso kiss
bestiario medieval fables about animals
biblioteca library
bicho insect
bienes *m. pl.* wealth; goods; **bienes raíces** real estate
bienestar *m.* well-being
bienvenida *n.* welcome
bienvenido *adj.* welcome
bilingüismo bilingualism
binario binary
biólogo/a biologist
birmano/a *n.* Burmese
bisutería costume jewelry
blanco *n.* target, butt; *adj.* white; **la Casa Blanca** the White House
blando soft
blanqueador *adj.* whitening
boca mouth
bocadillo snack; appetizer
bocinazo loud blast of a horn (*automobile*)
boda wedding
bola ball; globe
boliche *m., coll.* cheap restaurant
bolonquí *coll.* racket, loud noise
bolsa purse, pouch; bag; wealth, fortune; stock market

bolsillo pocket; income
bombero/a firefighter
bombilla eléctrica electric light bulb
bonaerense of or from Buenos Aires
bonito pretty
Borbones Bourbons (*royal family*)
borde *m.* edge
bordeado bordered, surrounded
bordo: a bordo on board
borracho *adj.* drunk
bosque *m.* woods, forest
bosquejo outline, draft
bote *m.* rowboat; **bote neumático** inflatable raft; **bote salvavidas** lifeboat
botella bottle
botón *m.* button
botones *m. pl. sing.* bellhop
boxeador boxer
boxeo boxing
boya buoy
brasileño/a *n., adj.* Brazilian
brazo arm; **tomar del brazo** to take by the arm
breve short, brief
brillante brilliant, bright
brindar to offer; to drink a toast to
broma joke, jest
bromear to joke, jest
bronceado bronze, bronze-colored
bruto gross (*weight*); **de registro bruto** gross tonnage; **en bruto** unrefined
buceo underwater diving
buitre *m.* vulture
bulevar *m.* boulevard
buque *m.* ship, vessel
burdel *m.* brothel
burla joke, jest
burlarse de to make fun of, ridicule
buscar to look for
butifarra pork sausage

C

cabal complete, full
caballero gentleman
caballo horse
cabello hair
caber to fit; **caber que** to be fitting, suitable that; **no cabe duda** there is no doubt
cabeza head; **dolor** *m.* **de cabeza** headache
cabezudo large-headed; big-headed
cabida: dar cabida a to make room for
cabina cabin (*of ship*)
cabo: al cabo de at the end of; **al fin y al cabo** after all, at last; **llevar a cabo** to perform, carry out
cada each; every; **cada quien** each one (*person*); **cada vez + complement** increasingly, more and more; **cada vez que** whenever, every time that
cadáver *m.* corpse, body
cadena chain
caer to fall
café *m.* coffee; café
caída fall; falling out
caja box

cajetilla (cigarette) pack, packet
cajón (*m.*) **de los desechos** garbage bin
calamar *m.* squid
calamidad calamity, disaster
calcio calcium
calcular to calculate
caldera boiler; caldron
calefacción heat
calentamiento *n.* warming up
calidad quality
cálido warm; enthusiastic
caliente hot
calificar to rate; to consider, regard
calor *m.* heat; warmth
calumnia slander
calvario calvary, succession of troubles or sorrows
calzado shod, wearing shoes
callado quiet
callarse to shut up; to keep (*a thing*) secret; to pass over
callau i saumell *Cat.* Catalonian family names (*restaurant owner's name in article «Comer en catalán», which is mistaken for the name of a Catalonian dish*)
calle *f.* street
callos *pl.* tripe
cama bed; layer
cámara camera; **cámara de aislamiento** isolation chamber
camarero/a waiter; waitress
cambiar (de) to change
cambio change; **a cambio** in return; **de cambio automático** with automatic transmission; **en cambio** on the other hand; whereas
caminar to walk
camino road; path; way, means; journey
camión *m.* **todo torreno** four-wheel drive truck
camionero truck driver
camisa shirt
camiseta T-shirt
campaña campaign
campeón/campeona champion
campeonato championship
campo country(side); field (*of study, and so on*), sphere; **campo de golf** golf course
can *m.* dog
canal *m.* (TV) channel
canalizar to channel
canario: archipiélago canario Canary Islands
canción song
candado padlock
caniche *m.* poodle
cansado tired
cansancio fatigue, weariness
cántabro/a *n.* inhabitant of Cantabria (*region of Northern Spain*); *adj.* Cantabrian
cantante *m., f.* singer
cantar to sing
cantera pool (*group*)
cantidad quantity
caña de azúcar sugar cane
capacidad capacity, ability
capaz capable

capital *m.* capital (*money*); *f.* capital (*city*)
capitán *m.* captain
Capitolio Capitol
cara face
carabela light, fast-sailing ship
¡caramba! *int.* expression of surprise, anger, and so on
caraqueño/a *n.* native or inhabitant of Caracas; *adj.* of or related to Caracas
carbón *m.* coal; charcoal
carburo carbide (*chemical*)
carecer de to lack
carga load; office, position
cargar to load; **cargar con/de** to load with; to overload, burden with
cargo: a cargo de in charge of
caricaturista *m., f.* cartoonist
caricia caress
cariñoso affectionate
carne *f.* meat
carrera career; course
carrocería body (*of an automobile*)
carta letter
cartera de mujer lady's handbag
casa house; **en casa** at home
casamiento marriage
casarse (con) to get married (to)
cascabel: serpiente (*f.*) **de cascabel** rattlesnake
cascarrabias *m., f. sing.* grouch, crab
casco helmet
casero of or related to the home
casi almost; **casi que** very nearly, almost
caso *n.* case; **en caso de** *prep.* in the event of, in the case of; **en caso de que** *conj.* in case; **en todo caso** in any event, at any rate; **hacerle caso (a uno)** to pay attention (*to someone*)
castellano Spanish, Castilian (*language*)
castigar to punish
castigo punishment
casualidad chance; coincidence
catalán *m.* Catalan (*language*); **catalán/catalana** *adj.* Catalonian, from the Spanish region of Catalonia
catártico cathartic
cátedra: dictar cátedra to give a course of studies; to lecture
catedrático/a professor
caucho rubber
causa cause; **a causa de** because of
causar to cause
cavidad cave
caza: ir de caza to go hunting
ceder to cede, hand over; to abandon
cedro cedar (*tree*)
ceguera blindness
ceja eyebrow
celda cell
celebrar to celebrate
celeste star-struck
celos *m. pl.* jealousy
celosamente jealously
cena dinner, supper
cenicero ashtray
centenar *m.* one hundred
centésimo hundredth

centímetro centimeter
centro center; **centro ciudad** downtown; **centro comercial** shopping center
ceñir (i, i) to gird; to encircle
cerca *n.* fence
cerca de *prep.* near, close to
cercano near, close
cerebro brain
cereza cherry
cerradura lock
cerrar (ie) to close
certamen *m.* competition, contest
cerveza beer
césped *m.* lawn
cianuro cyanide
ciclismo bicycle riding
ciclo cycle
ciego blind
cielo sky-blue
cien, ciento one-hundred
científico *adj.* science, scientific; **ficción científica** science fiction
cierre *m.* closure; closing
cierto certain, a certain; sure; **lo cierto es que** the truth is that
cifra figure, number
cigala edible crustacean
cigarrillo cigarette
cigüeña stork
cilindro cylinder
cima top, summit
cimientos *m. pl.* foundations
cincuentena fifties (*age*)
cine *m.* movies; movie theater
cinta tape
circuito circuit, tour; perimeter; network
circulación traffic
circular to circulate; to move
círculo circle; club, group
cita appointment; **darse cita** to make an appointment (*with one another*)
citar to quote, cite
ciudad city; **centro ciudad** downtown
cizaña *coll.* harmful influence; dissension
clarividente *m., f.* clairvoyant
claro *adj.* clear; *adv.* of course; **poner en claro** to clarify
clase *f.* class; type, kind; **impartir clases** to teach
clasificar to classify
claudicación act of failure
clave *adj.* key
clima *m.* climate
cobardía cowardice
cobijar to shelter, lodge
cocido *n.* stew
cocina kitchen; cooking
cocinar to cook
cocinero/a cook, chef
coctelera cocktail mixer or shaker
coche *m.* car
codazo: a los codazos by elbowing one's way
codiciado coveted, desired
codificado codified
codo elbow
cohibido restrained, checked
coincidir to coincide; to agree

cola tail; line
colaborador(a) collaborator
colaborar to collaborate
colador *m.* strainer, colander
colarse (ue) to slip in, sneak in
colectividad community
colectivo *adj.* joint, group
colegio elementary or secondary school; college
colgar (ue) to hang
colina hill
colista *m., f.* last place finisher
colocar to put, place
colombino Columbian, pertaining to Columbus
Colón: Cristóbal Colón Christopher Columbus
coloquio discourse; conversation
color: a todo color in full color
colorista coloristic; vivid (*painting*)
coloso colossus, giant
combustible *m.* fuel
comedor: salón (*m.*) **de comedor** dining room
comentar to make comments, comment (on)
comentario comment; commentary
comenzar (ie) to begin
comer to eat
comercial commercial (*of or pertaining to business*); **centro comercial** shopping center
comercio business
comestible edible
cometer to commit
comeveneno poison-eating
comida meal; food
comienzo beginning
comité *m.* committee
como *adv.* as, like; as if, as though; approximately; *conj.* since, because
cómodamente comfortably
comodidad comfort
compañero/a companion; **compañero/a de clase** classmate
compañía company
compartir to share
compatriota *m., f.* fellow countryman/woman
competencia competition
competidor competitive
competir (i, i) to compete
complaciente obliging; agreeable
complejo *adj.* complex
completo complete, full; **por completo** completely
componer to compose, form, make up; **componerse de** to be composed of
comportamiento behavior
comportarse to behave
compra purchase
comprar to buy
comprender to understand
comprensible understandable
comprensión understanding, comprehension
comprensivo understanding
comprimido compressed
comprobar (ue) to verify, check; to prove
comprometido committed, involved

compromiso pledge, commitment; engagement
computadora computer
común common
comunicante communicating
comunicar to communicate; to impart
comunicólogo experto communications expert
comunidad community
comunitario *adj.* community; communal
concebido conceived
conceder to give; to agree on
conciencia conscience
conciudadano/a fellow citizen
concluir to conclude, end
concreto: en concreto in short, briefly
concurso contest
conde, condesa count; countess
condenado condemned; sentenced
condimento condiment, seasoning
condón *m.* condom
conducir to drive; to lead, guide; to conduct
conducta conduct, behavior
conducto digestivo digestive tract
conductor(a) driver
conejo rabbit
confección *n.* manufacture
confeccionador(a) manufacturer
conferencia conference, lecture
conferenciante *m., f.* conference speaker
confiable trustworthy, reliable
confiado trusting, confident
confianza confidence
confiar en to trust in
confidente faithful, trustworthy
conflictivo conflicting
conforme as soon as
confundir to confuse
confuso confused; mixed up, jumbled
conill *Cat.* rabbit
conjeturar to surmise, guess
conjunto whole, entirety
conmover (ue) to move (*emotionally*)
conocer to know, be acquainted with
conocimiento(s) knowledge
conquistar to win, win over
consagrar to consecrate, hallow
consanguineidad blood relationship
consciencia: tomar consciencia to become conscious, aware
consciente conscientious
consecuencia consequence; **en consecuencia** accordingly, therefore
conseguir (i, i) to obtain, get; **conseguir** (+ *inf.*) to manage to (*do something*), to succeed in (*doing something*)
consejero/a advisor, counsellor
consejo (piece of) advice
conserje *m.* concierge, porter
conservador *adj.* conservative
conservar to maintain, keep; to preserve
consiguiente consequent, resulting
consistir en to consist of
consolidarse to combine, merge

constar de to consist of
constatar to verify, confirm
consternado disturbed; dismayed
constituir to constitute, make up
construir to construct, build
consuelo consolation, comfort
consultorio doctor's office
consumidor(a) consumer
consumir to consume, eat
consumo consumption
contabilidad accounting
contador(a) público/a certified public accountant
contagiar to give or spread (a *disease*) by contagion
contaminar to contaminate
contar (ue) to count; to tell, relate; to consider, include; **contar en** to count on, rely on
contemplar to contemplate; to look at
contemporáneo *adj.* contemporary
contener (ie) to contain; to hold
contenido contents
contento content, happy
contestar to answer
continuación: a continuación following, next
contra *n. m.* con, opposing reason; *prep.* against; **en contra de** against
contradecir (i, i) to contradict
contraer matrimonio to marry, get married
contrariamente a contrary to
contrario: al contrario on the contrary; **de lo contrario** otherwise, if not; **todo lo contrario** just the opposite
contrarreloj *f.* race in which participants start at different times
contratación hiring
contrato contract
contribuir to contribute
controvertible debatable
contundente hard-hitting
convencer to convince
conveniente advisable; suitable
conversar: ¡a conversar! let's talk!
convertir (ie, i) to change; to turn into
convincente convincing
convivencia living together, cohabitation
convivir to live together, cohabit
copa cup (*in sporting events*)
copiadora copying machine
corazón *m.* heart
corder *m., Cat.* lamb
cordón *m.* **umbilical** umbilical cord
Corea Korea
corporal *adj.* body
corredor(a) runner
correo mail
correr to run
corresponder to repay, return (*a favor*); to fit, match
correspondiente corresponding
corresponsal *m., f.* correspondent
corriente *n. f.* current; *adj.* current; common
corroer to corrode, eat away
cortar to cut; to cut off, interrupt (*a conversation*)

corte *m.* cut; length, piece (*of cloth*); *f.* court (*body of courtiers*)
cortés courteous
cortesía courtesy
corteza skin, peel (*of fruit*)
corto *n.* short (*film*); *adj.* short
cosa thing; affair, matter
costa coast; cost; **a costa de** at the cost of
costar (ue) to cost
coste *m.* cost, price
costear to pay for
costillar *m.* ribbing, frame
costo cost
costoso costly
costumbre *f.* custom
cotidiano daily
cotillería *n.* gossiping
cotizado *coll.* popular; greatly sought after
creador(a) creator
crear to create
crecepelos *m. sing.* concoction that stimulates hair growth
crecer to grow; to increase
creciente growing
crecimiento growth
creencia belief
creer to think; to believe
cretino/a cretin, imbecile
criar to raise, bring up
criatura creature; infant, child
crisol *m.* crucible
crispadamente sharply, piercingly
cristal *m.* pane of glass; mirror
cristianismo Christianity
criterio criterion
crítica criticism
críticar to criticize
crítico critical
crónico chronic
crucero cruise
crudo raw
crueldad cruelty
cruzar to cross
cuadrado *adj.* square; *coll.* perfect
cuadro painting, picture
cual which; who
cualidad quality
cualquier *adj.* any
cualquiera *pron.* anyone; either; whatever
cuantioso considerable, substantial
cuanto: cuanto antes *adv.* as soon as possible; **cuanto más** the more; **en cuanto a** in regard to; **por cuanto** insofar as
cuánto how much, how many
cuarentena quarantine
cuarto *n., adj.* fourth; quarter
cuarto *n.* room; **compañero/a de cuarto** roommate; **cuarto de baño** bathroom
cuatrocentista *m.* Italian artist of the fifteenth century
cubrir to cover
cuchillo knife
cuello neck
cuenta bill; **darse cuenta (de)** to realize; **por cuenta propia** on one's own account; **tener en cuenta** to keep in mind
cuento short story
cuerda rope

cuerpo body
cuestión question; matter
cuestionario questionnaire
cuidado care; caution; concern; **con cuidado** carefully; **¡cuidado!** careful!
cuidar to take care of; **cuidar de** to look after, take care of
culpa fault; blame
culpabilidad guilt
culpable *n. m., f.* guilty one; *adj.* guilty
cultivar to cultivate; to develop
culto *n.* worship; *adj.* cultured; learned, erudite
cultor(a) worshiper
cumbre *f.* summit, top
cumpleaños *m. sing.* birthday
cumplir to carry out, perform; **cumplir con** to fulfill one's obligations
cuna cradle
cupo quota, share
curar to cure; to nurse, treat (*a patient*)
curiosidad curiosity
curioso curious; odd
currículum *m.* résumé
cursar to study, follow (*a course of studies*)
curso course; **curso por correspondencia** correspondence course
cuyo whose
culpar to blame; to accuse

CH

chalet *m.* chalet, summer house
chantaje *m.* blackmail
charlar to chat
chaval(a) youngster
chico/a boy/girl; young man/woman
chicharra cicada
chileno *adj.* Chilean
chimenea chimney
chino *n.* Chinese (*language*); *adj.* Chinese
chismes *m. pl.* odds and ends; gossip
chiste *m.* joke
chistoso funny, humorous
chupar to suck

D

daño damage
dar to give; **dar a luz** to give birth; **dar abasto** to be able to manage or handle; **dar cabida a** to make room for; **dar ganas de** (+ *inf.*) to feel like (*doing something*); **dar la mano** to shake hands; **dar lata** to annoy, irritate; to bore; **dar lugar a** to make room or space for; **dar palmaditas** to slap, clap (on the shoulder); **dar para pensar** to make (*one*) think; **dar pie** to give reason or cause; **dar un paseo** to take a walk, stroll; **dar un paso** to take a step; **darle rabia** to make (*someone*) angry, furious; **darle vueltas a (algo)** to think about (*something*) over and over again; **darse a entender** to make oneself

understood; **darse cita** to make an engagement, appointment (*with each other*); **darse cuenta (de)** to realize; **darse el caso de** to be the case, situation of
dársena dock
dato piece of information; *pl.* data
deambular to roam, wander aimlessly
debajo de beneath; **muy por debajo de** far below
deber *v.* (+ *inf.*) to have to, should, ought to, must (*do something*); to owe; *n. m.* duty; obligation
debido due, proper; **debido a** due to, because of
debilidad weakness
debilitamiento weakening
debilitarse to become weak
década decade
decálogo Ten Commandments
decano/a dean
decantar to decant, pour off
decena (group of) ten
decepción disappointment, disillusion
decepcionado disillusioned
decir (i, i) to say, tell; **es decir** that is to say; **querer decir (con)** to mean (by)
decodificado decodified
decoro decorum, propriety; respect
decreto decree
dedicar to dedicate, devote
defectuoso poor, improper
defensa defense; protection
defensor(a) defender, counsel for the defense
deficitario deficient, lacking
definitivo definitive; final; **en definitivo** clearly
deglutir to swallow
degradar to degrade, break down
degustar to taste, sample
dejar to leave; to let, allow; **dejar de** (+ *inf.*) to stop (*doing something*)
delante de in front of; opposite
delantero *n.* forward (*sports*)
delegar to delegate
delicado delicate
delirio delirium
delito crime
demás: lo demás the rest; **los demás** the others, the rest
demasiado *adv.* too, too much; *adj.* too much, too many
demostración demonstration
demostrar (ue) to demonstrate
denominar to name; to designate
densidad density
dentado: ruedas dentadas all-terrain tires
dentro de inside; within
denunciar to report (*a crime to the police*)
depauperización impoverishment
depender de to depend on
dependiente *n. m.* dependent part
deporte *m.* sport
deportista *m., f.* sportsperson
deportivo *adj.* sporting, sports
depositar to put; to place
depósito warehouse; storeroom
depredador(a) plunderer

deprimido depressed
depurado purified
derecho *n.* (*legal*) right; law (*profession*); *adj.* right
derivar to derive, come from
dermatólogo/a dermatologist
derramar to spread
derrame *m.* spill
derrotar to defeat
derroteros course, direction
desagradable unpleasant
desanimarse to become discouraged
desaparecer to disappear
desarrollar to develop; to promote; to set forth and work out
desarrollo development, growth; **país** *m.* **en desarrollo** developing country
desastre *m.* disaster
desatar to unleash
desbaratar to wreck, ruin
descansar to rest
descanso rest, repose
descargar to shoot, discharge; to unburden, ease
descenso descent; fall
desclasado/a *n.* lowerclass person; *adj.* lowerclass
descomponer to decompose; to break up
desconcertar (ie) to disconcert, surprise
desconcierto confusion, perplexity
desconfianza mistrust, suspicion
desconocido unknown
descontento displeasure, dissatisfaction
describir to describe
descubrimiento discovery
descubrir to discover; to expose
descuento discount
descuidado careless, negligent
descuidar to neglect, abandon
desde from; since; **desde entonces** since then; **desde hace** for (*period of time*); **desde luego** of course; **desde que** since, as soon as
desdeñable contemptible
desdicho degenerate, unworthy
desear to desire, want
desechado discarded, thrown away
desecho: cajón *m.* **de los desechos** garbage bin
desembocar to defeat
desempeñar to act, perform
desempeño performance
desencajado contorted, distorted; sickly looking
desenfrenado unrestrained
desenfundar to unsheathe
desentenderse (ie) de to have nothing to do with
desenvolverse (ue) *coll.* to get oneself out of (*a jam*)
deseo desire
desesperación desperation
desfavorable unfavorable
desgaste *m.* wear and tear
desgracia misfortune
desgraciadamente unfortunately
deshacer to undo; to destroy
desidia laziness; negligence
designar to designate
desinformativo uninformative

desinterés *m. sing.* altruism, selflessness
desleal disloyal
deslustrado dull
desmedido excessive
desmentido proven false
desmesurado impudent, insolent; bold
desmodulador *m.* scrambler (*television, radio*)
desmoronamiento decaying; *fig.* breakdown
desmoronarse to crumble, fall to pieces; to collapse
desnivel *m.* unevenness
desobedecer to disobey
desorden *m.* disorder
despacio slowly
despacho office
desparpajoso pert; self-confident
despectivo scornful
despedida farewell, leave-taking
despedir (i, i) to give off (*aroma*); to discharge, fire
despertador *m.* alarm clock
despertar (ie) to wake, awaken; **despertarse** to wake up
despliegue *m.* deployment
despreciar to scorn
desprecio scorn
desprender to give off (*vapor, gas*)
despreocupado carefree, happy-go-lucky
desprestigio loss of reputation
desprovisto lacking, devoid of
después *adv.* later; then; **después de** *prep.* after
destacado outstanding, prominent
destacar to stand out; **destacarse** to excel
destilación distillation
destinar to destine; to designate
destino destiny
destrozar to destroy; to mangle
destruir to destroy
desventaja disadvantage
desviarse to go off, branch off
detalle *m.* detail
detenerse (ie) to stop
detenidamente thoroughly
deterioro deterioration
detrás *adv.* after; **detrás de** *prep.* behind
deuda debt
devastador devastating
devolver (ue) to return (*something*)
devorar to devour
día *m.* day; **al día** per day; **al día siguiente** the next day; **buenos días** good morning; **de día en día** from day to day; **día a día** day by day; **Día de Gracias** Thanksgiving; **hoy (en) día** nowadays; **pasado día** day after; **todo el día** all day long; **todos los días** every day
diagnosticar to diagnose
diagnóstico diagnosis
diamante *m.* diamond
diario *n.* newspaper; *adj.* daily
dibujante *m., f.* sketcher
dibujo drawing
dictar to dictate
diente *m.* tooth

dietética *sing.* dietetics
dietético dietary
diezmar to decimate
diferenciarse to differ, differentiate
difícil difficult
dificultad difficulty
difundir to spread, disseminate; to make known
difusión spreading
digerible digestible
digerir (ie, i) to digest
digestivo: conducto digestivo digestive tract
dignidad dignity
digno worthy
dilatación dilation, expansion
diminuir to diminish
dinámica *sing.* dynamics
dinastía dynasty
dineral *m.* fortune, great sum of money
dinero money; wealth, fortune
Dios *m. s.* God
díptero dipteran (*two-winged insect such as a housefly, a mosquito, or a gnat*)
diputado/a representative
dirección direction; leadership
dirigente *m.* leader, manager
dirigir to direct; to lead; **dirigirse a** to make one's way to
disco record; **disco compacto** compact disc
discordia disagreement
disculpar to excuse, pardon
discurrir to roam, ramble
discurso speech
discutir to discuss; to argue
diseñador(a) designer
diseñar to design, create
diseño design
disfrutar (de) to enjoy
dislocado dislocated
disminución diminution, decrease
disminuir to diminish, decrease
disparar to shoot, fire; to hurl, let fly
dispensa exemption; certificate of exemption
disponer: disponer de to have at one's disposal; to have, possess; **disponerse a** (+ *inf.*) to get ready to (*do something*)
disponibilidad availability
disponible available
dispositivo device, mechanism, gadget
dispuesto: estar dispuesto a to be ready, prepared to (*do something*)
disputa dispute, controversy
disputar to dispute; to debate
distancia: de larga distancia long-distance; **mando a distancia** remote control
distenderse (ie) to become swollen
distinguir to distinguish, differentiate
distintivo distinctive
distinto distinct, different
distribuir to distribute
distrito district
disturbio disturbance, commotion
disuelto dissolved
diversión diversion, entertainment

divertido fun-loving, good-humored
divertirse (ie, i) to have a good time, enjoy oneself
doble double
docena dozen
docencia instruction
docente *m., f.* teacher; teaching staff
Doct.: doctorado doctorate
documental *m.* documentary
dolencia pain, ache
doler (ue) to hurt, ache
dolor *m.* pain; **dolor de cabeza** headache
doloroso painful
doméstico: animal *m.* **doméstico** (household) pet
domicilio home
dominar to master, control
dominio domination
don *m.* title of respect used before a man's first name
dormido asleep; **andar dormido** to sleepwalk
dormir (ue, u) to sleep
dormitorio bedroom
dotar de to endow, provide with
Dra.: doctora doctor
drama *m.* drama; play
drenar to drain
drogadicto/a drug addict
duda doubt; **sin duda** undoubtedly
dudar to doubt; to hesitate; **no cabe duda** there is no doubt
dueño/a owner, proprietor; landlord/lady
dulce sweet; soft
duodécimo twelfth
duplicarse to be duplicated; to be doubled
duradero lasting, durable
durante during; for (*a length of time*)
durar to last, endure
duro hard, difficult

E

e and (*used instead of* **y** *before words beginning with* **i** *or* **hi**)
eco echo
ecografía sonogram
ecológico ecological
ecologista *adj. m., f.* ecological
ecuatoriano *adj.* Ecuadoran
edad age; **Edad Media** *sing.* Middle Ages; **en edad escolar** school-age
edificio building; **edificio de apartamentos** apartment building
edil(a) town councillor
editar to publish
editor(a) editor, publisher
editorial *f.* publishing company or house
educado educated; reared, brought up
educativo educational
efectuar to carry, perform
eficacia effectiveness
eficaz effective
egipcio/a Egyptian
egoísta *m., f.* selfish, egotistical
eje *m.* axle; crux, main point
ejecución execution
ejecutar to execute, perform

ejecutivo/a *n., adj.* executive
ejemplar *m.* copy; sample
ejemplo example; **de ejemplo** as an example; **por ejemplo** for example
ejercer to exercise (*one's rights*); to practice (*a profession*)
ejercicio exercise; **hacer ejercicio** to exercise, do exercises
ejercitarse to train; to practice
ejército army
elaborado carried out
elaborar to manufacture, make
eléctrico electrical; **bombilla eléctrica** (electric) light bulb; **martillo eléctrico** jackhammer
electrodoméstico home appliance
electrónica *sing.* electronics
electrónico electronic; **contabilidad electrónica** spreadsheet
elegir (i, i) to elect; to choose
elepé *m.* long-playing record, LP
elevado high; tall; exalted
elevar to raise, lift; to hoist; to raise, elevate (*someone*) to a dignity
eliminar to eliminate; to remove
elogiar to praise
elogio praise
emanar to emanate
embalamiento packaging
embarazada pregnant
embarazo pregnancy
embargo embargo; **sin embargo** notwithstanding, nevertheless
embobado fascinated, captivated
emboscada ambush; trick
embotellado bottled
embotellamiento traffic jam, bottleneck
embrujado bewitched
emisor: aparato emisor radio transmitter
emisora broadcasting station
emitir to emit, send forth
emoción emotion; excitement, thrill
emotivo emotive, causing emotion
empapado soaked, drenched
emparejar to pair, match
empatar to tie, be equal
empedernido *adj.* diehard
empeñar en to be obliged to; to engage in
empeorar to get worse
empezar (ie) to begin
empleado/a employee
emplear to use
empleo employment
empobrecerse to become impoverished
empresa firm, company
empresarial *n., adj.* business, management
empresario/a manager; promoter
empujar to push, shove
empuje *m.* shove, push
enamoramiento love affair
enamorar to inspire love in; **enamorarse (de)** to fall in love (with)
enano/a dwarf
encabezamiento headline; heading; caption
encaje *m.* socket

encaminado guided; headed (*toward*)
encantador charming; delightful
encantar to delight, charm
encanto enchantment, fascination
encendedor *m.* lighter
encender (ie) to light
encerrarse (ie) to shut oneself up, confine oneself
encima de on top of; in addition to
encontrar (ue) to find; to meet; **encontrarse con** to meet, come across
encuadrar *fig.* to fit in, insert
encuentro encounter; meeting
encuesta survey
endemoniado demon-possessed
enemigo/a enemy
enemistad enmity
enérgico energetic
enfado annoyance; anger
énfasis: poner énfasis en to emphasize
enfermedad illness; disease
enfermero/a nurse
enfermo sick, ill
enfoque *m.* focus
enfrentamiento confrontation
enfrentar to face
enfrente in front
enfurecer to infuriate
engañarse to be deceived
engaño deceit
engendrar to engender; to produce
englobar to include
engordar to fatten
engreído spoiled, conceited, stuck-up
enjuiciar *fig.* to examine; to pass judgment on
enloquecer to go crazy
enojado irritated; angry
enojo irritation; anger
enorme enormous
enriquecimiento enrichment
ensayar to practice; to rehearse
ensayo essay; trial, test
enseñanza teaching
enseñar to teach
entender (ie) to understand; **darse a entender** to make oneself understood
entendimiento understanding
enterarse (de) to find out (about)
entero whole, entire
entidad entity
entonces then; in that case
entorno environment
entorpecer to hamper, delay
entrada entrance; **de entrada** from the first
entrar (en) to enter
entre between; among
entrecejo space between the eyebrows; frown
entrega *n.* handing over
entrenador(a) trainer, coach
entrenamiento training
entretejer to mix, mingle
entretener (ie) to entertain, amuse
entrevista interview
entrevistador(a) interviewer
entrevistar to interview
enumerar to enumerate
envenenar to poison
enviar to send
envidiar to envy
epidemia epidemic
época era, age; time; **hacer época** to make history
equilibrar to balance
equilibrio equilibrium, balance
equipaje *m.* luggage, baggage; equipment
equipo team; equipment; outfit, uniform
equitación horseback riding
equitativo equitable
erguirse to stand or sit erect
erróneo mistaken
escala scale; **escala de incendios** fire escape ladder
escalera *sing.* stairs, staircase; sequence
escalofriante shuddering, chilling
escándalo scandal
escaparate *m.* store window, display window
escaramuza skirmish
escarnio derision, mocking
escasez *f.* scarcity, shortage
escaso scarce; limited
escoger to choose, select
escolar *n. m., f.* student, pupil; **en edad escolar** *adj.* school-age
escoltado escorted
escollo *fig.* danger, pitfall
esconder to hide
escopeta shotgun, rifle
escotilla hatchway (*on a ship*)
escribir to write
escritor(a) writer
escrutado scrutinized
escuálido squalid, filthy
escuchar to listen to; to pay attention to
escuela school
esencia essence; being; perfume, fragrance
esforzarse (ue) to strive, make an effort; **esforzarse por** (+ *inf.*) to strive to (*do something*)
esfuerzo effort
esgrima fencing (*sport*)
eslora length (*of ship*)
esmero meticulousness
espacio space
espalda (*also pl.*) back; shoulder
espantar to drive or shoo away
espantoso frightful
español *m.* Spanish (*language*); **español(a)** *n.* Spaniard; *adj.* Spanish
esparcido scattered
espárragos asparagus
especial special; particular, specific; **en especial** specially
especialidad specialty
especie *f.* species; type, kind
especificar to specify
espectáculo show, performance
espectador(a) spectator
espectro spectrum
especulador(a) speculator
especular to speculate (*in business*)
espejo mirror
espeleología spelunking, exploration of caves and caverns
espeleólogo/a spelunker
espera: sala de espera waiting room
esperanto Esperanto (*artificial language for international use*)
esperanza hope; expectation
esperar to wait for; to hope; to expect
espina thorn, spine
espíritu *m.* spirit; courage; energy
espontaneidad spontaneity
espontáneo spontaneous
esposo/a husband; wife; spouse
esquema *m.* plan, outline; sketch
esquí *m.* skiing; ski
esquilmar to harvest
esquina corner
estabilidad stability
estabilizar to stabilize, make firm
estable stable, firm
establecer to establish
establecimiento establishment
estadio stadium
estadística statistic(s)
estadístico statistical
estado state; **en buen estado** in good shape; **estado de ánimo** state of mind, mood; **estado de cosas** state of affairs
Estados Unidos *m. pl.* United States
estadounidense of or from the United States
estafa swindle, deceit
estancamiento standstill, deadlock
estancar to dam up, stanch; to bring to a standstill
estanque *m.* pool, pond
estaño tin
estar to be; to be in a mood, state, or condition; **estar a favor de/en contra de** to be for/against; **estar de acuerdo** to agree, be in agreement
estatal of or pertaining to the state
estatua statue
estatura stature, height
estera straw mat
esterlina sterling; **libra esterlina** pound sterling
estético esthetic
estilo freestyle
estimable worthy of esteem
estimar to estimate; to value
estimulante stimulating
estimular to stimulate
estímulo stimulus; incentive
estirar to stretch
estirpe *f.* lineage, ancestry
estómago stomach
estorbo hindrance; obstacle
estrategia strategy
estrato stratum, layer; **estratos superiores de la sociedad** upper strata of society
estrecho narrow
estrella star
estremecer to shake, make tremble; to shock, astound
estrenar to debut
estrés *m. sing.* stress
estropeado spoiled, ruined

estudiantado student body
estudiante *m., f.* student
estudiar to study; to investigate
estudio study
estudioso studious
estupendo stupendous, marvelous
estupidez *f.* stupidity; stupid remark or action
estúpido stupid, foolish
estupor *m.* stupor
etapa stage, step; leg (*of a race*)
eterno eternal
ética *sing.* ethics
ético ethical
etimológicamente etymologically (*based on the derivation of a word*)
etiqueta evening dress, formal dress
evacuar to evacuate
evaluar to evaluate
eventualidad eventuality
evidente clear, obvious
evitar to avoid
evolucionar to evolve
exagerar to exaggerate
examen *m.* exam, test
exceptuar to exclude, except; to exempt
excitante exciting
exhausto exhausted
exhibir to exhibit
exigente demanding
exigir to demand
existente existing; on hand
éxito success; **tener éxito** to be successful
éxodo exodus
expansivo expansive, capable of expanding
expectativa expectation
experimentar to experience
explicable explainable
explicación explanation
explicar to explain
explosionar to explode
explotación exploitation
explotar to explode
exponer to explain, expound
extender (**ie**) to extend; to stretch out
extendido widespread
exterior exterior; outside
exterminio extermination
extinto extinguished
extintor *m.* fire extinguisher
extranjero/a *n.* foreigner; *adj.* foreign
extrañeza oddness, queerness
extraño strange, odd
extraterrestre extraterrestrial
extraviado lost; missing

F

fabricante *m.* manufacturer, maker
fabricar to manufacture, make
facciones *f. pl.* (facial) features
fácil easy
facilidad facility, ease; ability
facilitar to make easy
facultad college, school (*of a university*)
fachada facade; appearance
fagocitar to devour

falda skirt
falta lack, shortage; **hacer falta** to be lacking, missing; **sin falta** without fail
faltar to be missing, be lacking
fallar to let (*someone*) down, fail (*someone*)
fama fame
familia family
familiar *n. m.* relation, member of the family; *adj.* pertaining to the family; well-known
famoso famous
fanático/a fan; fanatic
fármaco sedante sedative
farmacopea *sing.* pharmacopoeia (*collection of drug formulas*)
fascinante fascinating
fatídico fateful
favor *m.* favor; **a favor de** in favor of; **por favor** please
favorecer to favor
fax *m.* fax machine
fe *f.* faith
fecundación fertilization
fecundidad fruitfulness, fertility
fecha date
federado federated
felicidad happiness
felicitar to congratulate
felino feline, cat
feliz happy; fortunate
feminidad femininity
feroz ferocious
feto fetus
fiabilidad reliability
fiar to trust; **fiarse de** to trust
ficticio fictitious
fidedigno reliable
fidelidad fidelity
fideo noodle
fiebre *f.* fever
fiel faithful
fiesta party
figurado figurative
figurar to figure, be, appear
fijarse en to pay attention to, notice
fijo fixed; stationary
fila rank
filial filial (*of a son or daughter*)
filtrar to filter
fin *m.* end, finish; aim, purpose; **a fines de** at the end of (*period of time*); **al fin** at last; **al fin y al cabo** in the end, when all is said and done; **fin de semana** weekend; **por fin** finally
finalidad finality
finalizar to conclude, finish
financiar to finance
financiero financial
finanzas *pl.* finance; finances
fingir to pretend, feign
fino fine, delicate; sheer (*fabric*)
finta feint (*fencing*)
firmamento firmament, heaven
firmar to sign
firme: mantenerse firme to stand firm
firmeza firmness
fiscal *m.* district attorney
fiscalizar to investigate, inspect
física *sing.* physics

físico physical
fisonomía face; countenance
flagelar to whip
fleco fringe, flounce
flecudo fringed or with frayed edges
flexibilidad flexibility
flexionado flexed, bent
flor *f.* flower; **mantis** *f.* **flor** praying mantis
florecer to flourish
florero flower vase
flotante floating
folio leaf (*of book*)
folletón *m.* long pamphlet or brochure
fomentar to foster, encourage
fondo fundamentals, basic ideas, essence; **a fondo** completely, thoroughly; **artículo de fondo** leading article; **en el fondo** at heart, deep down; basically
fonomímica lip reading
footing *m.* jogging; **hacer footing** to go jogging
foráneo foreign, alien
forma form; way, manner; **de todas formas** at any rate; **en buena forma** in good shape; **mantenerse en forma** to stay in shape
formación education; fashioning, shaping
formar to form; to educate
foro forum
forofo/a fanatic, fan
forrar to line, put lining in (*a dress, and so on*); to cover (*furniture, and so forth*)
fortaleza strength; fortitude
forzar (**ue**) to force
fósforo match (*for igniting*)
foto(grafía) *f.* photograph
fotocopiadora photocopier
fracasar to fail
fragilidad fragility
fraile *m.* friar, monk
francés *m.* French (*language*); **francés/francesa** *n.* Frenchman/Frenchwoman; *adj.* French
francófono French-speaking
franquicia exemption
frase *f.* phrase; sentence
frecuencia: con frecuencia frequently
frenar to bridle; to hold back
frenesí *m.* frenzy
frenético frenzied; frantic
freno brake; **frenos de mano** handbrakes
frente *n. m.* front; *f.* forehead; **de frente** without hesitation; straight ahead; **frente a** *adv.* facing
fresa strawberry
fresco *n.* coolness; freshness; **fresco** *adj.* fresh
frialdad coolness
fricción friction, discord
frondoso leafy; luxuriant
frontera frontier; border
frontón *m.* wall (*of ball court*)
fruncir to frown; to crumple
frustrado frustrated
frutero *n.* fruit dish or plate; *adj.* fruit

fuego fire
fuente *f.* source
fuera outside, out; **¡fuera!** get out!
fuerte strong
fuerza strength; power; force, violence; **a fuerza de** by means of
fumador(a) smoker
fumar to smoke
función function
funcional functional
funcionar to function, work; to act
funcionario official; **funcionario de turno** officer on duty
fundación foundation
fundador(a) founder
fundar to found, establish
fundir to melt
fútbol *m.* soccer
futbolista *m.* soccer player

G

gaélico Gaelic (*language*)
gala: tener a gala to take pride in
galés *m.* Welsh (*language*)
Gales *m.* Wales
gallego/a Galician; *coll.* dim-witted person
gama range, gamut
ganador(a) winner
ganar to win; to earn; **ganar a** to beat (*someone in a game*)
garantizar to guarantee
garrafa container
gastar to spend (*money*)
gasto expense
gato/a cat
gelatinoso gelatinous
gemelo *adj.* twin
general general; **en/por lo general** in general, generally
generalidad majority
generalizado generalized; common
generar to generate, produce
generosidad generosity
generoso generous
genetista *m., f.* geneticist
genial brilliant; affable
genio genius; character; ability, talent; energy
gente *f. sing.* people
gentuza (*derogatory*) rabble, mob
geólogo/a geologist
gesta exploit
gestación gestation
gesto gesture; **hacer gesto** to gesture
gigante *adj.* giant
gimnasio gymnasium
giro turn (*of phrase*)
glorioso glorious
glosario glossary
gobernador(a) governor
gobierno government
gol *m.* goal (*sports*)
golf: campo de golf golf course
golondrino swallow
golpe *m.* blow; bump, bang
golpear to hit; to pound
goma rubber
gordo: en lo más gordo del verano in the hottest part of summer

gorro cap
gótico Gothic
gozar de to enjoy
grabación recording
gracia grace, charm; **dar (las) gracias** to thank; **Día** *m.* **de Gracias** Thanksgiving; **gracias a** thanks to; **hacer gracia** to please, be pleasing; **muchas gracias** thank you very much
grado degree; **en mayor grado** to a greater extent
graduado/a graduate
graduarse to graduate
gramática grammar
gran, grande great; big, large; **a lo grande** on a big scale; **en gran parte** for the most part; **gran premio** first prize; **Grandes Ligas** Major Leagues
granada grenade
gratificante gratifying
grato agreeable, pleasing
gratuito free
grave serious, grave; important
gremial pertaining to a trade union
griego Greek (*language*)
gris gray; **escala de grises** a range of gray tones
gritar to shout
grueso thick
guante *m.* glove
guapo handsome
guardafango mudguard, fender
guardar to keep; to put away
guardería day-care center
guardia: de guardia on guard, on duty
guerra war
guerrero soldier
guerrilla band of guerrillas
guía guide; manual
guiar to guide; to lead
guión *m.* film script
gustar to please, be pleasing
gusto taste; **a su gusto** as one wants or wishes

H

haber *v.* to have (*auxiliary v.*); to be; **ha de ser** it must be; **hay** there is/are; **hay que** (+ *inf.*) to have to (*do something*)
haber *n.* credit; **en su haber** to one's credit
hábil clever; capable
habilidad ability
habilitar to furnish, provide
habitación room
habitacional inhabitable
habitáculo dwelling
habitante *m., f.* inhabitant
habitar to live, reside in
hábito habit
habitual customary, usual
hablar to talk; to speak
hacer to do; to make; **hace** (+ *time period*) ago; **hacer** (+ *time period* + *inf.*) to get or have (+ *past participle*); **hacer ejercicio** to exercise, do exercises; **hacer época** to make history; **hacer falta** to be lacking, missing; **hacer gesto** to gesture; **hacer gracia** to please, be pleasing; **hacer preguntas** to ask questions; **hacer sol** to be sunny; **hacer sombra a** to overshadow; **hacer un resumen** to summarize; **hacerle caso** to pay attention to (*someone*); **hacerse** to become; to turn into; **hacerse regalos** to exchange gifts
hacia toward; **hacia arriba** upward
halcón *m.* falcon, hawk
halófilo halophytic (*that thrives in saline soil*)
hallar to find
hallazgo find; discovery
hambre *f.* hunger; **tener hambre** to be hungry
hamburguesa hamburger
hasta *prep.* until; up to; *adv.* even; also; **hasta que** *conj.* until
hecho fact; act; event; **de hecho** truly, actually; in fact
hedor *m.* stench, stink
heredar to inherit
herencia inheritance; heritage
herida wound
herir (ie, i) to wound; to injure, hurt
hermano/a brother; sister
hermoso beautiful
herramienta tool
hervido boiled
hidromasaje *m.* hydromassage
hielo: patinaje *m.* **sobre hielo** ice-skating
hierba grass; herb
hierro iron
hígado liver
hijo/a son; daughter; **hijos** *pl.* children
hilo thread
himenóptero hymenopteron (*insect such as fly, wasp, bee*)
hinduista *adj.* Hindu
hipertensión high blood pressure
hipoglucemia low blood sugar
hipótesis *f. sing.* hypothesis
hispánico/a *n.* Hispanic
hispano *adj.* Hispanic; **de habla hispana** Spanish-speaking
hispanohablante *m., f.* Spanish speaker
hispanoparlante *m., f.* Spanish speaker
historia history; story
historieta short story
hogar *m.* home
hogareño home-loving; domestic
hoja leaf; sheet (*of paper*)
hola hi
holandés/holandesa Dutch
hombre *m.* man
homenaje *m.* homage
homogéneo homogenous, similar
hondo deep
hondura depth
honestidad honesty
honrado honest, upright
hora hour; time; **media hora** half an hour
horario schedule
horizonte *m.* horizon

hormiga ant
horno kiln; oven
hospitalidad hospitality
hostilidad hostility
hoy today; **hoy (en) día** nowadays
hs.: horas hours
hueco hole; gap
huele third person singular of **oler**
huelga strike (*labor*)
huelo first person singular of **oler**
huevo egg
humanidades humanities
humedad humidity
húmedo humid; wet, moist
humildad humility
humilde meek
humo smoke
humor *m.* humor; mood, temper; **de buen/mal humor** in a good/bad mood
hundirse to sink
huracán *m.* hurricane
hurtadillas: a hurtadillas furtively, on the sly

I

ida going, departure
idear to plan, think up
idéntico identical
identidad identity
identificar to identify
ideológico ideological
idioma *m.* language
ídolo idol
idóneo suitable, proper
iglesia church
igual equal; same; similar; **de igual modo** in the same way; **igual que** the same as
igualdad equality
iluminar to illuminate
ilustrado/a enlightened, learned person
ilustrador(a) illustrator
ilustrar to illustrate
ilustre illustrious; famous, renowned
imagen *f.* image
imán *m.* magnet; attraction
imitar to imitate
impactante impacting
impartir to impart; **impartir clases** to teach
impedir (i, i) to impede
imperio empire
imperioso imperious, arrogant
impermeable *m.* raincoat
impertinente insolent
implicar to imply
imponente imposing
imponer to impose
importar to be important; to matter
imprenta printing; press
imprescindible essential; imperative
impresionante impressive
impresionar to impress
impreso printed
impresora printer
imprimir *fig.* to imprint, stamp, fix (*in the mind*)
impulsado driven
impulsividad impulsiveness
inacabado unfinished

inadvertido unnoticed
inamovible immovable
inapropiado inappropriate
inaugurar to inaugurate, open
incapaz incapable
incendio fire
incertidumbre *f.* uncertainty
incierto uncertain
incinerador *m.* incinerator
incluir to include
incluso *adv.* even; including
incógnita unknown quantity; mystery
incómodo uncomfortable
incomprensible incomprehensible
incomprensión incomprehension, lack of understanding
inconcebible inconceivable
inconfundible unmistakable
inconsciente unconscious
incontable countless
inconveniente *m.* drawback, difficulty
incorporar to incorporate
incredulidad incredulousness
increíble unbelievable
incrementar to increase
incrustación inlay
incultura lack of culture or refinement
indagar to investigate, examine
indeciblemente exceedingly
indicar to indicate
indignado indignant
indio *adj.* Indian
indispensable essential
indispensablemente indispensably, necessarily
individualidad individuality
individuo/a individual
índole *f.* nature, character
indolencia laziness, apathy
indudable doubtless
inédito unpublished
ineludible inevitable, unavoidable
inesperado unexpected
inexistente non-existent
infancia infancy
infantil children's
infarto de miocardio condition in which part of the heart muscle is dead or dying
inferior lower
inferir (ie, i) to infer, deduce
infiel *m., f.* unbeliever, pagan
influir en to influence
informática computer science
informático *adj.* computer
infundado groundless
ingeniarse (para) to use one's wits (to)
ingeniería engineering
ingenio ingenuity
ingente huge, enormous
ingenuidad naiveté
ingesta ingestion
Inglaterra England
inglés *m.* English (*language*); **inglés/inglesa** *n.* Englishman/Englishwoman; *adj.* English
ingresar to enter (*as a student, member*)
ingreso entrance; *pl.* revenue

iniciar to initiate, begin
ininterrumpido uninterrupted
injustificado unjustified
inmadurez *f.* immaturity
inmerso immersed
inmóvil immobile
inmueble *m.* real estate
innecesariamente unnecessarily
inolvidable unforgettable
inopinadamente unexpectedly
inquietante disquieting, disturbing
inquieto/a restless, anxious person
inquietud restlessness
inquilino/a tenant
insatisfecho dissatisfied
inscribirse to enroll, register
inscriptos/as enrolled students
insectífugo insect repellant
inseguro insecure; uncertain
insistir en to insist on
insólito unusual, uncommon
insoluble unsolvable
insonorizado soundproofed
insoportable unbearable
instalación installation; plant
instantáneamente instantly
instruir to instruct
insultante insulting
insurgente *m., f.* insurgent, rebel
integrado integrated
integral whole
integrante: parte *f.* **integrante** constituent part
intensidad intensity
intensificar to intensify
intentar to attempt, try
intercambiar to exchange
intercambio exchange
interdicción prohibition
interés *m. sing.* interest; **tener interés en** to be interested in
interesadamente interestedly
interesante interesting
interesar to interest
interlocutor(a) speaker
internar to intern, detain; to go into
interno internal; domestic
intérprete *m., f.* interpreter
interpuesto intervening
interrelación interrelationship
interrogado questioned
interrogante *m.* question; questioning
interrogatorio cross-examination, interrogation
interrumpir to interrupt
intimar to become intimate or well acquainted (*with someone*)
íntimo intimate; cherished
intoxicar to poison, intoxicate
intromisión meddling
intruso/a intruder
inundación flood
inventiva inventiveness
invento invention
inverso opposite, reverse
investigación investigation; research
investigador(a) investigator; researcher
investigar to investigate; to do research on
invierno winter
invitado/a guest

involucrado involved, implicated
ir to go; **ir** (+ *gerund*) to be beginning to (*do something*); **irse** to go away, leave
ira anger, wrath
irlandés/irlandesa *adj.* Irish
irreal unreal
irrealidad unreality
irreflexivo impetuous, impulsive
irrepetible irreplaceable
irrespirable suffocating
irritante irritating
irrupción invasion
isla island
italiano *m.* Italian (*language*); **italiano/a** *n.*, *adj.* Italian
izquierda *n.* left (*direction*)
izquierdo *adj.* left
irritarse to get irritated

J

jactancioso boasting, boastful, bragging
jalea jelly, jam
jamaicano/a Jamaican
jamás never
japonés/japonesa *adj.* Japanese
jardín *m.* garden
jefe/a chief, leader; boss; head
jerarquía hierarchy, rank
jerarquizado arranged hierarchically
jerga jargon; slang, lingo
jornada day; workday
joven *n. m., f.* youth, young person; young man; young woman; *adj.* young; youthful
joya jewel, piece of jewelry
judío Jewish
juego game; play, playing
juez *m.* judge
jugada play
jugador(a) player
jugar (**ue**) to play; **jugar a** to play (*a sport or game*)
jugoso juicy
juguete *m.* toy
jungla jungle
junta council; board
junto *adj.* joined, united; *adv.* together; at the same time; near; **junto a** near, next to; **junto con** along with, together with
jurar to swear, declare on oath
justificar to justify
justo *adj.* just, fair; fitting; exact, precise; *adv.* justly, fairly
juventud youth
juzgar to judge, pass judgment on

L

labio lip
laboral *adj.* pertaining to work or labor
lado side; aspect, point of view; **al lado de** at the side of, next to; **de un lado a otro** from side to side; **por todos lados** on all sides, everywhere
lagarto lizard
lago lake
lámina lamina, thin plate or sheet

lámpara lamp; light
langosta lobster
lanzar to throw, hurl; to shoot or cast; **lanzarse a** to embark on, launch into; to begin to; to break into
lapso lapse, passing of time
largo *n.* length; *adj.* long; abundant; **a la larga** in the long run, in the end; **a largo plazo** long-term; **a lo largo de** throughout, throughout the course of
lastimar to injure, hurt
lata: dar lata to annoy, irritate
latifundista *m., f.* owner of a large estate
leal loyal, faithful
lector(a) reader
lectura reading
leche *f.* milk
leer to read
legendario legendary
lejano distant, remote
lejos far away, in the distance; **a lo lejos** in the distance
lengua language; tongue
lenguaje *m.* language, idiom; speech
leningradense from Leningrad
lento slow
león *m.* lion
lesión injury, wound
letra letter (*of the alphabet*); *pl.* arts, letters (*branch of learning*)
letrero sign, placard
levantar to raise, pick up; **levantarse** to get up
léxico *n.* lexicon, dictionary; characteristic vocabulary; *adj.* lexical
ley *f.* law, decree
leyenda legend; motto, inscription
liberador liberating
liberar to free, liberate
libertad liberty
libra esterlina pound sterling
libre free, independent; **estilo libre** free style; **ratos libres** free time; **tiempo libre** free time
Lic.: licenciado holding a bachelor's degree
licenciado/a lawyer; licentiate, holder of a licentiate or bachelor's degree
licenciatura licentiate, bachelor's degree; study leading to a licentiate
líder *m.* leader
lidiar to fight; *fig.* to oppose, face
liga league
ligar to tie, bind; to commit; *coll.* to get
ligereza lightness; fickleness; tactlessness, indiscretion
ligero *adj.* light
límite *m.* limit; boundary, frontier
limón *m.* lemon
limonada *n.* lemonade; *adj.* lemon, lemon-colored
limpieza *n.* cleaning; cleanliness
limpio clean; full, loud
linaje *m.* lineage, ancestry; class
lindo pretty, lovely
línea line
lingua franca *Lat.* any language that is widely used as a means of communication among speakers of other languages
lingua terrae *Lat.* world language
lío *coll.* mess, jam, fix
listo ready; prepared; smart, clever
literario literary
litoral *m.* coast, shore
local *m.* locale, place
localizar to locate, find
loco: estar loco to be crazy
locomotora locomotive, engine
locutor(a) announcer, commentator, speaker
lógica logic
lógico *adj.* logical
lograr to achieve, attain; to obtain; **lograr** (+ *inf.*) to manage to (*do something*); to succeed in (*doing something*)
logro attainment, achievement
lombardo/a *adj.* Lombard, of or from Lombardy, Italy
Londres London
longanissa *Cat.* pork sausage
lucir to wear; to display, show, exhibit; **lucirse** to stand out, shine; to look one's best
lucha fight; struggle
luchar con to fight or struggle with or against
luego soon; immediately; then; **desde luego** of course; **luego de** after; **luego que** as soon as
lugar *m.* place, spot, site; **dar lugar a** to make room or space for; to give rise to; **en lugar de** instead of; **tener lugar** to take place, happen
lujoso luxurious
luthier *Fr.* (stringed-) instrument maker
luz *f.* light; **dar a luz** to give birth

LL

llamada call
llamar to call; to summon; to name; **llamar la atención** to attract attention; **llamarse** to be called
llamativo showy, gaudy
llano common, ordinary
llanta tire
llanura plain, prairie
llave *f.* key
llegada arrival
llegar to reach, arrive, get, come; **llegar a** to reach, get to, arrive at; **llegar a** (+ *inf.*) to manage to (*do something*)
llenar to fill; **llenar de** to fill with
lleno full
llevar to take, carry, transport; to wear, have on; to take, lead; to win, get; **llevar** (+ *time period*) to have been for (+ *time period*); **llevar a cabo** to carry out; **llevarse** to carry off; to win, get; **llevarse bien con** to get along well with
llorar to cry, weep
llover (**ue**) to rain
lluvia rain
lluvioso rainy

M

macerar to marinate
macizo solid
macrocefalia condition of being or having a large head
machacar to crush, pound
madera wood; timber
maduixes *Cat.* strawberries
madurar to mature
maduro mature
maestro/a teacher
magisterio teaching profession; degree in education
magnificado magnified, exaggerated
magnífico magnificent; splendid
maior *Port.* biggest
mal *n.* disease, illness; *adv.* badly, poorly; wrong, wrongly; **estar mal** to be ill; **mal, malo** *adj.* bad; harmful; unpleasant
maldad wickedness, evil
maldecir (i, i) to curse
maldito damned, accursed; bad, wicked
malestar *m.* malaise; unease, disquietude
maletín *m.* small suitcase or valise
maloliente smelly, foul-smelling
maltratar to abuse, ill-treat
malversar to embezzle
mallorquín/mallorquina Mallorcan
mamá, mami *f. familiar form of* madre
mamarracho *m.* ridiculous or despicable figure
mamífero mammal
mandar to send; to order, command
mando command, authority; **estar al mando de** to be in command of; **mando a distancia** remote control
manejar to manage, direct; to handle; to drive (*a car*); **manejarse** to conduct oneself, behave
manejo handling; management, administration; **manejo de banco de datos** database management
manera way, manner, method; **de esta manera** in this way, thus; **de manera que** so that, in such a way that; **de todas maneras** anyway, at any rate
manga sleeve; set (*tennis*); breadth
mango handle; **tener la sartén por el mango** to have the upper hand, be in control
manía craze; habit
maniático/a crazy person
manifestación demonstration, public meeting; declaration, statement; expression, manifestation
manifestar to express; to declare; to reveal; **manifestarse** to show or reveal oneself
manifiesto: poner de manifiesto to show, reveal, make evident
manipular to manipulate
mano *f.* hand; **dar la mano a** to give or stretch one's hand to; to shake hands with; **tener entre manos** to handle or manage (*something*); to have some plan in mind
manta blanket; traveling rug

mantener (ie) to maintain, support; to have; to keep; to keep up; **mantener a raya** to keep at bay; **mantenerse** to maintain oneself; to keep oneself; to stand or remain firm; **mantenerse en forma** to keep in shape; **mantenerse firme** to stand firm
manubrio handle bar
manzano apple tree
mañana tomorrow; morning; **por la mañana** in the morning
maquillaje *m.* make-up; cosmetics
máquina machine; engine; apparatus
maquinaria machinery
mar *m., f.* sea, ocean; **nivel** *m.* **del mar** sea level
maravillarse to marvel, be astonished
marca make, brand
marcación numbering
marcador(a) de punto scorekeeper
marcar to mark; to point out; to designate; to score (*a goal*)
marcha operation, function; speed, velocity; to progress, advance; **marcharse** to go away, leave, depart
mareo dizziness, seasickness
margarita daisy
margen *m., f.* margin; occasion, cause, reason
marido *m.* husband, spouse
marinero/a sailor
mariposa butterfly
marisco shellfish
marisquería seafood bar; fish market
marítimo *adj.* maritime; sea, marine
martillo hammer
más more; most (*superlative*); **cada vez más** more and more, increasingly; **más o menos** more or less
masa mass, body, group
mástil *m.* mast
mata coast
matar to kill
materia matter; material, substance; subject (*studied at school*); **materia prima** raw material
materno maternal
matiz *m.* hue, tint, shade
matrícula enrollment, registration
mayor *adj.* great; greater, larger; greatest, largest; older; oldest, eldest; adult, grown-up
mayoría majority
mayúsculo important
mecanismo mechanism; machinery, works; gear
medalla medal; medallion
media sock, stocking; half an hour; **Edad Media** *sing.* Middle Ages
mediado: a mediados de halfway through, in the middle of
mediano medium, average
mediante *adv.* with the help of, by means of, through
medicina medicine, art of healing; medicine, remedy
médico/a *n.* doctor, physician; *adj.* medical
medida measure, step, precaution; proportion; **a medida de** in proportion to, according to; **a medida que** as, at the same time as; **en buena medida** for the most part; **en la medida en que** to the extent that; **hecho a medida** made to measure

medio *n.* half; environment, surroundings; society; method, way; *pl.* means, resources, funds; *adj.* half; average; **a medias** half each, half and half; **en medio** in the middle; in between; meanwhile; **medio ambiente** environment; **medio tono** half tone; **por medio de** by means of
medir (i, i) to measure
meditar to meditate
mejilla cheek
mejor *adj., adv.* better; best
mejora improvement
mejorar to improve
melancolía melancholy, sadness
melisa balm, lemon balm
melodioso melodious, tuneful, musical
mellizo/a twin
membranoso membranous
memoria memory
mencionar to mention; to name; **antes mencionado** above-mentioned
menor *n. m., f.* minor (*person under age*); *adj.* younger; youngest; smaller; smallest; lesser, least; minor
menos *adv.* less; least; fewer; fewest; *prep.* except; **al menos** at least; **de menos** short, less; **más o menos** more or less; **menos de** less than; **por lo menos** at least
menosprecio contempt, scorn; underestimation
mensaje *m.* message; communication
mensual monthly
menta mint
mentir (ie, i) to lie
menudo: a menudo often, frequently
mercader(a) merchant, dealer
mercado market, market place
merecer to deserve, merit, warrant; **merecer (+** *inf.***)** to deserve to (*do something*)
mesa table; **mesa redonda** round table (*for discussions*)
meta goal, object, aim
meter to put in, put into; to insert; to introduce; **meter cizaña** to sow discord
método method, technique, manner, custom
metodología methodology
mezcla mixture, compound
mezclar to mix; to blend, unite
mezcolanza *coll.* mixture, hodgepodge
miedo fear, dread; **tener(le) miedo (a)** to be afraid (*of*)
miembro *m.* member
mientras *conj.* while, when; *adv.* when, meanwhile; **mientras tanto** in the meanwhile, meantime
mil *m.* thousand, one thousand

milagroso miraculous
militar *adj.* military
milla mile
millares *m. pl.* thousands, scores
mínimo *n., adj.* minimum
minoría minority
minoritario *adj.* minority
minusválido/a handicapped person
miocardio myocardium
mirada look, glance, view
miramiento consideration, attention; caution, circumspection
mirar to look at, watch, observe; to contemplate; to consider; **mirar de frente** to look in the face
misericordia mercy, compassion, pity
mismo *adj.* same; myself, yourself, himself, herself, itself, ourselves, yourselves, themselves; very; *adv.* right; **ahora mismo** right now; **darle a uno lo mismo** to be the same to one
misterio mystery; secret
misterioso mysterious
mitad half; middle; center; **a/en la mitad (de)** in the middle of
mítico mythical, mythic
mito myth
mixto mixed, mingled; made up of persons of both sexes or individuals of various kinds
mochila backpack, knapsack
moda fashion; **estar de moda** to be in fashion; **ponerse de moda** to come into fashion
modales *m. pl.* manners
modalidad type, kind
moderado moderate; controlled
moderador(a) moderator
modernidad modernity, modernness
modestia modesty
modesto modest, unassuming
modismo idiom, idiomatic expression
modo manner, way; **a modo de** like, in the manner of
moisés *m. sing.* bassinet, crib
molde *m.* mold; pattern, model
molestar to annoy, bother, pester; to disturb, molest; **molestarse** to bother, go out of one's way
molestia annoyance, trouble; discomfort; unpleasantness
molesto annoying, bothersome
molusco mollusk
mono *sing.* overalls
monólogo monologue, soliloquy
monótono monotonous; unvarying
monstruo monster, monstrosity
monstruoso hideous; shocking; hateful
montado mounted
montaña mountain
montañismo mountaineering, mountain climbing
montañoso mountainous
montar: montar un lío to cause a row, kick up a ruckus
mora blackberry
moralismo: hacer moralismo to moralize
mordisco nibble, bite; fragment bitten off

morir (ue, u) to die
mortalidad mortality; death rate
mosca fly
mostrar (ue) to show; to exhibit; to demonstrate, explain, point out; **mostrarse** to show oneself to be
motivar to motivate, cause; to explain
motivo motive, reason; **con motivo de** on the occasion of
moto *f. coll.* motorcycle
motociclismo *n.* motorcycling
mover(se) (ue) to move
movilidad mobility; changeableness
movimiento movement; motion
muchacho/a youngster; youth; young person; *m.* boy; servant, houseboy; *f.* girl; maid
mucho *adj.* much, a lot of; many; *adv.* a lot, much, very much; a long time; **muchos/as** *pron.* many
mudar to change, vary; to move, move to another place; **mudarse de casa** to move to another house
mudo mute, silent
mueble *m.* piece of furniture
mueca grimace, face; grin
muerte *f.* death, demise; ruin, end
muerto/a *n.* dead person; *adj.* dead
muestra sample; pattern
mujer *f.* woman; wife
muleta crutch (*for a handicapped or injured person*)
multa fine
multiplicar(se) to multiply
multitudinario multitudinous
mundial worldwide, universal
mundo world, earth; **todo el mundo** everyone
munición ammunition, munitions
municipalidad town council; municipality
muntanya *Cat.* mountain
muñeca doll
muro wall
músculo muscle
muselina muslin
museo museum
música music
muslo thigh
muy very, much, greatly; too

N

nacer to be born
nacimiento birth; source; beginning
nación nation
nacionalidad nationality
nada *n., pron.* nothing; nothingness; *adv.* not at all; **de eso nada** none of that; **nada más** nothing more; **nada menos** nothing less, no less; **para nada** for nothing; *adv.* not at all
nadar to swim
nadie *m., pron.* nobody; not anybody, no one
naftalina naphtalene (*hydrocarbon used as a moth repellant*)
naranja *n.* orange
nariz *f.* nose
narración narration
narrador(a) narrator

narrativa narrative, tale, story
natación swimming
natatorio swimming pool or place
naturaleza nature; type, kind; temperament, character
naturalidad naturalness
náutico nautical; **deportes** *m.* **náuticos** water sports
nave *f.* ship
navegante *m., f.* navigator, sailor
navegar to sail, navigate
Navidad Christmas; *pl.* Christmas season
navideño pertaining to Christmas
nébeda catnip
necedad stupidity, foolishness
necesario necessary
necesidad necessity
necesitar to need, require; to want; **necesitar de** to be in need of
negarse (ie) a to decline to (*do something*)
negociación negotiation; deal, transaction
negociante *m., f.* dealer, trader, merchant
negocio business, business concern; affair, business
negro/a *n.* black person; *adj.* black
nervio nerve
neumático *n.* tire (*of a car*); *adj.* pneumatic
nexo link, tie
ni *conj.* neither, not; not even; **ni que** as if; **ni siquiera** not even
nieto/a grandson; granddaughter; **nietos** *pl.* grandchildren
nieve *f.* snow
ningún, ninguno *adj.* no, not any, none, not one, neither
niñero/a babysitter
niño/a young boy; young girl; **niños** *pl.* young children
niponés/niponesa *adj.* Japanese
nítido sharp, clear
nivel *m.* level; **nivel del mar** sea level
nivelar to level
nocivo harmful, injurious
nocividad harmfulness, noxiousness
noche *f.* night; **buenas noches** good night
nombrar to name, mention by name
nombre *m.* name
nordeste *m.* northeast; northeast wind
norma standard; rule, regulation
nota news, piece of news; note; comment, observation
notar to note, notice
noticia piece of news, news item; *pl.* news
noticiero newscast, news bulletin
novedad novelty, innovation; recent event, piece of news; *pl.* news
novedoso novel, new, recent
novio/a boyfriend/girlfriend
núcleo nucleus; focal point
nuevo new; **de nuevo** again, anew
nulidad nullity, invalidity; worthlessness; incompetence, uselessness
nulo null, void, invalid; worthless, useless
número number

numeroso numerous
nunca never, at no time
nutritivo nourishing, nutritious

O

obedecer to obey
obediencia obedience
obeso fat, obese
obesidad obesity, fatness
objeción objection
objetivo *n.* objective, aim, goal; *adj.* objective
objeto object; purpose; subject
obligar to force, compel; **obligar a** (+ *inf.*) to oblige to (*do something*)
obligatorio obligatory, compulsory
obra work; product; **obras públicas** public works
obstáculo obstacle, impediment
obstante: no obstante notwithstanding, nevertheless
obstar to stand in the way; to obstruct, hinder, impede
obtener (ie) to obtain, get
obviamente obviously
ocasión occasion, opportunity; reason, cause
occidental western
occidente *m.* west
océano ocean
ocioso idle
octavo eighth
ocultar to hide, conceal
oculto hidden
ocupación occupation; employment, job
ocupante *m., f.* occupant
ocupar to occupy; **ocuparse de** to attend to; to concern oneself about
ocurrir to occur, happen; to come to mind
odiar to hate
odio hate, hatred
oeste *m.* west
oferta offer
oficina office
oficio occupation, job, work
ofrecer to offer
oído (inner) ear; **de oído** by ear
oír to hear; to listen
ojo eye
oler to smell
olor *m.* smell, odor; **olor a** to smell of
oloroso fragrant, odorous
olvidar(se) to forget; **olvidarse de** (+ *inf.*) to forget to (*do something*)
olla saucepan, pot
onda psicoboliche *coll.* of or having a sixties or a hippie mentality
opinar to think; to form, express or have an opinion; **opinar de** to think of
opio opium
oponerse a to oppose, be opposed to, resist
oportunidad opportunity
oportuno opportune, timely; convenient
opuesto opposite
oración sentence; clause
orador *m., f.* orator, speaker

orden *m.* order; regular arrangement; order, peace; order (biological); *f.* order, command
ordenador *m.* computer
ordenar to arrange, put in order; to order (*in a restaurant*)
ordinario: de ordinario ordinarily, usually, customarily
oreja ear
organizador(a) *n.* organizer; *adj.* organizing
orgullo pride; arrogance
orgulloso proud
orilla bank (*of a river*); shore (*of a sea*)
oro gold
orquesta orchestra
orquídea orchid
ortopédico/a orthopedist
osar to venture; dare; **osar** (+ *inf.*) to dare to (*do something*)
oscilar to oscillate; to fluctuate, change
oscurecer to darken; to obscure, cover up; to confuse
oscuridad darkness
oscuro dark; obscure; **a oscuras** in the dark
oso bear
ostentar to make a show of; to display or flaunt
otoñal autumnal, pertaining to fall
otorgamiento granting, awarding; issuing
otorgar to grant, give, award
otro/a *n., adj.* other; another; a different one; **por otro lado** on the other hand
oxidante oxidizing
oxigenado oxygenated
oxígeno oxygen

P

pabellón *m.* pavilion building in an exposition
paciencia patience
paciente *m., f.* patient
padecer to suffer from; to be the victim of
padre *m.* father; *pl.* parents
pagar to pay (for)
página page
país *m.* country
paisaje *m.* landscape
pájaro bird
palabra word, term; **pedir la palabra** to ask for the floor; **tener la palabra** to have the floor, have the right to speak
palacio palace; mansion
pálido pale, pallid
palmada slap; handclap
palmera palm tree
palo brasil brazilwood
palomita check mark
palpitar to palpitate; to beat, throb
pan *m.* bread
pánico panic
pantalón *m.* trousers, pants
pantalla screen (*television or cinema*)
papá, papí *m.* shortened forms of **padre**

papel *m.* paper; piece of paper; role, part; **desempeñar** or **hacer un papel** to play a role or part
papiro papyrus
paquete *m.* package
paquistaní *n. m., f. and adj.* Pakistani
par *m.* pair
para for; on behalf of; in order to; toward; for, by, at
paracaidismo parachute jumping
paracaidista *m., f.* parachutist
paradójicamente paradoxically
paraguas *m. sing.* umbrella
paralelo *adj.* parallel
parar to stop
parcela plot, lot, parcel (*of ground*)
parcialmente partially
parecer to appear, seem, look; to look like, seem or appear to be; **al parecer** apparently; **parecer** (+ *inf.*) to appear to (*do something*); **parecer bien/mal** to seem a good/bad idea; **parecer que** to look as if, appear that; **¿qué le parece?** what do you think?; **según parece** apparently; **parecerse a** to look like, be like, resemble
pared *f.* wall
pareja pair, couple; partner
paréntesis *m. sing.* parenthesis; **entre paréntesis** in brackets or parenthesis
pariente/a relation, relative
paro unemployment
párrafo paragraph
parte *f.* part; share; place, spot; **en gran parte** largely; **por otra parte** on the other hand; **por parte de** on the part of; **por todas partes** everywhere
Partenón *m.* Parthenon
participar (en) to participate, take part
particular particular; special, extraordinary; **domicilio particular** private residence; **en particular** specially, particularly
particularidad particular property or feature, peculiarity
partida: punto de partida starting point, point of departure
partido (*political*) party; match, game
partir to depart, leave; **a partir de** as of, from (*this moment, that date, and so on*)
pasado *n.* past; **pasado** *adj.* past, gone by; last (*week, month, year*); **pasado mañana** the day after tomorrow
pasajero/a passenger; traveler
pasar to happen, occur; to pass, go; to go by; to spend (*time*); **pasar a** (+ *inf.*) to go on to (*do something*); **pasar de** to be more than, exceed; **pasar por** to go through, undergo; **pasarlo bien/mal** to have a good/bad time; **pasarse** to overdo it
pasatiempo pastime, amusement; hobby
pascua poinsettia
pasear to take a ride

paseo walk, avenue; ride; drive; **dar un paseo** to take a walk, stroll, or ride
pasillo corridor, passage
pasivo passive
paso step, pace; **abrirse paso** to force one's way; **dar un paso** take a step; **de paso** in passing; **paso a paso** step by step
pastel *m.* pie, cake; *fig.* portion, share
pasto pasture
pata paw
patada kick
patente clear, evident, obvious
patentizar to make evident or obvious
paternidad paternity
patinaje *m.* skating
patinar to skate
patria country, native land
patrimonio patrimony; heritage
patrocinador(a) sponsor; backer
paulatinamente little by little, gradually
paulatino slow, gradual
pauta guide, rule, pattern, model
pavimento pavement
pavo turkey
paz *f.* peace; peacefulness; tranquility; **dejar en paz** to leave in peace
peatonal *adj.* pedestrian
pecado sin
pecho: tomar a pecho to take to heart
pedazo piece
pedido request
pedir (i, i) to ask, request; to order (*in a restaurant*); **pedir la palabra** to ask for the floor, ask to speak
pelear to fight; to struggle
película film
peligro danger, peril, hazard; **estar en peligro** to be in danger
peligroso dangerous, hazardous
pelo hair; **tomarle el pelo a alguien** to pull someone's leg; to tease someone
pelotero baseball player
pelotón *m.* squad, team; crowd
peltre *m.* pewter
pena penalty, punishment; **¡qué pena!** what a pity; **so pena de** under penalty of; **valer la pena** to be worthwhile, be worth it
pendiente *m.* earring
penetrar to penetrate
penique *m.* penny
pensamiento thought; idea; thinking
pensar (ie) to think; to think over, consider; **¡ni pensarlo!** I wouldn't dream (think) of it!; **sin pensar** without thinking, thoughtlessly
peor *adv., adj.* worse; worst
pequeño/a *n.* small child; *adj.* small, little
pera pear
perdedor(a) loser
perder (ie) to lose; **perder de vista** to lose sight of
pérdida loss, waste

perdón pardon, forgiveness; **¡perdón!** excuse me!
perdonar to forgive, pardon
perdurar to last, last a long time
pereza laziness; slowness
perfilar to profile, outline
perfumar to perfume
perfume *m.* perfume
periódico newspaper, journal; periodical
periodismo journalism
periodista *m., f.* journalist, reporter
período period
permanecer to stay, remain
permiso permission; permit; license
permitir to permit, allow; **permitir** (+ *inf.*) to permit or allow (*to do something*)
pero but, yet; except
perpetrar to perpetrate, commit
perpetración perpetration
perpetuidad perpetuity
perplejo perplexed, confused
perro/a dog
persa *n. m., f.* Persian, person from Persia
perseguir (i, i) to pursue, chase; to persecute
personaje *m.* personality, character
perspectiva perspective
persuadir to persuade
pertenecer to belong; to pertain
perteneciente pertaining, referring; belonging
pertinaz pertinacious, tenacious; persistent
pertrecharse to equip, supply oneself
perturbador disturbing, upsetting
perturbar to disturb, upset
pervertido/a pervert
pesa weight (*for weight lifting*)
pesar to weigh; **a pesar de** in spite of; **pese a** in spite of
pescado fish (*food item*)
pescador/a person who fishes
pescar to fish
peseta *monetary unit of Spain*
peso weight
pesquera fishing ground, fishery
pesquero *adj.* fishing
peste *f.* stench; plague
pétalo petal
pez *m.* fish (*alive*)
picardía mischievousness
pie *m.* foot; **a pie** on foot; **al pie de** at the foot of; **dar pie** to give reason or cause
Piedad Micheangelo's *Pietà*
piedra rock, stone
piel *f.* skin; fur; leather
pierna leg
pinar *m.* pine grove
pino pine tree
pintar to paint
pintor(a) painter, artist
pintura painting, picture
piña pineapple
piola: patente *m.* **de piola** stamp of approval
pionero/a *n., adj.* pioneer
pirotecnia *sing.* pyrotechnics

pisar to tread on, step on
piscina swimming pool
pisco pisco, grape brandy
piso flat, apartment
pisotear *fig.* to trample on, squash
pista track; racetrack; **a pie de pista** on the playing field
pitanza pittance; alms, dole; food; wage, remuneration
pitillo cigarette
placer *m.* pleasure, joy
planchado *adj.* ironed
planear to plan
planeta *m.* planet
planificación planning
planificar to plan
plano flat
planta plant
plantear to raise, pose (*problem, doubt, question*)
plasmar to form, shape, create
plástico *n.* plastic; *adj.* aesthetic, well-formed; plastic; **artes** *f.* **plásticas** fine arts
plata silver
plátano banana
platicar to talk over, discuss
plato plate, dish
playa beach, shore
plaza place, space, room
plazo: a largo plazo in the long run
plebeyo *adj.* plebeian
plegable folding
plenitud plenitude, fullness
pleno full, complete; **en pleno** (+ *n.*) in the middle of (+ *n.*)
pletórico plethoric
población population, citizenry; city, town, village
poblado populated, settled
pobre *n. m., f.* poor person; *adj.* poor, needy, indigent; unfortunate
poco *n.* little, small amount; *adj.* little, scanty, not much; few, not many; **poco a poco** little by little; *adv.* little; **un poco de** a little
poder *n. m.* power, strength; *v.* to be able; to have the power or strength
poderío power, strength; authority
poderoso powerful, mighty
podrirse to rot, putrefy, decay
poema *m.* poem
polaco Polish (*language*)
polémica *n.* polemic, controversy
polémico *adj.* polemic, polemical
poleo *coll.* cold wind
policía *m., f.* police officer; *f.* police force
poliéster *m.* polyester
poliestireno polystyrene (*a plastic used in molded products, foams and sheet materials*)
polietileno polythene, polyethylene (*a plastic used chiefly for containers, electrical insulation and packaging*)
polilla moth
polipropileno polypropylene (*a plastic used chiefly for molded parts, electrical insulation, packaging, and fibers for wearing apparel*)
política *n. sing.* politics; policy
político/a *n.* politician; *adj.* political

polivitamínico *adj.* multivitamin
pomposo magnificent, sumptuous, pompous
poner to put, place, set, lay; to turn on (*a light or appliance*); to call, give (*a name or nickname*); **poner a prueba** to put to the test; **poner atención** to pay attention; **poner cara de** (+ *n.*) make a facial expression; **poner en claro** to explain; **poner una tienda** to set up a store; **ponerse** to become, get; to set oneself, set about; **ponerse de mal humor** to get in a bad mood; **ponderse en ridículo** to make oneself look ridiculous
popularidad popularity
popularizado popularized
populoso populous; crowded
por *prep.* by; for; through; along; over; by way of; via; around; about; in; at; by means of, in exchange for; in order to; as, for, as being; per; **por ahí** around there; **por ciento** percent; **por completo** completely; **por consiguiente** therefore, consequently; **por cuanto** inasmuch as; **por de pronto** to start with; **por dentro** on the inside; **por ejemplo** for example; **por el día** during the day; **por eso** for that reason; **por favor** please; **por fin** at last, finally; **por la mañana/noche/tarde** in the morning/at night/in the afternoon; **por lo común** usually; **por lo general** generally; **por lo menos** at least; **por lo tanto** therefore; **por medio de** by means of; **por otra parte** on the other hand; **por otro lado** on the other hand; **por parte de** on behalf of; **¿por qué?** why?; **porque** because; **por si acaso** just in case; **por supuesto** of course; **por tanto** therefore; **por último** lastly; **por un lado/una parte** on one hand
porcentaje *m.* percentage
porción portion, part
porosidad porousness, porosity
porque *conj.* because, as; in order that
porqué *m.* reason, cause
portador(a) bearer; carrier
portafolio portfolio, attaché case
portar to carry, bear
portátil portable
porteño/a person who lives in a port city
portugués/portuguesa *n. and adj.* Portuguese
porvenir *m.* future
pos: en pos de in pursuit of
posadero *n. sing.* buttocks, behind; **posadero** *adj.* having to do with lodging, hostelry
poseer to possess; to own
poseído/a *n.* possessed person (*controlled by an emotion, evil spirit, and so on*)
posguerra postwar period
posibilidad possibility; power, capacity, ability; *pl.* means, property

posición position; place, situation
postre *m.* dessert; sweet
postulante *m., f.* applicant
potencia power, strength
potenciar to empower; make powerful
práctica practice; **hacer prácticas** to practice; to train
prácticamente practically
practicar to practice; to perform, carry out
práctico practical
preceder to precede, go before
precio price; cost
precisamente precisely; necessarily
precisar to specify, determine
precoz precocious, advanced
predecir (i, i) to predict, foretell
predicador(a) preacher
predicar to preach
predilecto *adj.* favorite, preferred
predominar to predominate, prevail
predominio predominance, superiority
prefacio preface
preferido *adj.* favorite
preferir (ie, i) to prefer
pregunta question; **hacer una pregunta** to ask a question
preguntar to ask (*a question*); **preguntarse** to wonder; to ask oneself
prejuicio prejudice, bias
preliminar *n. m.* preliminary; preparation
prematuro premature; untimely
premio prize, award
prensa press, newspapers
preocupación preoccupation, concern, worry
preocupar to worry, concern; **preocuparse con/por** to worry about
preparado pharmaceutical preparation
prepararse a/para (+ *inf.*) to prepare/get ready to (*do something*)
preponderancia preponderance, superiority
presa prey, catch
presencia presence; **en presencia de** in the presence of
presentación presentation; appearance
presentador(a) presenter
presentar to present, submit; to present, give, offer; to display; to introduce (*one person to another*); **presentarse** to appear; to present oneself; to introduce oneself
presente *n. m.* present; *adj.* present, current; **tener presente** to keep in mind
presidencia presidency
presidente/a president
presidir to preside over; to govern
presintonizar to pretune, preset (*radio station*)
presión pressure
prestación benefit, feature
préstamo loan, loaning, lending
prestar to lend, loan; **prestar atención** to pay attention; **prestarse a** to lend itself to
prestigio prestige, good standing

presupuesto budget
pretender to pretend to (*for example, a throne*); to court; to claim, pretend
pretensión claim, aspiration; intention; pretentiousness, pretention; conceit, presumption
prevalecer to prevail
previamente previously
previo previous, former
prima: materia prima raw material
primario primary
primavera spring, springtime
primer, primero first; foremost, best; leading, principal; early, original; **por primera vez** for the first time; **primer plato** first course
primigenio original
primitivo primitive
primor *m.* skill; **primores de feminidad** feminine wiles
primordialmente fundamentally
princesa princess
príncipe *m.* prince
principiante/a beginner, learner, novice
principio beginning, start; principle, idea; **a principios de** at the beginning of; **al principio** in or at the beginning; **en un principio** in the beginning
prisa: tener prisa to be in a hurry
prisión prison
prisionero/a prisoner
prismático lens
privado private
privilegiado privileged; uncommon
privilegio privilege
pro: en pro de for, pro
probabilidad probability
probar (ue) to prove; to test; to try
problemática *sing.* problems, a series of problems
procedente (de) coming, originating, proceeding from
proceder to proceed; **proceder de** to originate or come from
procesamiento: procesamiento de palabras word processing
procesar to process (*word processing*)
procesión act of proceeding or originating; procession; parade
proceso process
proclamar to proclaim, declare; **proclamarse** to proclaim oneself
procurado obtained
producir to produce; to cause, bring about; **producirse** to happen, take place
productividad productivity
profano/a uninitiated or lay person
profundidad depth
profundizar to delve deeply into (*a subject*); to explore
profundo profound, intense; deep
prohibir to forbid, prohibit
prójimo fellow man, neighbor
prole *f.* progeny, offspring
proliferar to proliferate, multiply
prolongar to prolong, extend
promedio average, mean
prometedor promising, hopeful
prometer to promise; to offer

prometido engaged, betrothed
promisorio promissory
promocionar to promote; to foster, encourage
pronosticar to foretell
pronto soon; quickly; promptly; **lo más pronto posible** as soon as possible; **tan pronto como** as soon as
propagado propagated, increased by reproduction
propaganda publicity, advertising, propaganda
propenso prone, inclined, predisposed
propicio propitious, favorable
propiedad property; attribute, quality
propietario/a owner, proprietor, landlord/landlady
propio one's own; very, exact; same; typical, characteristic; self
proponer to propose; to suggest, put forward; **proponerse** to propose, plan
proporción proportion
proporcionar to furnish, supply, provide
propósito aim, object, purpose
propuesta proposal, proposition
propugnar to defend, protect; to advocate
prosa prose
prosaico prosaic
proseguir (i, i) to continue, proceed
próspero prosperous, thriving, successful
proteger to protect, defend
proteína protein
proveer to provide, supply
provenir (ie, i) to proceed, originate, arise from
provincia province
provocar to provoke, to cause
proximidad proximity, closeness
próximo near, nearby, close; next
proyección projection
proyecto project, plan, design
prueba proof, trial, test; **poner a prueba** to put to the test
psicoboliche: onda psicoboliche coll. of or having a sixties or hippie mentality
psicología psychology
psicológico psychological
psicólogo/a psychologist
psiquiatra m., f. psychiatrist
psíquico psychic, psychical
PSOE: Partido Socialista Obrero Español (Spanish Socialist Worker's Party)
ptas.: pesetas Spanish monetary unit
pubertad puberty
publicar to publish
publicidad publicity
publicitario advertising, publicity
público n. public; adj. public
pueblo town, village; common people, working classes
puente m. bridge
puerta door; date; doorway; entrance
puerto port, harbor
pues since, because, as
puesta setting

puesto n. post, position, job; adj. put; placed; set; turned on (a light or appliance); **puesto que** conj. because, inasmuch as, since
pugna fight; struggle, conflict
pulga flea
pulgada inch
pulmón m. lung
pulóver m. pullover, sweater
pulpo octopus
pulsar to pulse
puntaje: obtener puntaje to score (points in a game)
punto point; **estar a punto** to be on the point of, be about to; **punto de partida** point of departure; **punto de vista** point of view
puntuación punctuation
puro pure; utter, absolute; sheer
púrpura purple

Q

quedar to remain, stay, stay behind; to be left, be left over; to be, get; to be, be situated; to finish, stop; **quedar atrás** to be left behind; **quedarse** to remain, stay; to be left
queja complaint
quejarse to complain
quemar to burn; **quemarse** to burn; to get burnt
querer (ie) to want; to wish; to love, to be fond of, like; **como quiera que** however, in whatever way; since; **querer decir** to mean (to say)
querido/a adj. dear
queroseno kerosene
quien pron. who, whom; the person who; whoever, whomever
quién who, whose
quieto quiet, still; peaceful, calm
quijote m., f. quixotic person
químico adj. chemical
quincena fifteen days, two weeks
quintillizo quintuplet
quinto fifth
quiosco kiosk; newsstand
quirófano operating room
quirúrgico surgical
quitar to remove; to eliminate; to steal
quizá, quizás maybe, perhaps

R

rabia: dar rabia a to make (someone) angry
rabo tail
racional rational
racionalizador(a) rationalizer
radiador m. radiator
radicar to take root; to be, lie, be found; to be located; to live, settle
radiodifusora broadcasting or radio station
raíz m. root; **bienes** m. **raíces** real estate
rajatabla: a rajatabla at any cost, regardless
rama bough, branch
ramillete m. bouquet
ramo bouquet; cluster; bough

rango rank
ranura groove, slot
rapidez f. rapidity, speed
rápido rapid, quick
raquitismo poverty, impoverished state
raro rare, uncommon; odd, peculiar; **rara vez** seldom, infrequently
rasgo trait, feature
ratón m. mouse
ratos libres free or spare time
raya: mantener a raya to keep at bay
raza race; breed, lineage
razón f. reason, explanation; reason, cause, motive; **con razón** understandably so, with good reason, that explains it; **dar la razón a** to agree with, side with; **tener razón** to be right
razonable reasonable
reaccionar to react
real royal; real; genuine
realidad reality; truth, fact; **en realidad** really, truly
realista realistic
realización accomplishment
realizador(a) producer
realizar to carry out, perform; to realize, accomplish; **realizarse** to be accomplished, fulfilled
realmente really, in reality, actually
rebelde rebellious; stubborn, unyielding
rebosante (de) full, brimming (with)
rebuscado affected, unnatural, pedantic
recapacitar to turn over in one's mind; to reconsider
recargado overloaded; heavy
receptor adj. receiving
recetar to prescribe (medicines)
recibir to receive; to get, earn; to accept; to meet, go to meet, welcome; **recibirse** to graduate
recién recently, newly; **recién llegado/a** newcomer
reciente recent
recipiente m. receptacle, container
reciprocado reciprocated
recíproco reciprocal, mutual
recital m. recital
reclamar to claim, demand; to clamor for
reclamo protest, claim, reclamation
recobrar to recover, regain
recoger to collect, gather; to pick up, take back
recolector(a) collector
recomendación recommendation
recomendar (ie) to recommend; to advise
recompensa compensation, reward
reconfortante comforting, consoling
reconocer to recognize; to acknowledge; to admit, confess
reconocimiento recognition; acknowledgment
reconstruir to reconstruct; to rebuild
recordar (ue) to remember; to remind; to remind of
recorrer to peruse; to travel; to cross, go over or through

recorrido space or distance traveled; course, run, journey
recrear to amuse, delight
rectorado directorship
recuerdo memory; keepsake, souvenir
recuperar to recover, recuperate, regain
recurrir to resort (to); to revert, return (to); to appeal (to)
recurso recourse, resort; *pl.* means, funds; resources, wealth; **recursos económicos** economic resources; **recursos humanos** human resources; **recursos naturales** natural resources
rechazar to reject
rechazo rejection
red *f.* net; network, system
redactar to write; to draw up
redactor(a) writer; editor
rédito revenue, income
redonda: mesa redonda round table (*for discussions*)
redondear to round out, complete
reducción reduction, decrease
reducir to reduce; to decrease; to condense
reemplazar to replace; to supersede
reemplazo replacement, substitute
referencia account, narration; reference, allusion; relationship
referir (ie, i) to relate, report, narrate; to refer (to); **referirse (a)** to refer oneself (to)
refinado refined, polished; subtle, artful
refinamiento refinement; refining
reflejar to reflect; to show, reveal; to ponder, consider
reflejo reflection; image; vestige
reflexión reflection (*light, image, and mental*)
reflexionar (sobre) to reflect or meditate (on)
reformular to reformulate, restate
reforzar (ue) to reinforce, strengthen; to encourage; to intensify
refrán *m.* proverb, saying, adage
refrescante refreshing; cooling
regado layed out, displayed
regalar to give as a present
regalo gift, present
regatear to haggle over, bargain
régimen *m.* regime, regimen; system, regulations, rules; diet
registrar to examine, inspect; to register, record
registro registration; **registro bruto** gross tonnage
regla rule, law; principle
reglamentado regulated by rule, decree or law
regresar to return, give back; to return, come or go back
regular to regulate; to control
regularmente regularly
regusto aftertaste
reina queen
reinado reign
reincorporarse to become reincorporated; to join again

reino kingdom, realm
reírse (i, i) to laugh
relación relation, relationship
relacionar to relate, connect; associate; **relacionarse** to be or become connected or related; to make connections, get acquainted
relajación relaxation
relajarse to become relaxed; to relax
relegar to relegate, exile; to put aside, forget about
reloj *m.* clock; **contra reloj** against the clock (*of races in which participants start at different times*)
rematar to finish off; to complete, put the finishing touch on (*something*)
remedio remedy, cure, solution; **no tener más remedio que** to have no alternative but to (*do something*)
remitir to send, transmit
remolcado towed
remontarse to go back (*to some date in the past*)
remover (ue) to remove, move; to stir
remunerado remunerated, recompensed
rendirse (i, i) to surrender
renovación renewal; replacement
renovado renovated; renewed
renunciar to renounce, give up; to resign from
repartir to parcel out; to allot
repasar to review; to go over, explain again; to scan, skim through
repaso review
repente: de repente suddenly
repetir (i, i) to repeat
reponerse to recover, recuperate
reposar to let settle; to rest, take a nap; to lie buried
representante *m., f.* representative; agent
representar to represent; to show, express; to perform (*theater*)
reprimir to repress
reprochar to reproach
reproche *m.* reproach, rebuke
repuesto spare part
repugnancia repugnance, aversion, disgust
repugnante repugnant; disgusting, repulsive
repulsar to repulse, reject; refuse
requerimiento request; demand; requirement
requerir (ie, i) to require, need
requisito requirement, requisite
rescate *m.* rescue
residir to reside
residuo residue; remainder, rest
resistir to be able to endure, bear, or withstand
resolver (ue) to solve, resolve
respaldado supported, backed up
respecto: al respecto in regard to the matter; **con respecto a, respecto a/de** with respect to, with regard to
respetar to respect, honor
respirar to breathe
resplandecer to shine; to excel, stand out

resplandor *m.* brilliance; splendor
responder (a) to answer, reply, respond (*to*)
responsabilidad responsibility; reliability
responsable (de) responsible (*for*)
respuesta answer, reply, response
resto *n.* rest, remainder; *pl.* remains
restregada hard rubbing or scrubbing
restringido limited, restricted
resultado result, effect, consequence; **como resultado** in consequence
resultar to result, arise; to prove to be; to be advantageous
resumen *m.* summary
resumir to sum up, summarize
retaguardia rear guard
retar to challenge, dare
retener (ie) to retain
retirada withdrawal; retreat
retirarse to withdraw, retire; to go into retirement
retiro retreat, secluded place
reto challenge, dare
retrato portrait, likeness, picture, photograph, painting
reubicado relocated
reunión reunion, meeting, assembly
reunir to join, unite; to assemble, gather, collect
revelar to reveal
revés *m. sing.* setback; **al revés** backward
revestir (i, i) to coat, line, dress, cover with; to adorn
revisar to revise, examine, inspect
revista magazine, journal
revolucionar to revolutionize
revolucionario revolutionary
revolver (ue) to mix; to jumble up, disarrange
rey *m.* king
rezagado left behind; postponed
rezar to pray; *coll.* to say, read
rico/a *n.* rich person; *adj.* rich, wealthy; rich, abounding in; delicious
ridículo ridiculous; **ponerse en ridículo** to make a fool of oneself
riesgo risk; **correr riesgo** to take or run a risk
rigor *m.* rigor; precision
rinoceronte *m.* rhinocerous
río river, stream
riqueza wealth; richness
risueño smiling, laughing; cheerful, pleasant
rítmo rhythm
rocoso rocky, stony
rodaje *m.* shooting, filming
rodar (ue) to shoot, roll (*film*)
rodeado surrounded, encircled
rodear to surround; to encircle; **rodearse de** to surround oneself
rodilla knee
roedor *m.* rodent
rojo red
romero rosemary
romper to break
rondar to make the rounds; to haunt, prowl
ropa clothes, clothing; garments

rosa rose
rosado pink, rose-colored, rosy
rostro face
rotar to rotate
rótulo label, title
rotura breakage; fracture, rupture; tear
rubio blond, fair, golden
ruda rue (*any strongly scented plant formerly used in medicine*)
rueda circle (*of people*); wheel; **silla de ruedas** wheelchair
ruido noise
ruidoso noisy, loud
ruina ruin, decay; decline, downfall
rumbo course, direction; **rumbo a** bound for
ruso Russian (*language*)
rústico rustic, rural
ruta route; course, way
rutilante sparkling, shining, scintillating
rutinario *adj.* routine

S

saber to know; to know how, be able; to learn, find out; **dejar saber** to let it be known; **saberse** to know oneself to be (*something*)
sabio wise; learned
sabor *m.* taste; flavor
sacar to take out; to get out; to remove; to solve, interpret; to obtain, to get
saciado satiated
sacrificar to sacrifice
sacrificio sacrifice
sacudir to shake
saguntino/a *n. and adj.* Saguntian (from Sagunto)
sal *f.* salt
sala living room; hall, large room, room; **sala de emergencia** emergency room; **sala de espera** waiting room; **sala de terapia** therapy room
salario wage; salary
salida leaving; departure; exit
salina salt mine, salt pit
salir to leave; to come out, to appear; to come out, come off; to turn out, to prove to be; **salir de** to get rid of; to get out of
salón *m.* salon, drawing room; hall, large room; **salón comedor** dining room
salpicar to splash, spatter; to intersperse
saltar to jump, jump over; **saltar a la vista** to be self-evident
salubridad health
salud *f.* health; welfare
saludable healthy, wholesome
saludo greeting; *pl.* regards, best wishes
salvadoreño/a *n. and adj.* Salvadoran (from El Salvador)
salvar to save; to rescue
salvavidas *adj.* life-saving; **bote** *m.* **salvavidas** lifeboat
salvia sage

salvo safe; saved; excepted, omitted; **dejar a salvo** to set or put aside; **salvo que** except that
sanatorio sanatorium, hospital
sangre *f.* blood; lineage
sanitario sanitary; hygienic
sano healthy; wholesome
santidad sanctity, holiness, saintliness
santo/a saint
santonés/santonesa *n., adj.* Santonese (from Santona)
sapo toad
sartén *f.* frying pan, skillet; **tener la sartén por el mango** to have the upper hand, be in control
sastrería tailor's shop
sátira satire
satisfecho satisfied
saturado saturated; filled, glutted
saumell: callau i saumell *Cat.* Catalonian family names (*restaurant owner's name in article «Comer en catalán», which is mistaken for the name of a Catalonian dish*)
saxofón *m.* saxophone
seco dried; dry, curt; indifferent, cold
secoya sequoia
secuencia sequence
secundario: escuela secundaria, colegio secundario high school
sedante *m., adj.* sedative
sede *f.* seat; headquarters
seguida: en seguida at once, immediately
seguido continued; straight
seguidor(a) follower
seguir (i, i) to follow; to continue
seguir (+ *gerund*) to keep (on) or continue (*doing something*)
según according to; depending on (how); as
segundo *n.* second (*sixtieth of a minute*); *adj.* second; secondary; **película de segunda** second rate or "B" movie
seguramente surely; of course; probably
seguridad safety; security; certainty, assurance; insurance
seguro *n.* insurance; insurance policy; *adj.* secure, stable; sure, certain; **de seguro** certainly, undoubtedly; **estar seguro/a** to be sure
sísmico seismic
sistemáticamente systematically
sitio place, spot; location; space, room
situar to assign; place, locate
so under; **so pena de** under penalty of, on pain of
sobrar to be more than enough
sobre above, over; on, on top of, upon; on, near; about, concerning; **sobre todo** above all
sobremesa: de sobremesa *adj.* desktop
sobrepeso excess weight
sobresaliente outstanding, excellent; notable, remarkable
sobretodo overcoat
sobrevivir to survive, outlive

sociedad society, social order, community
sociología sociology
sociólogo/a sociologist
sofisticado sophisticated
sol *m.* sun; sunshine, sunlight; **hacer sol** to be sunny
solamente only, solely
solas: a solas alone, in private
soldado soldier
soledad solitude, loneliness
soler (ue) to be in the habit of, be accustomed to
solfeo solfeggio, solmization (*the system of using syllables to denote the tones of a musical scale*)
solicitamente solicitously
solicitante *m., f.* applicant
solicitar to apply for
solidario solidarity; in common cause
sólido *n.* solid; *adj.* solid; sound; strong, stable
soliloquio soliloquy, monologue
solista *m., f.* soloist
solitario secluded, isolated
solo *adj.* alone; only, single, sole; lone, lonely, lonesome; **a solas** alone, by oneself
sólo *adv.* only, solely
soltar (ue) to let go, free, set free
solterón/solterona *m.* old bachelor; *f.* old maid, spinster
solucionar to solve
sombra shadow; shade; darkness, gloom; **hacer sombra a** to overshadow
someter to subject, cause to undergo
sonambulismo sleepwalking
sonámbulo/a sleepwalker
sonar *m.* sonar (*radar*); *v.* (**ue**) to sound; to ring; to strike
sonido sound; noise
sonreír (i, i) to smile
sonriente *adj.* smiling
sonrisa smile
soñar (ue) to dream; **soñar con** to dream of
soplar to blow
soportar to bear, endure, put up with, suffer; to support
soporte *m.* support
sordo silent, still
sorprendente surprising; unusual, extraordinary
sorprender to surprise, astonish
sorpresa surprise
sortear to avoid, evade, elude
sorteo: por sorteo by lottery
sospecha suspicion
sospechoso/a *n.* suspect
sostener (ie) to maintain, hold
soviético/a *n., adj.* Soviet (of the Soviet Union)
Sr.: señor Mr.
Sra.: señora Mrs.
suavizar to mollify, mitigate; to ease; to temper
subdesarrollo underdevelopment
subir to go up, climb, mount; to get on (*a bus, train, and so on*); to rise; **subirse a** to get on

submarinismo underwater exploration
subordinado/a *n.* subordinate
subrayado underlined; emphasized
subrepticiamente surreptitiously
subsiguiente subsequent, succeeding
subsistir to remain, continue to exist
subsuelo subsoil
subtítulo subtitle
suburbio suburb, outskirts
succionar to suck, suck in
sucedáneo *n.* substitute
suceder to happen, occur; to come to pass
sucesión succession
sucesivo successive
suceso event
sucesor(a) successor
sucio dirty
sucumbir to succumb; to yield; to perish
sucursal *m.* branch office
sudaca *n. m., f. and adj., coll. (Spain)* South American
sudadera sweat suit
sudamericano *adj.* South American
sudor *m.* sweat, perspiration
suegra mother-in-law
sueldo salary, pay
suelo earth; ground, floor
suelto loose, unattached
sueño dream
suerte *f.* luck, fate, chance; **mala suerte** bad luck
suficiencia *coll.* cocksureness
suficiente sufficient; suitable
sufrimiento suffering; grief
sufrir to suffer; to bear, endure
sugerencia suggestion
sugerir (ie, i) to suggest; to hint, insinuate
sui géneris *Lat. sui generis:* unique, peculiar, characteristic
suicida suicidal
suicidarse to commit suicide
suicidio suicide
Suiza Switzerland
suizo/a *n.* Swiss person; *adj.* Swiss
sujetar to fasten, tie
suma sum; sum total; **en suma** to sum up, in short, briefly
sumamente extremely
sumar to add, add up; **sumarse a** to join
suministrador(a) supplier, provider
suministro supply, providing
sumo: a lo sumo at the most
suntuoso sumptuous, magnificent, splendid
superación surmounting, overcoming
superar to surmount, overcome; to surpass
superdotado extremely gifted
superficie *f.* surface
superpoblación overpopulation
supervivencia survival
suponer to suppose, assume, presume; to entail, imply
suprimir to eliminate; to leave out
supuesto supposed, assumed; **por supuesto** of course

sur *m.* south
surgir to arise, present itself; to spring, flow
suroeste *m.* southwest
suscitar to cause, provoke
suscriptor(a) subscriber
suspenderse to be suspended
sustancia substance, matter; essence
sustancialmente substantially
sustancioso substantial
sustituir to substitute, replace
sustituto substitute
susto scare, fright

T

taberna tavern, saloon, pub
tabla table; board; width of a plank
táctica *sing.* tactics
tacto tact
tajante cutting; definitive
tal such, such a; this, that; certain fellow called; such, so great; how; **qué tal** (+ *n.*) what a (+ *n.*); **tal como** just as, exactly the same as; **tal vez** perhaps
talasoterapia beneficial effects of ocean bathing or seaside air
talla stature; height
tamaño size
también also, too, as well, likewise
tampoco neither, not either
tan so, as; at least, only; what, how; **ni/no tan solo** not only; **tan pronto como** as soon as
tanaceto tansy (*aromatic herb*)
tanque *m.* tank, vat; tank (*armored car*)
tanto *n.* little, bit; certain amount; *adj.* as much; so much; such a; so many, as many; *adv.* so much, so long, so far, so often; to such a degree or extent; **en tanto, mientras tanto** meanwhile; **por lo tanto, por tanto** therefore; **tanto como** as much as
tapar to stop up; to block, obstruct
tapia mud wall, adobe wall
tapiz *m.* tapestry
tara hereditary defect
tardar to be or take a long time
tarde *f.* afternoon
tarea task, chore, assignment
tatuaje *m.* tattoo
tatuarse to have tattooed
tecla key
técnica *n.* technique; ability
técnico/a *n.* technician; *adj.* technical
tecnología technology
tecnológico technological
techo roof; ceiling
tejado roof, shed
tela cloth fabric, material
tele *f., coll.* shortened form of **televisión**
telediario short news briefs or bulletins
telefonear to telephone
telefónico *adj.* telephone; **red** (*f.*) **telefónica** telephone system
teléfono telephone
telenovela soap opera
teletipo teletype, teleprinter

televisado televised
televisor *m.* television set
tema *m.* subject, theme
temer to fear, dread, be afraid of
temor *m.* fear, dread; apprehension
temperamento temperament; nature
temporada season; period, spell
temporal temporal; temporary
temprano early
tenacidad tenacity, perseverance
tendencia tendency
tender (ie) to tend, have a tendency; **tender a** (+ *inf.*) to tend to (*do something*)
tenedor *m.* fork
tener (ie) to have; to possess, own; to have, contain; to have (*to do something*); to be (*so many months, days, years, etc.*); **tener en cuenta** to keep in mind; **tener éxito** to be successful; **tener los pies sobre la tierra** to have both feet on the ground; **tener lugar** to take place; **tener por** to consider (*someone*) to be; **tener presente** to remember, keep or bear in mind; **tener que** (+ *inf.*) to have to (*do something*), must (*do something*)
tentación temptation
tentador *adj.* tempting, enticing
tentar (ie) to tempt
teñir (i, i) to dye, tint; to darken (*colors*)
teoría theory
terapia therapy
tercero *adj.* third
tercero/a *n.* third
tercio *n.* third
terciopelo velvet
terco obstinate, stubborn
termas thermal baths, hot springs
terminar to finish, end, conclude; **terminar de** (+ *inf.*) to stop (*doing something*)
término term, word, expression; end
ternera calf
terremoto earthquake
terreno land, ground, terrain; **ceder terreno** to give ground
tesis *f. sing.* thesis; theory
testarudo obstinate, stubborn
tiburón *m.* shark
tiempo time; time, moment, occasion; age, era; season; weather, weather conditions; tense; **al mismo tiempo** at the same time; **medio tiempo** part-time; **tiempo completo** full time; **tiempo libre** free time
tienda shop, store
tierno affectionate, tender; sensitive
tierra earth; soil; land; ground; native land; **tener los pies sobre la tierra** to have both feet on the ground; **tomar tierra** to land (*an airplane or a boat*)
tiesto flowerpot
tigre *m.* tiger
timbre *m.* doorbell; buzzer
timidez *f.* timidity; shyness
tímido timid; shy
timón *m.* rudder, helm (*of a boat*)
timonel *m.* helmsperson

tinte *m.* hue, tint, color
tipic *Cat.* typical; characteristic
típico typical; characteristic
tipo type, kind
tirado given away, dirt-cheap
tiranía tyranny
tirano/a tyrant
tirar to throw, fling; to fire (*a shot*)
titulación degrees; ranking
titular *m.* headline (*in a newspaper*); *v.* to title, entitle
título title; headline, caption, heading; diploma, (academic) degree
toalla towel
tocador dressing table; **productos de tocador** toiletries
tocar to touch, come into contact with; to influence; to play (*a musical instrument*); **tocarle** to be up to, be one's job
todavía still; nevertheless; even
todo *adj.* all, whole, every, each; *adv.* wholly, entirely
tolerante tolerant
tolerar to tolerate, suffer, endure; to hold, keep down
toma taking, take; capture, seizure; electrical outlet
tomar to take; adopt; to interpret; to have (*classes*); **tomar consciencia de** to be aware of (*something*); **tomar en cuenta** to take into account; **tomar en serio** to take (*something*) seriously; **tomar tierra** to land (*an airplane or a boat*); **tomar una decisión** to make a decision; **tomarle el pelo a** to pull someone's leg; **tomarse el trabajo de** (+ *inf.*) to take the trouble to (*do something*)
tomillo thyme
tonelada ton
tono tone, color, hue; musical tone
tontería foolishness, silliness; foolish or silly act or remark
topar to bump into, encounter
tópico commonplace; topic; commonplace, hackneyed or trite expression
tórax *m.* thorax
torcer (**ue**) to twist, turn, bend
tornarse to become, turn, grow
torneo tournament, contest, competition
torno: en torno a about, in connection with, regarding
toro bull
torre *f.* tower
tortuga turtle, tortoise
totalidad totality, whole
trabajador(a) *n.* worker, laborer; *adj.* hard-working, industrious
trabajar to work; to be employed; to work, labor; to work, function
trabajo work, labor; job, task; employment, position; **costar trabajo** to be hard, take a lot of effort
traducir to translate; to change, transform; to express
traductor(a) translator
traer to bring; to attract
traición treachery

traje *m.* dress, costume; suit
trama tram (*silk thread*)
tramo sectional, span, stretch (*of land, of road, and so on*); flight (*of stairs*)
trampa trap, snare, pitfall
tranquilo tranquil, calm, quiet; reassured
transcurrir to pass, go by, elapse
transcurso course, passage (*of time*)
transpirar to perspire, sweat
tras after; behind; in search of
trasbordador *m.* ferry boat; transporter bridge
trasero *n., adj.* back, rear
trasfondo background
trasiego disorder, upset; transferring, moving
trasladarse to move, change residence
traslucir to conjecture, guess, deduce
trastornar to turn upside down; to upset, disturb
trastorno upset; upheaval; disturbance
tratado treaty
tratamiento treatment
tratar to treat, use, act or behave toward; to deal with (*a subject*), discuss; **tratar con** to deal with, be in touch or speak with; **tratar de** (+ *inf.*) to try or endeavor to (*do something*); **tratarse de** to be a question of, the matter or the subject discussed
trato treatment; manner, way of behaving or acting
través: a través de through, across
travesía voyage, crossing
traza looks, appearance
trazado sketch, outline
trazar to plot, trace; to plan, design; to describe, outline, sketch
tren *m.* train
tripulación crew (*of shop, plane, and so on*)
tripulante *m., f.* crew member
triste sad; melancholy
tristeza sadness, melancholy
triunfar to triumph; to be successful
triunfo triumph; victory, success
trofeo trophy
tropel: en tropel in a mad rush, in confusion
tropezarse (**ie**) **con** to stumble against, trip over, bump into
trueno thunder
tulipán *m.* tulip
turno shift; **de turno** on duty

U

ubicación location, position
ubicar to locate, situate, place; to be located, situated, placed
úlcera ulcer
último/a *n.* the last one; the latter; *adj.* final; latest, latter
único only, sole; unique
unir to unite; to join, attach
universitario/a *n.* university student; *adj.* university

urbe *f.* large city, metropolis
usar to use, make use of, employ; to wear
uso use; employment; usage; custom
usualmente usually, generally
usuario/a user
usurpar to usurp; to encroach on
útil useful
utilidad usefulness, utility
utilizar to utilize, use, make use of
uva grape

V

vacante *f.* vacancy
vaciar to empty; to drain
vacío *n.* vacuum, void; nothingness; *adj.* empty
vacuna vaccine
vago vague, undefined; blank, vacant
vaharada exhalation, breathing; breath
valentía courage, bravery, valor
valer to be worth; to be equal to; **valer la pena** to be worthwhile, to be worth it
validez *f.* validity, soundness
valioso valuable; highly esteemed
valor *m.* value; worth; import, meaning, value; importance; *pl.* values, principles
valorar to value, appraise, calculate the value of
vapor *m.* steam, vapor
vaquero/a cowhand
variar to vary, change; to be different
varios *adj. pl.* various, several
varón *m.* man; male; *adj.* male
vasco *adj.* Basque
vasija vessel, container
vaso glass, tumbler
vaya: vaya (+ *n.*) what a (+ *n.*)
vecino/a *n.* neighbor; *adj.* neighboring, nearby
vedella *Cat.* calf (*veal*)
vejez *f.* old age
vela sail
velada evening, evening party or get-together
velocidad velocity, speed; gear
veloz swift, rapid; agile
vencedor(a) conqueror; victor, winner
vencer to win, be victorious; to conquer, vanquish
vendedor(a) seller, salesperson
vender to sell
veneno poison, venom
venenoso poisonous
venir (**ie, i**) to come; to arrive; to come or originate from; to suit, be advantageous or convenient; **venirse** to come, to return
venta sale, selling; **estar a la venta** to be for sale
ventaja advantage
ventana window
ver to see; to look; to observe; to find; to realize, note; to look and see, find out; **tener que ver con** to have to do with; **verse** to find oneself
verano summer

verdad truth; **de verdad** truly, really; **la verdad es que** the truth is; **ser verdad** to be true
verdadero true, real; genuine
verde green, green-colored; **zona verde** park, grassy area
verdugo hangman, executioner
verdura greenness; foliage
vergüenza shame; embarrassment
verosimilitud verisimilitude, probability, likelihood
verruga wart
vestíbulo hall, foyer
vestigio vestige, trace, sign
vestimenta dress, clothes, garments
vestir(se) (i, i) to dress, clothe; to wear; **vestir de** to wear; **vestir de etiqueta** to wear evening clothes
vetusto ancient, very old; decrepit
vez *f.* time; **a la vez** at the same time; **a su vez** in turn; **a veces** sometimes; at times; **alguna vez que otra** occasionally, once in a while, sometimes; **cada vez más** more and more; **cada vez mayor** greater and greater; **cada vez mejor** better and better; **cada vez que** whenever, every time that; **de vez en cuando** from time to time; **en vez de** instead of; **muchas veces** many times, often; **otra vez** once again, again; **rara vez** seldom, rarely; **tal vez** perhaps, maybe; possibly; **una vez** once; **una vez que** once, as soon as, when
vía road, way, route; way
viajar to travel
viaje *m.* journey, trip
viajero/a traveler; passenger
vianda food
víbora viper
vicio vice, bad habit

vida life; lifetime
viejo/a *m.* old man; *f.* old woman; *adj.* old
viento wind
vietnamita *adj. m., f.* Vietnamese
vigente in force; present, in vogue
vigilar to watch; to keep an eye on; to guard
villa town
villano/a villain
vinculado related, connected; linked
vínculo bond, tie, link
vino wine
virilidad virility; manhood
virtud virtue; power, quality; advantage; **en virtud de** by or in virtue of
visita visit; call; *m., f.* visitor, caller
visitante *m., f.* visitor, caller
visitar to visit; to call on
vislumbrarse to become visible or apparent
vista sight, vision; view; look; **a la vista** visible, able to be seen; **con vista a** looking out on, with a view of; **en vista de** in view of, considering, keeping in mind; **punto de vista** point of view
vistazo glance; **echar un vistazo** to glance at, have a quick look at
vitalidad vitality
vitalista *adj.* vital, dynamic
viuda widow
vivienda housing; dwelling, house
vivir to live; to be alive
vivo *adj.* living, alive; clever, bright
vocal *f.* vowel
volante *m., f.* wing (*in soccer*)
volar (ue) to fly
volcar (ue) to dump, empty
volumen *m.* volume; tome, book
voluntad will, disposition

voluntariamente voluntarily
volver (ue) to return; to turn; **volver a (+ inf.)** to do (*something*) again
votación voting, balloting; vote
votar to vote
voz (*pl.* **voces**) *f.* voice; **en alta voz** aloud; **en voz alta** in a loud voice; **en voz baja** in a low voice
vuelo flight
vuelta turn; tour; **a la vuelta** on the way back; **a la vuelta de la esquina** around the corner; **dar vueltas** to go around; to go around in circles; **Vuelta a España** Tour of Spain (*bicycle race*)
vulgar vulgar, common
vulgaridad vulgarity, commonplace

X

xia *Cat.* lamb

Y

y and
ya already; now; at last; **ya que** since, seeing that, inasmuch as
yanqui *n. m., f., adj.* Yankee, American
yergue: erguirse to stand or sit erect

Z

zapatero/a shoemaker, cobbler; shoe dealer
zapatillas tennis shoes
zapato shoe
zar *m.* czar, tsar
zarpar to weigh anchor, set sail
zumbar to buzz, hum

Respuestas

This section of *¡A leer! Un Paso más* contains answers to most of the reading-based exercises in the text. Answers are listed under the name of the reading they accompany. Possible answers are suggested for those exercises for which answers may vary. No answers are provided for the **¡A conversar!** sections.

UNIDAD I: ¿CÓMO PASA UD. SU TIEMPO LIBRE?

Unos artículos breves

Después de leer **A.** 1. McEnroe estudia su retirada definitiva del circuito 2. El atleta José Marín, campeón nacional de 50 kilómetros marcha 3. Luna derrota a Sergio Casal en tres mangas 4. Maradona ha llegado a un acuerdo con el Nápoles 5. Gullit elegido mejor futbolista europeo del año **B.** *Possible answers:* 1. El atleta alemán occidental Schoenlebe establece récord mundial de 400 metros 2. Quique Flores operado en Madrid 3. Pigliacampo supera récord argentino de los 200 metros mariposa 4. Campeonato del Mundo de 100 kilómetros se celebrará en Santander **C.** 4—Nacional, Federal y Hora 24, 3—«Los Requetepillos», cuentos y canciones..., 2—Gabriela Sabatini y el Grand Slam..., 5—Las Fuentes de la Vida..., 1—Festivales de Jesús María y Cosquín **CH.** 5—Andar por las calles..., 1—Dar paseos por el día o para ejercitarse..., 3—Los deportistas serios que desean participar..., 2—Dar largos recorridos..., 4—Terrenos irregulares y montañosos.

Fotografías sin texto

Después de leer **A.** La Vuelta Ciclista a España... 2, 1988: el año de la esperanza 5, Ejercicios 6, Imparte Aerobics y cambiará... 3, Si está empapado en sudor... 1, Vital Alsar y su 'Marigalante' 4 **B.** 1. el sudor, agua fría, la botella 2. Las Palmas, La Vuelta a España (mapa), el año 1988, el archipiélago canario 3. el instructor 4. el marinero Vital Alsar, la Marigalante 5. la palabra LOIS, un joven (italiano) 6. los músculos, las pesas, la actividad (haciendo ejercicio)

Unos artículos breves

Después de leer *Possible answers:* 1. jornada de baloncesto, Basket 16 2. fiordos chilenos, insólito crucero, Skorpios 3. Piquet, Lotus "tests", 4. computadoras nuevas, ejercicios 5. Campeonato, domingo 10

Más artículos breves

Después de leer 1. su deporte, el nombre de su equipo, su capacidad especial, su nombre 2. el tema del artículo, detalles para escoger una bicicleta

Windsurf

En otras palabras 1. está compuesto por 2. boya 3. finalizará 4. se disputará

Después de leer **A.** ¿Qué? el circuito FUN (de Windsurf); ¿Quién? windsurfer argentinos, uruguayos, brasileños; ¿Dónde? Punto del Este (San Rafael, Pinamar, Mar del Plata, Necochea); ¿Cuándo? Desde hoy, la fecha del artículo, hasta el 11, 22 al 25 de enero, 5 al 8 de febrero, 20 al 28 de febrero **B.** 1. Las tres disciplinas que integran la actividad deportiva. 2. Las fechas en que tendrán lugar las competencias. 3. Los lugares en donde se llevarán a cabo las competencias. 4. Los países de origen de los atletas que van a competir.

Navegación marítima en verano

En otras palabras 1. b 2. a 3. ch 4. c

Después de leer **A.** ¿Qué? Practicar el windsurf en la costa atlántica; ¿Quién? Los aficionados del windsurf; ¿Dónde? la Argentina y el Uruguay; ¿Cuándo? No se dice **B.** *Possible answers:* 1. Hay muchos lugares en la costa atlántica para practicar el windsurf y hay muchas alternativas en cuanto al viento. 2. Hay muchas condiciones en cuanto al viento y para todo nivel de navegante aunque no se dan vientos fuertes. 3. El windsurf se puede practicar en el Uruguay en La Barra de Maldonado, en la Laguna del Diario y en la Laguna del Sauce. 4. En Pinamar hay competencias cada fin de semana en que entran muchos navegantes. En Villa Gessell está la organización *New Style*, que ofrece muchos servicios al deportista.

225

El futuro de Diego es una interrogante

En otras palabras 1. interrogante 2. estremeció 3. semanario 4. en referencia 5. da para pensar 6. apoderado 7. superdotado 8. volante 9. desembocaron 10. emisarios 11. fracasó 12. se haría realidad 13. incertidumbre 14. se estima 15. superaría 16. timonel 17. empató 18. incógnita 19. cobija 20. cimientos

Después de leer **A.** Milán ofrece contrato millonario a un jugador de Nápoles **B.** 1. Milán y Maradona 2. Maradona 3. la duda **C.** Diego Maradona, los fanáticos celestes **CH.** Un problema **D.** Diego Maradona, futuro en duda, Italia, noticia importante, el contrato, la Copa del Mundo, Nápoles recibe bien a Maradona, gran popularidad **E.** ¿Qué? el futuro de Maradona; ¿Quién? Diego Maradona; ¿Dónde? Nápoles y Milán; ¿Cuándo? hace 24 horas

UNIDAD II: FUERA DE LO COMÚN

Unos anuncios

Después de leer 1. Estas piedras no causan mucho daño. 2. Hay pendientes nuevos en forma de letras del alfabeto. 3. Hay lámparas en forma de vasos. 4. Este producto hace desaparecer los malos olores.

Unos artículos breves

Después de leer **A.** 1. Siguen la costumbre de sujetar aros alrededor de su cuello. Hacen esto desde la infancia. Su cuello alcanza en algunos casos una longitud de 40 centímetros. 2. Borja Casani fundó dos revistas, *La Luna* y *Sur Exprés*. *Sur Exprés* rompe los moldes establecidos. 3. El agente naranja es difícil de eliminar. La bacteria elimina un 98% del agente naranja. Este método podría usarse para eliminar otros venenos. 4. Debe haber igualdad con la libertad. A veces somos irresponsables y no sabemos autolimitarnos. 5. La familia Pérez Altolaguirre tiene derecho a la tierra donde está construida la Casa Blanca. Les pertenece la tierra desde hace 200 años. Les pertenece la tierra por herencia directa. **B.** 1. Los japoneses depositan artículos buenos en la basura. Les gusta comprar. No toman vacaciones. 2. Es más común en los niños que en los adultos. Los hombres padecen más de sonambulismo que las mujeres. El sonambulismo puede ser peligroso si el episodio es largo.
3. En el párrafo 2. Se sienten solos. Les es difícil encontrar zapatos. Les es difícil tratar con la gente. El transporte público es un problema para ellos.
4. Había seguido un tratamiento de fertilización. Le harán una operación cesárea.

Las siete «grandes»

En otras palabras 1. disuelta 2. adeptos 3. jornada 4. propugna 5. se imparte 6. estafa

Después de leer 1. b 2. c, f 3. ch 4. d 5. b 6. a 7. a 8. ch 9. c, f 10. c 11. f 12. e 13. ch

El «Bestiario» de Tomeo

En otras palabras 1. ch 2. f 3. h 4. j 5. a 6. e 7. d 8. k 9. i 10. b 11. g 12. c 13. m 14. l

Después de leer I. 4, 7, 12 II. 2, 5, 11 III. 1, 8, 9 IV. 3, 6, 10

Amores profundos

En otras palabras 1. ch 2. c 3. e 4. g 5. b 6. f 7. a 8. d

Después de leer I. 1, 5, 8 II. 4, 7, 11 III. 3, 10, 12 IV. 2, 6, 9

La guerra como diversión

En otras palabras 1. b 2. ch 3. a 4. c

Después de leer **A.** 1. b 2. b 3. b 4. a 5. a **B.** I. 2, 4, 8 II. 3, 5, 9 III. 1, 6, 7

Matrimonios entre parientes

En otras palabras 1. ch 2. a 3. d 4. b 5. c 6. f 7. g 8. e

Después de leer **A.** *Possible answers:* Párrafo uno: Los matrimonios entre parientes es una costumbre antigua y controvertible que surgió de nuevo en la Europa del siglo pasado. Párrafo dos: Esta costumbre interesa a los genetistas por las enfermedades que pueden resultar de tales matrimonios. Párrafo tres: Una fuente principal para estudiar esta costumbre son los archivos vaticanos. Párrafo siete: En América se ha estudiado a los «amish» y han descubierto datos interesantes sobre algunos fenómenos psicológicos. Párrafo ocho: En España se ve el resultado de esta costumbre en los cuadros de Velásquez y en la población de Las Hurdes. **B.** *Possible answers:* Párrafo uno: 1. Los egipcios practicaban esta costumbre. 2. Se condenó durante un largo período. 3. Empezó a practicarse de nuevo para resolver problemas de herencia de tierras. Párrafo dos: 1. Este fenómeno les interesa a los genetistas. 2. Estos matrimonios facilitan el estudio de las enfermedades «recesivas». Párrafo tres: 1. Los archivos vaticanos son una de las fuentes principales para estudios de este tipo.
2. En estos archivos se encuentran las dispensas necesarias para que parientes puedan contraer matrimonio entre sí. Párrafo siete: 1. Investigadores norteamericanos han estudiado los fenómenos psicológicos en la comunidad «amish». 2. Es una comunidad que conserva usos y costumbres antiguos y hay un alto grado

de consanguineidad. 3. Se observó que algunos fenómenos psicológicos se producen con frecuencia en ciertas familias. 4. Este dato tal vez cambie la manera en que se estudian los síndromes supuestamente emotivos. Párrafo ocho: 1. Se nota el menosprecio con que se consideró este problema en los cuadros pintados por Velásquez y por Carreño. 2. Los rostros pálidos y afilados de los borbones (la familia real) revelan sus defectos congénitos. 3. El resultado de casamientos entre hermanos se ve en la población de enanos de Las Hurdes en España. 4. Buñuel hizo un documental acerca de este pueblo.

UNIDAD III: VIVIR BIEN

Reduzca el stress

En otras palabras   1. eche un vistazo   2. pulsar   3. gama

Después de leer   Sólo se tiene que pulsar una tecla. La copiadora realiza trabajos de la más difícil ejecución.

Hotel Byblos Andaluz

En otras palabras   1. b   2. c   3. a

Después de leer   Tienen baños de mar, algoterapia, hidromasajes, etcétera.

Nuevo método para relajarse

En otras palabras   1. d   2. ch   3. e   4. a   5. b   6. c

Después de leer   1. 2   2. 2   3. 3   4. 4

Mantenerse en forma

En otras palabras   1. c   2. b   3. c

Después de leer   1. 4   2. 6   3. 3   4. 7   5. 8 y 9

Prado de Somosaguas

En otras palabras   1. b   2. a   3. b

Después de leer   Un buen lugar para vivir; los ejemplos

Mando a distancia

En otras palabras   1. b   2. a

Después de leer   Seleccionar una canción en un Compact Disc   Ejecutar las funciones de otros mandos a distancia   Controlar todo con comodidad

Dietas y el humor

En otras palabras   1. c   2. a   3. b   4. d   5. ch

Después de leer   Se usa causa y efecto para explicar la idea principal.   Se encuentra la relación de causa y efecto en el tercero y cuarto párrafos.   Se encuentra el uso de ejemplos en el primero y cuarto párrafos.

Los poderes del yoghurt

En otras palabras   1. b   2. a   3. c

Después de leer   O   Este alimento «milagroso»...; H   ... resulta más digerible...; H   ... disminuye el porcentaje...; H   ... (ayuda) a mantenerse en forma; O   ... (ayuda) a vivir más tiempo

El teletipo

Después de leer   O   Cenas inolvidables; H   Teléf: 441-23-16; O   Cierre feliz de un día duro...; O   ... la buena cocina vasca...; H   c/García Paredes, 51

¿Cuál te apetece?

En otras palabras   1. ch   2. d   3. e   4. b   5. a   6. f   7. h   8. i   9. g   10. j   11. c

Después de leer   O   Tienes delante de ti un tentador frutero...; H   Piña... esta fruta tropical...; O   Te gusta rodearte de un cierto halo de misterio...; H   Cerezas... una fruta colorista...; O   Uvas... Aparentemente no te fías de la gente...; O   Pera... eres básicamente sencillo, natural e impulsivo; O   Fresas... Lo que más te importa en este mundo son tu familia y el afecto de los tuyos.

La ofensiva antitabaco del gobierno

En otras palabras   1. pitillo   2. cajetilla   3. llamativa   4. multas   5. desgaste

Después de leer   1. d   2. c   3. a   4. b   5. f   6. e

¿Fumar o no fumar?

En otras palabras   1. ch   2. a   3. d   4. b   5. c

Después de leer   Eduardo Úrculo: En contra, José Luis Villalonga: En contra, Juan Antonio Bardem: En pro, Gerardo Iglesias: En pro, Jesús del Pozo: En pro, Esperanza Roy: En pro, Carmen Martín Gaite: En pro, Modesto Fraile: En contra, Elvira Quintilla: En contra, Juan Antonio Vallejo-Nágera: En pro, Ignacio Gallego: En pro

No iré nunca más a Nueva York

En otras palabras   a. domicilio particular   b. mamarracho integral   c. mayúsculo   ch. atentado   d. nocivos   e. crecepelos   f. edil   g. hedor   h. asqueroso

Después de leer   **A.** La relación de causa y efecto—2; Los ejemplos—2, 5; Los hechos y las opiniones—1, 2, 5   **B.** H   Edward Koch, alcalde de Nueva York..., O   ... ha prohibido fumar en todas partes...; O   (Edward Koch) es un mamarracho integral y...; O   Hay montañas de cosas mucho más molestas...; O y EJ   Hay montañas de cosas mucho más molestas y nocivas en NY...; EF   ... alergias graves a sus conciudadanos.

El nuevo placer de fumar

En otras palabras   1. ch 2. c 3. a 4. e 5. f 6. h 7. g 8. d 9. b

Después de leer   Possible answers: 1. La nueva legislación sanitaria sobre no fumar en lugares públicos va a causar a los españoles a prohibir, denunciar y reprimir. 2. Carmen Rico-Godoy opina que ahora los no fumadores podrán expresar sus sentimientos verdaderos hacia los fumadores. 3. Cuando los dos fumaban se llevaban muy bien. 4. Cuando el médico deja de fumar se vuelve violento y hasta ataca a su paciente verbalmente. 5. La autora está bromeando.

UNIDAD IV: LAS RELACIONES HUMANAS

Una mejor convivencia

Después de leer   Palabras o frases: convivir mejor, colaborar, mejorar, convivencia   *El tema:* una mejor convivencia

Bomba 2000

En otras palabras   1. quincena 2. fidedigna 3. cotizada 4. radica

Después de leer   1. terminó su romance, este bonito romance llegó a su fin, se separon, el divorcio, los infieles, se casa, estuvo casada 2. Todo romance que empieza llega a su fin.

Su amor: ¡hágalo para toda la vida!

En otras palabras   1. capaces de realizar algo 2. habla bien de las cualidades de una persona 3. una persona que tiene el poder sobrenatural de ver cosas que los demás no pueden ver 4. no aceptar 5. el calor humano que nos da fuerza 6. pelear, luchar

Después de leer   A. 1. pero, contrastar y comparar 2. puesto que, indicar causa y resultado 3. Además, para agregar una idea, etcétera 4. porque, para indicar causa y resultado 5. para que, para indicar el propósito 6. tales como, para presentar un ejemplo
B. *Possible answers:* 1. Es importante que una pareja se esfuerce para mantener buena comunicación para evitar resultados inesperados y destructivos.
2. Aunque sea más natural en las sociedades latinas que en las anglosajonas, se debe tratar de demonstrar el afecto porque es una necesidad humana.
3. Todos somos humanos pero si amamos podemos perdonar y curar las heridas.

Una página suelta

Después de leer   Possible answers: te quiero, el amor, la confianza, Enamorarme, amar, Me enamoré de ti, Amarte, el corazón en la mano

Telefonómana

Después de leer   A. *Possible answers:* 1. A su papá no le gusta que ella hable por teléfono. 2. La situación ya es grave. 3. No debe abusar del uso del teléfono 4. No deja que los otros usen el teléfono.
B. *Possible answers:* 1. manía de telefonear 2. necesidad de hablar 3. una obsesión 4. pierdo el control
El tema que se repite es: La manía de tener que hablar por teléfono.

¿Cuánto sabe de sus hijos?

En otras palabras   1. comprensivos 2. un dineral 3. averiguar 4. asignación 5. hogareño

Después de leer   B. 1. c 2. b 3. a 4. b 5. b 6. c   C. *Possible answers:* 1. Se implica que lo más probable es que los niños vean la televisión demasiado. 2. No queremos que los hijos jueguen con juguetes o participen en actividades que no son para niños 3. Pensamos que las niñas no deben participar en actividades que son para los niños. 4. Todos o casi todos se van a enamorar en algún momento u otro.
5. Por lo general todos los padres les dan una asignación semanal a sus hijos.

Cuando los dos ganan el mismo dinero

En otras palabras   1. ch 2. f 3. h 4. a 5. g 6. d 7. j 8. n 9. e 10. ll 11. i 12. b 13. c 14. m 15. l 16. k 17. ñ 18. o

Después de leer   A. *El dinero:* remunerados, ha ganado lo mismo o más que yo, lleva la casa a medias conmigo, los ingresos, está ganando bastante dinero, ganaba lo mismo que yo, ingresar, un dinero sustancioso, su misma altura económicamente, la economía, la bolsa común; *Las emociones:* sentimientos, estoy orgulloso, me siento incómodo, esa sensación, disfruta, Me alegro; Me da rabia, estaba muy mal, me animaba, me quiere, habría metido un poco de cizaña, ilusión, lo pasan mal, se sienten asustados y perplejos
B. 1. agregar una idea, etcétera 2. indicar causa y resultado 3. contrastar y comparar 4. indicar la secuencia de ideas, eventos, etcétera 5. indicar el propósito 6. presentar un ejemplo   C. *Possible answers:* 1. Va a haber algún problema cuando los dos ganan el mismo dinero. 2. Él se ha dado cuenta de que tal vez ella es más lista que él. 3. Su papel correcto es ser proveedor de la familia. 4. Ella ve las

cosas más claras que él. 5. No dedica suficiente tiempo a su familia. 6. Ella no debiera haber empezado a trabajar. 7. Puesto que el marido y los hijos piensan de la misma manera, la esposa debe estar equivocada. 8. La mayoría de los hombres tienen muchos prejuicios acerca del papel de la mujer en la familia.

UNIDAD V: NUESTRO MUNDO

¿Cómo es la cosa?

En otras palabras 1. b 2. ch 3. f 4. a f. d 6. c 7. e 8. g

Después de leer El propósito del artículo es: 1.

Soluciones Ofimáticas Fujitsu

Después de leer Según el título el fax puede recibir y enviar mensajes 24 horas al día. Cuatro palabras que describen las cualidades del fax: nuevos, alta velocidad, fácil manejo, respaldados por la fiabilidad y el servicio Fujitsu.

Plásticos vivos

En otras palabras 1. láminas 2. basta 3. no se degrada 4. sucedáneo 5. salinas 6. halófilas 7. en bruto 8. hallazgo

Después de leer El propósito de este artículo es: 2. 1. Uno de los grandes contaminantes del medio ambiente. No se degrada en la naturaleza. 2. Tiene una gran resistencia para soportar la humedad y las temperaturas extremas. Aparecen en las grandes salinas.

Culturas del silicio

En otras palabras 1. c 2. d 3. g 4. f 5. i 6. a 7. j 8. l 9. k 10. e 11. b 12. ch 13. h

Después de leer **A.** 3 **B.** 1. ordenadores 2. ordenador, aparato 3. ordenador personal 4. PC

Brasil: la selva agoniza

En otras palabras 1. a 2. f 3. h 4. g 5. ll 6. ch 7. l 8. b 9. m 10. c 11. k 12. d 13. i 14. j 15. e

Después de leer **A.** 1. Párrafos: 1, 2, 3, 6, 7; Frases: bosques, *mata atlántica*, selvas tropicales 3. Párrafos 1, 6, 7; Frases: Brasil, *o maior pais do mundo* 3. Párrafos: 1, 5, 7; Frases: destrucción de bosques, deforestación, exterminio de árboles, se la esquilmó 4. Párrafos: 1, 7; Frases: Brasil... es campeón en destrucción de bosques; Los gobiernos miran desinteresadamente a otras partes y fomentan la desidia; esa política conduce a la perpetuación de azotes; Los intereses políticos han pisoteado siempre en Brasil lo mismo a las personas que a la naturaleza. **B.** *Possible answers:* Se repite el elemento del desinterés por parte del gobierno brasileño para enfrentar a la destrucción de las selvas.

Hierbas contra bichos

En otras palabras 1. insecticidas 2. difundidas 3. reemplazar 4. mantener a raya 5. ramillete 6. machacar 7. dípteros 8. tiesto 9. espantar 10. polillas 11. muselina 12. pulgas 13. peltre 14. estaño 15. macerar

Después de leer **A.** 1. Párrafos: 1, 2, 3, 4, 5, 7, 8; Frases: hierbas aromáticas *les fines herbes*, plantas aromáticas 2. Párrafos: 1, 2, 3, 4, 5, 6; Frases: insectos, moscas, dípteros, polillas, hormigas, himnópteros, pulgas 3. Párrafos: 1, 2, 3, 7, 8; Frases: productos químicos contaminantes, insectífugo, insecticida, naftalina **B.** aromáticas, malolientes, aroma, perfuman, olor, aromatizador, irrespirables, aromatizar

Dos anuncios y un artículo

En otras palabras roedores, entorpeciendo; alimentación

Después de leer **A.** *Possible answer:* Lo que tienen en común las tres selecciones es que sus temas tratan de cuidar el medio ambiente. **B.** Municipalidad de la Ciudad de Buenos Aires; Asociación Vida Sana

La Ciudad de México: imán y monstruo

En otras palabras 1. ch 2. d 3. e 4. f 5. l 6. h 7. k 8. b 9. i 10. j 11. g 12. c 13. a

Después de leer **A.** El imán: 2, 4, 5, 6, 7; El monstruo: 1, 3, 6, 8 **B.** *Possible answers:* 1. Por ser la capital, la ciudad de México atraye las muchas industrias que contaminan el ambiente. 2. El deseo por desarrollarse ha causado un éxodo de las áreas rurales deprimidas, lo cual ha empeorado la agricultura y los problemas urbanos. 3. Como consecuencia de la mala planificación, la ciudad no puede abastecer de agua a sus habitantes ni tampoco puede proveerles los servicios públicos esenciales. Esto contribuye más a la contaminación. 4. Con tanta gente, las fábricas, los autos, los medios de transporte echan más contaminantes al aire, al agua y a la tierra.

El «mal de la ciudad» ataca a los caraqueños

En otras palabras 1. d 2. ch 3. e 4. f 5. j 6. b 7. c 8. a 9. h 10. k 11. g 12. i

Después de leer **A.** 1. El mal de la ciudad sólo ataca a la población urbana pero tiende a convertirse en una afección generalizada. 2. Este mal sólo ocurre en los centros urbanos. 3. Leonor Pulgar realizó el trabajo que dio a conocer «el mal de la ciudad» y lo hizo como un requisito para conseguir su licenciatura en sociología en la Universidad Central de Venezuela. 4. Los niños son los más afectados por esta situación. **B.** *Possible answers:* 1. No viene en forma de epidemia, no se contagia, no tiene vacuna, su tratamiento es sumamente difícil, ataca sólo a la población urbana y tiende a convertirse en una afección generalizada. 2. Cinco de las síntomas son: el stress, una sensación subjetiva de impotencia y angustia, hipertensión arterial, úlceras, asma e impotencia sexual. 3. La ciudad impone un tiempo dislocado, ha tenido un desarrollo acelerado y anárquico y es el eje de la economía del país. 4. UCV quiere decir Universidad Central de Venezuela. 5. Es el espacio que hay para vivir, dormir, comer, jugar, etcétera. En este caso no hay suficiente espacio para realizar estas actividades. 6. Los niños casi siempre están bajo techo, sin áreas libres para expresar su libertad y permanecen inactivos durante muchas horas. 7. Una implicación es que los gobiernos tienen que hacer algo para mejorar la vida de los habitantes de los grandes centros urbanos.

Apocalipsis

En otras palabras 1. a 2. ch 3. f 4. i 5. e 6. g 7. h 8. c 9. d 10. b

Después de leer **A.** 3 **B.** la máquina: las máquinas, ellas; el hombre: la raza de los hombres, los hombres, ellos mismos, el último **C.** los hombres: 2, 3, 6; las máquinas: 1, 4, 5 **CH.** las máquinas; «... desde entonces seguimos funcionando.»

UNIDAD VI: AHORA LA UNIVERSIDAD, Y DESPUÉS...

Solicitantes de empleo

A. *Forma de vestir:* traje... arrugado, zapatos deslustrados, un atildamiento exagerado *Aspectos negativos de la personalidad:* desleales, carecen de confianza, jactancioso, engreído *Aspectos positivos de la personalidad:* miran a los ojos, aplomado, seguros de sí mismos **B.** 1. destacados 2. postulante 3. involucradas 4. indagar 5. prestaciones 6. desmedidos 7. desmentidos 8. interrogatorio 9. aplomado

Después de leer **A.** 3, 1, 6, 2, 5, 4 **B.** *Factores positivos:* ciudado de su persona; hacer preguntas sobre las responsabilidades y las obligaciones del empleo, mirar a los ojos, estar seguro de sí mismo, mostrarse aplomado *Factores negativos:* hacer preguntas directas sobre el sueldo o las prestaciones, exagerar sus capacidades o realizaciones, actuar con timidez, ser petulante, jactancioso, engreído

Mi primer empleo

En otras palabras 1. paulatino 2. cortos 3. sucursal 4. solfeo 5. minusválidos

Antes de leer Fernando Colombo: 4, 1, 5, 3, 2 Javier Gurruchaga: 5, 2, 1, 3, 4 Andrés Aberasturi: 2, 1, 3, 4, 5 (This is the logical order if one has not read the article.)

Después de leer 1. cuando 2. Después 3. Primero 4. Tan pronto como 5. Por fin

Conversaciones con un director

En otras palabras 1. ch 2. d 3. e 4. b 5. c 6. h. 7. f 8. a

Después de leer **A.** *Saúl Emir:* director, joven director, lo, le, él, profesional, responsable, usted *«Espacio»:* sociedad, institución privada *los funcionarios:* El Estado, la cosa oficial, los funcionarios, las personas, Se hacen más referencias a Saúl Emir. Él es el tema del artículo. **B.** 1. Tucumán 2. lo más importante para avanzar como director 3. que el verdadero y profundo nivel artístico sólo se alcanza en Argentina como una casualidad 4. su plan futuro 5. rotar mucho más de lo que hace

Ángeles Caso, casi perfecta

En otras palabras 1. presentadoras 2. comunicólogos 3. se dispone 4. enjuiciar

Después de leer (una de las) chicas (con más estilo)..., presentadoras, Ángeles Caso, (la) mujer (perfecta de Televisión Española)

Cabellos largos...y oficinas suntuosas

En otras palabras 1. imprescindibles 2. lidiar 3. se desempeñan 4. reubicada 5. chantaje

Después de leer **A.** *La mujer:* las mujeres, ejecutivas, ellas, una mujer, mujeres administradoras, esposa, la *El hombre:* el administración masculina, los hombres, un hombre, les, otro hombre, marido, hombres, le, esposo, él, los altos ejecutivos *La compañía:* empresa, las grandes compañías, la compañía, las empresas; Se hace más referencia a la mujer. Sí, va de acuerdo con la idea principal del artículo. **B.** *La ejecutiva:* sensibles; leales; comprometidas; mejores al delegar autoridad, lidiar con el cambio o ayudar a otros a hacer lo mismo; tienen un estilo empresarial más productivo a largo plazo; traen ideas y perspectivas frescas a la dirección empresarial; se dedican más al trabajo; trabajan más porque no tienen la habilidad ni la maldad política, ni la confianza que tienen los hombres; hacen su trabajo bien. *El ejecutivo:* no delegan funciones, les preocupa mucho la competencia, no dan estímulos positivos a sus subordinados, cargan con una tradición que les dicta cómo deben comportarse, les preocupa principalmente su carrera personal; Se puede deducir que las mujeres parecen tener muchas más cualidades positivas como administradoras que los hombres.

La Universidad, aspiración general de los españoles

En otras palabras 1. proyección 2. vigente 3. arriesgado 4. predecir 5. salvo 6. afrontar 7. balbucientes 8. corto 9. pauta

Después de leer **A.** 1. positiva 2. negativa 3. positiva 4. positiva 5. negativa 6. neutral 7. positiva 8. positiva 9. negativa 10. neutral; La actitud que se toma en cuanto a la universidad española en este artículo es (a) positiva. **B.** *Estudiantes:* la población universitaria, estudiantes (universitarios), universitarios *La universidad:* universidades, la universidad española, el actual *establishment* político y burocrático universitario, el sistema vigente *Otros países:* los países grandes de Europa, Italia, Francia, el Reino Unido, Alemania Occidental, el resto de las democracias industriales, las sociedades industriales, Estados Unidos, los principales países de Europa, sociedades latinas; Se hacen más referencias a otros países. Se hacen menos referencias a los estudiantes. Se hace una comparación del sistema universitario español con el de otros países.

Inventan ellos

En otras palabras 1. c 2. ch 3. d 4. b 5. e 6. f 7. g 8. a

Después de leer **A.** 1. Negativa; no sólo hay que pelear..., sino también... sortear 2. Positiva; promocionar, crear 3. Negativa; peligroso estancamiento déficit 4. Positiva; Es necesario crear... que promocione... fomentarla 5. Negativa; ... en su colegio tampoco les hicieron caso... no tuvieron más remedio **B.** 1. Antonio Paramés Metcalf; aquel muchacho 2. Antonio 3. le, lo, buen estudiante, una persona... 4. les, Antonio, autodidactas

Universidad: el «boom» de la psicología

En otras palabras 1. ch 2. ll 3. g 4. d 5. a 6. h 7. f 8. c 9. b 10. e 11. k 12. j 13. l 14. i

Después de leer **A.** 1. Fue creada la carrera de psicología. 2. La psicología adquirió el rango de facultad y se hizo la facultad con el mayor número de estudiantes. 3. Hasta este año la mayoría de los estudiantes eran de tipo «hippie». 4. Fueron atendidos 320.000 casos de alteraciones mentales por el Departamento de Salud Mental. El volumen de inscriptos en psicología estaba en tercer lugar. 5. Los números en la Facultad de Psicología volvieron a enloquecer y superar su propio récord. 6. ... la Facultad de Psicología inauguró un nuevo edificio en la calle Hipólito Yrigoyen. 7. ... fue cuando las facultades de las ciencias sociales y humanas empezaron a crecer. 8. ... hay 12.000 alumnos en la Facultad. 9. ... habrá varios miles de psicólogos. **B.** 1. un 25 por ciento de la población metropolitana padece de alteraciones mentales 2. 1985 3. el hecho de que la carrera de psicología llegó a ocupar el primer ranking de la Universidad 4. la carrera de psicología 5. Clarisa Menajovsky 6. Las razones por qué muchos estudiantes escogen la psicología como una carrera. 7. la facultad 8. Sara Slapak **C.** *Possible answers:* 1. Positiva; fenómeno sin antecedentes, superando su propio récord, primer lugar, elevó el porcentaje de estudiantes 2. Positiva; demanda masiva, el auge, estos temas necesitan un clima de libertad para poder desarrollarse 3. Negativa; masiva demanda, tuvieron que cursar algunas materias en aulas cedidas, inconvenientes que provocan quejas, ingreso masivo no sirve para la formación de un profesional, explosión demográfica, imposible 4. Negativa; resquemores, no han sido totalmente superados, en algunos horarios es imposible cursar, avanzar a codazos, tres cuartos de hora en una cola, aglomeraciones 5. Positiva; una posibilidad de beneficio complementario brindarle una fórmula ideal para trabajar y estar en su casa 6. Positiva; por cuenta propia, libertad, autorregulación de trabajo; aceptables ingresos, prestigio 7. Positiva; con la masiva afluencia de de estudiantes ha ido variando su composición social, espectro mucho más amplio, hay de todo 8. Positiva; alto procentaje, Casi el sesenta por ciento de los alumnos de esta carrera trabajan mientras que las cifras del resto de la Universidad no alcanzan a la mitad de los estudiantes

UNIDAD VII: LA COMUNICACIÓN

Marciano Pardales, pionero español

En otras palabras 1. c 2. ch 3. a 4. d 5. b

Después de leer **A.** 1. a 2. a 3. b **B.** 1. Párrafo 1: Marciano Pardales se ha convertido en el primer tatuado publicitario del mundo. Párrafo 4: Marciano Pardales está orgulloso del tatuaje. Párrafo 7: Marciano Pardales se considera un percursor, un revolucionario. 2. Párrafo 3: Varias personas ayudaron a crear la obra de arte, el tatuaje. Párrafo 4: Marciano está orgulloso del tatuaje. Párrafo 5: Agata Ruiz del Morro y Jordi Peribánez diseñaron el tatuaje pero el padre de la creación fue el artista japonés Agujata Jiujitsu. 3. Párrafo 7: Marciano Pardales ha producido una noticia internacional y ha recibido ofertas de conferencias y el gobierno español lo ha felicitado. Párrafo 8: Ahora otras personas quieren hacerse tatuajes publicitarios.

Demasiado inglés

Después de leer **A.** 1. disgusto **B.** 1. d 2. f 3. a 4. i 5. e 6. g 7. b 8. ch 9. c 10. h

Idiomas extranjeros

En otras palabras 1. b 2. c 3. a 4. ch

Después de leer **A.** 1. b 2. c 3. a **B.** 1. a 2. c 3. c

Felipe, lenguaje

En otras palabras 1. c 2. a 3. b 4. ch

Después de leer **A.** 1. c 2. a 3. b **B.** 1. a 2. d 3. b

Bilingüismo

En otras palabras 1. a 2. e 3. b 4. d 5. f 6. c 7. ch

Después de leer **A.** 1. b 2. b 3. c **B.** 1. Pasan cada semana artículos de académicos sobre el uso del español. 2. Aparecen artículos sobre el español en Filipinas y Estados Unidos cada semana. **C.** 1. El autor del primer artículo cree que se debe eliminar el catalán y el autor del segundo cree que el gobierno español está tratando de eliminar el catalán. 2. El artículo «Felipe, lenguaje» es más emocional que el segundo, «Bilingüismo». 3. Ambos artículos tratan del catalán. 4. El autor del primer artículo es un español que cree que el catalán tiene demasiada influencia y el segundo autor es un catalán que ve cómo su lengua va desapareciendo.

Se habla mucho, pero se habla mal

En otras palabras 1. jerga 2. raquitismo 3. siglas 4. figuran 5. voces 6. malversar 7. voces de alerta 8. allende 9. encuestas 10. fiscal 11. a las claras 12. a hurtadillas 13. la tapia 14. altisonante 15. rebuscado

Después de leer **A.** 1. c 2. a 3. b 4. b **B.** 1. c 2. a 3. c 4. b 5. Según el autor del artículo, el español está en deterioro a causa de la influencia de los medios de comunicación, el abandono oficial, la invasión del inglés, la jerga política y la aburridora enseñaza del castellano.

Las palabras y la memoria

En otras palabras 1. a 2. b

Después de leer **a.** 1. a. Se compara la voz humana con una estación de radio. b. La característica apropiada es el sonido de la voz y de una estación de radio c. Quiere decir que las voces parecen dos estaciones de radio en la misma onda y que por lo tanto no se entiende nada. 2. a. Se compara la música cantada con la palabra hablada. b. La característica apropiada es el sonido de la palabra hablada y el de la música cantada. c. Quiere decir que el sonido de la música cantada es igualmente perturbador como la palabra hablada para la memoria. **B.** Párrafo uno: b Párrafo dos: c Párrafo tres: c

Hablar con todo el mundo

En otras palabras 1. achicándose 2. diste 3. al azar 4. difundido 5. antaño 6. estratos 7. Cabría pensar 8. se entreteje 9. estarían en ventaja 10. tienen a gala 11. potenciar 12. insólita 13. suscitar 14. han corrido peor suerte 15. mercaderes 16. imprescindible 17. surja 18. imponente 19. sui generis

Después de leer **A.** 1. a. El mundo se compara con un bolsillo. b. La característica apropiada es el tamaño del bolsillo y del mundo. c. Se quiere decir que el mundo se ha hecho muy pequeño. 2. a. Se están comparando los países del mundo con los hilos de una tela. b. Las características apropiadas son la unión y la interdependencia del mundo moderno y de los hilos de una tela. c. Se quiere decir que no se puede separar fácilmente una parte de otra. 3. a. Se compara el inglés con una sombra. b. La característica apropiada es la habilidad de dominar y oscurecer que tienen la sombra y el inglés. c. Se quiere decir que el inglés predominaría dondequiera que se encontrara y que otras lenguas irían disminuyendo en importancia. 4. a. Se compara una lengua artificial con algo vivo. b. La característica apropiada es la vitalidad. c. Se quiere decir que las lenguas artificiales no pueden crecer, cambiar o adaptarse como un ser viviente. 5. a. Se compara la *lingua terrae* con los sermones. b. La característica apropiada es la habilidad de convencer o ejercer influencia sobre alguien. c. Se quiere decir que con sólo existir, la *lingua terrae* haría más para adelantar la unidad entre los hombres.
B. 1. Empieza con el párrafo 3 y termina con el párrafo 4. 2. Empieza con el párrafo 5 y termina con el párrafo 7. 3. Empieza con el párrafo 9 y termina con el párrafo 11. **C.** 1. Se habla en tantos países por ser la lengua del Imperio Británico. 2. Se dice esto del inglés porque es la lengua de la ciencia, de los negocios y de la política internacional. 3. Habría reacciones nacionalistas porque algunos creen que las personas que hablan inglés estarían en ventaja frente a las que no lo hablaran y porque la cultura del inglés dominaría sobre la suya. 4. Ha habido reacción nacionalista en Canadá por parte de los francófonos, en la India que usa el inglés como lengua oficial por temor a la fricción que causaría escoger otra lengua hindú como tal y también en el Cáucaso, donde protestan contra convertir el ruso en lengua oficial. 5. La solución que se da es una lengua artificial como el esperanto pero éstas parecen carecer de vitalidad. 6. Tal vez surja una solución por sí sola, una *lingua franca* que sirva de lengua común para los negocios y la ciencia. 7. *Lingua terrae* quiere decir una lengua

del mundo o, en otras palabras, una lengua universal. Es posible que surja por sí misma debido a las crecientes mejoras en las comunicaciones y a que la mayoría de la gente la quiera hablar.

Comer en catalán

En otras palabras 1. c 2. d 3. a 4. e 5. f
6. b 7. g 8. ch 9. i 10. j 11. h

Después de leer **A.** 1. a 2. b 3. c 4. a
B. 3 **C.** 1. Se compara el hecho de no entender con ser gallego. Lo que se destaca es una característica negativa de los gallegos. El autor alude a que los gallegos no son muy listos. 2. Se compara el postre con una cosa capaz de suavizar el corazón de un criminal. Lo que se destaca es lo duro (fig.) que debe ser el corazón de un verdugo. Quiere decir que este postre era tan rico que habría enternecido el corazón de un verdugo. 3. Se compara comer con hablar. La característica sobresaliente es la habilidad de tener que aprender a hacer ambas cosas. El significado es que el catalán es mucho más que el español sin vocales y que si eso es lo que la persona cree, tal vez esa persona no podrá comunicarse en catalán, ni comer.

UNIDAD VIII: LOS ESTADOS UNIDOS VISTO POR OJOS HISPANOS

Los Ángeles

En otras palabras 1. b 2. a 3. g 4. h 5. c
6. ch 7. d 8. f 9. i 10. e

Después de leer **A.** 1. c 2. a 3. c **B.** 1. O; míticas, sin duda 2. H 3. O; Parece como si, hubiera succionado 4. O; un ser humano se compone de cuerpo, alma y coche 5. H 6. H 7. O; concebidos como, contundentes y brevísimas 8. H 9. O; con pelos y señales 10. O; no todo es horror **C.** I. 1, 6, 9 II. 2, 5, 8 III. 3, 4, 7

«New York, New York!»

En otras palabras 1. d 2. ch 3. a 4. b 5. c
6. f 7. e 8. g 9. h 10. j 11. l 12. i 13. k
14. m 15. ñ 16. ll 17. n 18. q 19. r 20. o
21. p 22. u 23. t 24. s 25. w 26. rr 27. v
28. z 29. x 30. y 31. bb 32. aa

Después de leer **A.** 2 **B.** 1. O; Es un desmesurado Planeta Ming 2. O; siempre sorprende 3. O; aparecen como 4. O; Nada hay tan... como 5. O; uno de los más atractivos 6. H 7. O; poco importa, mediocre 8. H 9. O; quizás, sea 10. O; da... la impresión de ser **C.** 1. a. Se comparan los McDonalds y los Holidays Inn con personas tímidas. b. La característica apropiada es que parecen timidos. c. Se quiere decir que McDonalds y Holidays Inn parecen no pertenecer allí, están fuera de lugar. 2. a. Se compara Nueva York con una coctelera. b. La característica apropiada es que ambas cosas sirven para mezclar las cosas. c. Se quiere decir que en Nueva York, como en un coctelera, se mezclan los ingredientes, es decir la razas, culturas, etcétera, pero no quedan realmente unidos. 3. a. Se compara Nueva York con las células blancas que devoran otras células. b. La característica apropiada es que la ciudad y estas células pueden devorar cosas. c. Se quiere decir que Nueva York es un ser que devora lo que tiene cerca. 4. a. Se compara la Estatua de la Libertad con una mujer no casada. b. La característica apropiada es la de estar sola, que nunca se ha casado. c. Se quiere decir que la Estatua de la Libertad es una mujer que nunca se casó aunque fue la prometida de Cristóbal Colón.

Hijos para «yuppies»

En otras palabras 1. atravesar 2. superar
3. ansían 4. los líos 5. asco 6. complaciente
7. disparado

Después de leer **A.** *Possible answer:* Ya se puede disfrutar de tener un bebé sin sufrir los problemas. Una compañía norteamericana ha preparado un vídeo, *Vídeo Baby*, que permite a la pareja *yuppi* tener la rica experiencia de la paternidad sin los líos del hecho verdadero. Sólo hay que meter la cinta en el aparato y allí tiene un criatura adorable, bien educada y obediente.
B. 1. a 2. c **C.** 1. las dificultades, las preocupaciones, los problemas 2. los líos, los inconvenientes
3. las molestias

Los «otros»

Después de leer **A.** 1. Los «otros» son dos españoles que trabajan en Estados Unidos por dos años. 2. Ellos hablan de las noticias en Estados Unidos. 3. Opinan que hay un vacío de información internacional y que las noticias que se reportan son muy egocéntricas. **B.** *Possible answer:* Dos españoles han observado que la prensa norteamericana no reporta mucha información internacional, y las noticias que sí reportan revelan cierto egocentrismo en la forma de pensar americano porque los otros países parecen existir sólo cuando afectan a los norteamericanos. Dan un ejemplo de un incendio en un hotel en Bangkok donde entre las víctimas sólo se identificó por su nacionalidad al único norteamericano que murió y los otros quedaron sin nacionalidad. Esta actitud indigna mucho a estos españoles.

Los miedos americanos

En otras palabras 1. c 2. a 3. d 4. f 5. b
6. k 7. ch 8. g 9. e 10. h 11. j 12. i 13. m
14. l 15. ll 16. ñ 17. n 18. p 19. o

Después de leer **A.** 1. b 2. c **B.** 1. Positiva
2. Negativa 3. Negativa 4. Negativa 5. Positiva
6. Positiva *Possible answer:* La actitud del autor hacia este «miedo» es que cree que puede ser un poco exagerado. **C.** 1. En el cine todos los edificios norteame-

ricanos tienen una escalera de incendios. 2. Los niños en las escuelas primarias reciben lecciones de cómo comportarse en caso de un incendio. 3. Cuando las personas compran casa toman en cuenta las seguridades para casos de incendio. 4. Los estudiantes en las universidades son instruidos sobre las puertas a utilizar para una emergencia. 5. Muchas ciudades tienen un cuerpo de instructores para trazar un plan de retirada en una emergencia.

La «college girl»

En otras palabras 1. c 2. a 3. d 4. ch 5. b 6. g 7. h 8. e 9. i 10. f 11. ll 12. l 13. m 14. n 15. j 16. k 17. p 18. o 19. ñ

Después de leer **A.** *Primer párrafo:* describir los *colleges...* *Tercer párrafo:* que los *Women's Colleges* tienen más... *Cuarto párrafo:* los *Women's Colleges* no reflejan... *Quinto párrafo:* son excelentes para... *Sexto párrafo:* hay peligros para... *Séptimo párrafo:* las jóvenes de... *Octavo párrafo:* es la típica... **B.** 1. a 2. c 3. *Possible answers:* El autor admira a estas jóvenes: perfecciones, primores de feminidad, la cortesía, el aplomo, el tacto 4. *Deficiencias:* la confianza excesiva, la impulsividad, la ligereza, la falta de cautela, el embalamiento, la capacidad de confundir cosas y personas *Cualidades:* la naturalidad, la espontaneidad, la porosidad, una disposición amistosa y cordial; El propósito del autor al escribir este ensayo era describir los *Women's Colleges* y sus estudiantes.

C. *Possible answers:* 1. Neutral 2. Positiva 3. Negativa 4. Positiva 5. Negativa 6. Positiva 7. Positiva 8. Positiva

Norteamérica se aleja

En otras palabras 1. c 2. f 3. d 4. a 5. o 6. b 7. g 8. j 9. ch 10. l 11. n 12. e 13. k 14. m 15. h 16. ñ 17. i 18. ll

Después de leer **A.** *Possible answers:* 1. O: La cultura norteamericana y la europea se hacen cada vez más diferentes entre sí... 2. O: ... mítica, irreal, inventada 3. H: La casi totalidad 4. H: ... cada año llegan... 5. O: estaban convencidos... 6. O: ... ignora o desprecia... 7. O: ... tienen el culto... 8. O: ... los japoneses ni siquiera han sabido nunca... **B.** *Possible answer:* Según el autor, los Estados Unidos y Europa se hacen más diferentes cada día. Los norteamericanos tratan de eliminar cualquier conexión con Europa y su impresión actual de los diferentes países del mundo es irreal e inventada. Los Estados Unidos no permite que nadie sea diferente, todos acaban siendo absorbidos por completo por su cultura.

Ahora los Estados Unidos se olvidan de Europa y miran hacia Asia porque su influencia y actividad económica es mayor y porque ambas sociedades se interesan en lo técnico. Según el autor, los japoneses son antiintelectuales y cada día más los Estados Unidos se asemejan a su cultura. **C.** 1. Negativa 2. Negativa 3. Negativa 4. Negativa 5. Negativa 6. Negativa 7. Negativa 8. Negativa

About the Authors

HILDEBRANDO VILLARREAL is Professor of Spanish in the Department of Foreign Languages and Literature at California State University, Los Angeles. He has coordinated the elementary language program and teaching assistants, and he currently coordinates the Spanish for Native Speakers program. Professor Villarreal received his Ph.D. in Hispanic linguistics from the University of California, Los Angeles, in 1976. He has given presentations and workshops and is the author of a number of articles, as well as of a first-year Spanish workbook.

GENE S. KUPFERSCHMID was formerly Coordinator and Supervisor of Spanish in the Department of Romance Languages and Literature at Boston College (Massachusetts). She has coordinated elementary and intermediate language programs and taught courses in Spanish language and foreign language education. She has also taught in Argentina. Mrs. Kupferschmid received her M.A. in Spanish from Boston University in 1970. She has given presentations and workshops and has authored and coauthored several Spanish textbooks.

Grateful acknowledgment is made for the use of the following:

Literary credits: Page 2 (*top*) *El País*, Madrid, March 28, 1988; *2* 1. *El País*, Madrid, February 15, 1988; *2* 2. *El País*, Madrid, March 28, 1988; *2* 3. *El País*, Madrid, December 14, 1987; *2* 4. *El País*, Madrid, December 14, 1988; *2* 5. *El País*, Madrid, January 4, 1988; *3* 1. *El País*, Madrid, February 15, 1988; *3* 2. *La Prensa*, Buenos Aires, January 12, 1988; *3* 3. *El País*, Madrid, February 8, 1988; *3* 4. *El País*, Madrid, February 15, 1988; *3* "ATC: A todo canal. A toda Argentina," *La Prensa*, Buenos Aires, January 11, 1988; *4* "La bicicleta," *Salud y Belleza VI*, Edición especial de *Vanidades*, Editorial América S.A., Florida, 1988; *6–7* 1. "La vuelta Ciclista a España..." *El País*, Madrid, December 21, 1987; *6–7* "1988: el año de la esperanza," as appeared in *Cambio 16*, Madrid, January 4, 1988; *6–7* "Imparte AEROBICS... y cambiará tu vida," as appeared in *Excelsior*, México, August 10, 1987; *6–7* "Refrésquese," *Salud y Belleza VI*, Edición especial de *Vanidades*, Editorial América S.A., Florida, 1988; *6–7* "Ejercicios," *Buenhogar*, 20 (9), Editorial América S.A., Florida, 1988; *6–7* "Vital Alsar y su 'Marigalante'," *El País*, Madrid, November 30, 1987; *9* 2. *La Prensa*, Buenos Aires, January 17, 1988; *9* 3. *La Prensa*, Buenos Aires, January 10, 1988; *9* 4. *Salud y Belleza VI*, Edición especial de *Vanidades*, Editorial América S.A., Florida, 1988; *11* "Emilio Butrageño," *Cambio 16*, Madrid, June 1, 1986; *11* "Una bicicleta hecha a su medida," *Salud y Belleza VI*, Editorial América S.A., Florida, 1988; *13* "Windsurf: Circuito Beldent," *La Prensa*, Buenos Aires, January 8, 1988; *14* "Navegación marítima," *La Prensa*, Buenos Aires, January 8, 1988; *14* Windsurf ads, *La Prensa*, Buenos Aires, January 8, 1988; *17–18* "El futuro de Diego es una Interrogante," by Edgar Andaur Galvez, *Noticias del mundo*, December 2, 1987; *20* *Noticias del mundo*; *24* "¿Lo sabía?," *La Prensa*, Buenos Aires, February 8, 1988; *21* "Casani ataca de nuevo," *Cambio 16*, Madrid, February 1, 1988; *21* "La casa blanca es española," *Tiempo*, Madrid, August 19–25, 1985; *26* "Pobres y ricos," *La Prensa*, Buenos Aires, January 2, 1988; *27* "Un árbol de Navidad adornado con diamantes," *La Prensa*, December 24, 1987; *27* "Sonambulismo," *Cambio 16*, January 1, 1988; *28* "El club 'Gulliver' para personas altas," *La Prensa*, Buenos Aires, April 4, 1988; *28* "Se aguarda el nacimiento de quintillizos en Mendoza," *La Prensa*, Buenos Aires, April 9, 1988; *29* "Las siete 'grandes'," *El País*, Madrid, May 5, 1987; *31–32* "El 'Bestiario' de Tomeo," by Javier Tomeo, from *Cambio 16*, Madrid, April 18, 1988; *34* "Amores profundos," *Cambio 16*, Madrid, April 18, 1988; *37* "La guerra como diversión," by Ignacio Carrión, from *Cambio 16*, Madrid, February 18, 1988; *39* "Matrimonios entre parientes," *La Prensa*, Buenos Aires, July 20, 1987; *44* "Nuevo método para relajarse," *Cambio 16*, Madrid, February 15, 1988; *47* "Mantenerse en forma," *Cambio 16*, Madrid, February 1, 1988; *48* "Prado de Somosaguas," *El País*, Madrid, April 4, 1985; *50* "Dietas y humor," *Cambio 16*, Madrid, January 4, 1988; *51* "Los poderes del yogurt," *Salud y Belleza VI*, Edición especial de *Vanidades*, Editorial América S.A., Florida, 1988; *53* "¿Cuál te apetece?," *Mía*, No. 92; *54* "La ofensiva antitabaco del gobierno," *Cambio 16*, March 21, 1988; *56* "¿Fumar o no fumar?," *Cambio 16*, Madrid, March 21, 1988; *58* comic, *Visión*, October 18, 1982; *59* "No iré nunca más a Nueva York," *Cambio 16*, Madrid, January 1, 1988; *61* "El nuevo placer de fumar," by Carmen Rico-Godoy, from *Cambio 16*, Madrid, March 21, 1988; *66* "El día social," *La Prensa*, Buenos Aires, February 8, 1988; *67* "Bomba 2000," reprinted by *TV y Novelas*, 10 (15), México, July 1988; *67* "La sonrisa," by Romualdo Brughetti, from *La Prensa*, Buenos Aires, December 20, 1988; *71* "Su amor: ¡hágalo para toda la vida!," *Buenhogar*, Editorial América S.A., Florida, June 4, 1985; *77* "Telefonómana," as appeared in *Vibraciones*, 1 (6), México; *79–80* "¿Cuánto sabe de sus hijos?," *Buenhogar*, Editorial América S.A., Florida, September 24, 1985; *84* "Cuando los dos ganan el mismo dinero," *Mía*, No. 92; *91* "¿Cómo es la cosa?," *Cambio 16*, Madrid, October 17, 1988; *92* Fujitsu ad, *Cambio 16*, Madrid, October 17, 1988; *93* "Plásticos vivos," *Cambio 16*, Madrid, September 12, 1988; *95* "Culturas del silicio," *El País*, January 4, 1988; *100* "Brasil: la selva agoniza," *Cambio 16*, Madrid, November 30, 1987; *101* *El País*, Madrid, August 22, 1988; *105* "Hierbas contra bichos," *Cambio 16*, Madrid, January 25, 1988; *105* "Haga bolsa la basura," *La Prensa*, Buenos Aires, March 20, 1988; *105* "Más de 2.000 cuesta la producción de un filme con 'valor ecológico'," *El País*, Madrid, July 18, 1988; *107–108* "La ciudad de México: Imán y monstruo," by Alan Riding, from *Vecinos distantes: un retrato de los mexicanos*, Editorial Joaquín Mortiz, 1985; *110* "El «mal de la ciudad» ataca a los caraqueños," from *Diario de Caracas*; *112–114* "Los ruidos en la vida cotidiana," by Fortín Ceo, from *Humor*, December, 1988; *115* "Apocalipsis," by Marco Denevi; *119* "Solicitantes de empleo," *Visión*, April 5, 1982; *120* "Cómo superar una entrevista," *Cambio 16*, Madrid, May 16, 1988; *121* "La vida es una historieta," by César Robles, from *La Prensa*, Buenos Aires, April 10, 1988; *122* "Mi primer empleo," *Cambio 16*, Madrid, May 16, 1988; *125* "Conversaciones con un director," *La Prensa*, Buenos Aires, April 8, 1988; *127* "Angeles Caso, casi perfecta," as appeared in *Tiempo*, Madrid, August 19–25, 1985; *128* "Cabellos largos... y oficinas suntuosas," from *Hombre de mundo*, 13 (10), Syndicated Features; *131* "La universidad, aspiración general de los españoles," *El País*, Madrid, September 26, 1988; *133* "Inventan ellos," *Cambio 16*, Madrid, October 17, 1988; *136–137* "Universidad: El «boom» de la psicología," by Alejandro Waksman; *144* "Marciano Pardales, pionero español," *El País Semanal (El País Imaginario)*, Madrid, June 23, 1985; *145* "Demasiado inglés," *Cambio 16*, Madrid, No. 711; *147* "Idiomas extranjeros," *Cambio 16*, Madrid, May 9, 1988; *152* "Felipe, lenguaje," *Cambio 16*, Madrid, May 9, 1988; *153* "Bilingüismo," as appeared in *El País*, Madrid, July 18, 1988; *156* "Se habla mucho, pero se habla mal," *Cambio 16*, Madrid, May 16, 1988; *158* map, *El País*, Madrid, May 23, 1988; *161* "Las palabras y la memoria," as appeared in *Vanidades*, 28 (14), July, 1988; *164* "Hablar con todo el mundo," by Isaac Asimov, as appeared in *Muy Interesante*, 3 (27), Bogotá, Colombia; *169* "Comer en Catalán," by Daniel Samper, from *Cambio 16*, Madrid, December 9, 1988; *173* "Los Ángeles," by Carmen Rico-Godoy, from *Cambio 16*, Madrid, March 14, 1988; *177–178* "New York, New York!," by Ricardo Utrilla, from *Cambio 16*, June 6, 1988; *182* "Hijos para los «yuppies»," *Cambio 16*, December 28, 1988; *183* "Los 'otros'," as appeared in *El País*, March 14, 1988; *187* "Los miedos americanos," by Miguel Delibes, from *USA y yo*, Ediciones Destino, 1966; *190–191* "La «college girl»," by Julián Marías, from *Análisis de los Estados Unidos*, 1968; *195–196* "Norteamérica se aleja," by Francesco Alberoni, as appeared in *El País*, Madrid, May 5, 1985.

Realia credits: *Page 10* cartoon from *Lo importante es competir* by Fontarrosa (Mexico, D.F.: Nueva Imagen Editorial, 1983); *6* photo bottom left *and 7* Vital Alsar copy © *El País*; *6* photo of race car driver © Lois; *25* Excesiva libertad ad © *Epoca*; *25* Casa Blanca photo © Radial Press; *29* photo © Rex Features; *42* Minolta ad reprinted with permission of Minolta GmbH; *45* computer cartoon © *Guambia*; *45 Reader's Digest* ad © *Reader's Digest*; *45* Candido cartoon © Mena (Spain); reprinted with permission of ALI Press Agency; *49* Sanyo ad reprinted with permission of Sanyo Espana, S.A.; *75* cartoon © Hearst Newspapers; *73* cartoon from *Developing Reading Skills* (New York: Cambridge University Press, 1981), reprinted with permission; *87* cartoon © Quino; *96* cartoon © Transworld Features Syndicate of Mexico; *98* cartoon © Quino; *144* photo © Compaire/Lorrio; *148* Berlitz ad © Berlitz.